Thomaskirche Leipzig

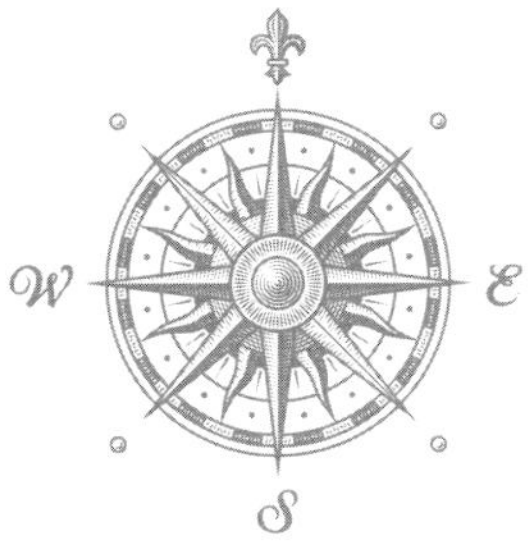
W
E
S

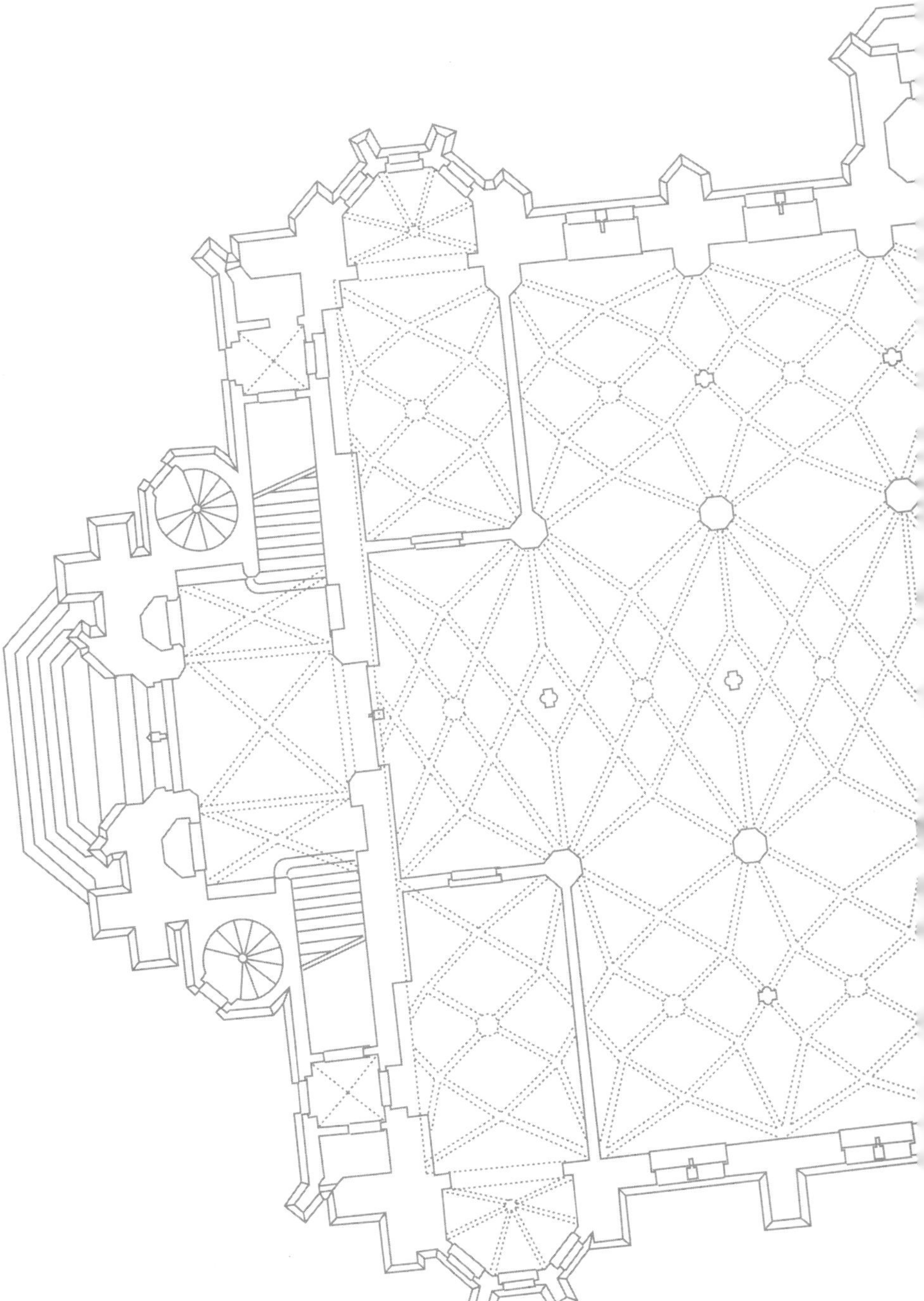

Martin Petzoldt (Hrsg.)

Thomaskirche Leipzig

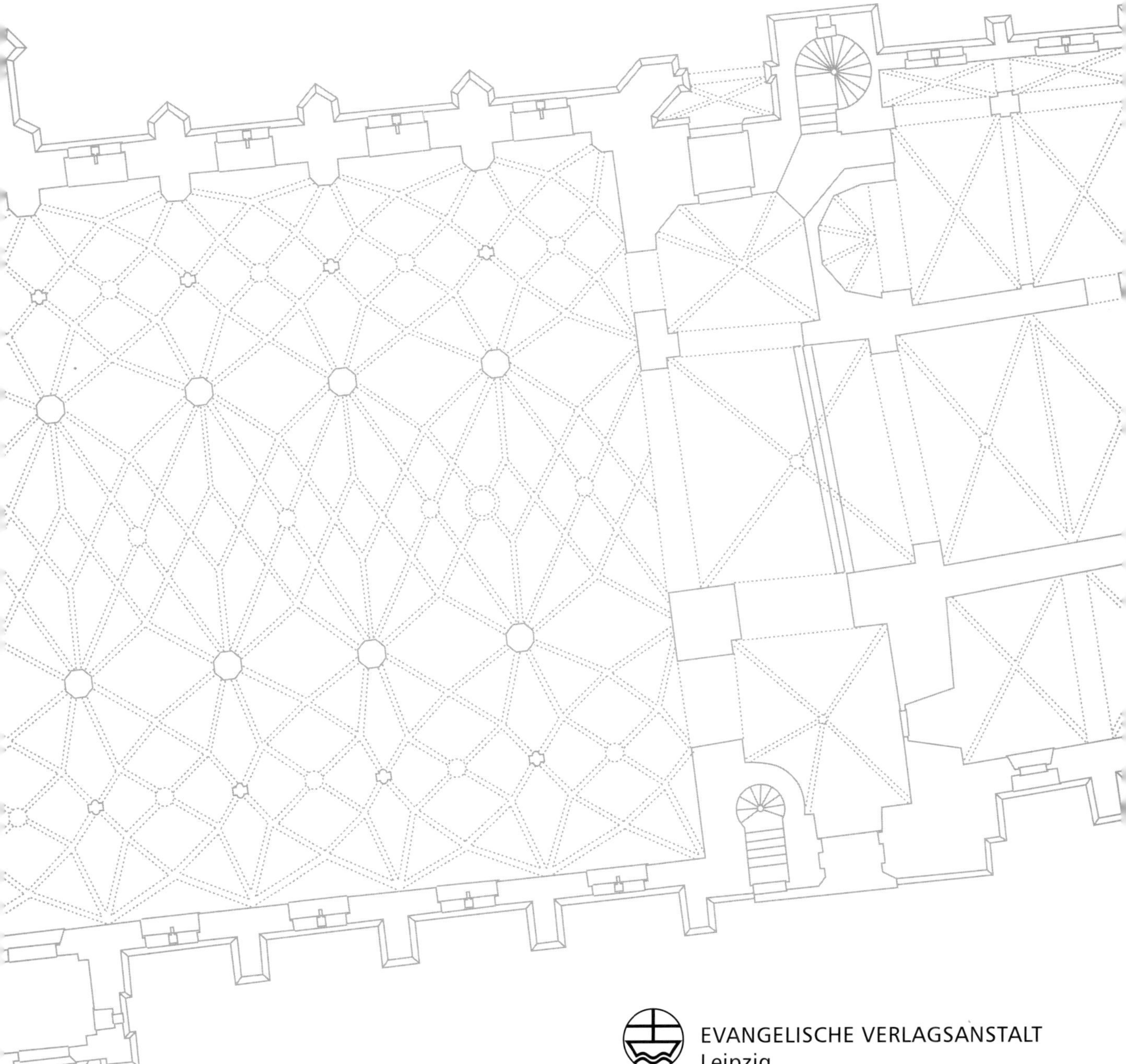

EVANGELISCHE VERLAGSANSTALT
Leipzig

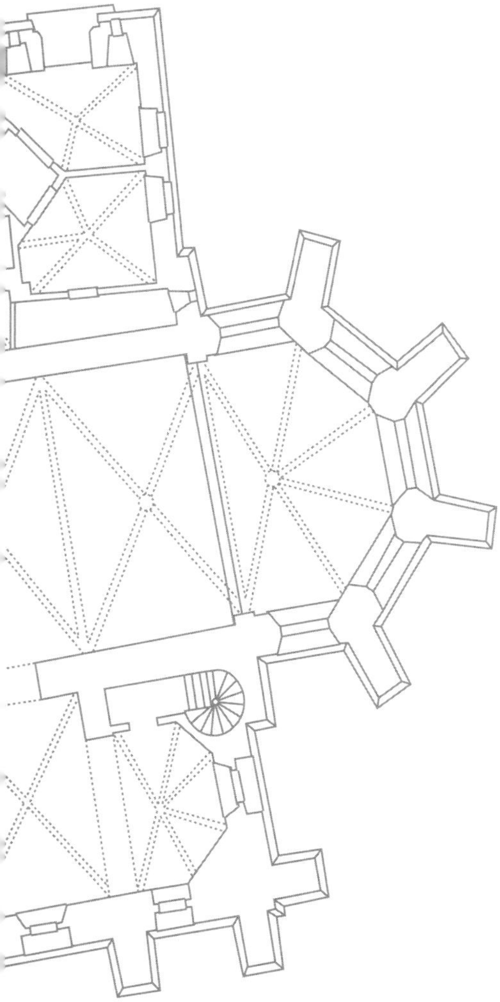

Inhalt

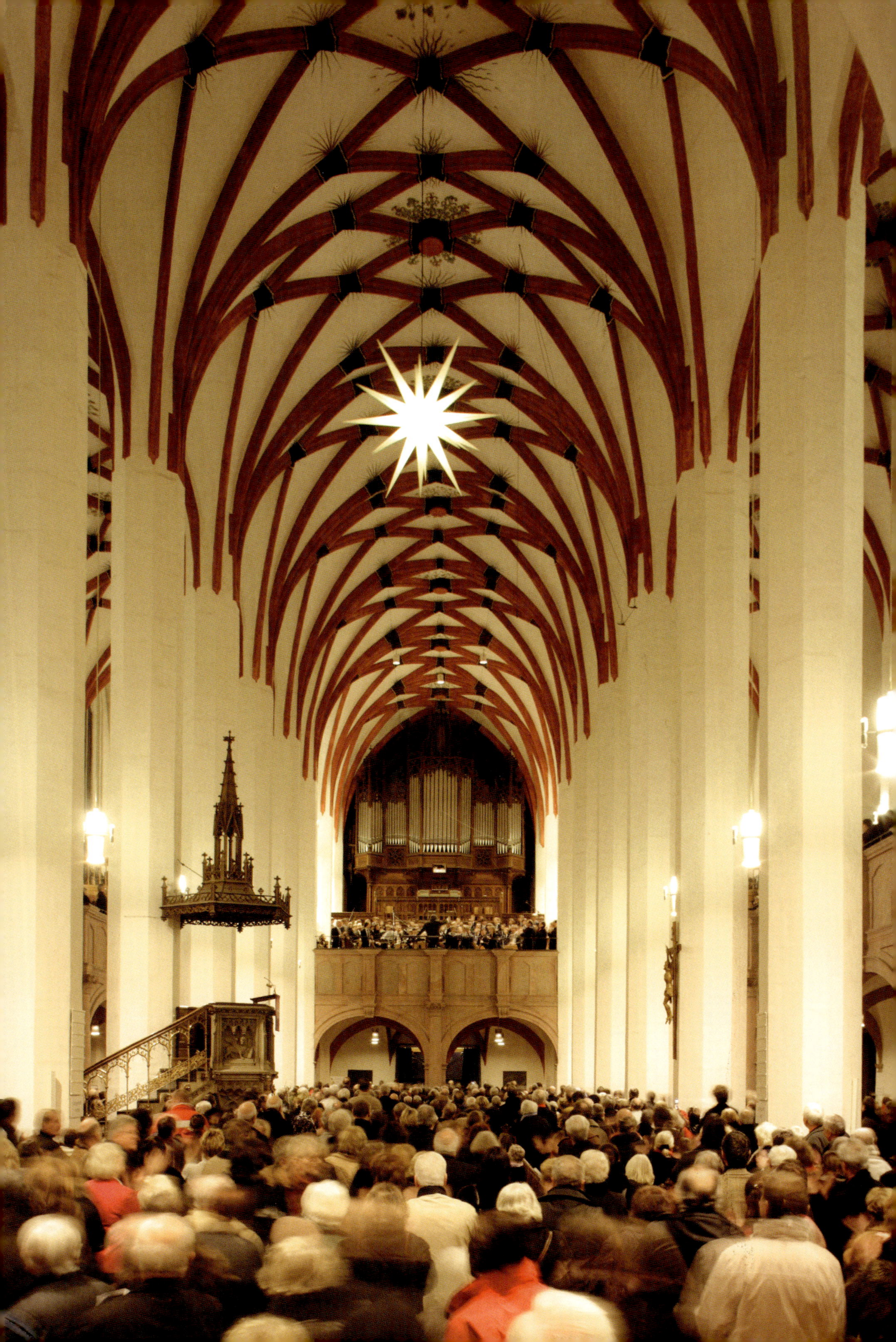

Prolog

Jede große Anstrengung bedarf eines besonderen Anlasses. So auch die umfassende Restaurierung und Instandsetzung der Thomaskirche, die im Bach-Jahr 2000 vollendet wurde. Es war der 250. Todestag des großen Thomaskantors Johann Sebastian Bach, den die Welt am 28. Juli 2000 beging, auf den Sanierung und Restaurierung hin angelegt waren. Aber nicht nur dieser Gedenktag, auch die friedliche Revolution 1989/90 hat in den vergangenen zwei Jahrzehnten der Kirchgemeinde viele neue Möglichkeiten eröffnet, dank großzügiger öffentlicher Förderung und zusammen mit zahlreichen privaten Spendern und Sponsoren, die Thomaskirche in einen Zustand zu bringen, der ihrer Bedeutung angemessen ist. Die Nutzung des täglich geöffneten Gotteshauses durch viele Menschen schafft Begegnung unter der Predigt des Evangeliums und durch die faszinierende Musik Johann Sebastian Bachs.

Im Jahr 2012 begehen wir das Jubiläum von Thomaskirche, Thomanerchor, Thomasschule: »800 Jahre THOMANA – glauben, singen, lernen.« 800 Jahre wirkt diese Trias zusammen, was erneut Anlass ist, dankbar und zugleich kritisch zurückzuschauen, aber auch mit dem Blick in die Zukunft zu fragen, worin die nächsten Aufgaben bestehen. Unzweifelhaft hat sich das Zusammenspiel von »glauben, singen, lernen« bewährt.

Mit diesem Buch wollen wir die 800-jährige Baugeschichte und Baugestalt der Thomaskirche darstellen, die große Bedeutung der Musik in der Thomaskirche aufzeigen, die bewegte Geschichte der Kirchgemeinde durch die Zeiten bis heute und deren theologische und geistesgeschichtliche Entwicklung darlegen. Zahlreiche Abbildungen und Verzeichnisse sollen die Anschauung unterstützen, die Erinnerung nähren und ebenso wie das Literaturverzeichnis zu weiteren Studien anregen.

Wir danken dem langjährigen Mitglied des Kirchenvorstands Prof. Dr. Martin Petzoldt für die unermüdliche und sorgfältige Arbeit bei der Herausgabe dieses Buches. Ohne sein umfassendes Wissen und sein selbstloses Engagement wäre dies nicht möglich gewesen.

Es ist unser Wunsch, dass die Verehrer der Musik J. S. Bachs und anderer Thomaskantoren, die Freunde des Thomanerchores, die Touristen aus aller Welt wie die treuen Besucherinnen und Besucher der Thomaskirche und ihrer Veranstaltungen mit diesem Buch in dem Gotteshaus das erkennen, was die Thomaskirche sein und bleiben will: lebendige Gottesdienststätte, Heimat des Thomanerchores, zentraler Ort des geistigen und geistlichen Lebens der Stadt Leipzig. Das war und das ist aller Anstrengung wert.

Christian Wolff *Stefan Hüneburg*

1

Bau

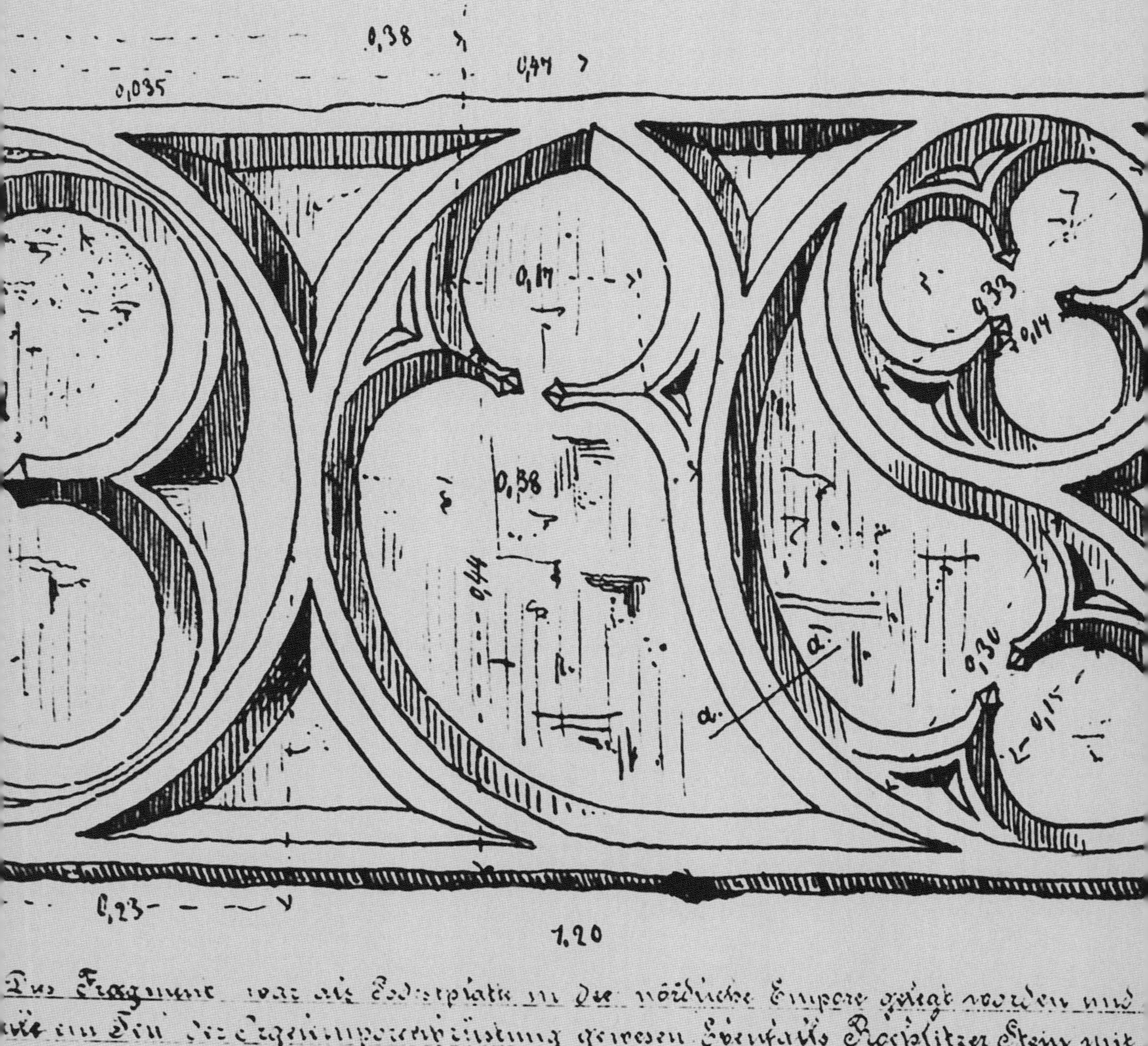
0,38
0,47
0,035
0,17
0,38
0,44
0,33
0,14
0,30
0,15
0,23
1,20
Das Fragment war als Bodenplatte in der nördlichen Empore gelegt worden und ist ein Teil der Orgelemporenbrüstung gewesen. Ebenfalls Rochlitzer Stein mit Steinmetzzeichen:

1.1 Baugeschichte

Das Erscheinungsbild

Die Südseite ist die historische Schauseite der Thomaskirche. Auf die Straßenachse der Burgstraße, die von Süden her auf die Kirche zuführt, wurde schon am Ende des 13. Jahrhunderts ihr einziger Turm hin orientiert. Vor der durch ein steiles Satteldach ausgezeichneten spätgotischen Hallenkirche weitet sich der noch heute sogenannte Thomaskirchhof aus. Er ist im Westen begrenzt durch den Bau der Superintendentur von 1902–1904, der die alte Thomasschule, die Wirkungsstätte Johann Sebastian Bachs, ersetzte. Als man 1907 dem großen Thomaskantor ein Denkmal errichten wollte, konnte der Bildhauer Carl Seffner dafür keinen besseren Platz finden als den vor der Südfassade der Thomaskirche. Weniger überzeugend stellt sich der städtebauliche Raum nördlich der Kirche dar. Da er nach Osten und Westen hin verfließt, ergibt sich keine eigentliche Platzsituation. Die Kirche selbst wirkt trotz aller Bemühungen des Architekten Constantin Lipsius, dem Bau auch von hier aus ein malerisches Aussehen zu verleihen, etwas düster und abweisend. Die Tatsache, dass hier einst die Stiftsgebäude der Augustiner-Chorherren anschlossen und erst durch den Abbruch derselben der freie Raum enstanden ist, erklärt das Ungleichgewicht der ästhetischen Wirkung von Süd- und Nordseite. Auch von Westen her hatte die Kirche, solange Graben und Wall der Stadtbefestigung nur wenige Meter von dem gewaltigen Giebel entfernt lagen, kein eigentliches architektonisches Gesicht. Als dann im 18. und 19. Jahrhundert schrittweise die Ringpromenade entstanden war, bot sich diese westliche Giebelseite als neu zu gestaltende Aufgabe an. Sie als die neugotische Schauseite zu interpretieren, war eines der größten Ziele von Constantin Lipsius. Ganz anders die Ostseite. Sie wurde von den Bomben des 2. Weltkriegs ›freigelegt‹. Aber so zufällig diese ›Freilegung‹ der Ostpartie von Markt und Petersstraße her gewesen sein mag, inzwischen ist diese Ansicht der Thomaskirche die beliebteste, offenbar weil sie die in unterschiedlichen Bauzeiten geschaffenen Baukörper, den niedrigen, langgestreckten Chor mit seinen Annexen, überhöht von dem gewaltigen Giebel des Langhauses und flankiert von der Vertikale des Turmes, in malerisch gestaffelter Weise vor Augen führt und zum Nachdenken über die komplizierte Baugeschichte anregt.

Die topographische Lage in der sich entwickelnden Stadt

Die Entwicklung der Frühgeschichte der Stadt Leipzig hängt mit ihrer eigenartigen topographischen Situation und mit einem auf diese Voraussetzung reagierenden Straßenkreuz engstens zusammen. Westlich einer Geländeterrasse erstreckte sich das sumpfige Auengebiet der beiden Flüsse Pleiße und Elster, nördlich die Aue der von Ost nach West fließenden Parthe. Eine Straße von Westen, von der Bischofsstadt Merseburg her – die Via regia –, durchquerte die Pleißen-Elster-Aue und führte durch den späteren *Brühl* nach Osten. Sie wird von einer Nord-Süd-Straße, der

folgende Doppelseite:
Die Thomaskirche im westlichen Bereich der Innenstadt. Luftbild um 1930.

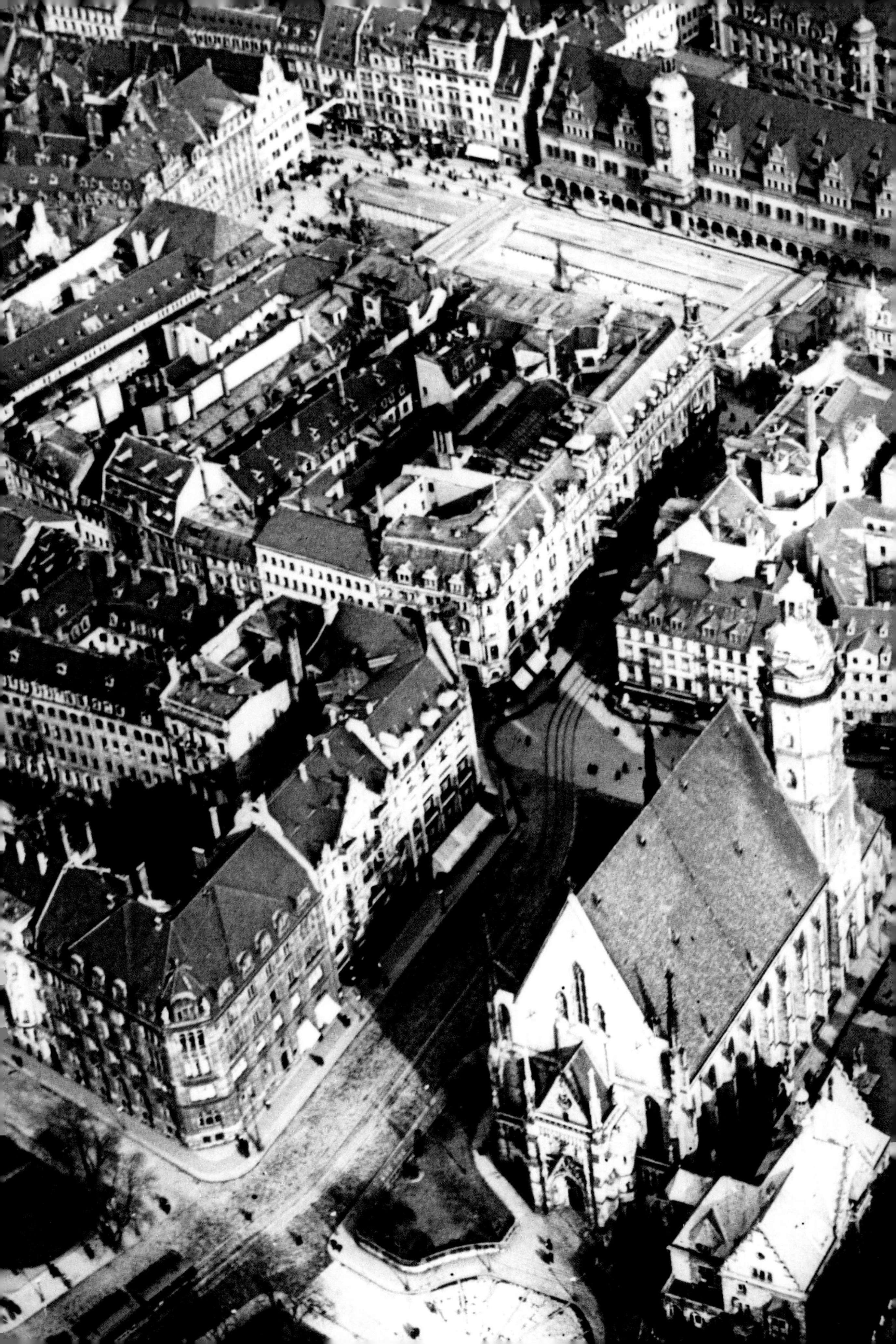

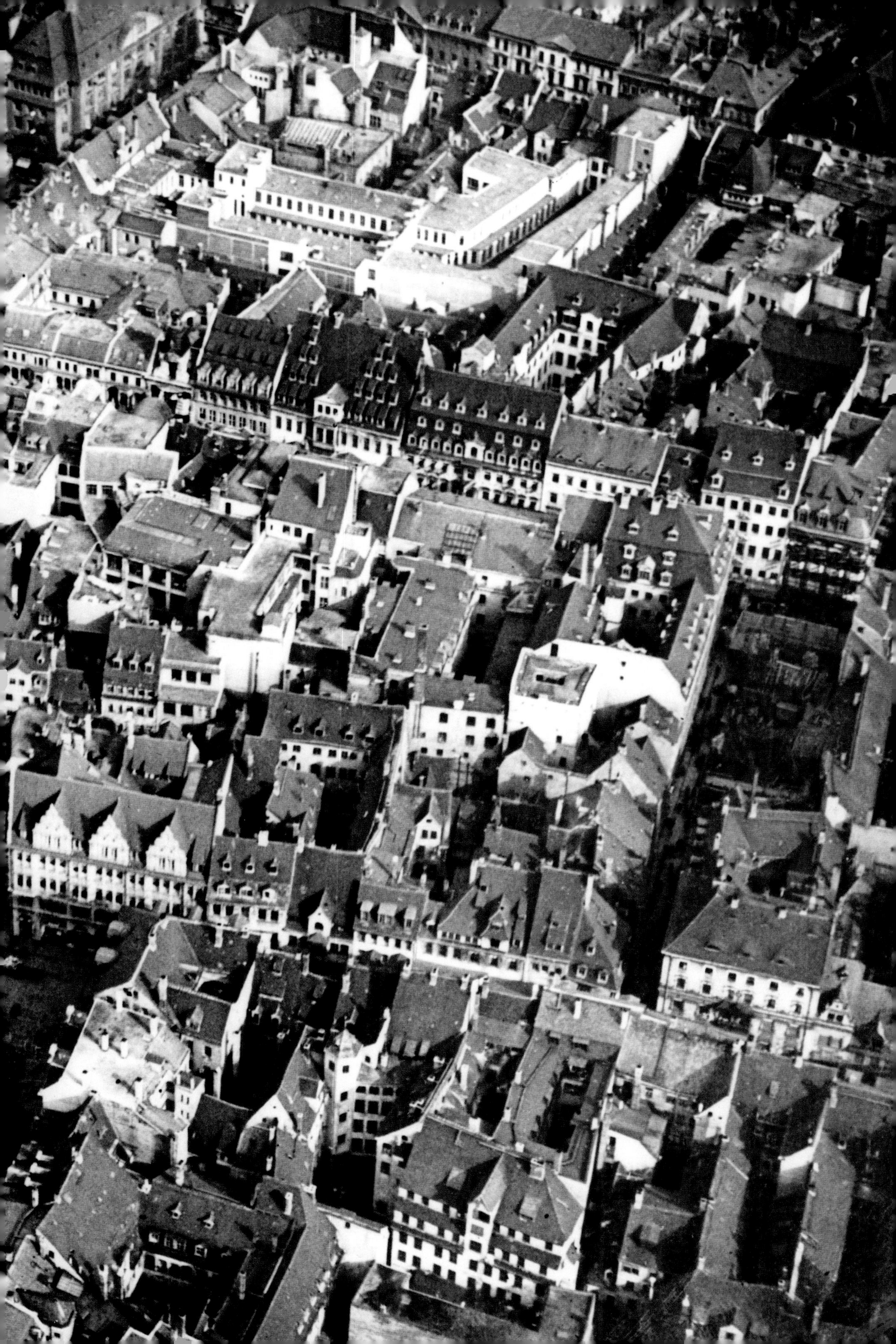

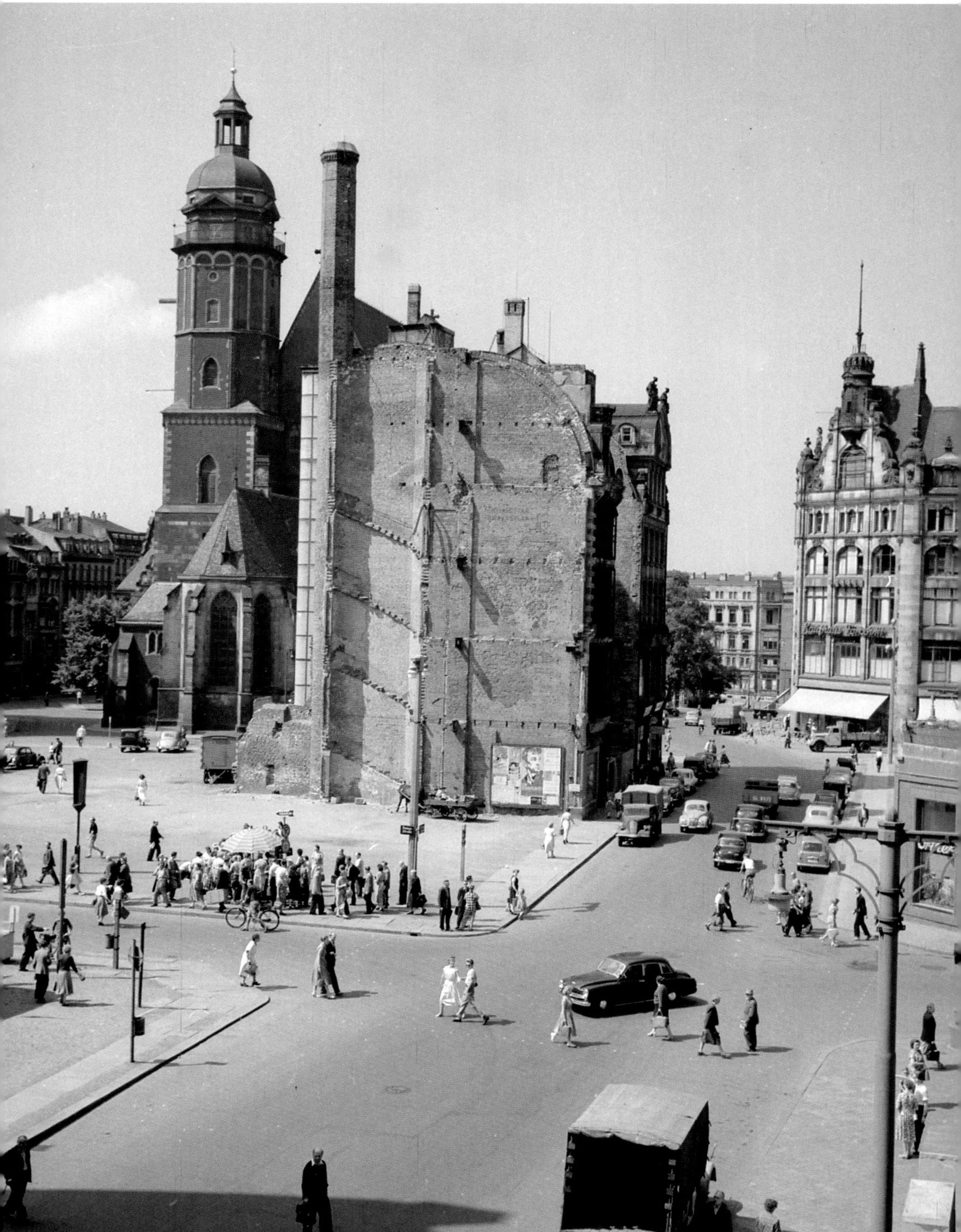

Blick vom Markt über die Thomasgasse. Um 1955.

Reichsstraße – der Via imperii –, gekreuzt. Am äußersten nordwestlichen Sporn der Hochterrasse, im Bereich des späteren Matthäikirchhofs, entstand im 11. Jahrhundert eine Burg zum Schutze dieses Straßenkreuzes, die sich im 12. Jahrhundert bereits in der Hand der Wettiner, der Markgrafen von Meißen befand. Noch ehe es 1165 zur eigentlichen Stadtgründung durch Markgraf Otto von Meißen kam, müssen südlich und östlich der Burg Siedlungen entstanden sein, deren Entwicklungen zur Zeit archäologisch näher erforscht werden. Sprunghaft muss die städtische Entwicklung im dritten Viertel des 12. Jahrhunderts vor sich gegangen sein, denn bereits in dieser Zeit entstanden zwei große Stadtpfarrkirchen, die Thomaskirche im Vorbereich südlich der Burg und die Nikolaikirche inmitten eines regelmäßig angelegten Teils der Stadt östlich der Reichsstraße. Offenbar ist die unmittelbar am Westrand der Hochterrasse gelegene Kirche, als zweite Stadtpfarrkirche von 1213 vermutet, der ältere Bau. 1218 erscheint sie als eine dem Apostel Thomas geweihte Kirche. Die Vermutung, die Kirche sei zunächst nicht dem Apostel Thomas, sondern dem heiligen Thomas von Canterbury geweiht gewesen, lässt sich durch Quellen nicht belegen.

Die Basilika des 12. Jahrhunderts

Von diesem Bau haben wir erst durch die in den sechziger und siebziger Jahren des 20. Jahrhunderts vorgenommenen Ausgrabungen Kunde. Innerhalb des heutigen Chores fand sich ein schmalerer, lang gestreckter Chor, der wohl in einer bereits im 19. Jahrhundert entdeckten Halbrundapsis endete. Das Fundament bestand aus Granitfindlingen, das Oberfundament und der Sockel aus Süßwasserquarzit-Sandstein. Westlich schloss sich baueinheitlich eine dreischiffige Basilika von 30 m Länge mit einem westlichen Querbau von weiteren 9 m Tiefe an. Dieser darf als Westturmfront gedeutet werden. Schon dieser erste Kirchenbau wies den noch heute den Raumeindruck deutlich bestimmenden Achsenknick zwischen Langhaus und Chor auf. Das Langhaus war eine gewiss flach gedeckte Pfeilerbasilika von sieben Arkaden zwischen dem höheren Mittelschiff und den niedrigeren Seitenschiffen. Die Seitenschiffe endeten im Osten seitlich des heutigen westlichen Chorbogens in kleinen Apsiden. Im aufgehenden Mauerwerk war diese stattliche Kirche ein Backsteinbau. Damit gehörte sie zu den frühesten Ziegelbauten in Deutschland überhaupt. Die Bautechnik wurde um diese Zeit aus Oberitalien nach Deutschland übertragen und lässt sich in unterschiedlichen Gegenden Mittel- und Norddeutschlands im dritten Viertel des 12. Jahrhunderts nachweisen. An einem Pfeiler dieser ersten Thomaskirche wurde auch bearbeiteter Sandstein gefunden; vielleicht gehörte die älteste Thomaskirche zu den Bauten in Mitteldeutschland, bei denen Ziegel im Wechsel mit Sandstein angewendet worden sind. Als Fußbodenbelag wurden Ziegelplatten aufgefunden.

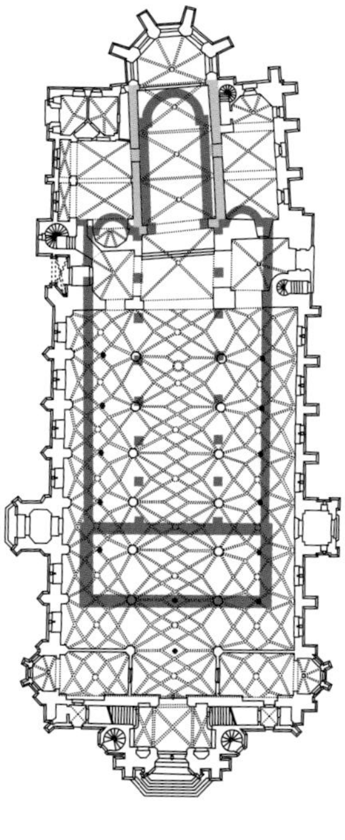

Grundriss mit Fundamenten der Basilika des 12. Jahrhunderts und des Chores von 1213/1222. Nach Zeichnung von Günter Kavacs. Die Begrenzung der ergrabenen Fundamente ist gepunktet, noch vorhandenes oder rekonstruiertes Mauerwerk grau bezeichnet.

Die älteste Thomaskirche besaß also kein östliches Querhaus wie die meisten spätromanischen Stadtpfarrkirchen in Mitteldeutschland. Zu diesem letzteren Typus gehörte auch die etwas jüngere Nikolaikiche in Leipzig. Mit der Thomaskirche vergleichbar sind die querhauslosen Kurzbasiliken kleinerer Städte wie Rötha, Geithain oder Rochlitz. Dem weitaus größeren Bau der ersten Thomaskirche ist der Vorgängerbau der Marienkirche in Torgau ähnlich. Das Ausmaß und die sorgfältige Bautechnik des Erstbaus der Thomaskirche belegen, dass die städtische Pfarrgemeinde bereits vor 850 Jahren mit einer bedeutsamen Zukunft ihres Gotteshauses rechnete.

Der Chor des Augustiner-Chor-Herrenstifts St. Thomas im ersten Viertel des 13. Jahrhunderts

Der Wettiner Markgraf Dietrich von Meißen gründete 1212–1213 ein Augustiner-Chorherrenstift an der bereits bestehenden Stadtpfarrkirche St. Thomas. Damit beabsichtigte er, auf die geistlichen Verhältnisse der aufstrebenden Handelsstadt Einfluss nehmen zu können. Zudem gewährleisteten die Augustiner eine gewissenhafte Seelsorge und einen geregelten Gottesdienst. Aus demselben Grund hatte Kaiser Friedrich I. um 1165 in Altenburg und Bischof Dietrich II. 1205 an St. Afra in Meißen ein Chorherrenstift gegründet. Der Leipziger Konvent soll vom Moritzkloster in Halle, der erste Propst vom Petersberg bei Halle gekommen sein. Mit dieser Umwidmung einer Stadtkirche in eine Stiftskirche hängt auch der Neubau eines größeren und längeren Chores zusammen, denn die Stiftsherren waren auch zum geregelten Chordienst verpflichtet. Nach alter chronikalischer Überlieferung versuchten die Leipziger Bürger in der Auseinandersetzung mit dem Markgrafen zwischen 1213 und 1217 dessen Stiftung dadurch zu verhindern oder zu schädigen, dass sie die zum Bau bereitliegenden Materialien zerstreuten und vernichteten. Trotzdem wurde der Bau 1222, ein Jahr nach dem Tod des Gründers, vollendet. Im Jahre 1223 fand in St. Thomas die Trauung seiner Witwe mit Poppo von Henneberg statt.

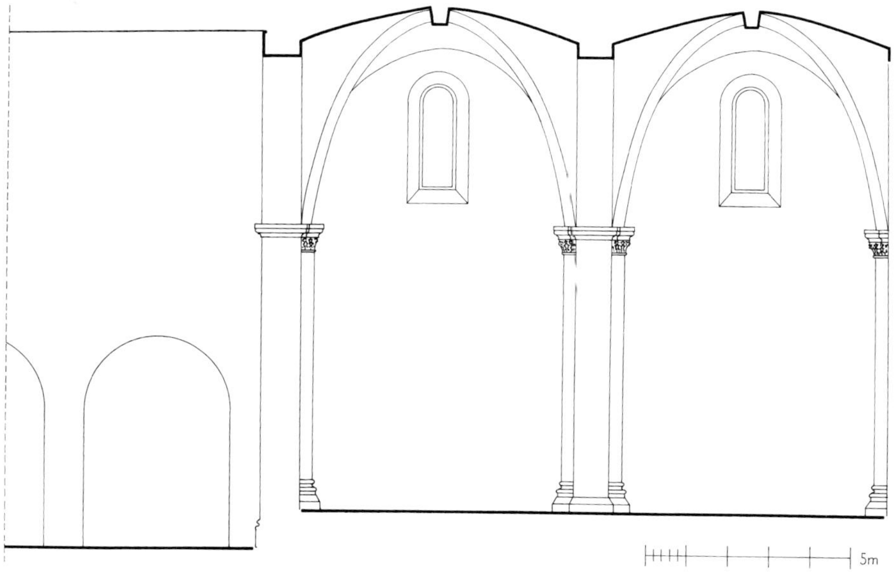

Chor im Zustand von 1213/1222, West-Ost-Schnitt-Rekonstruktionsversuch. Zeichnung von Günter Kavacs.

Von dem zwischen 1213 und 1222 errichteten Chor sind Teile der Außenwände des heutigen Chorbaus und der spitzbogige Triumphbogen erhalten geblieben. Durch bauarchäologische Untersuchungen war es möglich, die Struktur dieses Chorbaus zu erforschen. Der in spätromanisch-frühgotischen Formen errichtete Chor bestand aus zwei fast quadratischen, kreuzrippengewölbten Jochen. Wie der Ostschluss aussah, ist nicht bekannt. Die Rippen des Gewölbes setzten über Eckdiensten an, von denen sich ein einziges übereck gestelltes Kapitell erhalten hat. Dieses schöne Kelchblockkapitell zeigt zwei Zonen kräftig wuchshafter Blätter, die sich oben zu Eckmotiven zusammentun. Das Kapitell ist der Bauornamentik des Langhauses des Naumburger Domes verwandt. Das Besondere der Leipziger Chorarchitektur ist, dass es sich um einen auf Sicht berechneten Backsteinbau handelte. Am

Triumphbogen wechseln jeweils Ziegelschichten mit Sandsteinquadern. Die Außenwände bestehen aus Ziegeln, an den rundbogigen Fenstern wechseln sich wieder Ziegel mit Sandsteinen ab. Dieser Materialwechsel wurde durch eine ockrige Bemalung des Sandsteins und eine Rotbemalung des Backsteins mit weißem Fugennetz besonders betont. Mit dieser architektonischen Gestaltung reiht sich der Chor der Thomaskirche in eine Gruppe mitteldeutscher Bauten des letz ten Drittels des 12. Jahrhunderts und des 13. Jahrhunderts ein, zu der die Roten Spitzen, die Reste der Augustiner-Stiftskirche in Altenburg, und die Zisterzienserkirche in Altzella, aber auch die St. Afra Kirche in Meißen gehören. Um diese ›frühe‹ Schicht der Baugeschichte der Thomaskirche anschaulich zu halten, hat die Denkmalpflege in den sechziger Jahren des 20. Jahrhunderts den Triumphbogen und ein Wandstück an der Nordseite des Chores freigelegt und farbig rekonstruierend wiederholt.

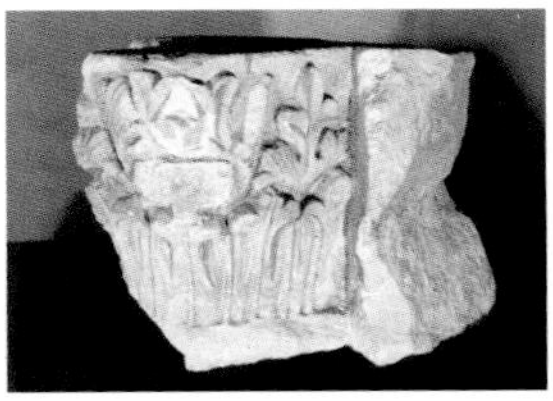

Kapitell aus der Südwestecke des Chores von 1213/1222, Aufnahme von 1963.

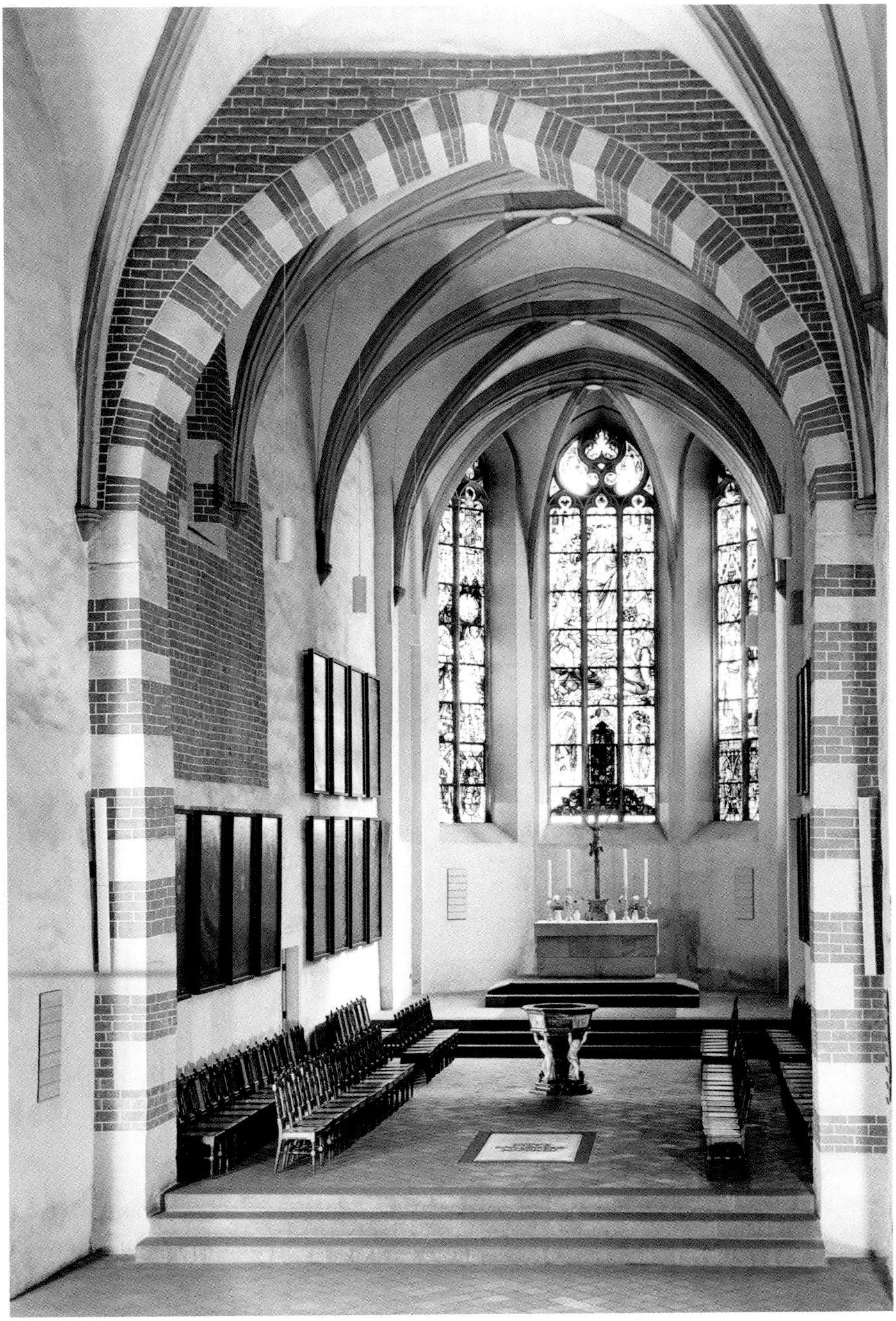

Chor nach Osten, Zustand um 1980.

Wahrscheinlich ist zum Zeitpunkt des neuen Chorbaus das ältere Langhaus nicht verändert worden, denn über dem Triumphbogen zeichnet sich der horizontale Anschluss der Flachdecke des Mittelschiffs der Basilika ab. An den Chorbau schloss sich im Norden der Konventflügel der Chorherren an.

Der Südturm

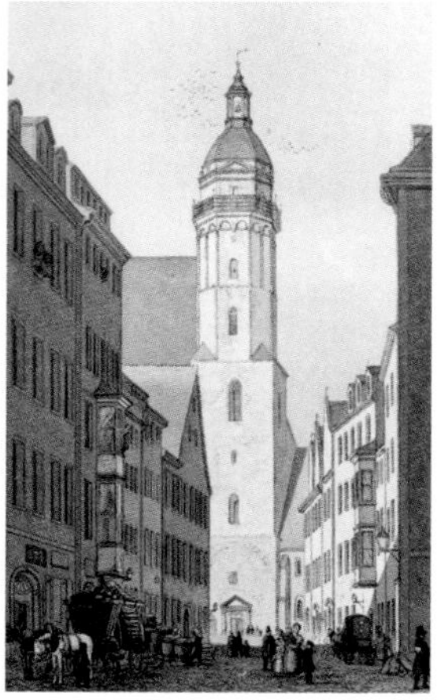

Turm von Süden, aquarellierter Kupferstich um 1830.

Warum am Ende des 13. Jahrhunderts nicht die Westturmanlage, sondern am Ostende des südlichen Seitenschiffs ein seitlicher Turm als Glockenturm ausgebaut worden ist, wissen wir nicht. Offenbar war die Hörbarkeit des Geläuts durch die Bürger und die bauliche Akzentuierung in Richtung der Bürgerstadt wichtiger als ein nun überlebter Idealtypus. Übrigens fanden sich bauliche Indizien dafür, dass man auch an den Bau eines Nordostturms dachte. Als mächtiger, aus Sandsteinen gefügter Mauerklotz auf quadratischem Grundriss mit eingeschnittenen Spitzbogenöffnungen tritt der Turm im Inneren in Erscheinung. In drei Geschossen entwickelt er sich quadratisch, ein viertes, wohl schon im 14. Jahrhundert entstandenes Geschoss, zeigt den Übergang ins Oktogon. Während die beiden unteren Geschosse im 19. Jahrhundert mit einer neugotischen Sandsteinarchitektur ›bekleidet‹ worden sind, finden sich im dritten und vierten Geschoss, Öffnungen, die stilistisch den Baufortgang bestätigen. Im Jahre 1412 stürzte der Überlieferung nach der Turmhelm herab und wurde angeblich erst 1464 wieder aufgerichtet.

Der Umbau des Chores in der Mitte des 14. Jahrhunderts

Den Grund für den Umbau des Stiftschores in der Mitte des 14. Jahrhunderts, der fast einem Neubau gleichkam, kennen wir nicht. Die räumliche Erweiterung ist nur geringfügig. Vielleicht waren die Gewölbe des 13. Jahrhunderts bei einem Erdbeben, von dem die Rede ist, eingestürzt. Die Vollendung ist wohl mit Altarweihen des Hauptaltares und des vor einer Chorschranke gelegenen Kreuzaltares 1355 zeitlich markiert. Der Kapellenanbau an der Südseite war – typisch für seine Lage am Friedhof – dem Erzengel und Seelengeleiter Michael sowie Maria Magdalena geweiht. Im vielleicht etwas später ausgebauten Obergeschoss befand sich ein dem Kirchenvater Augustinus geweihter Altar. Nördlich schloss sich an den Chor die in zwei Jochen gewölbte Sakristei an. Sie stand offenbar in baulichem Zusammenhang mit dem Ostflügel der Konventsbauten.

An die Stelle der zwei Joche des 13. Jahrhunderts traten drei queroblonge Joche, deren Rippengewölbe auf Konsolen ruht. Der Chor endet nun in einem Fünfachtelschluss. In Breite des Südturmes wurde auch ein Joch westlich des Triumphbogens gewölbt, oft fälschlich als ›Vierung‹ bezeichnet. Es ist nicht ausgeschlossen, dass gleichzeitig auch die Basilika zu einer Hallenkirche umgewandelt worden ist. Auch bei dem neuen Chorbau bestehen große Partien der Südwand mit ihren Spitzbogenfenstern aus Backstein, aber dieses Mauerwerk ist nicht mehr farbig hervorgehoben. Die Konsolen, Rippen und Schlusssteine wurden in Rochlitzer Porphyr gearbeitet. Nur der Schlussstein im Vorchor zeigt noch die originalen Blattwerkformen und nur hier sind die tütenförmigen Konsolen original erhalten. Die gelbe Farbe der Rippen und die kräftig bunten Auszeichnungen der Rippenkreuzungen wurden ursprünglichen Befunden nachgestaltet.

Im Unterschied zu dem Chorbau aus dem ersten Viertel des 13. Jahrhunderts bringt der aus der Mitte des 14. Jahrhunderts architekturgeschichtlich nichts Überraschendes, er ist eher durch eine fast bettelordensmäßig wirkende Kargheit gekennzeichnet. Im Unterschied zu anderen mitteldeutschen Städten wie Erfurt stagnierten in Leipzig im 14. Jahrhundert Wirtschaft und Kultur.

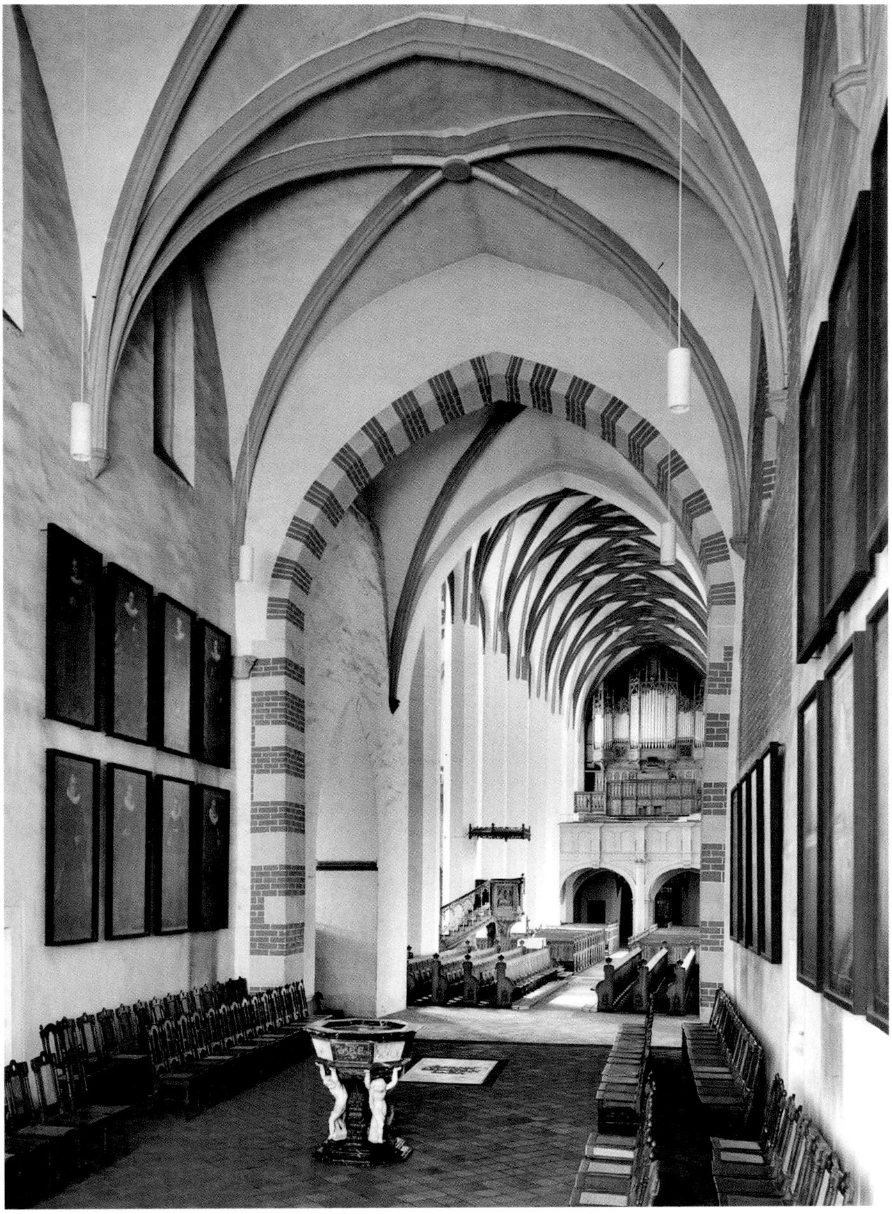

Chor, Triumphbogen, Vorchor und Hallenlanghaus nach Westen, Zustand um 1978.

Das Hallenlanghaus von 1482–1496

Der wirtschaftliche Aufschwung Leipzigs im letzten Viertel des 15. und im ersten Viertel des 16. Jahrhunderts findet seinen Ausdruck im weitgehenden Neubau der zwei großen Stadtpfarrkirchen St. Thomas und St. Nikolai, dem Bau der Peterskirche und der durchgreifenden Erneuerung der Bettelordenskirchen der Dominikaner und Franziskaner. Der Reigen dieser Kirchenneubauten wird mit dem Hallenlanghaus der Thomaskirche eröffnet. Die Grundsteinlegung erfolgte acht Tage nach Himmelfahrt des Jahres 1482. Den Urkunden ist zu entnehmen, dass dieser Bau »*un-*

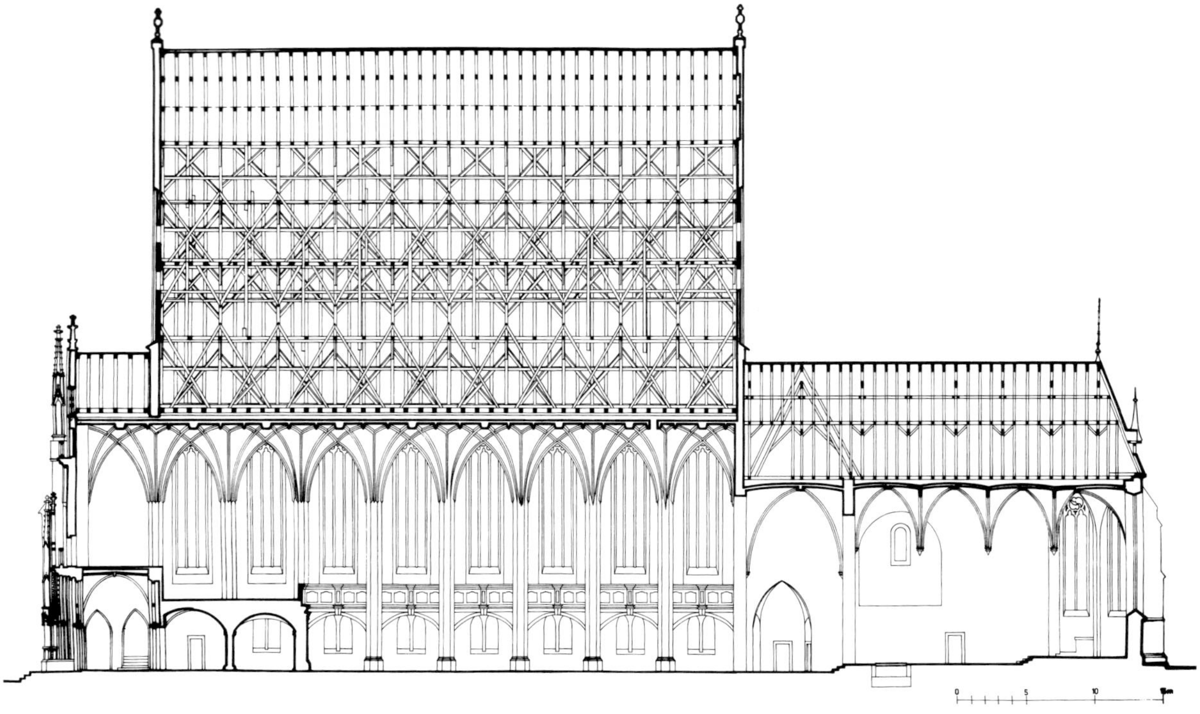

West-Ost-Schnitt, Zustand um 1985. Zeichnung von Peter Auspurg.

ser Heuptkirchen« vor allem Sache des Bürgertums gewesen ist. Noch immer verstanden sich aber die Augustiner-Chorherren mit ihrem Propst Johannes Falkenhain an der Spitze als die eigentlichen Bauherren, obwohl die Bauorganisation in die Hände dafür eingesetzter bürgerlicher *Kirchväter* gelegt worden war. Man nimmt an, dass der Neubauplan auf Claus Roder zurückgeht, der in den ersten Jahren auch die Bauleitung innehatte. Seit 1480 ist dieser früher in Dresden und Weißenfels tätige Meister in Leipzig ansässig gewesen. Den Bau der Thomaskirche leitete er bis 1489. In diesem Jahr wandte sich der Leipziger Rat an die Stadt Eger, um den dort tätigen Erhart Bauer für die Vollendung der Thomaskirche zu gewinnen. Nach Misslingen dieses Plans verpflichtete die Stadt Leipzig den auch in Diensten der Wettiner stehenden Konrad Pflüger, einen Schüler Arnolds von Westfalen, des Meisters der Albrechtsburg in Meißen. An deren Vollendung hatte auch Pflüger mitgewirkt. Er war aber auch an anderen großen Bauaufgaben wie der Wölbung der Peterskirche in Görlitz (1490–1497) tätig. Zum Jahr 1495 heißt es in den Leipziger Stadtrechnungen: »*Meister Cunz der Steinmetz und Werkmann dem Rahte auf mancherlei Bau Unterrichtung und Anzeigung gegeben und besonders auf die Kirche und Gewölbe zu St. Thomas*«. Sehr wahrscheinlich geht also der Entwurf des Gewölbes auf ihn zurück. Bei der Einwölbung 1494–1496 unterstützten ihn, wie in Görlitz, Blasius Börer und Urban Laubanisch als Poliere.

Den Baufortgang hat man sich wohl so vorzustellen, dass der Vorgängerbau zunächst stehen blieb und von den neuen Umfassungsmauern umgeben wurde. Die Erweiterung nach Westen war von einer Verlegung der Stadtmauer abhängig, von der in einer Urkunde von 1489 die Rede ist. 1494 war der noch nicht eingewölbte, aber wohl schon mit dem gewaltigen Satteldach versehene Bau benutzbar, denn in diesem Jahr stürzte die Chorempore ein, wobei der Kantor Nicolaus Zehler (Zölner) und einige Chorknaben empfindlich zu Schaden kamen. Die steinerne Chorempore war 1498 fertig, als die neue Orgel gebaut wurde. Den Überlieferungen zufolge besaß die Thomaskirche vor der Reformation 16 Nebenaltäre.

Aus der hier kurz dargestellten Quellenüberlieferung ist zu entnehmen, dass es für den Neubau des Hallenlanghauses keinen von vornherein feststehenden Bauplan gegeben hat. Offenbar stand aber fest, dass der langgestreckte Singechor der Augustiner unberührt bleiben und nur das Langhaus westlich des Südturms völlig neu gebaut werden sollte, was eine Verlagerung des Triumphbogens nach Westen, in die Achse der Westwand des Turmes zur Folge hatte. Für die neue Südwand nahm man die Breite des Turmes auf und fügte außen für die neu zu schaffenden acht Gewölbejoche Strebepfeiler an. Dagegen war man im Norden wohl wegen der dort anstoßenden Klostergebäude mehr beengt. So verlegte man die Strebepfeiler weitgehend nach innen und fügte außen nur schmale, übereck gestellte Vorlagen an. Die neue Westwand am Stadtgraben blieb ohne architektonische Gliederung. Nicht so die Eingangsfront im Süden: Nur hier führte man die Wandarchitektur, die sonst großenteils aus Backstein bestand, in Weißenfelder Sandstein aus, allerdings nicht auf sehr sorgfältige Weise. Zwischen den hohen, dreigeteilten Spitzbogenfenstern gliedern schlanke, abgetreppte Strebepfeiler die Schaufront. Im fünften Joch von Osten ist der Haupteingang angeordnet. Die Gesamtmaße des Hallenraumes – 42 m lang und 26 m breit – sind beträchtlich. Während seitlich offenbar keine Emporen vorgesehen waren, sind zwei Gewölbejoche im Westen von einer gewölbten Empore eingenommen. Im Mittelschiff sprang die Sängerempore um ein Joch zurück. Von vornherein war also an eine Orgelempore im Westen gedacht, was in dieser Zeit noch keineswegs üblich war, da die Singechöre meist seitlich des Chores zu liegen pflegten. Die Räume unter den Emporen wurden als eigene Kapellen genutzt. Deren Wölbung ruht auf originellen, heute leider teilweise vermauerten Pfeilern.

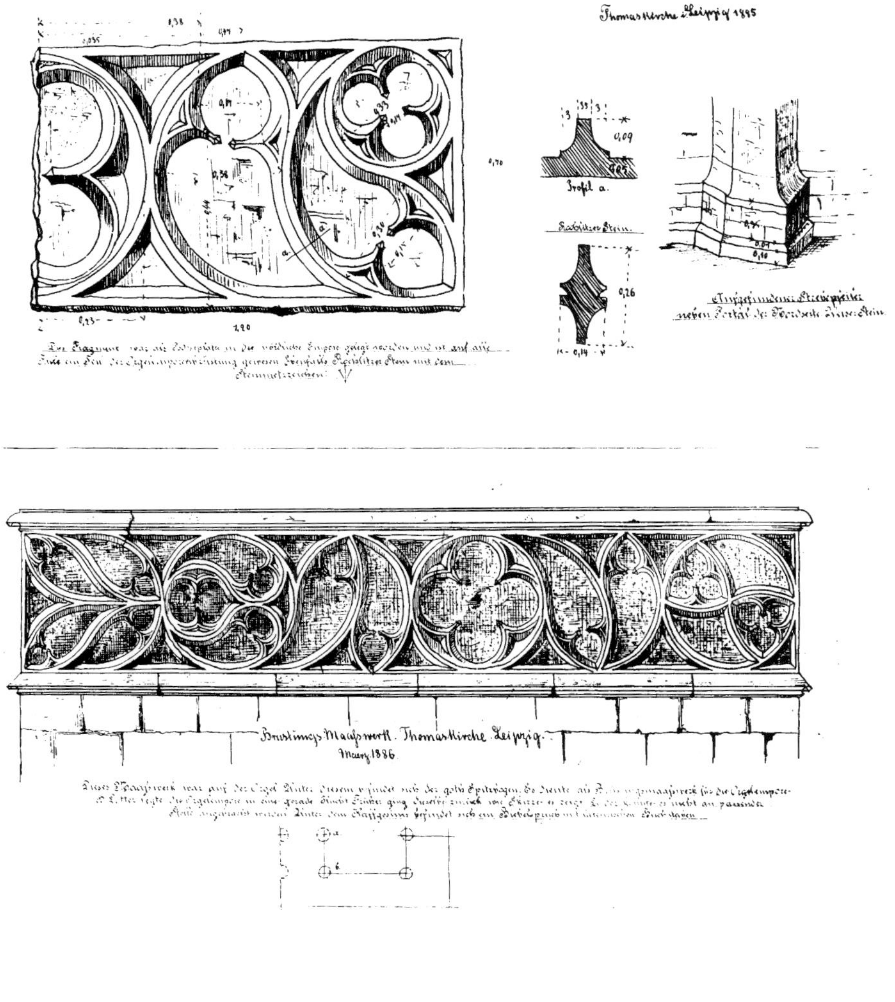

Spätgotische Brüstungsplatten von der Westempore, Profilschnitte und Sockel an der Nordseite. Dokumentationszeichnungen von 1885/1886.

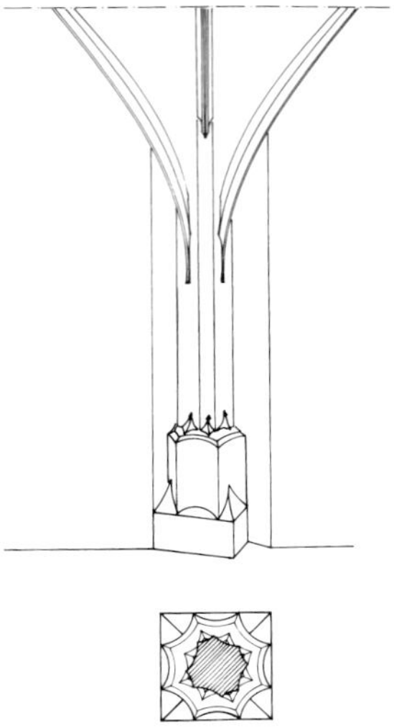

Spätgotische Emporenstütze, Ansicht und Grundriss. Zeichnung von Peter Auspurg.

rechte Seite:
Hallenlanghaus und Chor nach Osten, 2000.

Von der phantasievoll gestalteten Blendmaßwerkbrüstung haben sich Teile im Durchgang zur heutigen Empore erhalten. Der Raumeindruck der Halle wird durch die relativ enge Stellung der sieben achteckigen Pfeilerpaare bestimmt. Die Seiten der aus Sandstein bestehenden Pfeiler sind nur wenig konkav eingezogen. Aus den Pfeilern entwickelt sich das aus Rochlitzer Porphyr gearbeitete Rippennetz, das dem Raum Richtung und Dynamik verleiht. Im Mittelschiff wird die Bewegung in der Tiefenrichtung durch ein engmaschiges Netz von Gewölberippen betont, während in den Seitenschiffen durch sperrige Sternfiguration die Querrichtung angedeutet ist. Der Kunstgriff besteht darin, dass dadurch die Seitenschiffe an das Mittelschiff angekoppelt erscheinen. Zwischen der Figuration des Mittelschiffs und der der Seitenschiffe vermitteln segelartig aufgeblähte Kappenflächen, die durch den steileren Anstieg des Gewölbes in den Seitenschiffen bedingt sind. So fließen die Figurationen der drei Schiffe zusammen und ergeben ein malerisches Gesamtbild. Das ist nur möglich, weil die die Baukonstruktion versteifenden Scheidebögen über dem Netzgewölbe liegen und so dem Auge verborgen bleiben. Bei der kunstvollen Idee der Gewölbeinvention spielt aber noch ein anderes Gestaltungsmerkmal eine große Rolle: das seitlich in den Raum einflutende Licht. Es wird durch zum Raum hin fallende Gewölbekappen eingeleitet. Auf die unterschiedlichen Breiten der Schiffe reagieren die unterschiedlichen Rippenansätze, höher und andersartig geformt in den Seitenschiffen als im Mittelschiff. Ein weiterer Kunstgriff des Gewölbemeisters besteht darin, dass er in den vier östlichen Jochen die Gewölberippen außen etwa einen Meter tiefer ansetzen lässt als im westlichen Teil. Damit reagierte er sehr wahrscheinlich ästhetisch auf die niedrigen Chorteile im Osten.

Die farbige Gestaltung – seit 1962 zurückgewonnen und bei der Restaurierung 1999 noch präzisiert und korrigiert – ist ein wichtiges Element des Raumkunstwerkes. Die Sandsteinpfeiler sind wie die Außenwände und Kappenflächen weiß gekalkt,

Nord-Süd-Schnitt durch das Hallenlanghaus, Zustand um 1985. Zeichnung von Peter Auspurg.

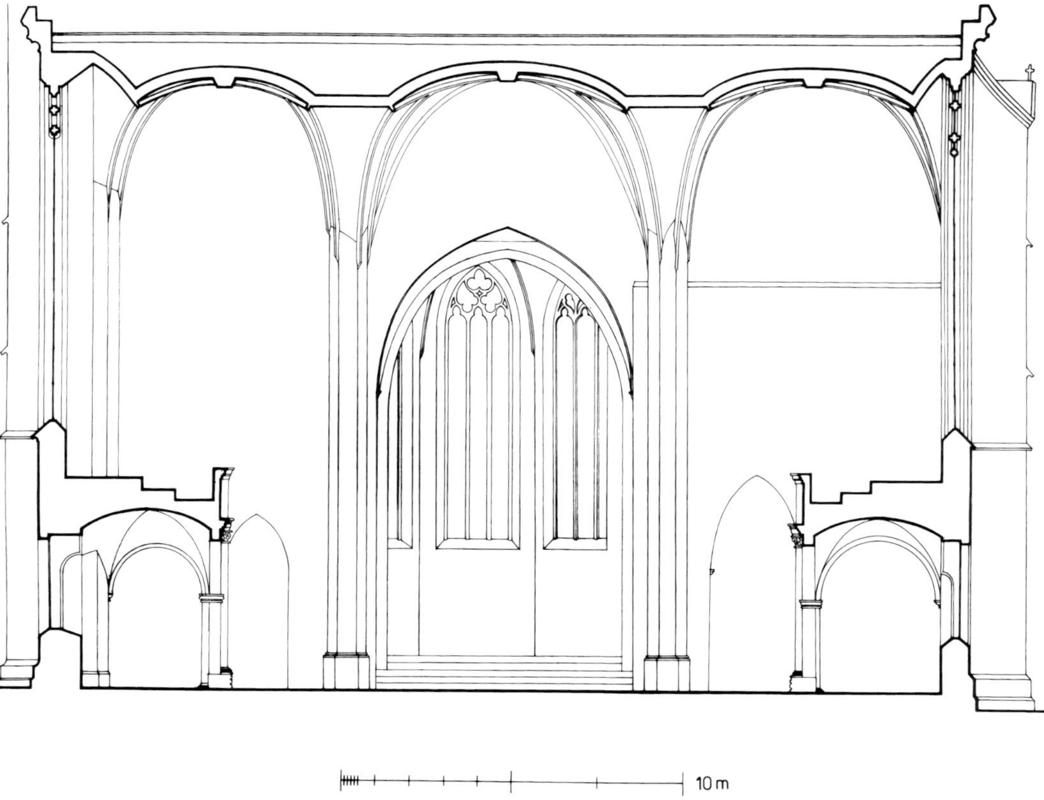

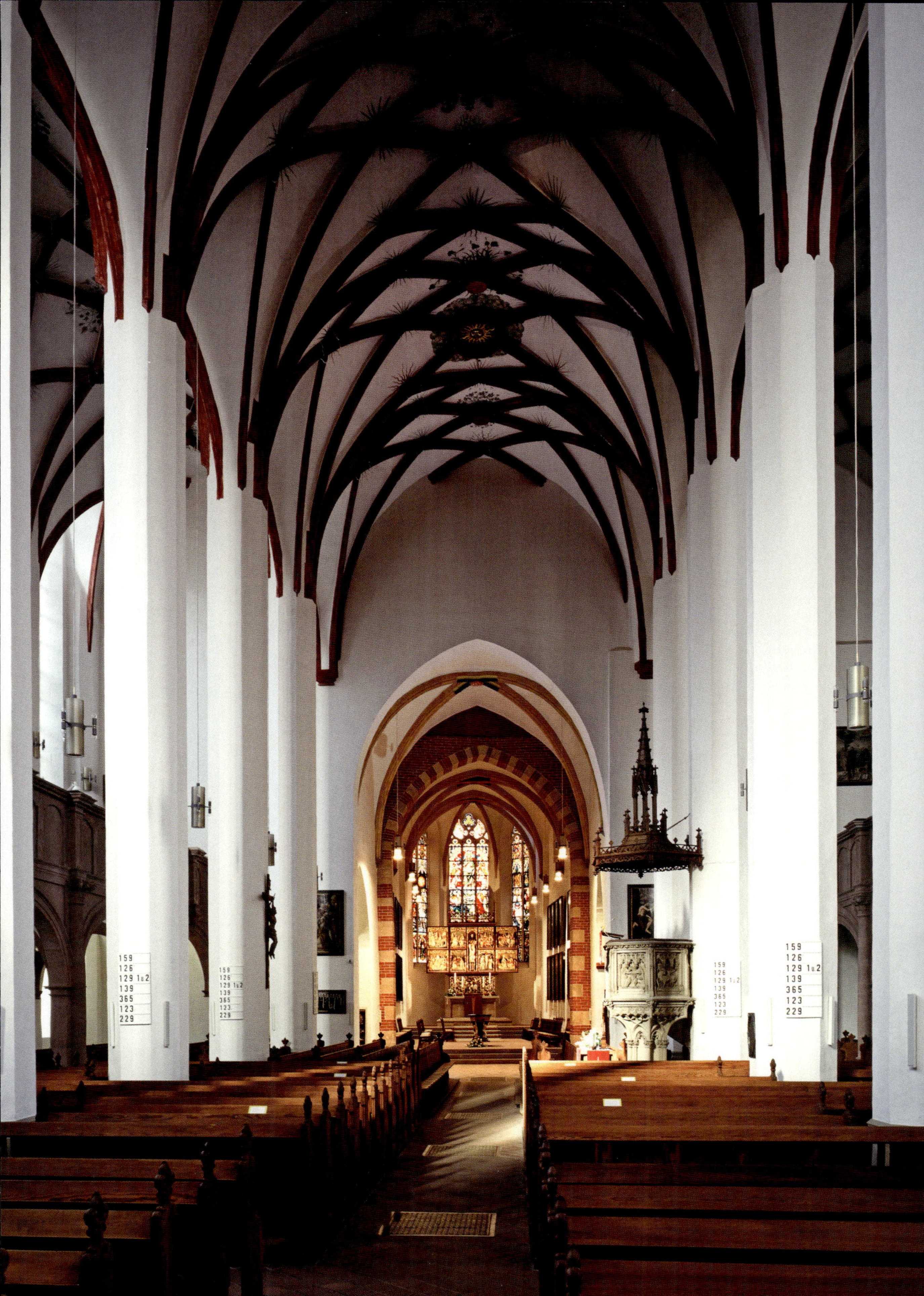
159
126
129 1u2
139
365
123
229

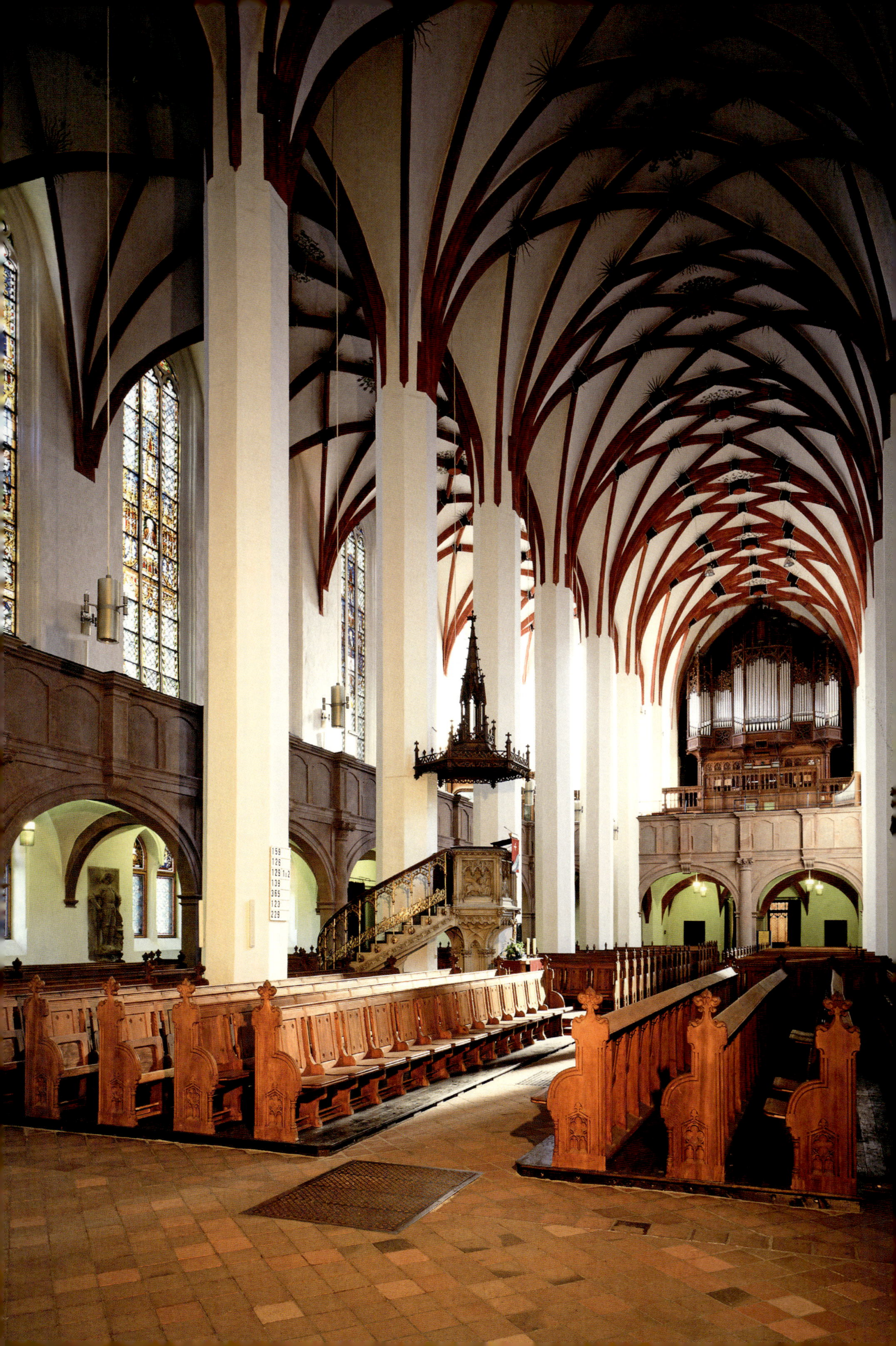
159
126
129 1u2
139
365
123
229

das Rippennetz rot bemalt; dadurch wird das Eigenleben der Gewölbezone deutlich hervorgehoben. Alle Jochmittelpunkte sind durch Schlusssteine betont, an denen einst farbig gestaltete, wohl in Metall gearbeitete Wappen angebracht waren. Sie sind von Pflanzenmalereien umgeben, während die benachbarten Kreuzungspunkte durch schwarze Manschetten mit weißen Enden, umgeben von gemalten Strahlen und Flammen, betont sind. Durch diese Farbgestaltung wirkt der Raum ungemein festlich und rhythmisch bewegt. Auf den Gewölbesprung im östlichen Raumteil der Halle geht auch die Bemalung der Gewölbeanfänger nach dem Mittelschiff zu ein.

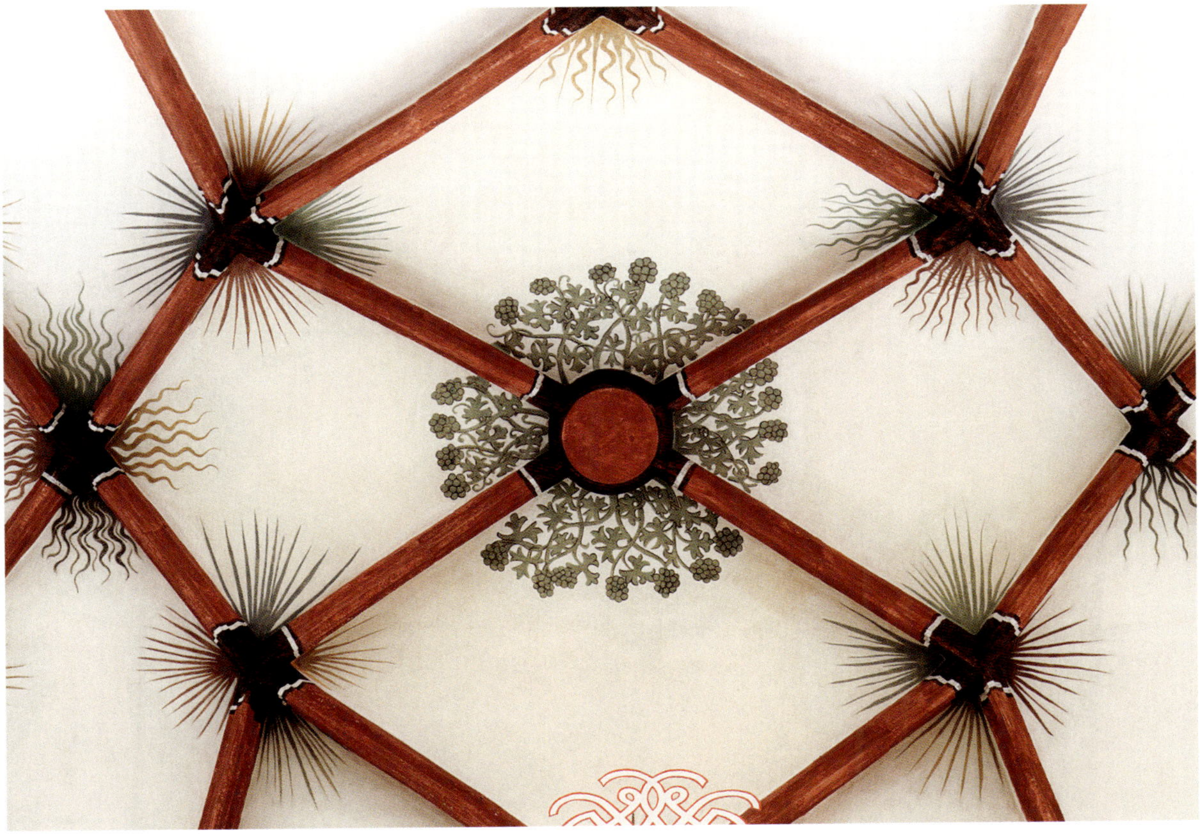

Nördliches Seitenschiff, Drittes Joch von Osten, Rankenmalerei am Schlussstein, Flammen und Strahlen an den Rippenkreuzungen, 2000.

Während im westlichen Teil die roten Rippen im Weiß der Pfeiler auslaufen, sind sie im östlichen durch asymmetrische, aber paarweise aufeinander bezogene Quaderbemalungen zusammengezogen. Von köstlichem Reichtum ist die Pflanzenwelt rings um die Schlusssteine. Sie ist großenteils botanisch genau bestimmbar, man kann Pflanzen wie Kamille, Wein, Disteln, Kornblumen, Klee, Lilien und Margeriten, Wegwarten und Königskerzen erkennen. Von gemalten Wolken umgeben ist der von einer Sonne verschlossene Ringschlussstein, durch den der historischen Überlieferung nach zum Fest der Himmelfahrt Christi die Figur des Auferstandenen hinaufgezogen wurde. Das deutet auch die Symbolik an, die dem Rippennetz insgesamt anhaftet. Es deutet die Kirche als Paradieslaube aus, als Verheißung einer jenseitigen Welt. Macht man sich bewusst, dass auch in der Erdgeschosszone durch die Vielzahl der Altäre, durch Wandmalereien und wenigstens teilweise bunte Fenster Vielgestaltigkeit und Farbigkeit den Raum belebt haben, so werden die Gestaltungsabsichten deutlich.

Blick in das Hallenlanghaus nach Westen mit der Sauerorgel, 2000.

Auch wenn eine solche Raumvorstellung durch denkmalpflegerische Maßnahmen nie vollständig rekonstruiert werden kann, bleibt doch das, was durch die

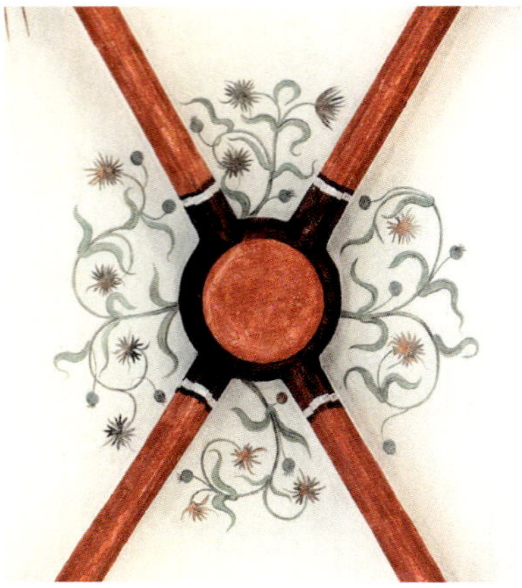
1

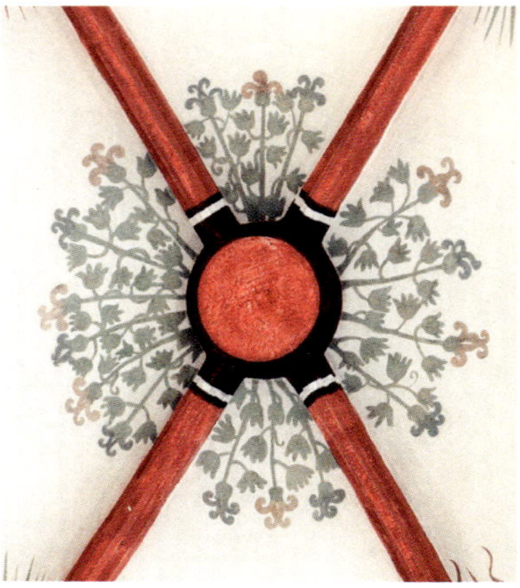
2

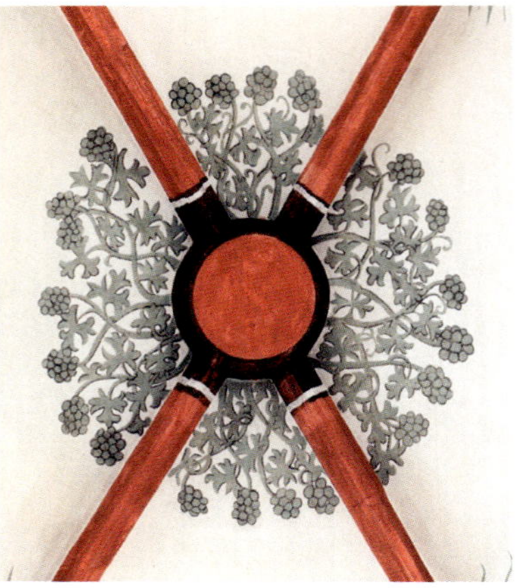
3

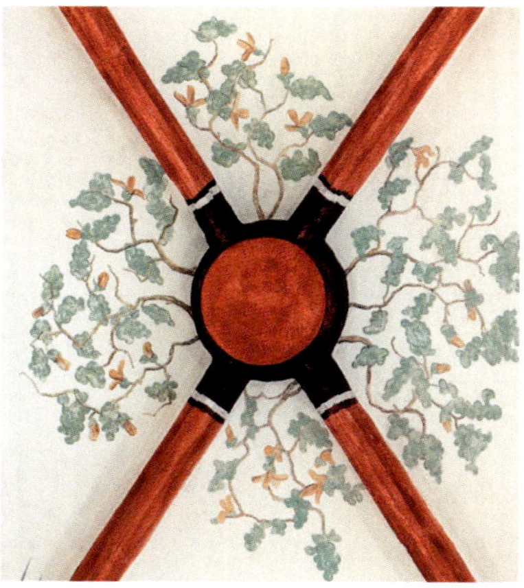
4

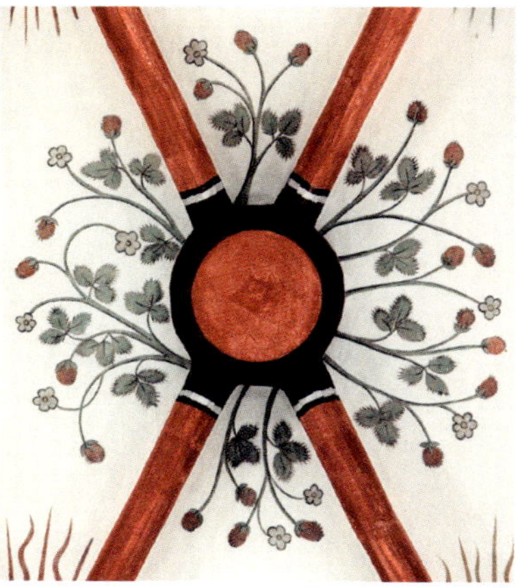
5

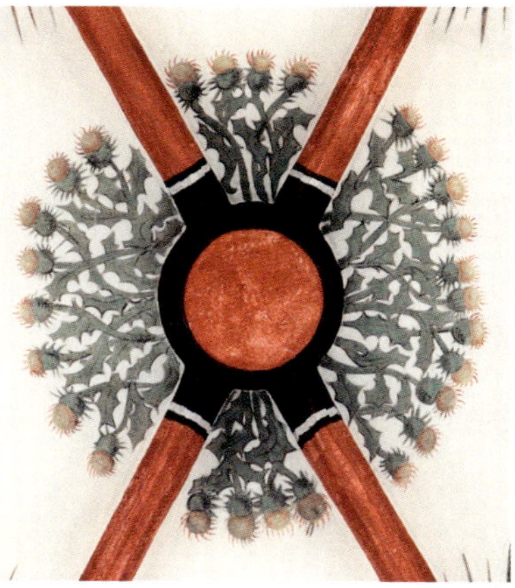
6

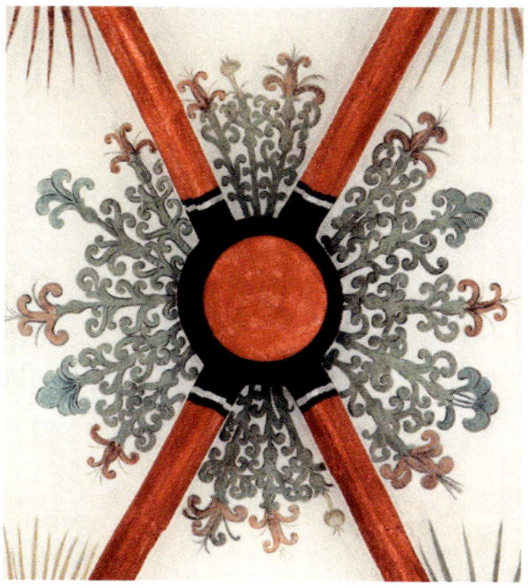
7

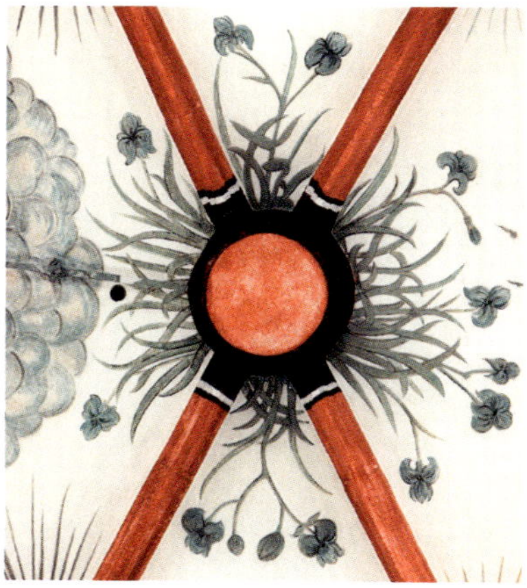
8

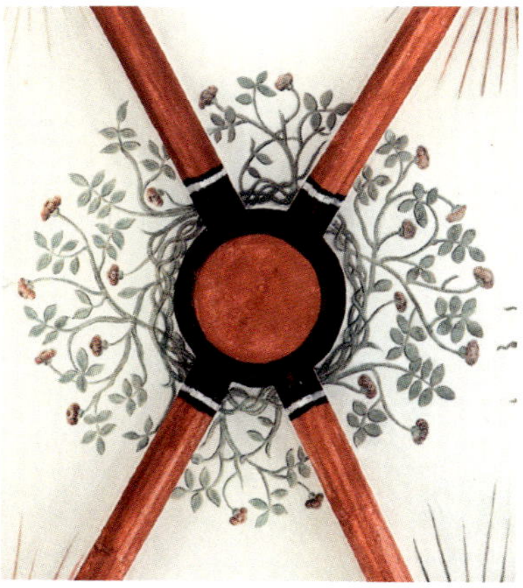
9

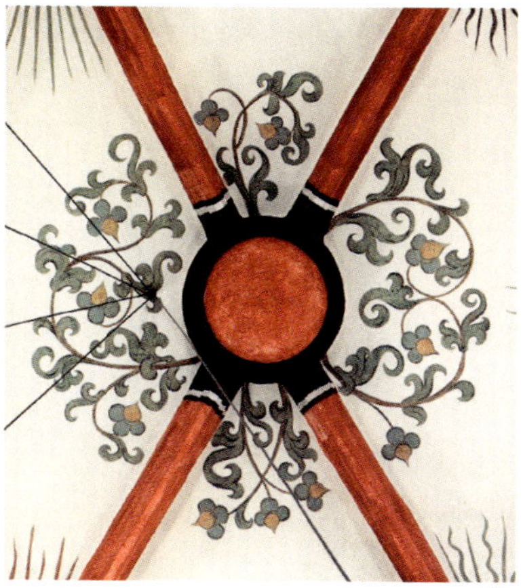
10

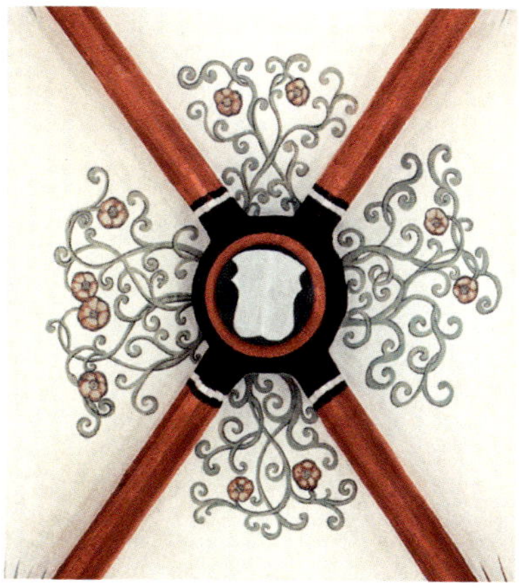
11

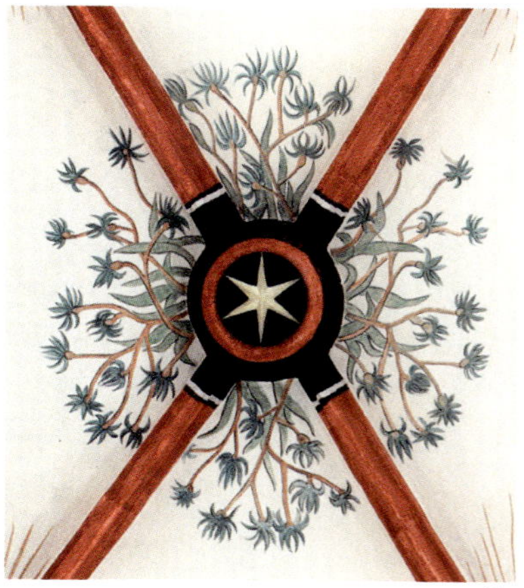
12

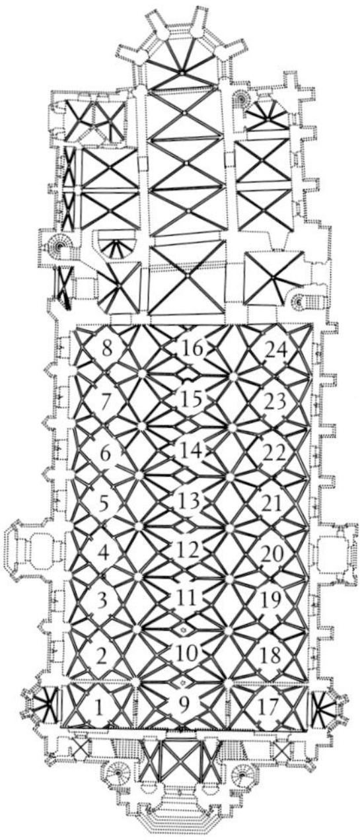

Belegung der Gewölbefelder

1 leer
2 Heidelbeere
3 Kornblume
4 Distel
5 nicht deutbar
6 Wein
7 nicht deutbar
8 Eiche
9 Stiefmütterchen
10 nicht deutbar
11 Erdbeere
12 Kamille
13 Mariendistel
14 Madonnenlilie
15 Schwertlilie
16 Rose
17 leer
18 Vergissmeinnicht
19 Hahnenkamm
20 Flockenblume
21 Artischocke
22 nicht deutbar
23 nicht deutbar
24 leer

Pflanzendarstellungen in der Thomaskirche zu Leipzig (Auswahl)

3 KORNBLUME (CANTAUREA CYANUS) Es verwundert nicht, dass die Kornblume, eine wegen ihrer leuchtend blauen Blüten beliebte Ackerwildpflanze, als alte Heilpflanze im Nerzgewölbe der Kirche abgebildet wurde. Da ihre blaue Farbe leicht ausbleicht, galt sie als Zeichen der Veränderlichkeit.

6 WEIN (VITIS VINIFERA) »Ich bin der wahre Weinstock, und mein Vater der Weingärtner. Eine jede Rebe an mir, die keine Frucht bringt, wird er wegnehmen; und eine jede, die Frucht bringt, wird er reinigen, dass sie mehr Frucht bringe.« (Joh 15,1–2) Alle Hochkulturen des antiken Mittelmeerraumes und des Nahen Ostens (z.B. die Ägypter, Phönizier, Assyrer, Griechen, Römer) brachten dem Weinbau höchste Wertschätzung entgegen. Auch im Leben und Glauben der Israeliten spielte Wein eine große Rolle. Er ist Symbol für den Segen, der auf Juda ruht. »Noah aber, der Ackermann, pflanzte als erster einen Weinberg.« (1. Mose 9,20)

8 EICHE (QUERCUS SPEC.) Einigen alten Völkern, vor allem den Germanen, waren die Eichen heilig. Auch in der Bibel sind Eichen als Symbol für Kraft und Langlebigkeit, für Stolz und Ruhm mehrfach erwähnt, z.B. 1. Mose 35,6 und Amos 2,9 (»Und dabei habe ich den Amoriter vor ihnen her vertilgt, der so hoch war wie die Zedern und so stark wie die Eichen«). Mehrere biblische Orte tragen ihren Namen. Bei den in der Bibel erwähnten Eichen handelt es sich um immergrüne mediterrane Arten, vor allem die Taboreiche (Quercus ithaburensis) und eine hochwüchsige Form der Kermeseiche (Quercus coccifera).

9 STIEFMÜTTERCHEN (VIOLA TRICOLOR) Es ist schwer zu erklären, warum diese Art im Gewölbe der Kirche dargestellt wurde. Dass sie eine alte Heilpflanze ist, reicht wohl zur Erklärung nicht aus. In manchen Gebieten Deutschlands wird sie Jesusblümchen oder Dreifaltigkeitsblume genannt – vielleicht ist hier der Schlüssel verborgen. Womöglich handelt es sich sogar um die Veilchenpflanze, die als Zeichen der Demut Mariens gilt.

5, 7, 10, 22 & 23 UNBEKANNTE PFLANZEN Mehrere im Netzgewölbe abgebildete Pflanzen lassen sich nicht deuten. Es sind vielleicht Phantasieprodukte des Künstlers oder so naturferne Darstellungen, dass eine botanische Zuordnung nicht möglich ist. Hat es doch der Künstler auch bei deutbaren Pflanzen nicht immer genau genommen.

11 ERDBEERE (FRAGARIA SPEC.) Die Erdbeere ist eine uralte Obst- und Heilpflanze, die schon in alten Schriften, z.B. in denen der Heiligen Hildegard von Bingen, erwähnt wird. Die Erdbeere galt als Sinnbild der Verlockung und Weltlust. Doch kennt man sie auch als Paradiespflanze und als Speise der Seligen. Die Zeichnung ist eindeutig zu identifizieren, dennoch zeigt sich auch hier, dass der Künstler es mit der Genauigkeit der Darstellung nicht sehr genau nahm – so hat eine Blüte sechs statt fünf Blütenblätter.

13 MARIENDISTEL (SILYBUM MARIANUM) Von alters her gilt die Mariendistel als Heilpflanze. Auf der Abbildung nicht erkennbar, da vielleicht bei der Restaurierung unbeachtet geblieben, sind die weißgestreiften Blätter von der Milch der Mutter Gottes, da diese nach der Legende beim Säugen des Christkindes auf die Pflanze träufelte. Die Mariendistel ist im Volksglauben tief verwurzelt, wie lokale Volksnamen zeigen, z.B. Christi Krone (Westfalen) oder Heilandsdistel (Vogtland). Bei der Heiligen Hildegard heißt sie Vehedistel (= Venusdistel?).

14 MADONNENLILIE (LILIUM CANDIDUM) Bei der abgebildeten Pflanze handelt es sich wahrscheinlich um die Madonnenlilie, auch wenn die Blätter wenig naturgetreu gezeichnet wurden. Die aus dem östlichen Mittelmeergebiet stammende Pflanze war schon den Griechen und Römern als Ziergewächs bekannt. Die Christen widmeten sie Maria. Sie ist Symbol der himmlischen Reinheit, gleichzeitig auch Wahrzeichen der Entsagung und des Todes. Viele christliche Legenden sind mit der Lilie verknüpft.

15 SCHWERTLILIE (IRIS SPEC., WAHRSCHEINLICH IRIS GERMANICA) Nur wenige Pflanzen sind so naturgetreu dargestellt worden wie die Schwertlilie. Die blaue Blütenfarbe spricht dafür, dass die Deutsche Schwertlilie gemeint ist. Sie wird seit dem Mittelalter kultiviert und als Heilpflanze, vor allem bei Erkältungskrankheiten, genutzt. Mit der in der Bibel mehrfach gepriesenen Lilie, z.B. im Hohelied Salomos, ist mit größter Wahrscheinlichkeit nicht die Madonnenlilie, sondern die Schwertlilie gemeint.

16 ROSE (ROSA SPEC.) Die Wertschätzung der Rose geht bis in die Urzeiten zurück. Schon die alten Perser legten Rosengärten an. In der Mythologie der Babylonier, Griechen, Kelten und Germanen spielte die Rose eine große Rolle. Bei den Griechen war sie Sinnbild der Liebe, Anmut und Lebensfreude, bei den Germanen hingegen des Feuers und Weltuntergangs. Im Christentum ist sie Zeichen der Tugend, gleichzeitig auch Symbol der Vergänglichkeit des Irdischen und der Unvergänglichkeit himmlischer Freuden. Zahlreiche christliche Legenden ranken sich um die Rose. So gehört sie zu den Symbolen der Jungfrau Maria.

Restaurierungen von 1961–1962 und 1998–2000 wiedergewonnen werden konnte, deshalb beachtlich, weil durch sie dem Raum wieder leuchtende Farben, Weite und rhythmische Bewegung zurückgegeben worden sind. Solche Aspekte führen zu der Frage zurück, welche Bedeutung der Thomaskirche in Leipzig im Rahmen ihres künstlerischen Umfeldes, im Rahmen der spätgotischen Architektur Deutschlands, zukommt. Dabei ist noch einmal festzuhalten, dass in dem an natürlichem Baugestein armen Leipzig eine Werksteinkultur sich nie so recht hatte ausbilden können, andererseits der Backstein, der im 12. und 13. Jahrhundert verheißungsvolle Früchte gezeitigt hatte, hier in Mitteldeutschland keine weitere Kultivierung erfuhr, weil die architektonischen Vorbilder immer eher im süd- und westdeutschen Raume lagen. Im Unterschied zu dem fast gleichzeitig entstandenen Freiberger Dom (1486–1499) haftet dem Bau der Leipziger Thomaskirche im Hinblick auf die enge Pfeilerstellung, dem Fehlen von seitlichen Emporen noch etwas bettelordenshaft Strenges an, das mit den weiten Hallen von Annaberg, Pirna und Schneeberg bald überwunden werden sollte. In Leipzig selbst war die um 1485 ebenfalls im Bau befindliche Halle der Dominikanerkirche St. Pauli mit ihren allerdings kräftigeren Pfeilern mit der Thomaskirche durchaus vergleichbar. Dem dort auf Ausgleich bedachten Sterngewölbe ist das Gewölbe der Thomaskirche an raumbildender Dynamik allerdings überlegen. Offenbar war es doch erst der aus der Schule Arnolds von Westfalen kommende Konrad Pflüger, der der Thomaskirche ihren unverwechselbaren künstlerischen Stempel aufdrückte. An innovativen Einfällen übertrifft das Thomasgewölbe noch das ebenfalls von Pflüger entworfene Gewölbe der Peterskirche in Görlitz und das des Freiberger Domes. Allen genannten Kirchenbauten gemein ist die Eliminierung der Scheidebögen zwischen den Schiffen. Ihre Anordnung oberhalb der Rippenfiguration hatte auch den technischen Vorteil, dass vor der Einwölbung der Dachstuhl aufgesetzt werden konnte. Diese Neuerung hat Pflüger von der 1476 erfolgten Wölbung des Langhauses der Kunigundenkirche in Rochlitz übernommen. Sie erlaubte es fortan den Architekten der obersächsischen Hallenkirchen, einen Raumtypus von bis dahin nicht gekannter Einheitlichkeit und Weite einerseits, dynamischer Belebtheit andererseits zu schaffen. Mit der Thomaskirche in Leipzig ist ein wichtiger Schritt in diese künstlerische Richtung getan.

Ein- und Anbauten nach der Reformation

Der spätgotische Zustand der Thomaskirche blieb der den Bau im Wesentlichen bestimmende. Mehrere Umbauten betrafen vom 16. bis 18. Jahrhundert den Turmabschluss. 1537 baute der Ratsmaurermeister Hans Pfretzschner das fünfte Turmgeschoss »in der vorigen Höhe mit gebackenen Steinen neu«, darüber die hinter einem Umgang zurückgesetzte Türmerwohnung und den Abschluss mit Haube und Laterne. Dieser Turmabschluss wurde allerdings 1702 von Johann Gregor Fuchs durch eine neue Lösung in barocken Formen ersetzt. Er fiel dem Bombenangriff von 1943 zum Opfer, wurde bis 1950 vereinfacht neu errichtet und erhielt erst 1993 seine barocke Gestalt zurück.

Nach der Reformation brach man den den Chor vom Hallenlanghaus scheidenden Lettner ab. Desgleichen fiel das Kloster an der Nordseite dem Abbruch zum Opfer. Nachdem der Innenraum der Kirche wohl schon 1555 grau ausgemalt worden war, baute man 1570–1571 vermutlich unter Leitung von Hieronymus Lotter an der Süd- und Nordseite der Halle eine Empore in gravitätischen Hochrenaissanceformen mit Halbsäulen der korinthischen Ordnung ein. Da man nun auch im Bereich des Mittelschiffs das zweite Joch von Westen als Singechor benötigte, erweiterte man im Westen die Empore um diesen Bereich und zog das steinerne Brüstungsband auch an dieser Seite durch. Von weiteren Emporeneinbauten des 17. und 18. Jahrhunderts, die den Raum sehr wesentlich mitbestimmten, ist nichts erhalten geblieben. Nicht minder wurde die äußere Erscheinung der Thomaskirche durch Familienkapellen an der Südseite, durch mehrgeschossige Logenanbauten und Treppenanlagen an der Nordseite verändert. Mit dem Einbau eines Barockaltares 1720–1721 wurde die Chorarchitektur gründlich umgewandelt und das Innere des Chores stuckiert. Nachdem der Kirchenraum 1806–1807 als französisches Militärmagazin genutzt worden war und dadurch schweren Schaden erlitten hatte, erfolgte eine Reparatur, bei der an den Pfeilerköpfen der Halle klassizistische Gesimse angebracht wurden.

Von entscheidender Bedeutung für das heutige Erscheinungsbild der Thomaskirche sollte aber die große historistische Um- und Ausgestaltung unter Constantin Lipsius zwischen 1878 und 1889 werden. Man begann den Umbau im Süden. Nachdem die Familienkapellen abgebrochen waren, legte man im Erdgeschoss gekoppelte Fenster an und errichtete vor dem Südportal eine neugotische Vorhalle. Der Plan, den Turmabschluss neogotisch umzuändern, unterblieb, da die Leipziger den barocken Abschluss bereits als signifikant für ihr Stadtbild erachteten. Die Untergeschosse des Turmes hingegen wurden mit einer neuen Sandsteinarchitektur verkleidet, desgleichen wurde das Beichthaus südlich des Chores verändert und der Chor selbst in der Außenarchitektur völlig neu gefertigt. Selbstständig gestaltend verfuhr der Architekt sodann mit der malerischen Durchbildung der Choranbauten an der Nordseite, wobei ein angeblich vorhanden gewesenes Querhaus simuliert wurde. Nachdem sämtliche barocke Anbauten an der Nordseite des Langhauses beseitigt waren, versah Lipsius seit 1885 diese Nordseite mit einer regotisierenden Quader-

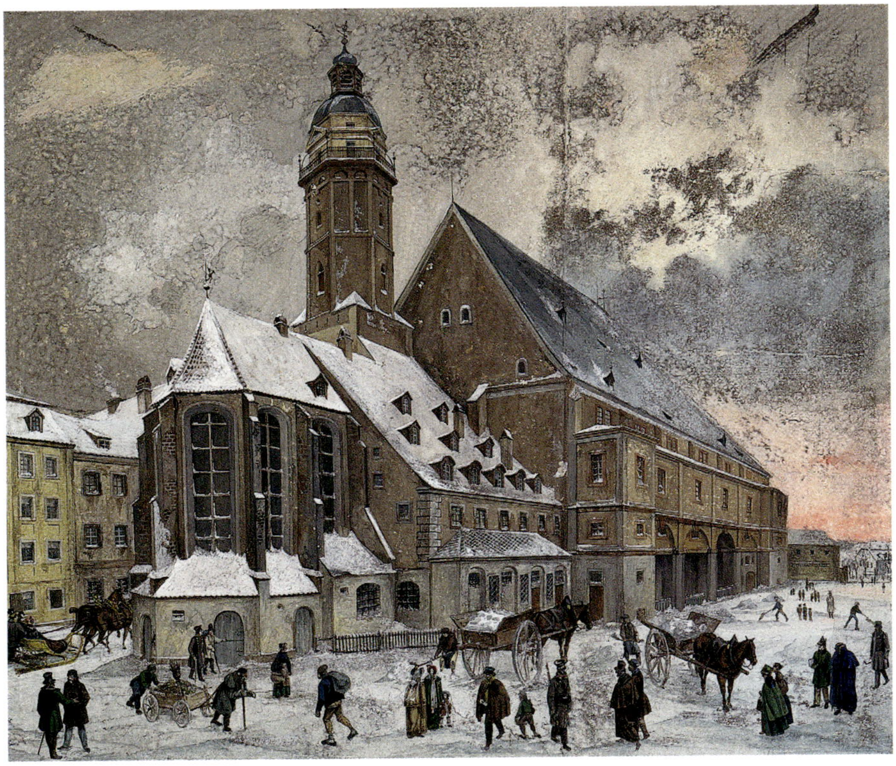

Ansicht von Nordosten.
Aquarell von F.W. Heine, 1880.

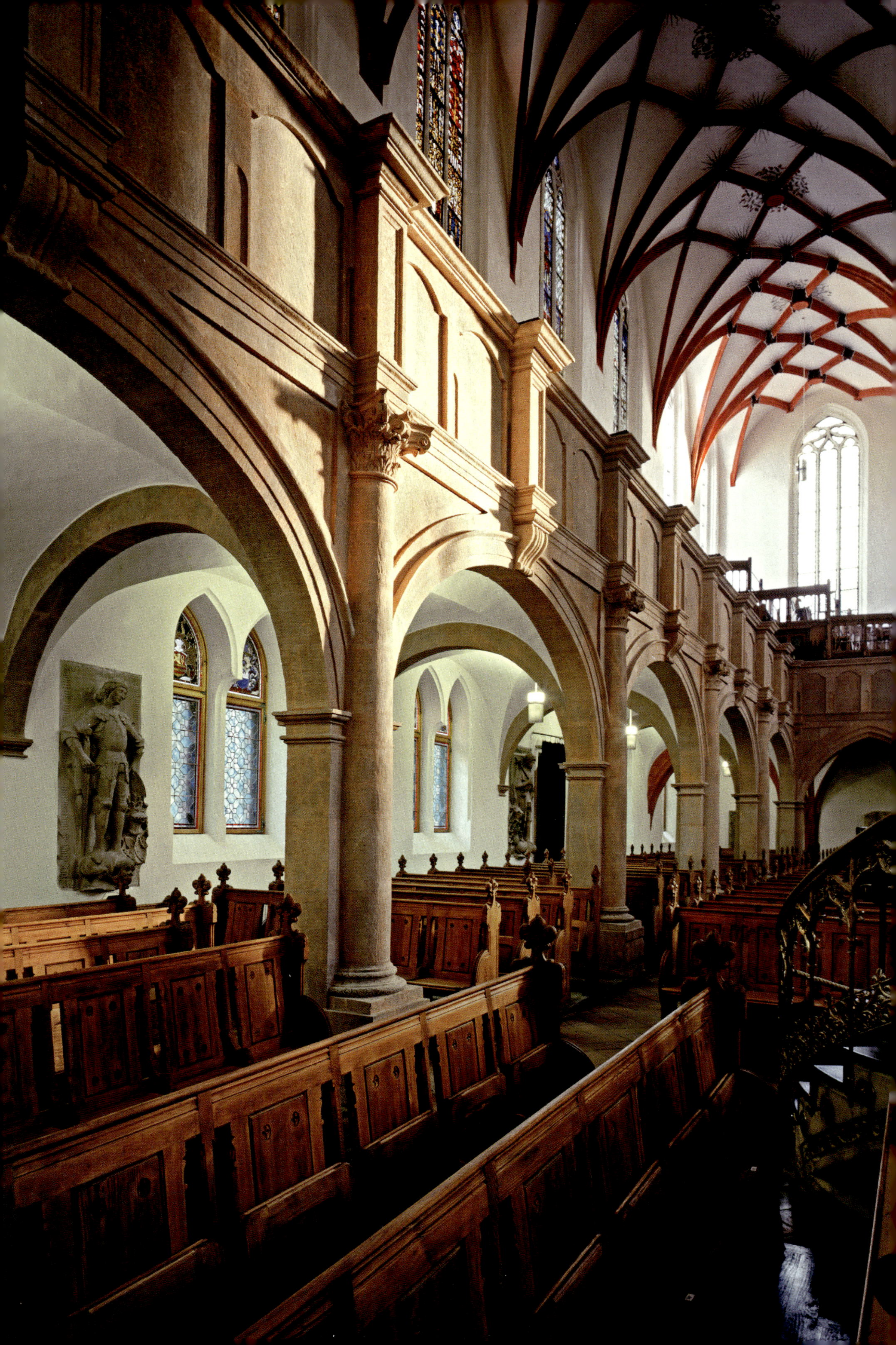

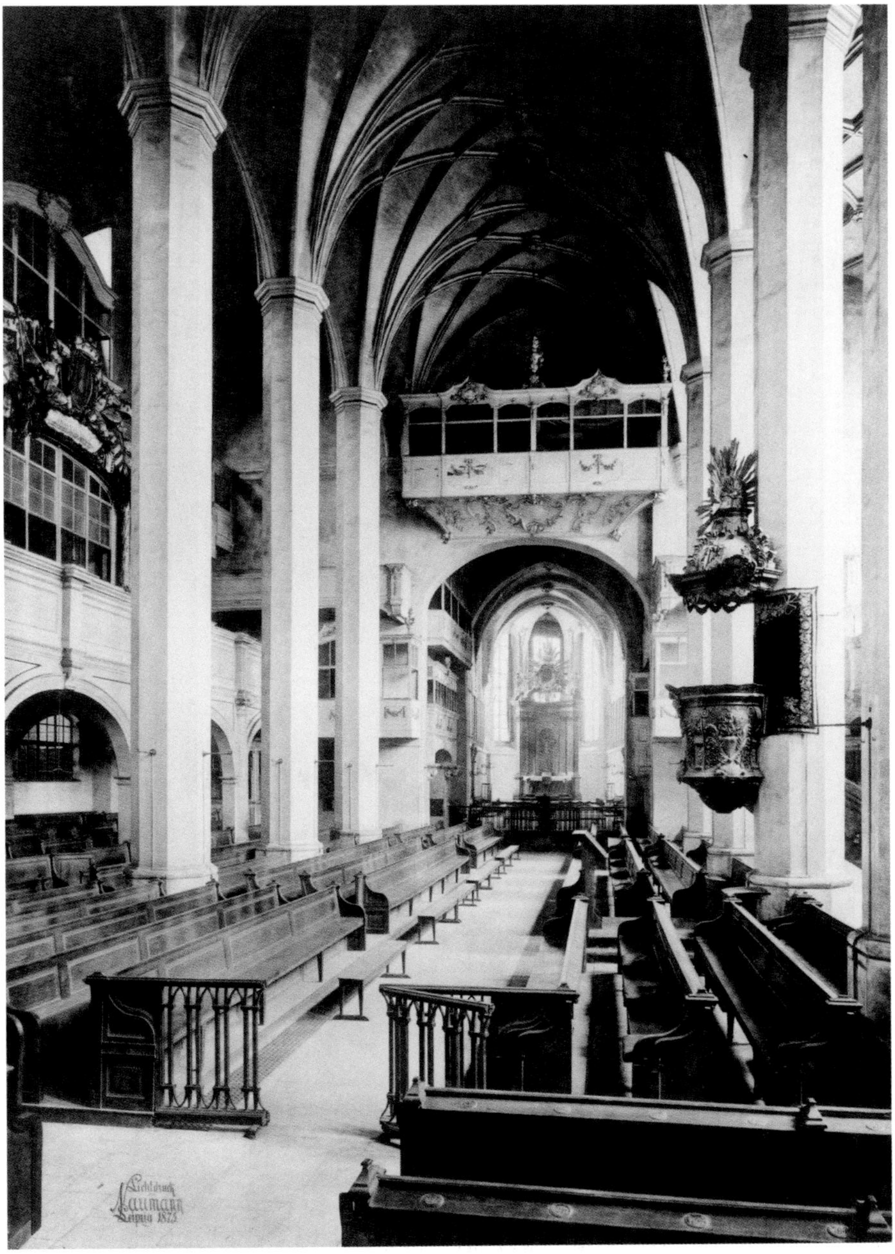

Hallenlanghaus nach Osten. Fotografierter Zustand um 1875.

architektur in Sandstein und schuf am fünften Joch von Osten eine Vorhalle neu. Sie wurde 1894 mit Figuren von Arthur Trebst geschmückt. Neu war auch der Anbau von polygonalen Chörlein im ersten westlichen Joch der Nord- und Südseite. 1886 griff die Erneuerung auf die Westseite über. In einem doppelgeschossigen Anbau befindet sich erdgeschossig eine Vorhalle. Darüber wurde Raum für eine neue große Orgel gewonnen. Seitlich wurden Treppenläufe zu den Emporen und Toilettenanlagen untergebracht. Die praktischen Bedürfnisse wurden der neugotischen Gesamtkomposition der Giebelfront außerordentlich geschickt eingegliedert. Das den klassischen Vorstellungen von Gotik, denen Lipsius huldigte, nicht entsprechende hohe Dach wurde durch Zusätze von riesigen seitlichen Fialen verbessert. Im Sinne einer stilistischen Korrektur an dem noch immer verketzerten Stil der Spätgotik war auch die Innenerneuerung zu verstehen. Nachdem sämtliche Geschichtsspuren des 17. und 18. Jahrhunderts beseitigt worden waren, versuchte Lipsius mit egalisierenden Eingriffen, mit Ein- und Umbauten und schließlich einer

Südliches Seitenschiff mit Renaissanceempore von 1570/71, Blick nach Westen, 2000.

dumpftonigen Ausmalung mit Schmuckformen der Hochgotik den vermeintlich schlechten Geschmack der späten Gotik zu überwinden. Die akademische Akkuratesse dieser Gestaltung nahm auf die Weite und Freiheit des spätgotischen Raumes keine Rücksicht. Diese Restaurierung fand nur wenige Jahre vor der Entdeckung der Spätgotik als einer wichtigen Phase der europäischen Kunstgeschichte statt. Sie war in der ersten Hälfte des 20. Jahrhunderts der Kritik der Bachverehrer, die den Kirchenraum gern im Stil seiner Zeit gesehen hätten, ebenso ausgesetzt wie der der Kunsthistoriker und Architekten, die die originalen Werte missachtet sahen. Nicht zuletzt war es der Wunsch der Kirchgemeinde selbst, sich nach den Erfahrungen des 2. Weltkriegs von vermeintlich bürgerlichen Missverständnissen der Raumgestaltung zu befreien.

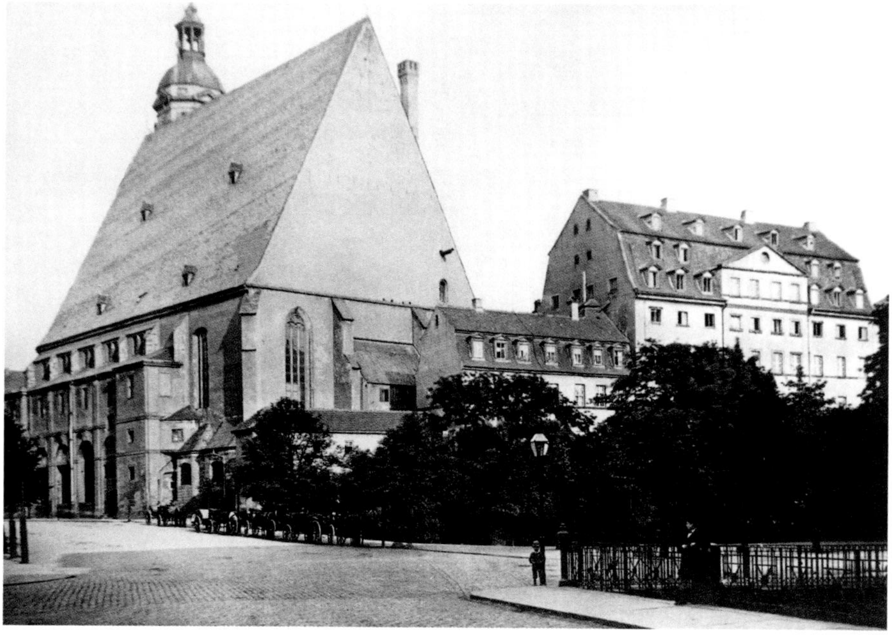

Thomaskirche und Alte Thomasschule von Nordwesten um 1880. Links von der Thomasschule ist noch das alte Wirtschaftsgebäude vor dem schmucklosen Westgiebel zu sehen.

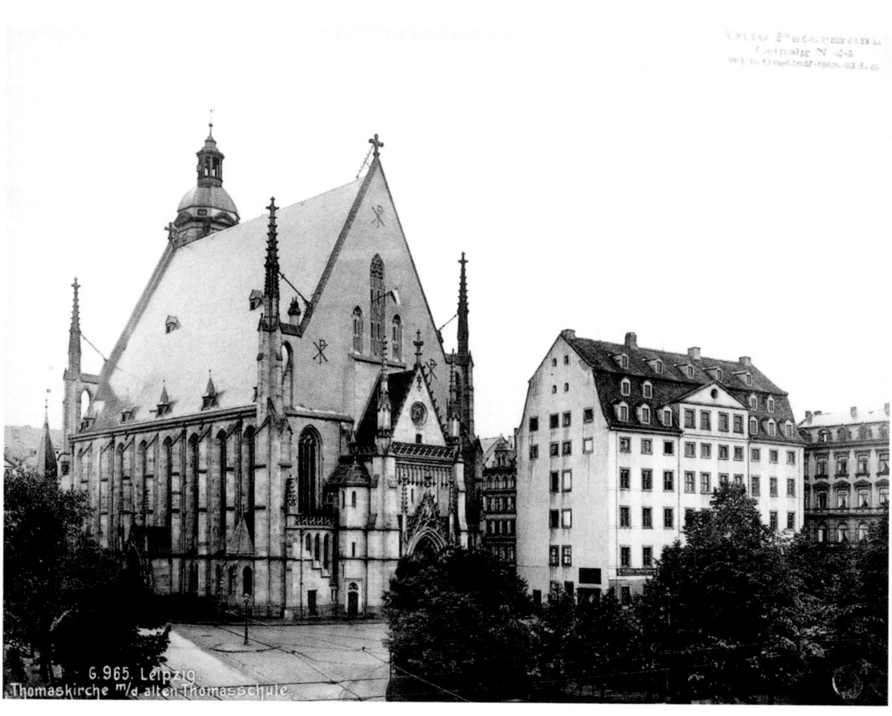

Neogotisierte Thomaskirche und Alte Thomasschule, um 1895.

Hallenlanghaus nach Westen, um 1930. Links der neogotische Abschluss des Kanzeldeckels, der 1962 entfernt wurde.

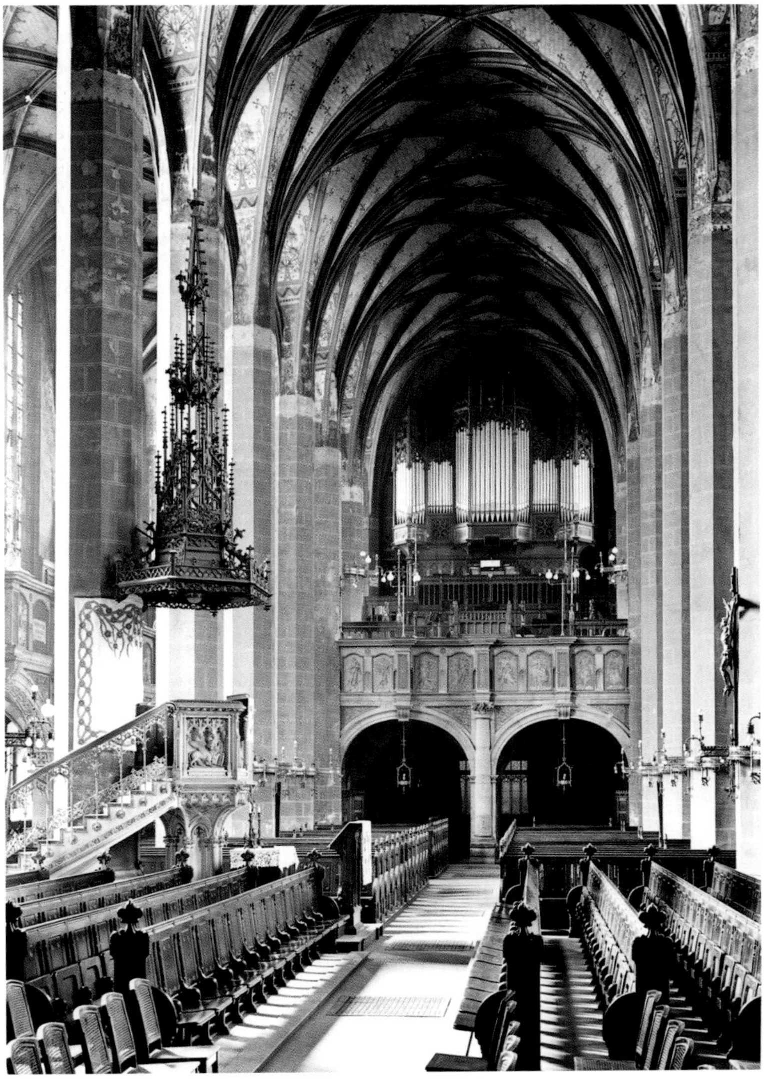

Plan für die neugotische Gestaltung der Nordfassade von Constantin Lipsius, 1885.

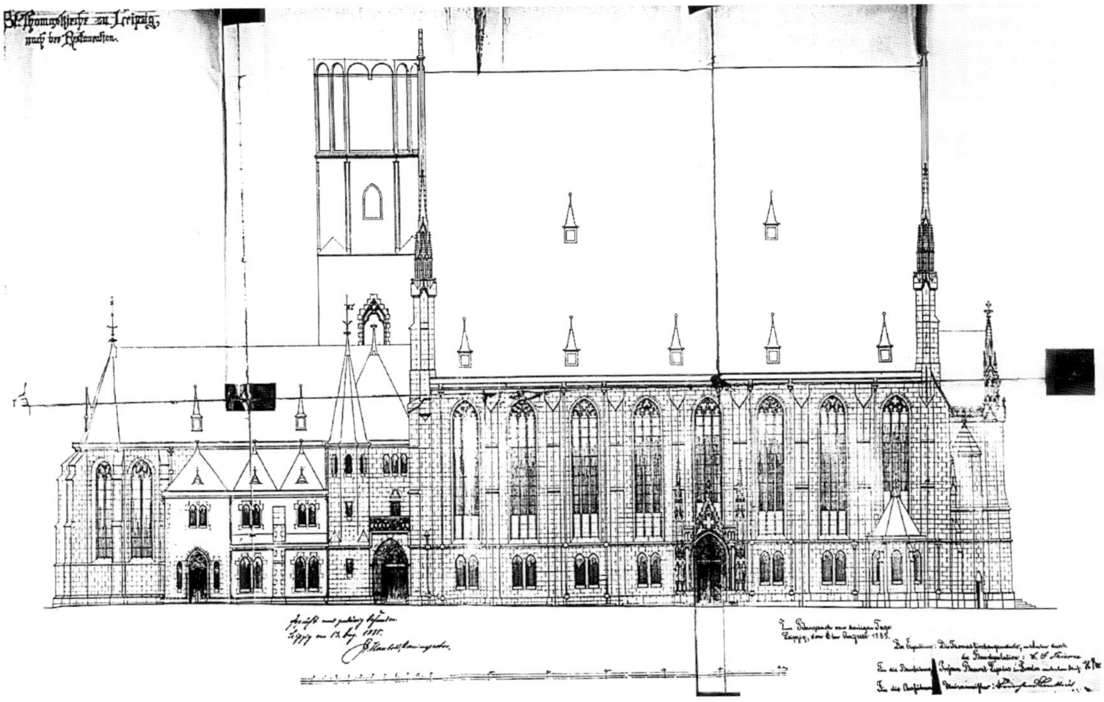

Zur denkmalpflegerischen Konzeption der im Jahr 2000 vollendeten Sanierung und Restaurierung von St. Thomas

Nach etwa 100 Jahren zeigten sich vor allem an der neugotisch umgestalteten Außenarchitektur der Thomaskirche besorgniserregende Schäden. So wurde schon 1974–1976 der Versuch unternommen, an der Westfassade bestimmte Partien der Architektur mit Steinersatzmasse zu ergänzen. In den achtziger Jahren nahmen die Schäden an den hohen Eckfialen am Langhaus so bedrohliche Ausmaße an, dass man sie abnehmen musste. Bei näherer Betrachtung zeigte sich, dass die gesamte Außenarchitektur einer durchgreifenden Sanierung bedurfte. Dabei erschienen ein Rückbau oder auch nur Vereinfachungen der reichen neugotischen Architektur angesichts deren origineller Gestaltung ausgeschlossen. Man musste den schwierigen Weg einer vollständigen Sanierung des Steinwerkes beschreiten. Die Erneuerung wurde 1989 am Chor mit der Reinigung und Ergänzung des schadhaften Sandsteinquaderwerkes begonnen. Gleichzeitig erfolgte die Erneuerung der farbigen Fenster im Chor. Der seit 1991 eingerüstete Turm erhielt 1992–1993 die originale barocke Form seines Abschlusses zurück und wurde mit Kupfer gedeckt. Der Umgang, die Türmerstube sowie der Glockenstuhl mussten gründlich saniert werden. In der äußeren Erscheinung sollte der Turm durch hell gestrichene Putzflächen und einen rötlich-grauen Anstrich der Architekturgliederungen seine vielen Jahrhunderte repräsentativer Baugeschichte nicht verleugnen, ohne aus dem neugotischen Gesamtkonzept der Kirche herauszufallen. Im selben Sinne wurden 1993 auch der Ostgiebel und das südliche Beichthaus erneuert und gestrichen und damit schon die Wiederherstellung der Kirche an der Nordseite, die hier durch Zutaten des 19. Jahrhunderts besonders stark geprägt ist, eingeleitet. Mit dem Einbau einer neuen Heizungsanlage 1993 griff die von vornherein als umfassend geplante Erneuerung auch in den Innenraum über.

In den folgenden Jahren erfolgte eine Sanierung des gewaltigen Dachstuhls und eine Neueindeckung. Die südliche Front des Langhauses blieb im 19. Jahrhundert als einzige mittelalterliche erhalten. An dem weichen Weißenfelser Sandstein waren aber zum Teil erhebliche Schäden entstanden. Diese mussten behoben werden, der Sandstein war nur teilweise zu festigen, teilweise aber auch auszuwechseln. 1998 und 1999 war der Westgiebel eingerüstet, um die Werksteinarchitektur zu erneuern und die Eckfialen wieder aufzusetzen. Besonders problematisch gestaltete sich die Sanierung der mit neugotischem Schmuck überreich gezierten Nordvorhalle. Hier waren die aus französischem Kalkstein gefertigten, durch Abwitterungen, Krustenbildung und Versalzung stark entstellten Figuren für die Aufstellung im Äußeren nicht mehr geeignet. An ihre Stelle sollen Abgüsse treten, die den derzeitigen Zustand festhalten. Die Originale wurden im Innenraum des Mendelssohnportals aufgestellt. Nach Möglichkeit wird die aus verschiedenem Werkstein bestehende Architektur der Vorhalle nach Entsalzungen nur wenig ergänzt, teilweise muss aber auch hier das Material ausgetauscht werden. Eine neue Dachdeckung und eine verbesserte Entwässerung sollen weiterhin Schäden verhindern.

Für die 1997 in Angriff genommene Erneuerung des Innenraumes war maßgebend, die Ergebnisse der Restaurierung von 1961–1964 weitgehend zum Ausgangspunkt zu nehmen. Trotzdem wurden im Langhaus noch einmal detaillierte Untersuchungen am Rippennetz nach Fugenmalereien vorgenommen. Sie erbrachten den zusätzlichen Nachweis von schwarzen Rippenkreuzungen mit diese begren-

Sanierung von Turm und Ostgiebel 1992–1993.

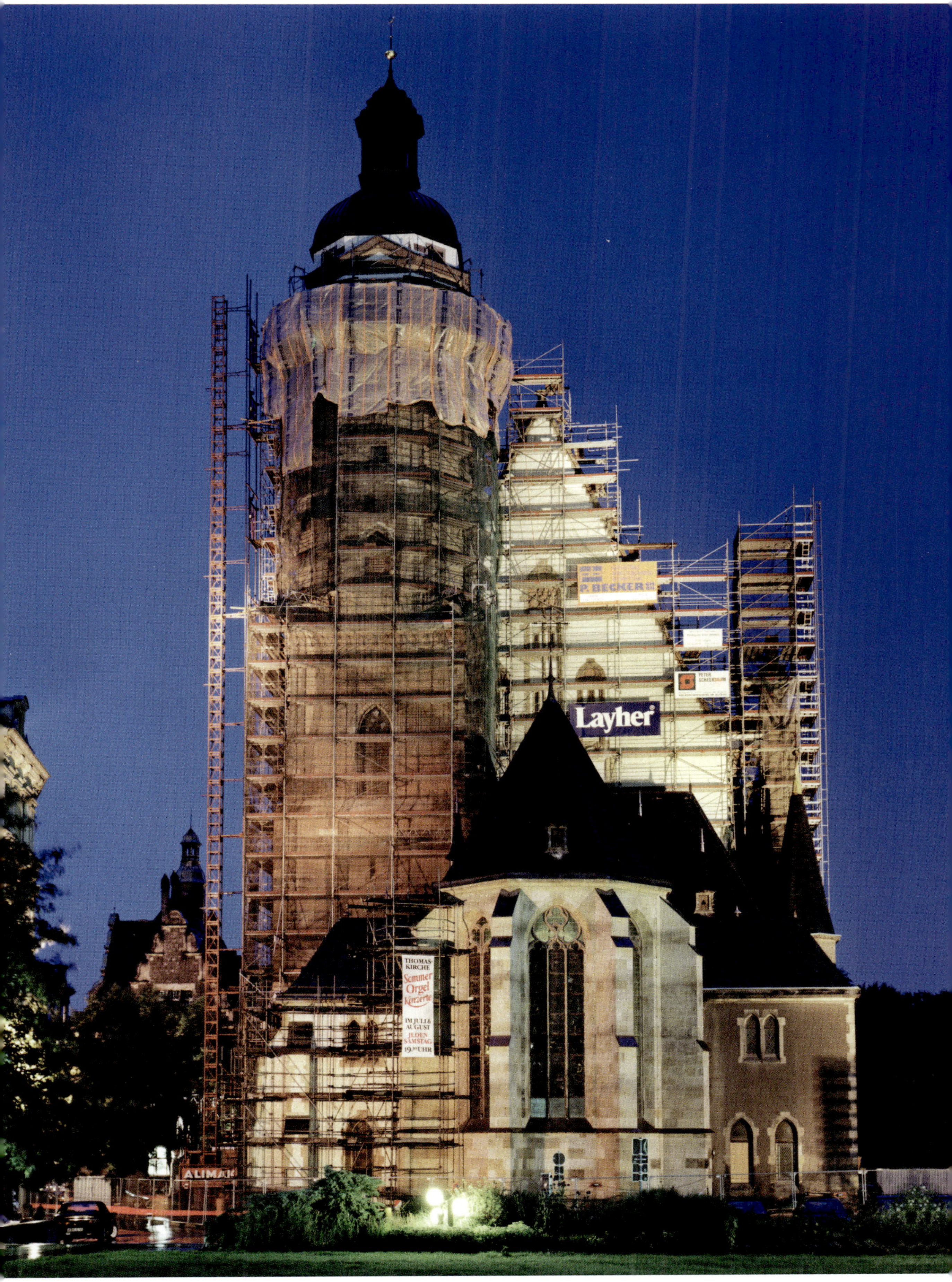
P. BECKER
Layher
THOMAS-KIRCHE
Sommer Orgel Konzerte
IM JULI & AUGUST
JEDEN SAMSTAG
19.00 UHR
ALIMAK

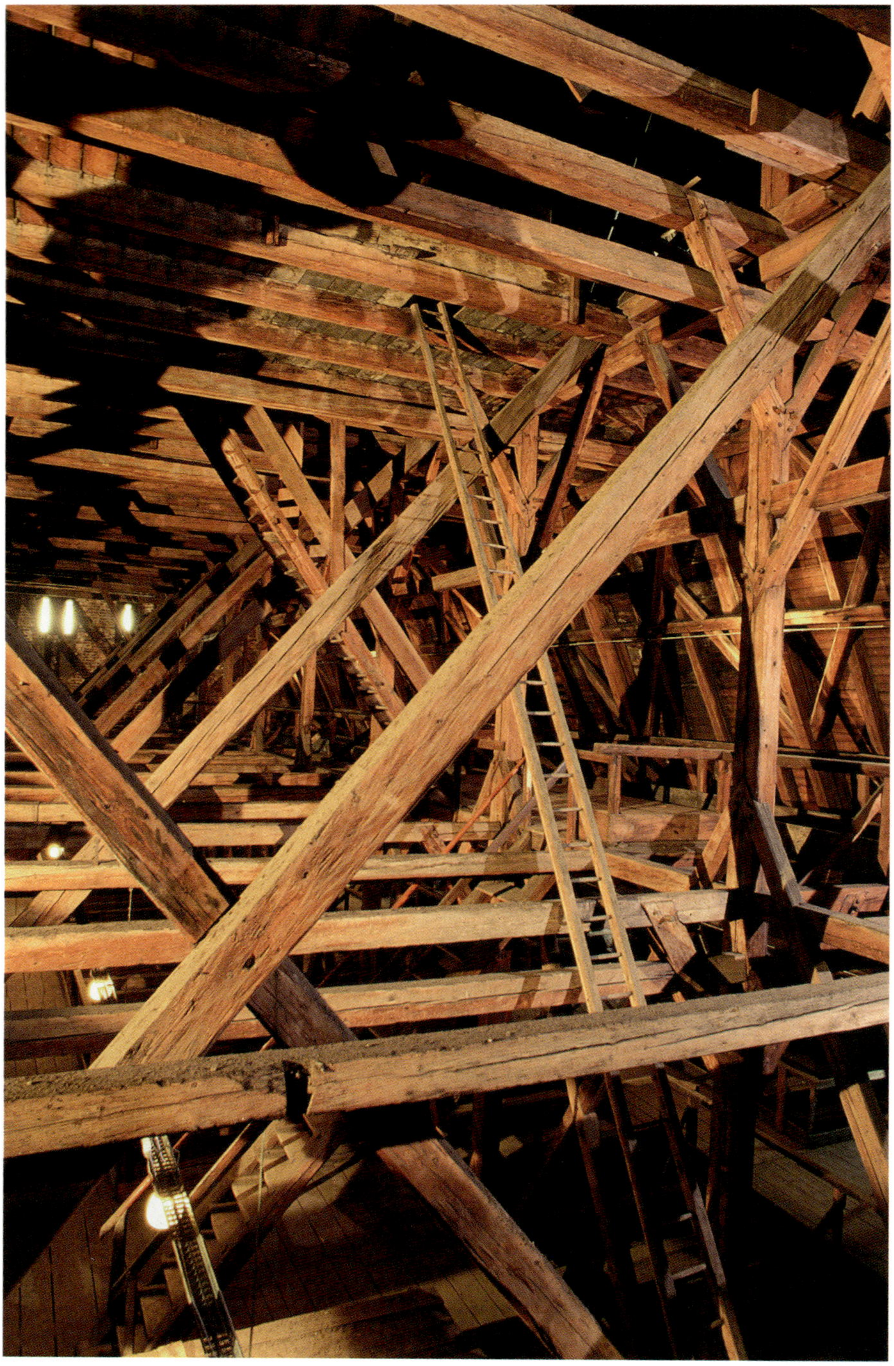

Blick in den mehrstöckigen Dachstuhl des Langhauses.

zenden weißen Fugen. Die Wiederherstellung derselben dient der Rhythmisierung des Raumbildes ebenso wie die Reinigung und die vorsichtige Retusche an den 1961–1962 freigelegten und nun erneut gereinigten Bemalungen von Pflanzen, Blumen, Flammen und Strahlen. Dadurch hat die Wirkung des spätgotischen Innenraumes an Prägnanz gewonnen. Leider gelang es nur an zwei Schlusssteinen, durch Zusatz von aufgesetzten heraldischen Motiven die leeren Scheiben an der Untersicht zu beleben. Im Chor blieb es im Wesentlichen bei der Farbgestaltung der sechziger Jahre. Die Backsteinmalerei wurde lediglich gereinigt und gefestigt.

Hatte die Denkmalpflege in den sechziger Jahren den Kontrast zwischen dem in spätgotischer Polychromie wiederhergestellten Langhaus-Innenraum und der späteren Ausstattung herauszuarbeiten versucht, war man jetzt bestrebt, auch der neu-

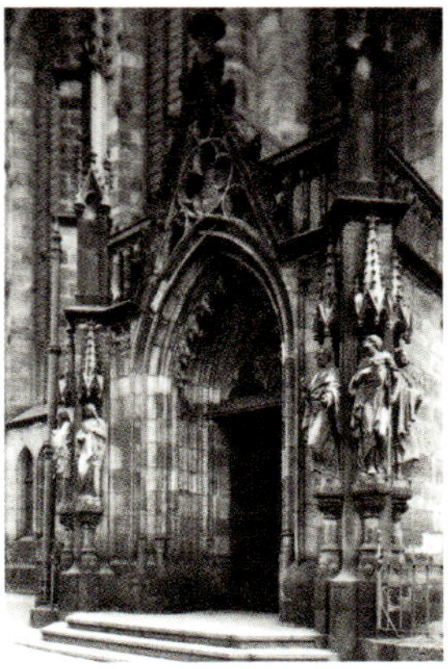

Das Apostelportal an der Nordseite der Kirche, um 1900.

Schwarze Rippenkreuzungen im Gewölbe des Langhauses, 2000.

gotischen Überformung, die mit Farbglasfenstern und Ausstattungsstücken noch immer eine wesentliche Rolle spielt, ein Recht auf selbständige Wirkung zu geben. Stimmgabel dazu bildete die Herstellung des Mendelssohnfensters, das bewusst auf die Farbigkeit und ornamentale Durchgestaltung der Nachbarfenster eingeht. In diesem Sinne erhielt der 1962 vereinfachte Kanzeldeckel einen neuen turmartigen Abschluss. Die Bänke und die darunter befindlichen Podeste wurden im historischen Sinn erneuert. Außerordentlich problematisch erwies sich die Gestaltung der Renaissanceemporen. Sie waren bisher in einem einheitlichen dichten Grauton gestrichen; damit wollte man sie deutlich von dem roten Rippennetz abheben. Die Bemühungen gingen zunächst in die Richtung einer farbigen Annäherung der Emporen an den Zustand des 19. Jahrhunderts. Da diese Proben aber keine positive Resonanz fanden, beauftragte man Restauratoren mit freien Neugestaltungen von zwei Achsen an der Nordseite. Sie hielten dem künstlerischen Umfeld nicht stand. Der Rotton des Porphyrs, der auch in Erwägung gezogen wurde, kollidierte ästhetisch mit dem roten Rippennetz. Die von der Denkmalpflege vorgeschlagene Graulasur auf dem Porphyr knüpft an die Gestaltung von 1962 an, lässt aber den Materialton rötlich durchschimmern und trägt so zur ästhetischen Zurücknahme der schweren Hochrenaissancearchitektur bei, ohne deren Eigenart zu leugnen. Dies kommt auch der Einfügung der neuen Bachorgel auf der Nordempore zugute. Im Chor wurde eine Fußbodenheizung eingebaut, die Unterbauten der Bankpodeste waren zu erneuern und Änderungen an den Podesten der westlichen Chorempore vorzunehmen. Die Superintendentenbilder sind nach Reinigung neu geordnet wie-

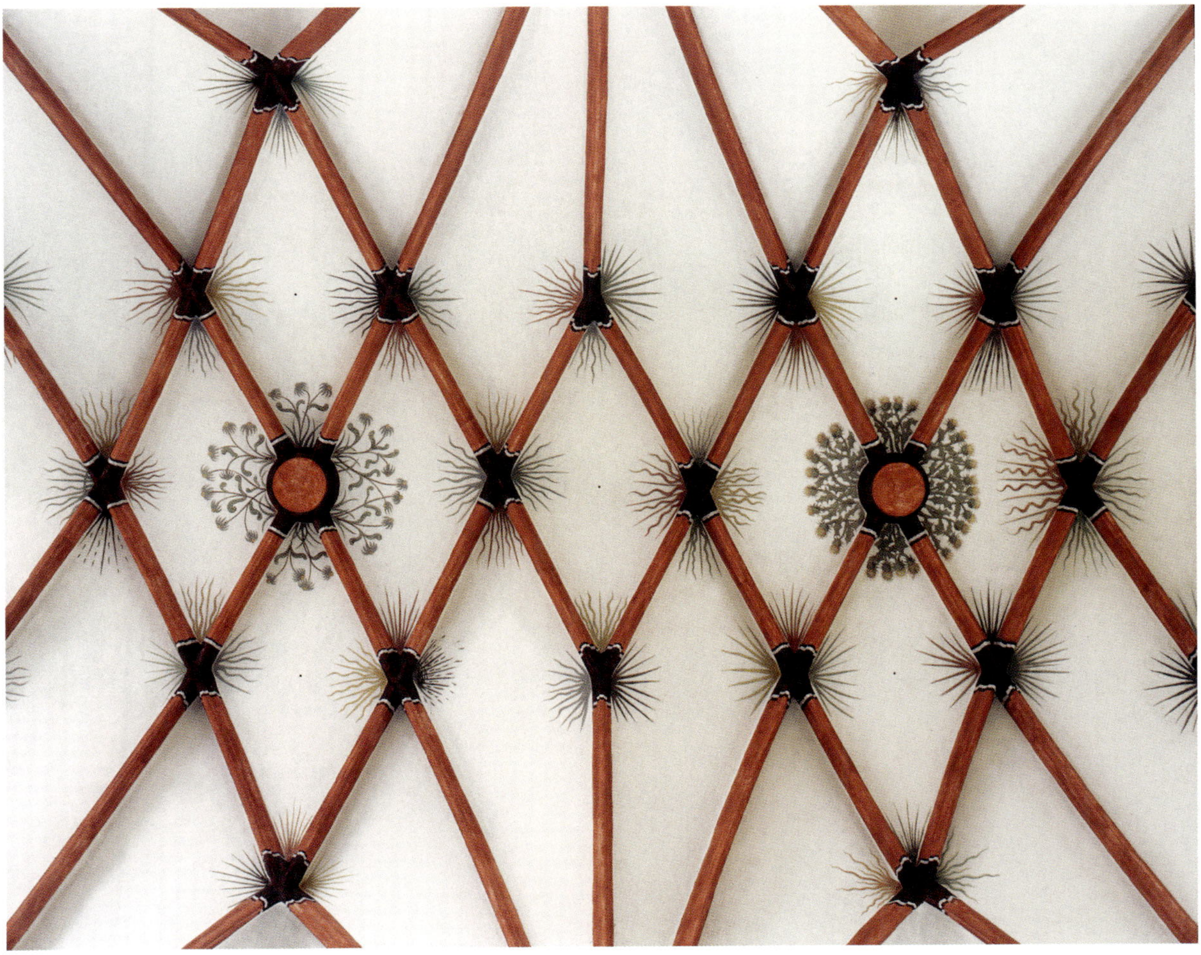

der an den Chorwänden angebracht worden. Schließlich waren neue, möglichst schlichte, aber funktional variable Beleuchtungskörper auszuwählen.

Zum Gelingen des Restaurierungswerkes hat eine verständnisvolle Zusammenarbeit zwischen dem Kirchenvorstand unter Vorsitz von Dieter Schille und dessen Bauausschuss unter Vorsitz von Dr. Rudolf Ahnert, Matthias Förster vom Architekturbüro Förster und Pietzsch, dem kirchlichen Baupfleger Dr. Gerhart Pasch und Heinrich Magirius als Vertreter der sächsischen Denkmalpflege sowie den beteiligten Baufirmen und Restauratoren wesentlich beigetragen.

Der zum Pfingstfest neugestaltete Abschluss des Kanzeldeckels.

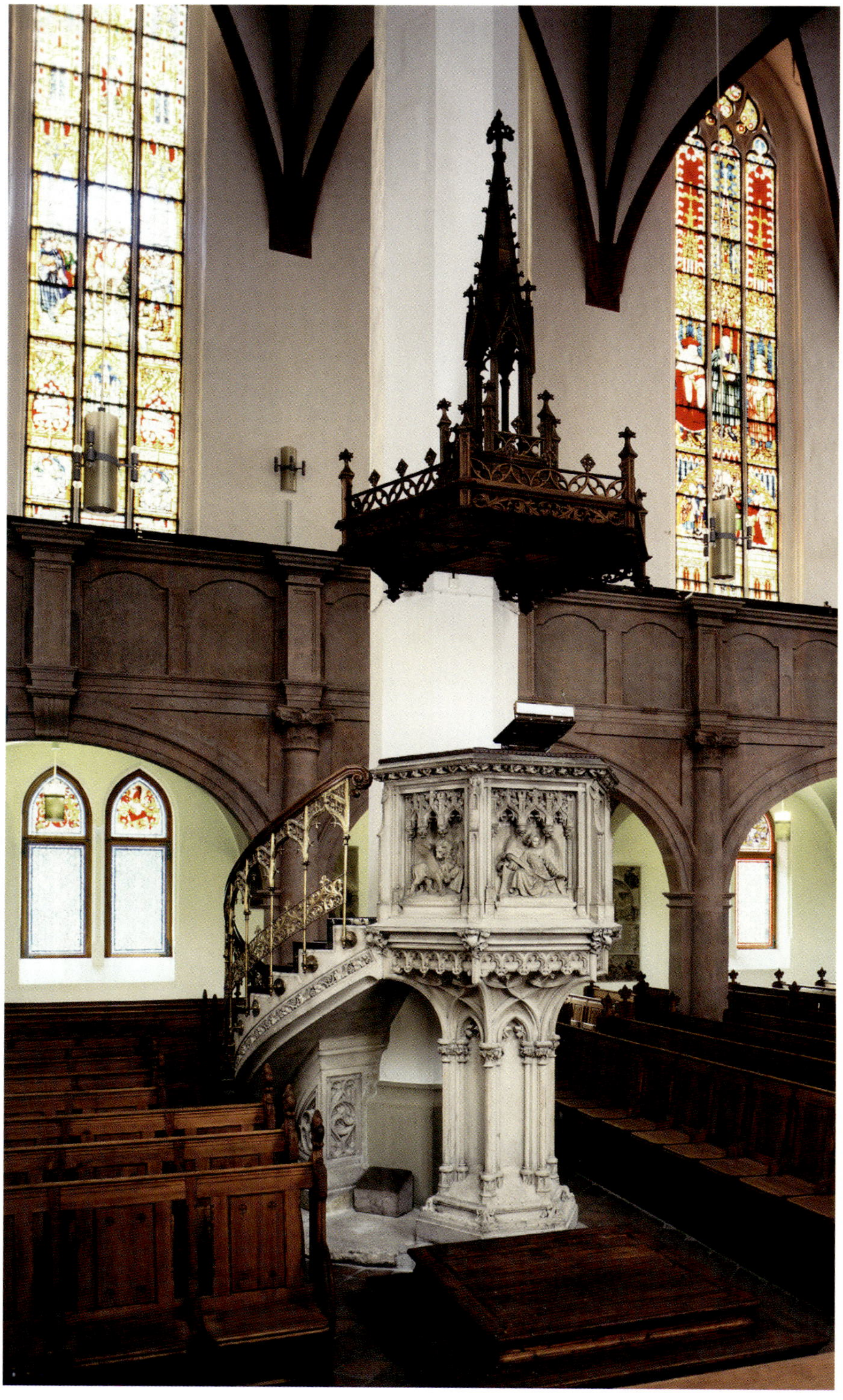

Der Chorraum mit Pauliner-Altar, 2000.

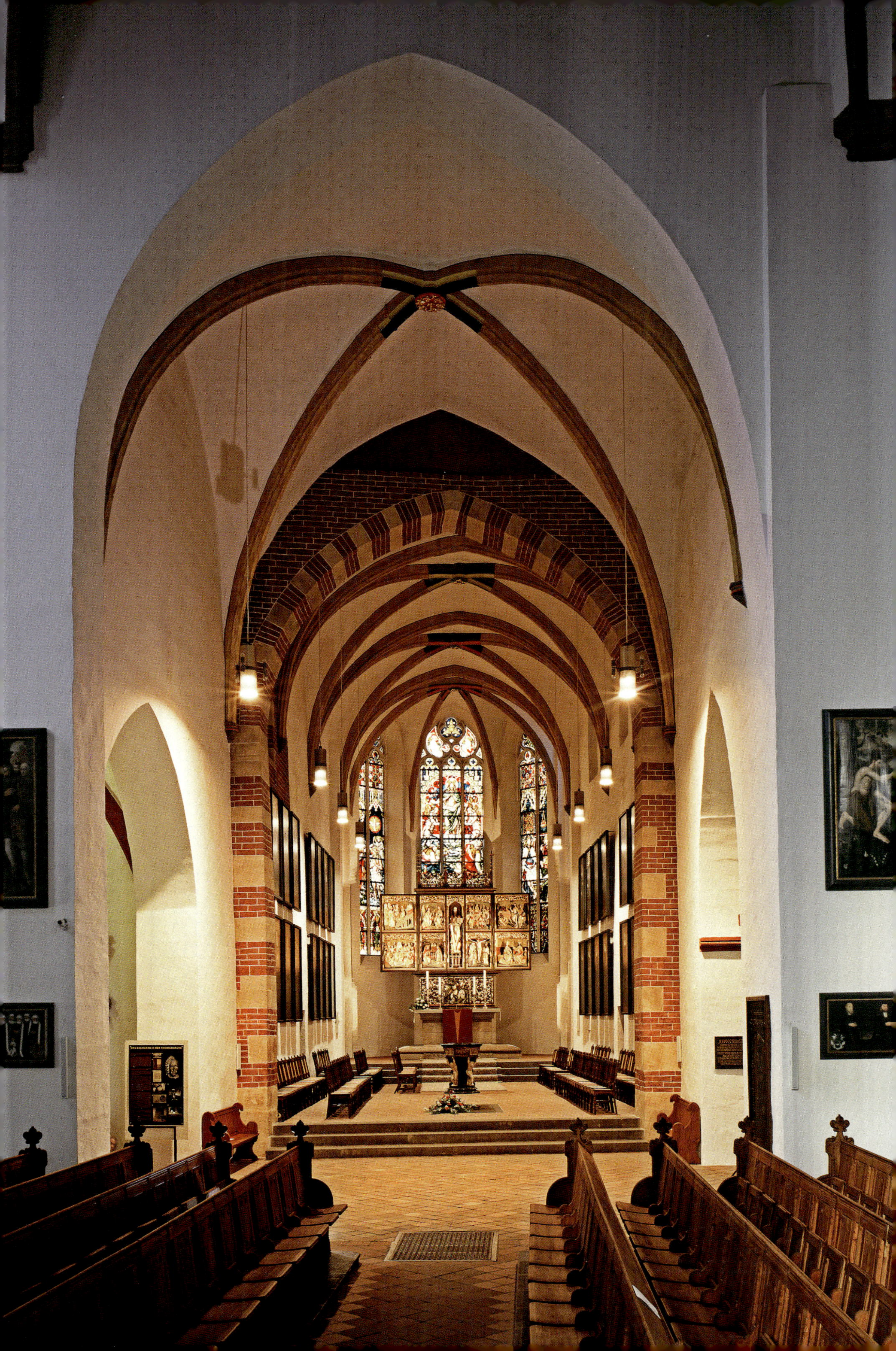

1.2 St. Thomas im Leipziger Stadtbild

Auf der ältesten erhaltenen Stadtansicht von 1547, die Leipzig während der Belagerung im Schmalkaldischen Krieg zeigt, tritt uns St. Thomas erstmals bildlich entgegen.

Die Kirche wurde am westlichen Rand der Altstadt auf einem von Norden nach Süden verlaufenden Höhenrücken errichtet, der die westliche Elster-Pleißen-Aue überragt. Schon damals wurde der Bau durch das steil aufragende schiefergedeckte Satteldach bestimmt, wie es heute noch erhalten ist. Auch der lange Chor des 14. Jahrhunderts sowie der seitlich gestellte Turm waren schon vorhanden. Der auf der Stadtmauer errichtete Westgiebel war ursprünglich völlig schmucklos gehalten. Erst im Zuge der gotisierenden Instandsetzung durch Constantin Lipsius erhielt die Westseite in den Jahren 1886–1887 die Funktion des neuen Haupteinganges und wurde nun zu einer repräsentativen Schauseite des Historismus, die einladend zur neuen Ringstraße hin orientiert ist.

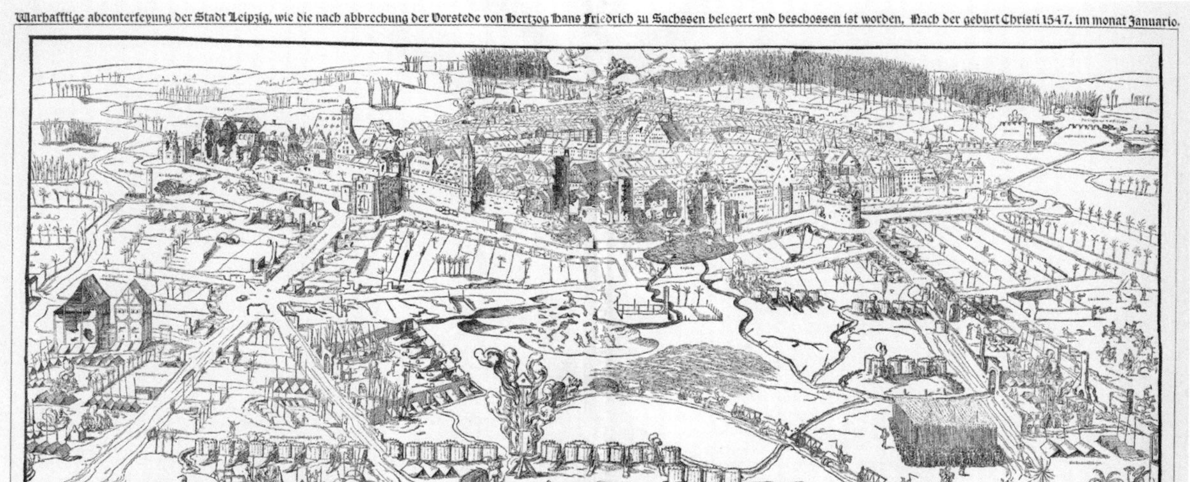

Ansicht Leipzigs mit den Zerstörungen des Schmalkaldischen Krieges 1547.

Den größten baulichen Einschnitt für die Klosterkirche der Augustinerchorherren bedeutete die Säkularisierung des Klosters im Jahre 1541. Schon 1543 kamen die nördlich an das Hallenschiff angrenzenden Klosterbauten in Besitz der Stadt Leipzig und wurden abgebrochen. Dies betraf den Kreuzgang, das Refektorium, das Dormitorium, das Brauhaus und andere Gebäude. Die Klostergasse erinnert mit ihrem Namen noch heute daran, dass sich bis in diesen Bereich hinein die alten Klostergebäude erstreckten. Das Haus in der Klostergasse Nr. 5 trägt auch heute den Namen Altes Kloster. Es ist ein repräsentatives Wohnpalais des Rokoko, das 1753–1755 von dem Obermeister der Leipziger Maurerinnung George Werner geschaffen wurde. Durch den Abbruch der Klostergebäude wurde die Kirche völlig freigestellt.

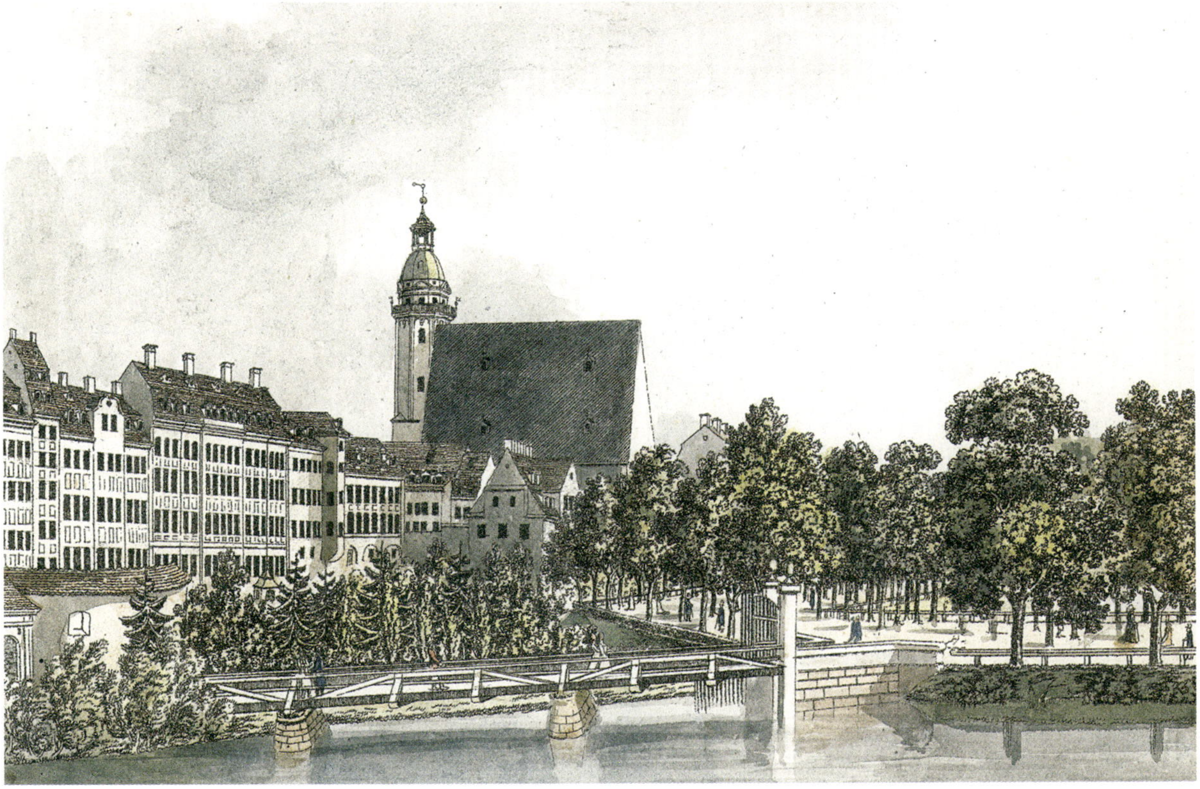

Thomaskirche von der Alleeseite, colorierte Umrisszeichnung, 1790 von Karl Benjamin Schwarz (1757–1813).

Dieser städtebauliche Eindruck verstärkte sich noch durch die Anlage der Grünpromenade, die nach Aufgabe der Stadtbefestigungsanlagen im Westen schon zu Zeiten Bachs angelegt wurde sowie durch die Freifläche östlich des Chorraumes, die im Gefolge der Gebäudezerstörung entlang der Thomasgasse im zweiten Weltkrieg entstand. Der Wunsch von Städtebauern, Architekten und Denkmalpflegern, den Raum zwischen Thomaskirchhof, Thomasgasse und Petersstraße baulich wieder zu fassen und der Thomaskirche ihren historischen städtebaulichen Rahmen zurückzugeben, hat unter der Leipziger Bevölkerung allerdings keine Mehrheit gefunden. Als Kompromiss wurde in den Jahren 1997–1998 das architektonisch anspruchsvolle Geschäftshaus »Haus Marquette« errichtet. Damit konnte die unansehnliche Giebelwand Richtung Süden gültig gestaltet werden. Die neue Platzsituation erlaubt nun einen uneingeschränkten Blick auf Chor, Turm und Giebel des Langhauses der Thomaskirche aus Richtung des Marktplatzes. Dieser Blick, den es im historischen Altstadtgefüge ja so nicht gegeben hatte, ist zweifellos faszinierend. Städtebaulich problematisch ist dagegen die Blickbeziehung aus entgegengesetzter Richtung zum Marktplatz. Hier weitet sich der nördliche Thomaskirchhof zu einem diffusen Platzraum, der die Wirkung des Renaissancerathauses von Hieronymus Lotter (1556–1557) doch stark beeinträchtigt.

Ein Stück Alt-Leipzig hat sich dagegen in Gestalt des südlichen Thomaskirchhofes erhalten. Insbesondere das Gebäude Thomaskirchhof 16, das sogenannte Bose-Haus, verdient hier besondere Beachtung. In den Jahren 1709–1711 ließ es der Handelsherr Georg Heinrich Bose im Stil des Barock umbauen. Das Gebäude beherbergt heute im ersten Obergeschoss das Bach-Museum. Eine Besonderheit stellt der rekonstruierte Sommersaal im zweiten Obergeschoss des Hinterquergebäudes dar. Es wird angenommen, dass Johann Sebastian Bach, der zur Familie Bose freundschaftliche Beziehungen unterhielt, auch hier musiziert hat.

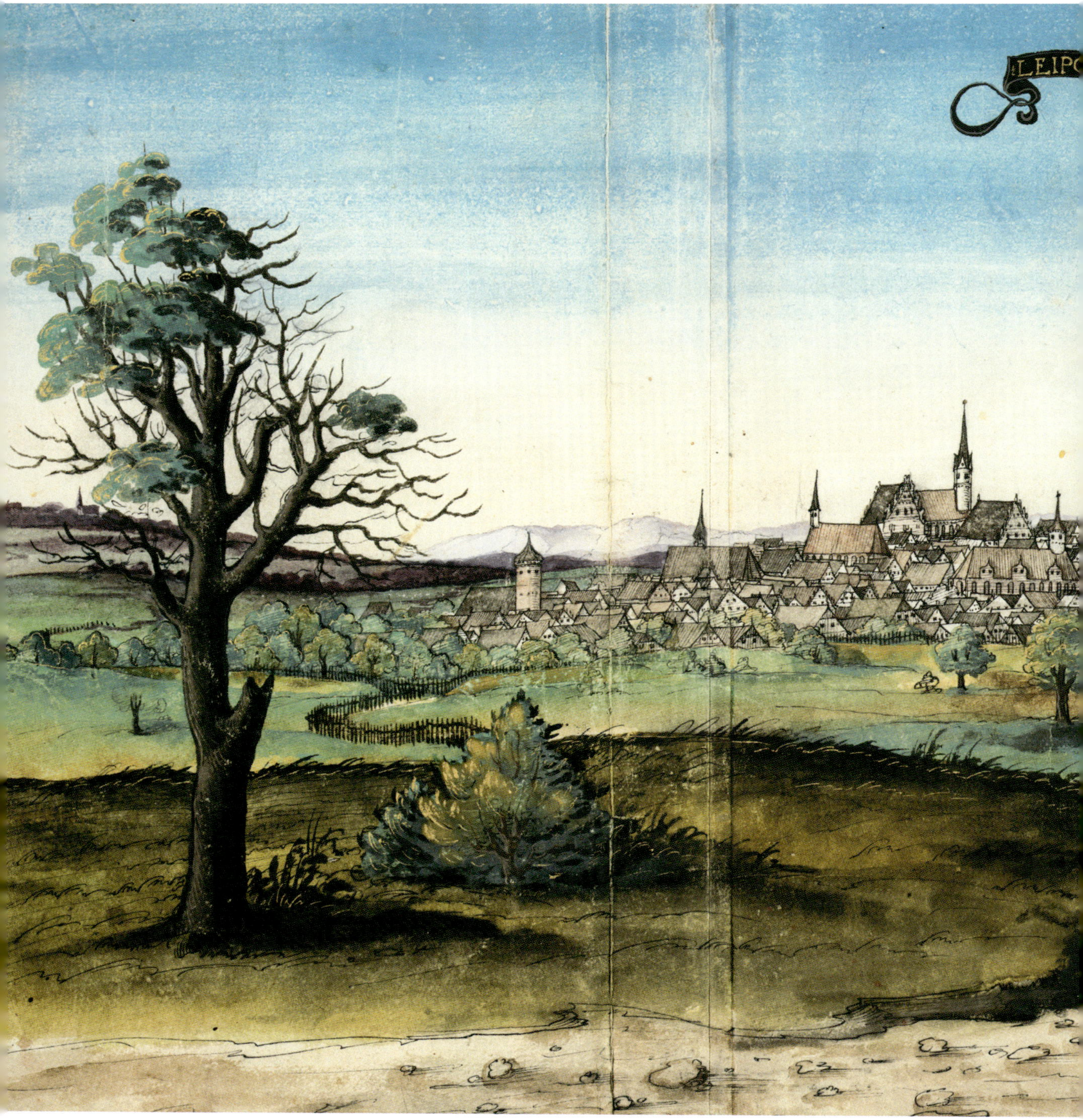
LEIPC

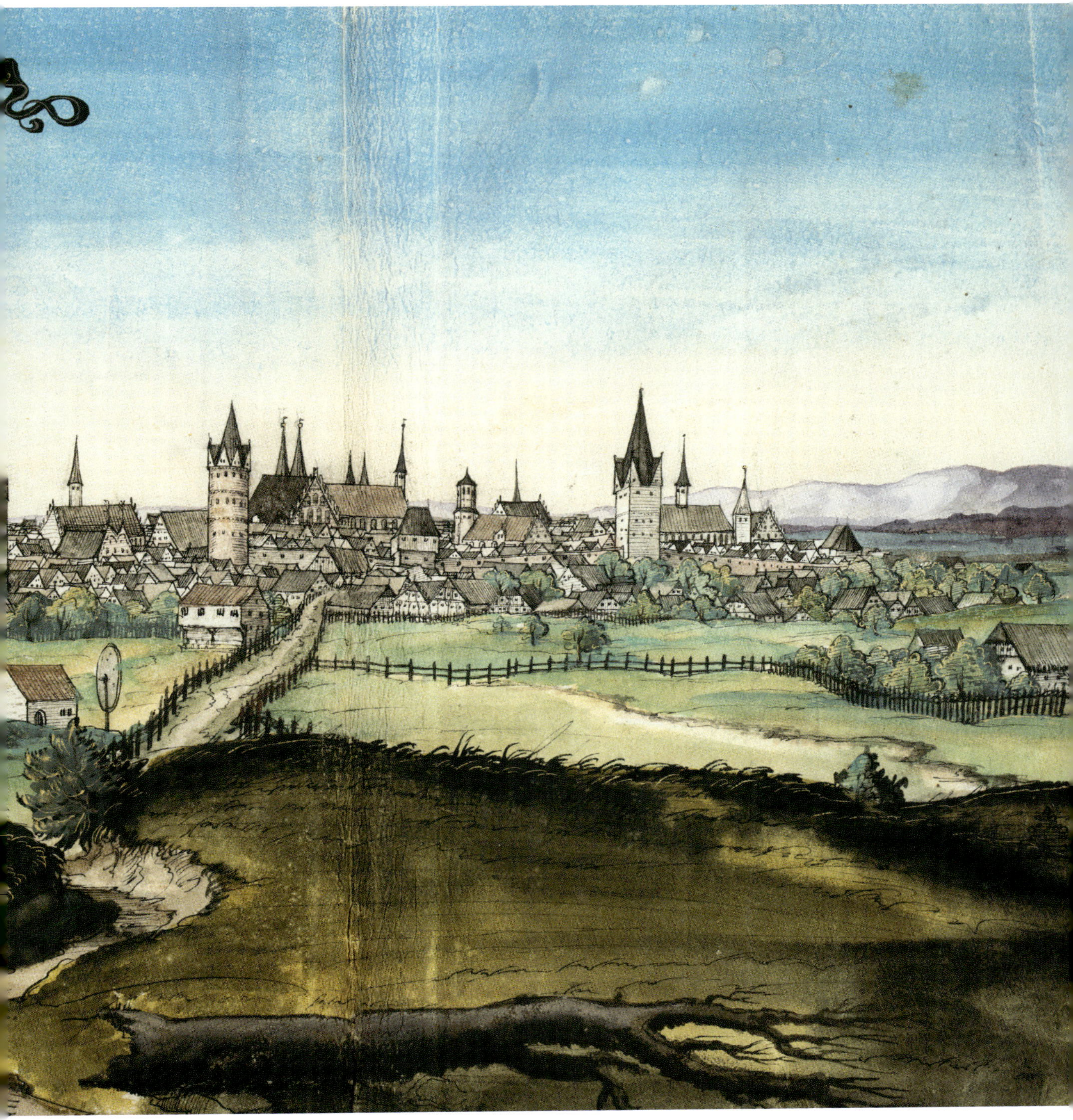

Matthias Gerung (um 1500–1570) oder Michael Ostendorffer (um 1490–1559), Leipzig 1537, kolorierte Feder- und Tuschezeichnung, mit Stadtnamen Leipzig, aus Gründen der phantasievollen Umgebung und der unklaren Silhouette umstritten (UB Würzburg).

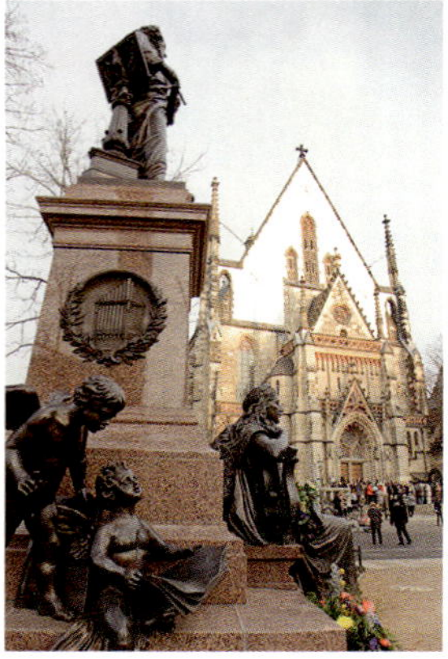

Mendelssohndenkmal vor der Thomaskirche, seit 2009.

Die Westseite des Platzes begrenzt das Gebäude der Superintendentur, das nach dem auf Betreiben der Stadt erfolgten Abbruch der alten Thomasschule im Jahre 1901–1902 von den Architekten Weidenbach und Tschammer in den Formen deutscher Neorenaissance errichtet wurde. Die Thomasschule war 1731–1732 nach Entwürfen des führenden Leipziger Baumeisters des Spätbarocks, George Werner, errichtet worden. Sie war die Wohn- und Wirkungsstätte Johann Sebastian Bachs. Zu ihrer Einweihung am 5. Juni 1732 hatte Bach die Kantate »Froher Tag, verlangte Stunden« komponiert. Der Verlust dieses kulturgeschichtlich bedeutsamen Baues scheint heute kaum noch verständlich.

Am westlichen Ausgang des Platzes befand sich zur Zeit Johann Sebastian Bachs das sogenannte Thomaspförtchen, durch das man die Stadt in Richtung Thomasmühle und Apels Garten verlassen konnte. Der berühmte »Apels Garten« im westlichen Vorstadtbereich war einer von etwa 30 barocken Anlagen, die sich wie ein grüner Ring um die Stadt legten. Der Garten des Großkaufmanns und Manufakturisten Andreas Dietrich Apel entstand auf einem Terrain, das August der Starke der Gattin Apels zum Geschenk gemacht haben soll. Der Leipziger Landbaumeister David Schatz wird als Architekt genannt. Aus der Dresdner Werkstatt Permosers bezog Apel, der das Königshaus am Markt bewohnte, vier Kolossalstatuen, von denen sich bis heute die Skulpturen des Jupiter und der Juno erhalten haben. Auf dem heutigen Dorotheenplatz sind Kopien dieser beiden Plastiken Permosers an alter Stelle aufgestellt.

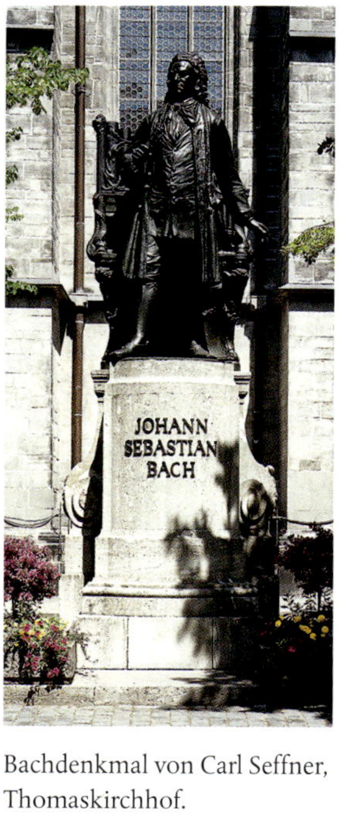

Bachdenkmal von Carl Seffner, Thomaskirchhof.

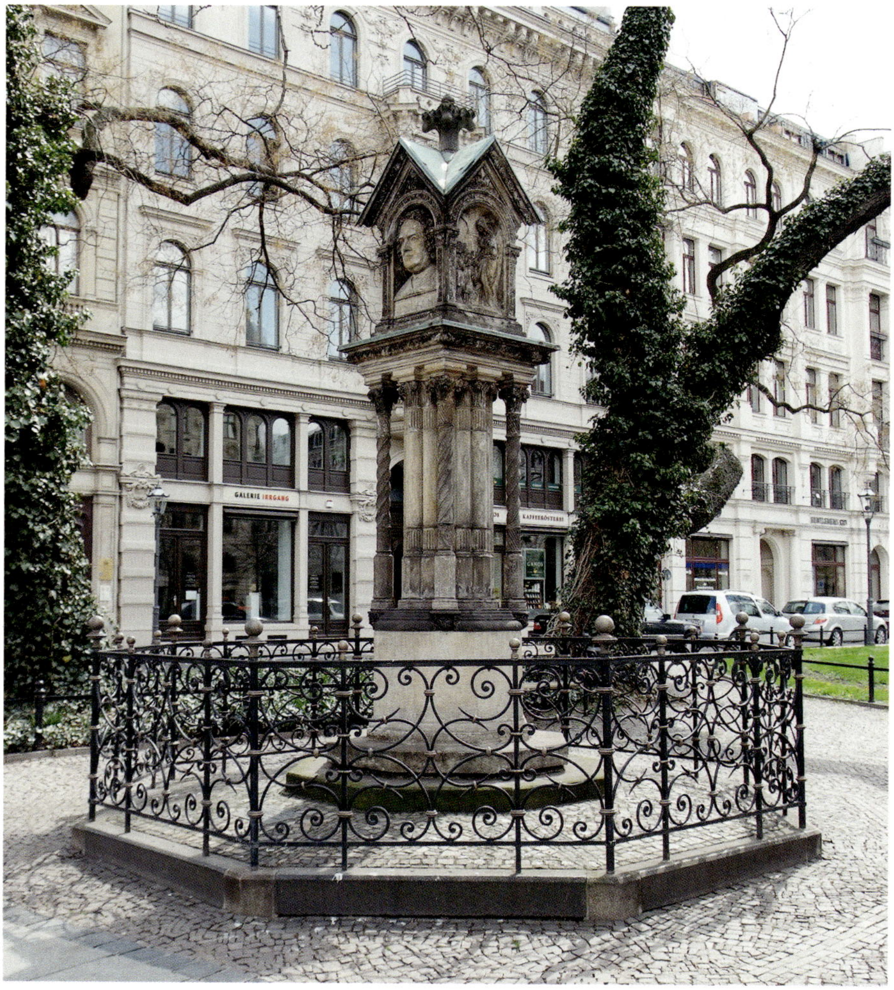

Altes Bachdenkmal, gestiftet von Felix Mendelssohn Bartholdy 1843, Promenadenanlage südwestlich der Thomaskirche.

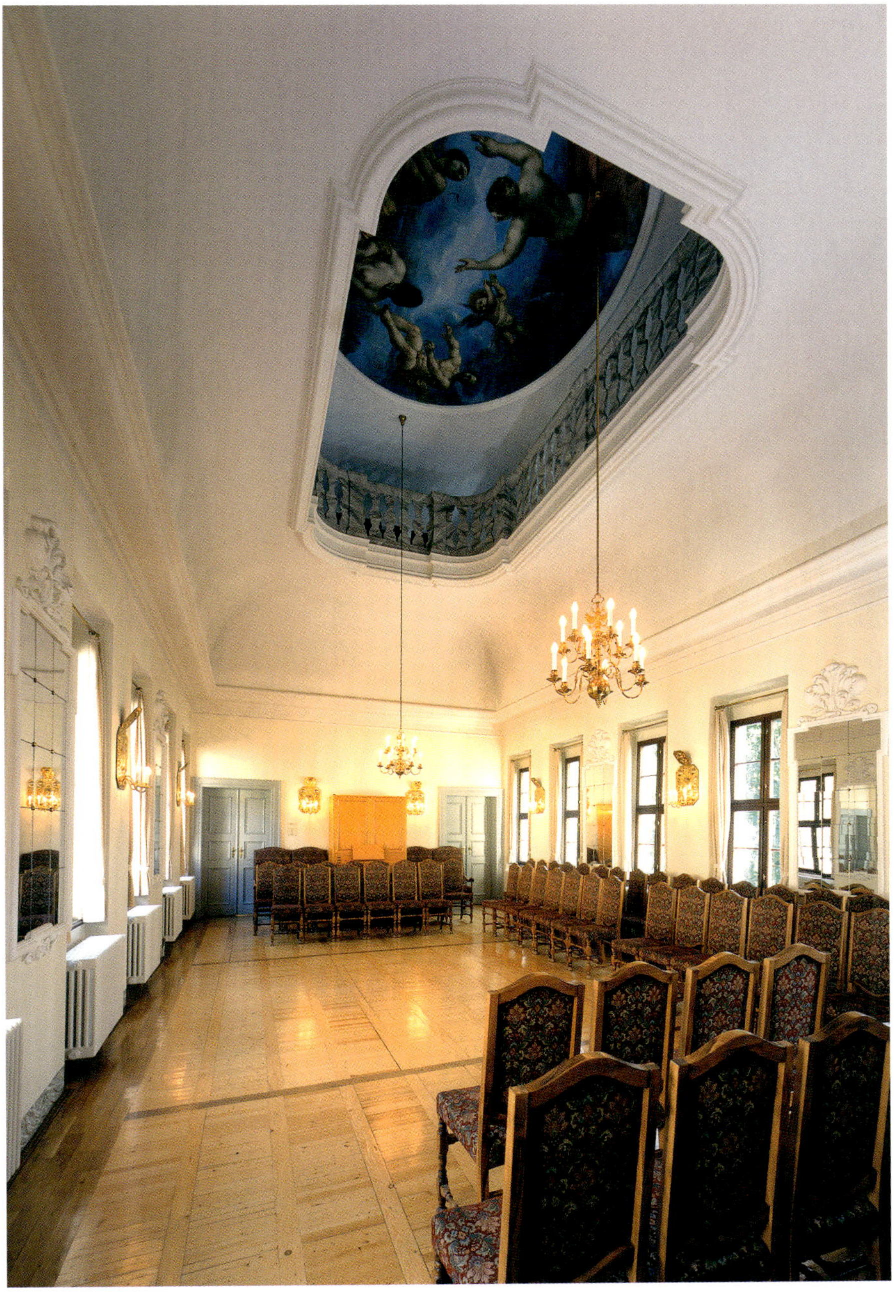

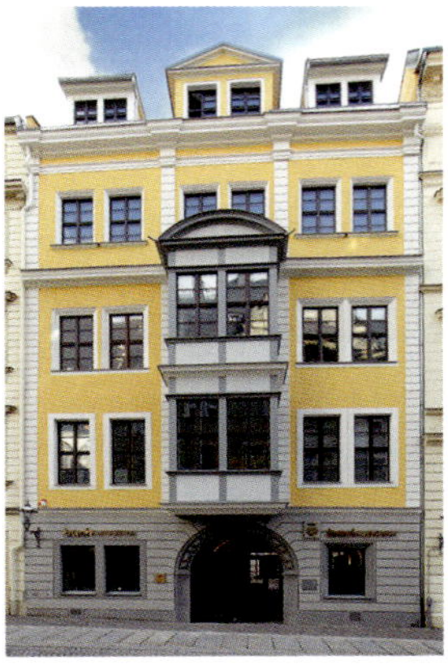

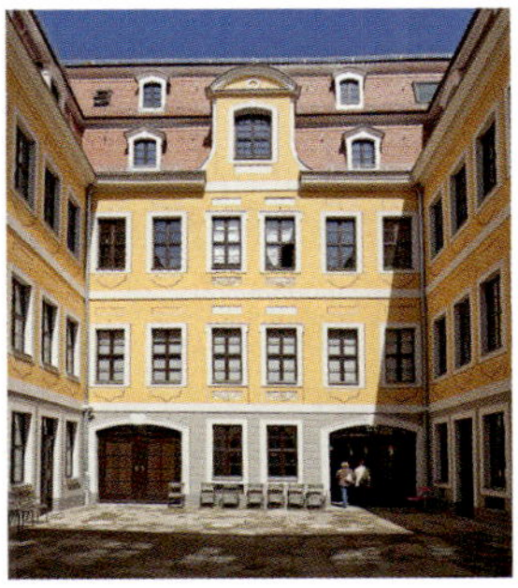

Bose-Haus: Fassade, Hof und Sommersaal, der Aufführungsort der Hochzeitskantate »O holder Tag, erwünschte Zeit«.

Dort, wo zur Zeit Johann Sebastian Bachs das Barfußpförtchen in die damals schon vorhandene Grünpromenade mündete, ist heute das sogenannte alte Bachdenkmal zu sehen. Es wurde 1843 auf Initiative von Felix Mendelssohn Bartholdy aufgestellt, der für die Finanzierung Sonderkonzerte gab. Den Entwurf lieferten die Dresdner Eduard Bendemann und Julius Hübner. Die Ausführung besorgte der Leipziger Bildhauer Hermann Knaur. Das Denkmal ist in der Form eines Tabernakels gestaltet. In dem Gehäuse über den schlanken Säulen befindet sich an der Nordseite die Büste des Komponisten. Die Reliefs an den drei anderen Seiten charakterisieren Bach als Orgelspieler (Ostseite), Lehrer (Westseite) und genialen Schöpfer geistlicher Musikwerke (Südseite). Das sogenannte neue Bachdenkmal Carl Seffners von 1908 steht vor dem Südportal der Thomaskirche. Es zeigt den Thomaskantor überlebensgroß im Zeitkostüm vor einer Orgel stehend; auf der Rückseite ist die ehemalige Thomasschule im Relief dargestellt. Das Denkmal Seffners hat eine be-

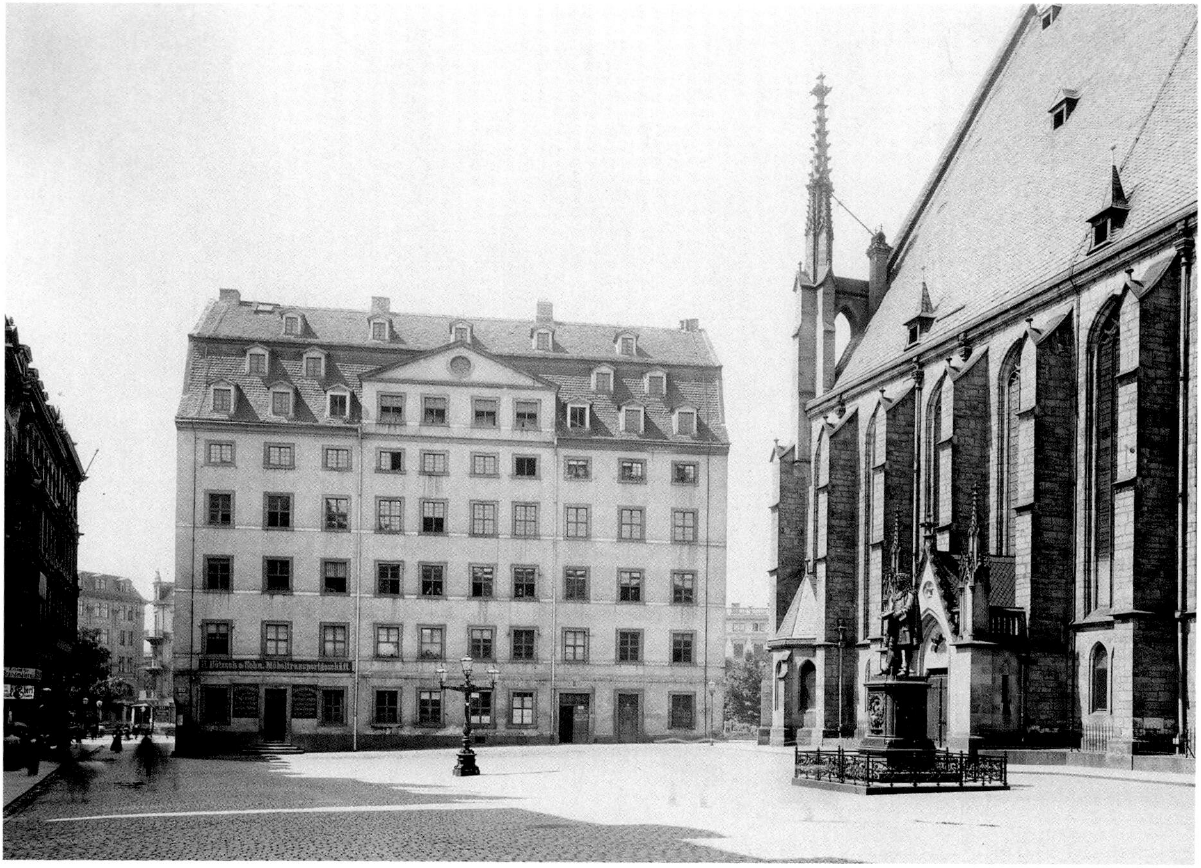

Die Alte Thomasschule vor dem Abbruch 1902.

sondere Geschichte. Als Johann Sebastian Bach am 31. Juli 1750 in der 1. Abteilung des Johannis-Friedhofes, etwas südlich des alten Johannis-Kirchenschiffes von 1585, beigesetzt wurde, erhielt der bedeutende Thomaskantor nicht, wie es für begüterte Kaufleute oder Handwerker selbstverständlich war, einen seiner Würde gemäßen Grabstein, sondern nur eine völlig schmucklose Grabstätte. So geriet der Standort seines Grabes schließlich in Vergessenheit. Im Zusammenhang mit dem Neubau des neobarocken Schiffes der Johanniskirche durch Stadtbaurat Hugo Licht in den Jahren 1894–1897 wurde in einer geradezu kriminalistischen Suchaktion das Grab Johann Sebastian Bachs gesucht und schließlich gefunden.

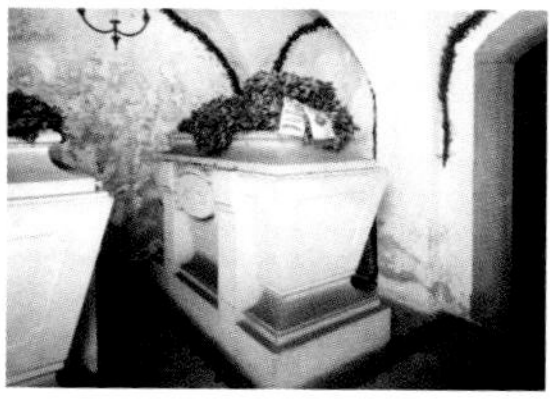

Der Sarkophag J. S. Bachs in der Gruft unter dem Altar der Johanniskirche 1897 bis 1949.

Der Anatomieprofessor Wilhelm His untersuchte die aufgefundenen Gebeine. Bildhauer Carl Seffner ergänzte den nachmodellierten Schädel Johann Sebastian Bachs und schuf so ein Bachporträt von hoher Authentizität. Im Jahre 1897 wurden die Gebeine Johann Sebastian Bachs in der eigens dafür geschaffenen »Bach-Gellert-Gruft« unter dem Altar der Johanniskirche beigesetzt. Beim Bombenangriff am 4. Dezember 1943 wurde die Johanniskirche zerstört.

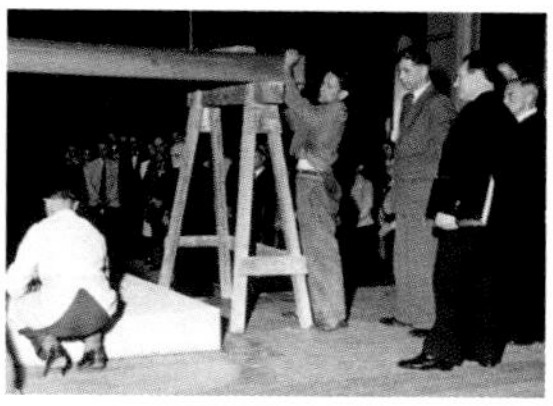

Einsenkung des Sarkophags im Chorraum der Thomaskirche 1949. Rechts ist Thomaskantor Günther Ramin zu erkennen.

Am 28. Juli 1950, dem 200. Todestag des Komponisten, konnte im Chorraum der Thomaskirche eine neue Ruhestätte Bachs der Öffentlichkeit übergeben werden. Bronzegrabplatte und Sarkophag schufen Walter Tiemann und der Architekt Kunz Nierade, der in Leipzig als Erbauer des Opernhauses am Augustusplatz (1956–1960) geschätzt wird.

Als städtebauliches Pendant ist die Nikolaikirche am östlichen Rand der Altstadt ebenfalls erhalten. Ihr massiger romanischer Westriegel wird von einer Turmgruppe mit einem barocken Helm gekrönt, den Johann Michael Senckeisen 1730–1731, das heißt zur Zeit Johann Sebastian Bachs, errichtet hatte.

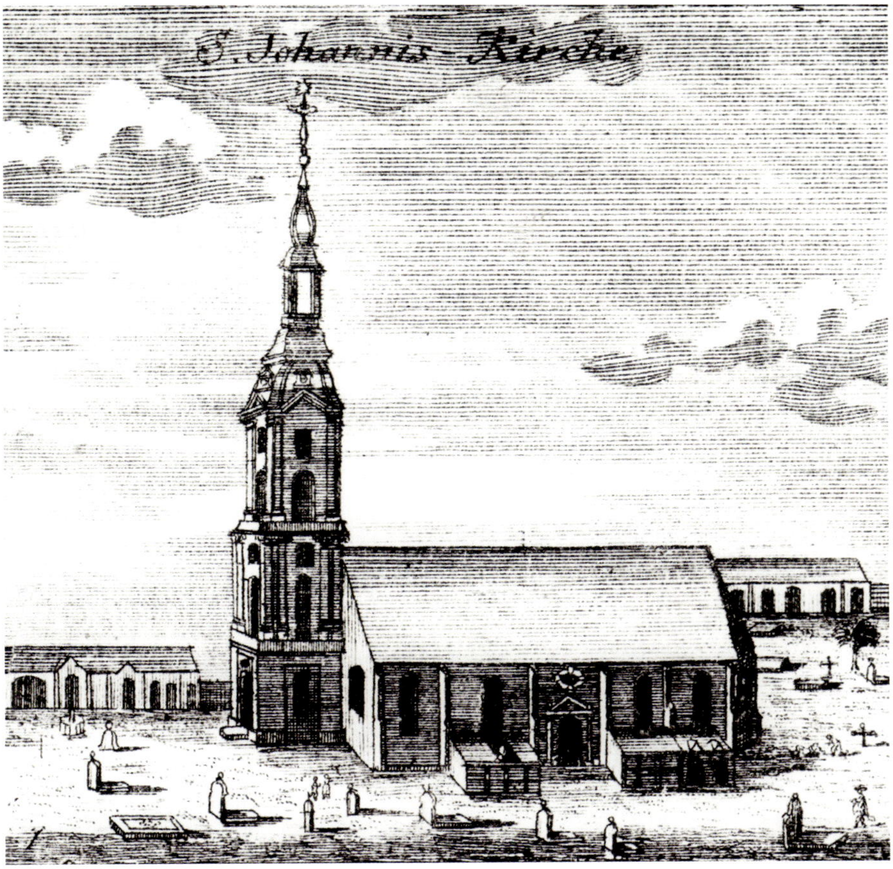

Johanniskirche mit barockem Turm und Friedhof von der Südseite, Kupferstich von Joachim Ernst Scheffler. Auf dem Johannisfriedhof wurde J. S. Bach am 31. Juli 1750 beigesetzt.

Die drei anderen Kirchen dieser Zeit sind heute nicht mehr erhalten: Die Peterskirche am Ausgang der Petersstraße wurde 1885 abgebrochen und durch das heute noch vorhandene Gebäude der ehemaligen Reichsbank von Max Hasak ersetzt, die Universitätskirche am Augustusplatz wurde 1968 gesprengt und die Matthäikirche im Nordwesten war nach schweren Kriegsschäden im Jahr 1943 ohne Rücksprache mit der Kirche abgebrochen worden. Heute befindet sich hier ein Zweckbau der ehemaligen Staatssicherheit.

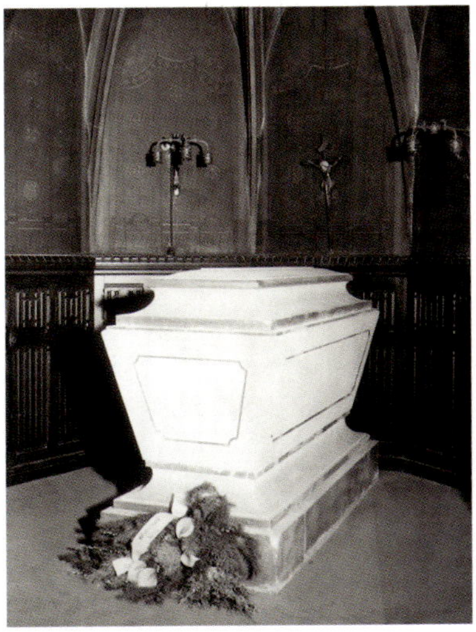

Bachs Sarkophag 1949 aufgebahrt in der Nordsakristei der Thomaskirche.

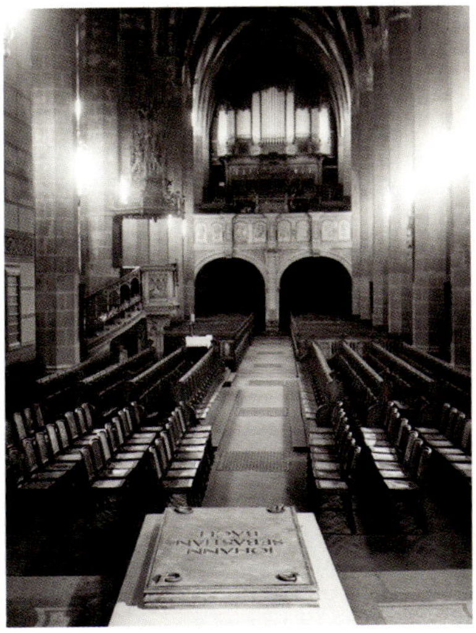

Chorraum mit der 1950 eingeweihten Bach-Grabstätte von Kunz Nierade und Walter Tiemann.

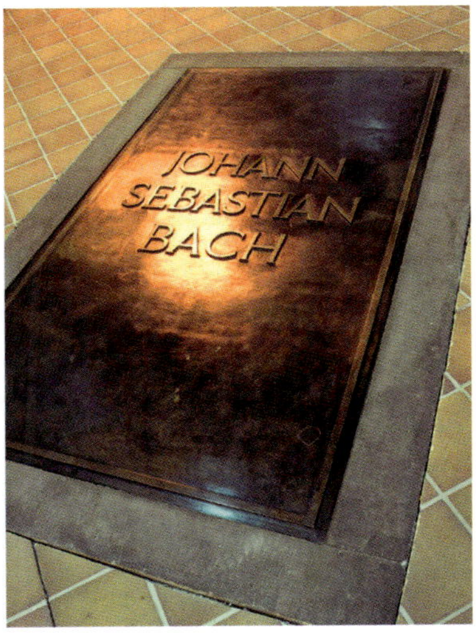

Die Grabstätte im Jahr 2000.

Architektonische Zeugnisse der Bachzeit in Leipzig

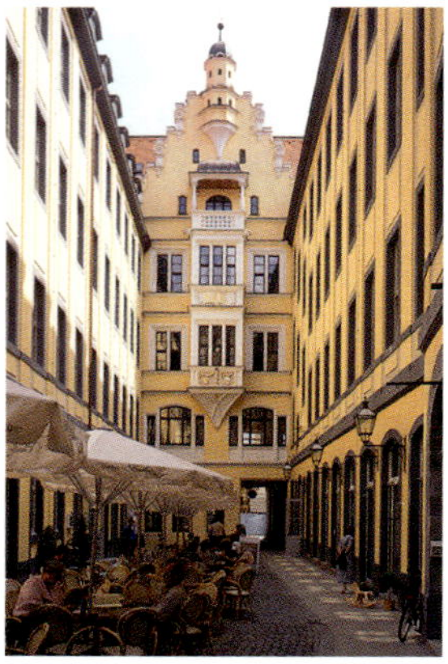

Barthels Hof, Ansicht des Innenhofes mit dem gotischen Altan, der sich früher auf der Straßenseite befand.

»*Leipzig ruft dem Beschauer keine altertümliche Zeit zurück; es ist eine neue, kurz vergangene, von Handelstätigkeit, Wohlhabenheit, Reichtum zeugende Epoche, die sich uns in diesen Denkmalen ankündet*«, reflektiert Johann Wolfgang von Goethe in *Dichtung und Wahrheit* seine Leipziger Eindrücke der Jahre 1765 bis 1768, am Ausgang des Zeitalters des Barock.

Die rund dreißigtausend Einwohner zählende Stadt »*mit ihren schönen, hohen und untereinander gleichen Gebäuden*« machte auf den jungen Studenten »*einen sehr guten Eindruck*«. Ja, Goethe fand, dass sie in stillen Momenten etwas »*Imposantes*« habe. Das 18. Jahrhundert als das Jahrhundert des Handels ließ die traditionsreiche alte Messestadt bis zum Siebenjährigen Krieg zu einer blühenden bürgerlichen Metropole werden, in der eine große Zahl der Gebäude im Zeitgeschmack um- oder neugebaut wurde. Die Architektur Leipzigs in der ersten Hälfte des 18. Jahrhunderts reiht sich ein in die bedeutenden deutschen Bauleistungen der Epoche. In der bildenden Kunst, in Literatur und Musik wurde die Stadt zu einem Zentrum der Frühaufklärung.

In der Stadt selbst wurde die Katharinenstraße zur Prachtstraße Leipzigs, zu »*einem Freilichtmuseum edelster Art*«, wie es ein Zeitgenosse einmal treffend ausdrückte. Die hier erhaltenen Burghäuser, wie »Romanus-Haus« (Nr. 23) und »Frege-Haus« (Nr. 11), vermögen noch heute ein Bild einstigen Glanzes zu vermitteln. Mit dem Bau des Romanus-Hauses in den Jahren 1701–1704 begann die Blütezeit des bürgerlichen Barocks in Leipzig. Der gerade dreißigjährige Bürgermeister Franz Conrad Romanus, ein Günstling Augusts des Starken, ließ sich das nach ihm benannte Haus schon bald nach seinem Amtsantritt von dem aus Dresden gekommenen Maurermeister Johann Gregor Fuchs (1650–1715) bauen. Als die Gerüste gefallen waren, bekamen die Leipziger einen Bau zu sehen, der »*an Umfang wie Stil gleich neu und außerordentlich*« war, urteilte der später weltbekannte Kunsthistoriker Nikolaus Pevsner in seiner 1928 publizierten Dissertation *Leipziger Barock*.

Nur wenige Schritte weiter, in der Katharinenstraße 11, baute Fuchs in den Jahren 1706–1707 mit dem seit 1782 »Frege-Haus« genannten Handelshof ein älteres Renaissancegebäude durchgreifend um. Das Vorderhaus präsentiert sich seit der 1986 abgeschlossenen Sanierung wieder in seiner ursprünglichen Fassadenarchitektur mit dem charakteristischen dreigeschossigen Kastenerker.

Johann Gregor Fuchs – bis zu seinem Tode im Jahre 1715 der führende Baumeister in Leipzig – war es auch, der mit Äckerleins Hof am Markt 11 in den Jahren 1709–1714 »*den Prototyp der für die Handels- und Messestadt bezeichnenden, von einer Straße zur anderen führenden Durchgangshäuser*« baute.

Barthels Hof am Markt 8 ist heute das einzige erhaltene Durchgangshaus des Barock in Leipzig. 1748 bis 1750 wurden die Hof- und Hintergebäude von George Werner (1682–1758) für den Kramermeister und Stadthauptmann Gottlieb Barthel neu gebaut.

Als letzter typischer Handelshof aus den Zeiten der Warenmesse ist Barthels Hof für das historische Selbstverständnis Leipzigs als Messestadt von besonderer Bedeutung, denn im Durchgangshaus erreichte der Handelshof seine vollkommenste, der Funktion adäquateste Ausprägung. Nur in Barthels Hof kann man heute noch die Begeisterung der Zeitgenossen nachempfinden, die Goethe in die vielzitierten Worte fasste: »*Jedoch ganz nach meinem Sinn waren die mir ungeheuer erscheinenden*

Gebäude, die, nach zwei Straßen ihr Gesicht wendend, in großen, himmelhoch umbauten Hofräumen eine bürgerliche Welt umfassend, großen Burgen, ja Halbstädten ähnlich sind.«

Hatte ein Dresdner Architekt, nämlich der Oberlandbaumeister Johann Georg Starcke, mit dem Entwurf für den Bau der Alten Handelsbörse (1678–1682) am Naschmarkt quasi den Auftakt für den Leipziger Barock gegeben, so griff 1722–1723 mit dem Neubau des Peterstores gar Zwingerbaumeister Matthäus Daniel Pöppelmann in das Leipziger Baugeschehen ein. Da die zuvor vom Leipziger Rat vorgelegten Entwürfe nicht die Zustimmung des Königs gefunden hatten, musste Pöppelmann einen Gegenentwurf anfertigen, mit dem er, wie Hermann Heckmann feststellte, versuchte, einen Abglanz der höfischen Repräsentation in die sächsische Handelsmetropole zu bringen. Als das Tor 1860 aus verkehrstechnischen Gründen abgebrochen wurde, verlor Leipzig ein Kleinod barocker Profanbaukunst.

Die stattlichste Profanarchitektur Leipzigs in der Epoche des Barock war ganz unzweifelhaft die Stadtbibliothek, ein Bau von Friedrich Seltendorff aus den Jahren 1740–1744, der mit einundzwanzig Fensterachsen die gesamte Länge des Gewandgäßchens einnahm. Die in ihrem Grundbestand von dem Juristen Ulrich Groß gestiftete Bibliothek war 1711 im 1. Stock des Zeughausflügels des Gewandhauses, an der heutigen Universitätsstraße, der Öffentlichkeit zugänglich gemacht worden, bevor sie 1755 in den Seltendorffschen Neubau umziehen konnte. Der breitgelagerte Baukörper der Stadtbibliothek war nach dem bewährten Muster des barocken Schlossbaus in Mittel- und zwei Seitenvorlagen gegliedert und verdankt vor allem der Anwendung dieses Prinzips seine unbestreitbare architektonische Würde. Die Stadtbibliothek überstand den zweiten Weltkrieg nur als ausgebrannte Ruine. Ihr weitgehend originalgetreuer Wiederaufbau erfolgte in der Mitte des letzten Jahrzehnts.

Romanus-Haus, erbaut 1701–1704, Ecke Katharinenstraße/Brühl.

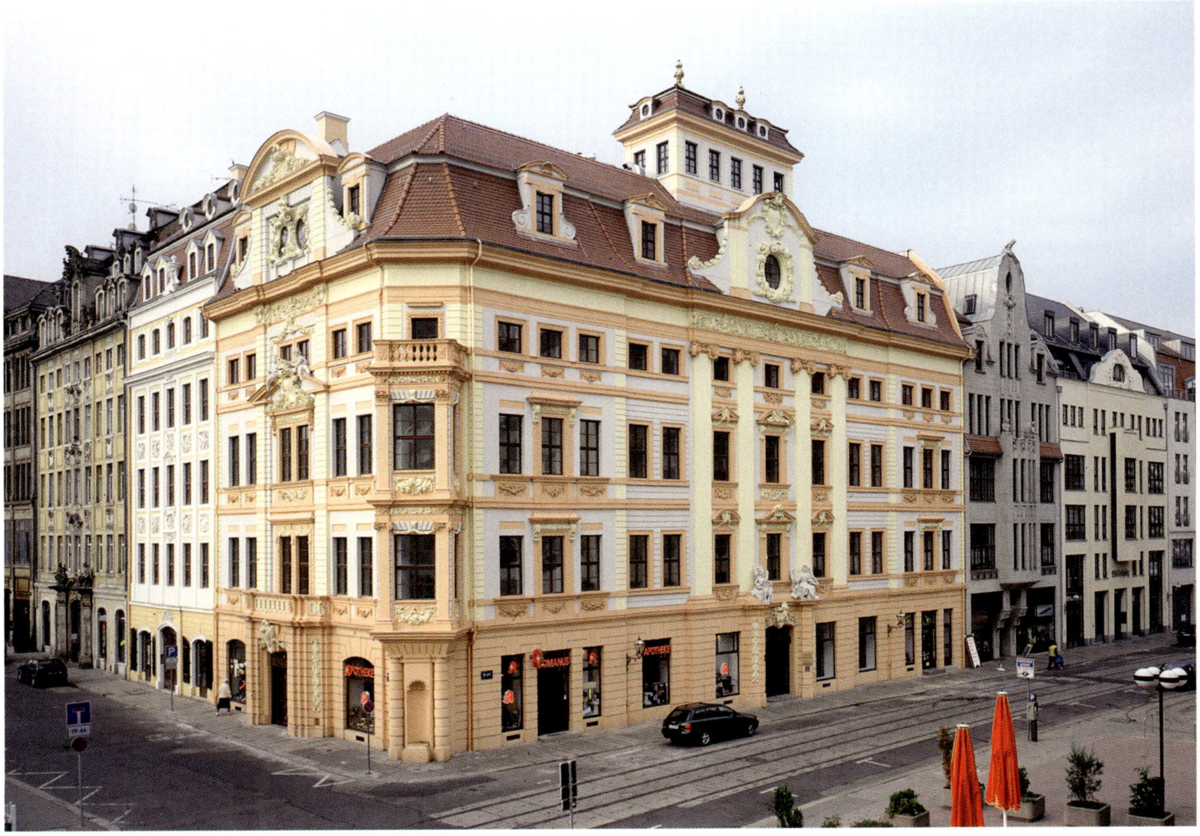

Das 1722–23 von Matthäus Daniel Pöppelmann erbaute Peterstor (abgebrochen 1860). Blick aus der Petersstraße nach Süden.

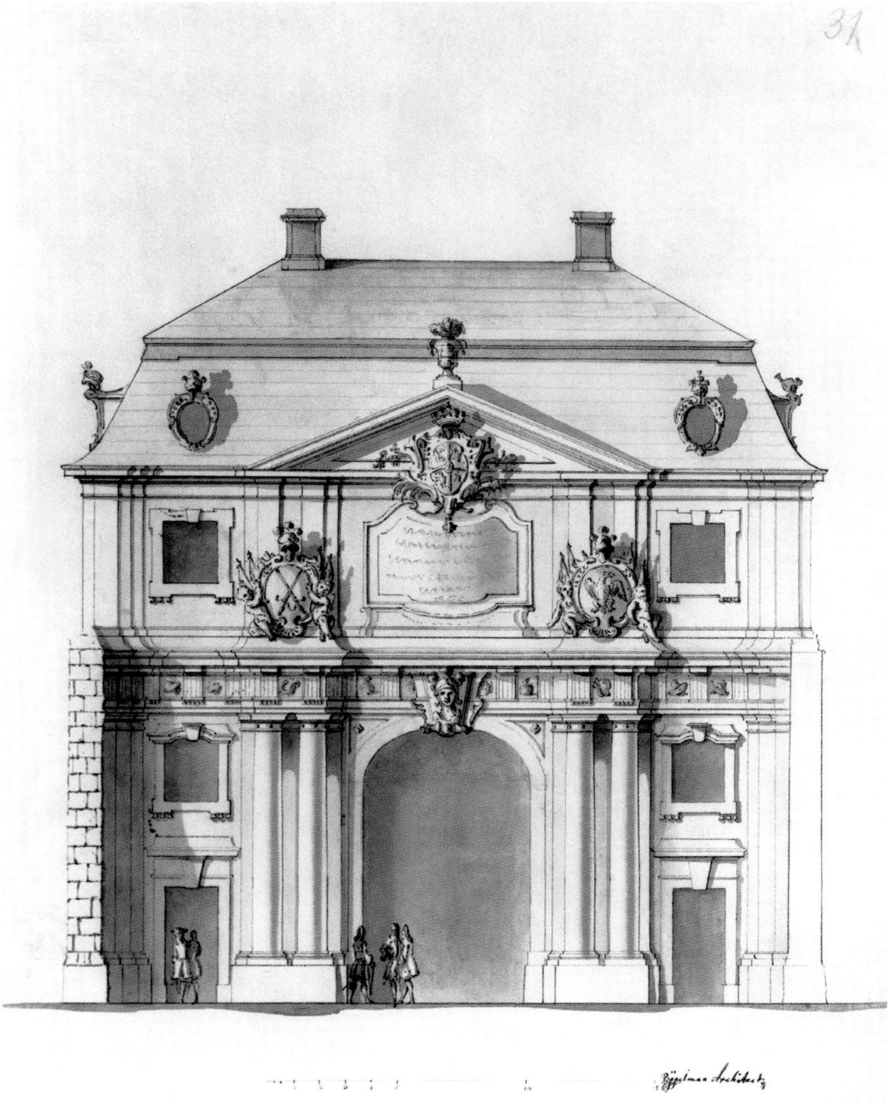

Schließlich erfuhr im 18. Jahrhundert auch die Silhouette der Stadt durch den Umbau der bestimmten Höhendominanten ein markantes barockes Profil. Bereits 1698–1699 hatte die Neukirche, spätere Matthäikirche, einen weithin sichtbaren barocken Dachreiter erhalten. Im Jahre 1702 bekam die Thomaskirche eine neue Turmhaube, 1730–1731 wurde der Turm der Nikolaikirche erhöht, 1744 ersetzte Christian Döring die Renaissancehaube des Rathausturmes durch einen zeitgemäßen gefälligen barocken Turmaufsatz, und mit George Werners Bau des Turmes für die ältere Johanniskirche auf dem Stadtgottesacker erhielt Leipzig 1746–1748 überdies einen zusätzlichen städtebaulichen Akzent.

Unter den denkmalgeschützten Bauten des Leipziger Stadtzentrums machen die architektonischen Zeugnisse der Bachzeit zahlenmäßig nur noch etwa ein Zehntel aus. Sie sind heute gleichsam baugeschichtliche Spolien im städtebaulichen Verband der jüngeren Geschäftshäuser geworden. So kommt der umfassend sanierten Thomaskirche, deren Entstehungsgeschichte bis ins Jahrhundert der Stadtgründung zurückreicht, besonderer Memorialwert zu. Sie ist gleichsam das herausragende Zeugnis für die kulturelle Identität der Bürger der über 800-jährigen Handelsstadt Leipzig.

1.3 Kunstwerke

Die ältesten Kunstwerke

Kirchen beeindrucken nicht nur durch ihre architektonische Gestalt, sondern sie erhalten nicht selten das sie prägende Gesicht durch Ausstattungsstücke, die aus den verschiedenen Epochen ihrer Geschichte stammen. Fast jede Zeit hat Vorstellungen und gegenständliche Anteile hinterlassen. Manchmal wirken sie bis heute, nicht selten müssen sie der Verborgenheit entlockt werden. Die Thomaskirche erlebte zudem mindestens viermal eine radikale ›Beräumung‹ der Vorgängerausstat-

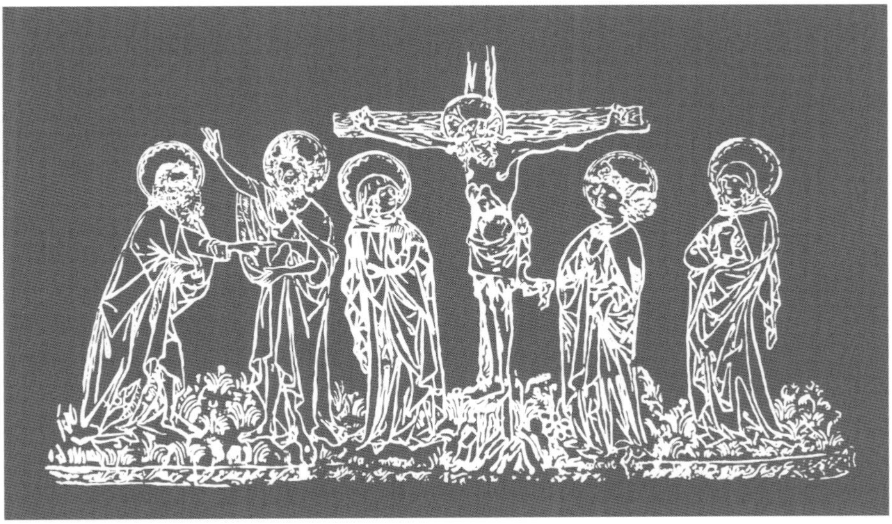

Ritzzeichnungen im Glockenmantel der Gloriosa (1477). Die an der Süd-, West- und Ostseite der Glocke angebrachten Zeichnungen sind hier zusammengerückt und ergeben eine eindrucksvolle Einheit.

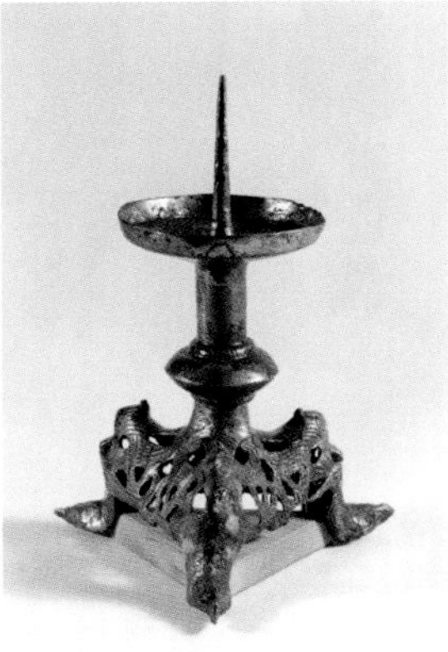

Romanischer Leuchter um 1200, bei der Renovierung 1964 in einem Balkenloch aufgefunden.

tung: nach Einführung der Reformation, unfreiwillig durch die Einflüsse der Befreiungskriege 1806 und 1813, anlässlich der neugotischen Umgestaltung 1884–1889, zur Renovierung 1961–1964. Ziel war nicht selten die Verwirklichung eines Konzeptes bzw. die Restitution eines früheren Zustandes nach der jeweils herrschenden stilistischen und denkmalpflegerischen Maßgabe, meist verbunden mit der Tilgung vorhandener Stücke. Zudem muss in Erinnerung gerufen werden, dass Kirchen bis zum 19. Jahrhundert nicht nur Ort der christlichen Gemeinde im Unterschied zu einer nichtchristlichen Bevölkerung waren, sondern als Versammlungsraum der Kommune zugleich als Ort christlicher Zurüstung und Unterrichtung wie auch als Informationszentrum dienten. Diese Aufgabe führte vor allem in früheren Jahrhunderten zu Formen der Repräsentation, die selbstverständlich Gott zur Ehre, den Menschen zur Erbauung und innerlichen Erhebung, aber eben auch zur städtischen Repräsentation diente, die Absicht, sich unzweifelhaft mit anderen Städten zu messen.

In jedem Falle lassen sich mit heute vorhandenen Kunstwerken Rufe aus längst vergangenen Zeiten wahrnehmen; Rufe, die christlichen Glauben aus ihrer Zeit sowie menschliches und kommunales Selbstverständnis erschaffen lassen.

Aus frühester Zeit haben sich ein romanischer Leuchter und die eindrucksvollen Ritzzeichnungen auf der ältesten und zugleich größten Glocke, der Gloriosa von 1477, erhalten. Der sogenannte *Thomas-Leuchter*, erst 1963 zufällig in einem Pfostenloch des Chorbaues wieder aufgefunden, ist wahrscheinlich westfälisch und wurde wohl um 1200 geschaffen. Welche Funktion er in der mittelalterlichen Kirche hatte, lässt sich nicht sagen. Die Gloriosa verrät durch Aufschrift ihren Gießer und Gestalter der Zeichnungen sowie das Datum ihrer Entstehung: *»Er nicklaus eysenberg hat disse bilde gerissen anno M°cccclxxvij / in vigilia exaltationis s[anc]te crucis.«*

Exaltatio crucis, Kreuzeserhöhung, meint den 14. September, die Vigilien einen Abend vorher. Nach Westen hin ist ein Kruzifixus mit Maria und Johannes zu sehen, nach Süden hin Maria Magdalena, nach Osten die Darstellung des zweifelnden Thomas, der dem Auferstandenen die Finger in die Seitenwunde legt; letzteres ist ein nicht unwesentliches Zeugnis für die Bestimmung des Patroziniums der Kirche.

Altäre in St. Thomas

Das lässt nach den Altären und der Altarausstattung, den Vasa sacra, fragen. Wir kennen bislang vier Altäre, die nacheinander im Chorraum standen bzw. stehen. Der spätmittelalterliche Passionsaltar – 1722 durch den damaligen Superintendenten Salomon Deyling nach Plauen im Vogtland verschenkt, wo er heute noch in der Lutherkirche (ehemalige Gottesackerkirche) steht – vereint in einem Renaissanceschrein von Valentin Silbermann (um 1560 – nach 1617) und Michael Treuding (1587) einen spätmittelalterlichen Mittelteil mit Beweinung Christi, Predella mit Grablegung und vier Flügeln mit Darstellungen des Leidens Christi (Erfurter Meister, um 1500); im Renaissanceaufbau sind ein Gemälde der Kreuzigung Christi, sowie figürliche Darstellungen Maria Magdalenas, des Thomas und des Auferstandenen einbezogen. Städtische Geschlossenheit kam dadurch zum Ausdruck, dass zu dem Passionsaltar der Thomaskirche die Nikolaikirche über einen Auferstehungsaltar verfügte.

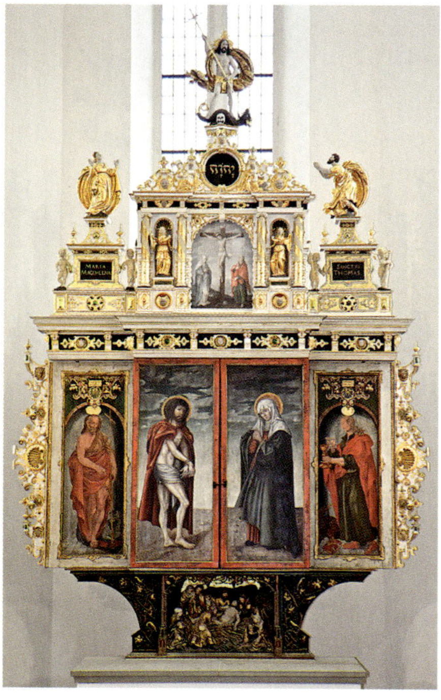

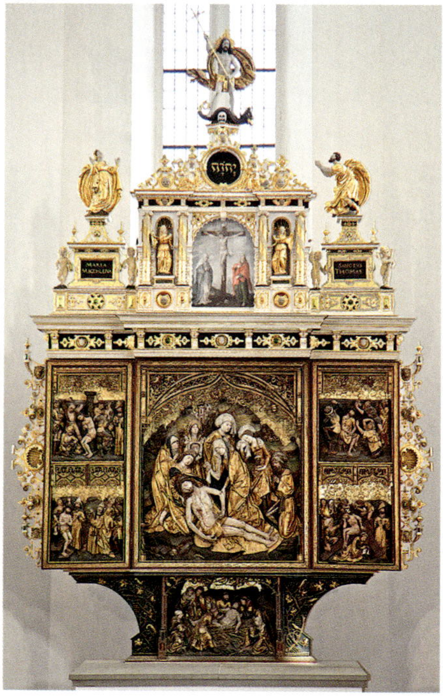

Passionsaltar, um 1500/1587, seit 1722 in der Lutherkirche Plauen (Vogtland), Details aus der Passion und Grablegung Christi.

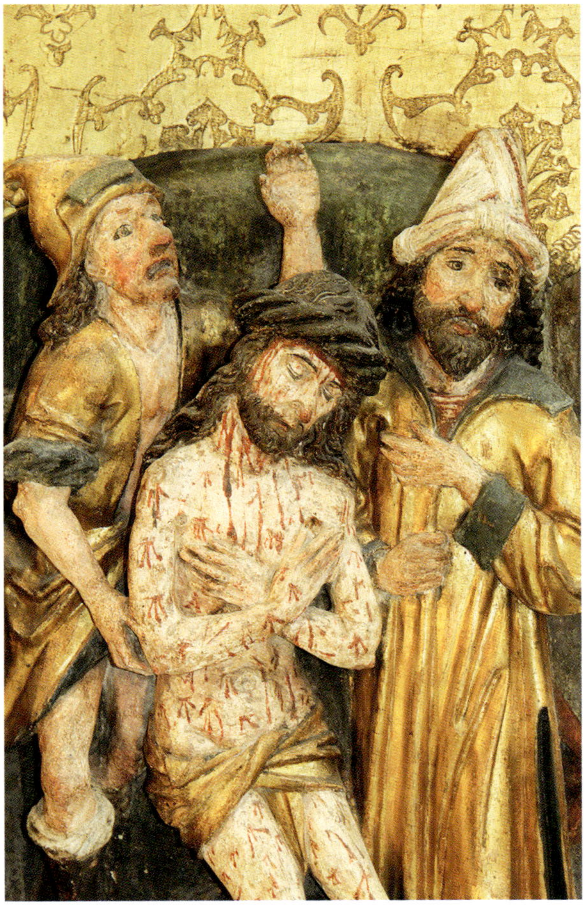

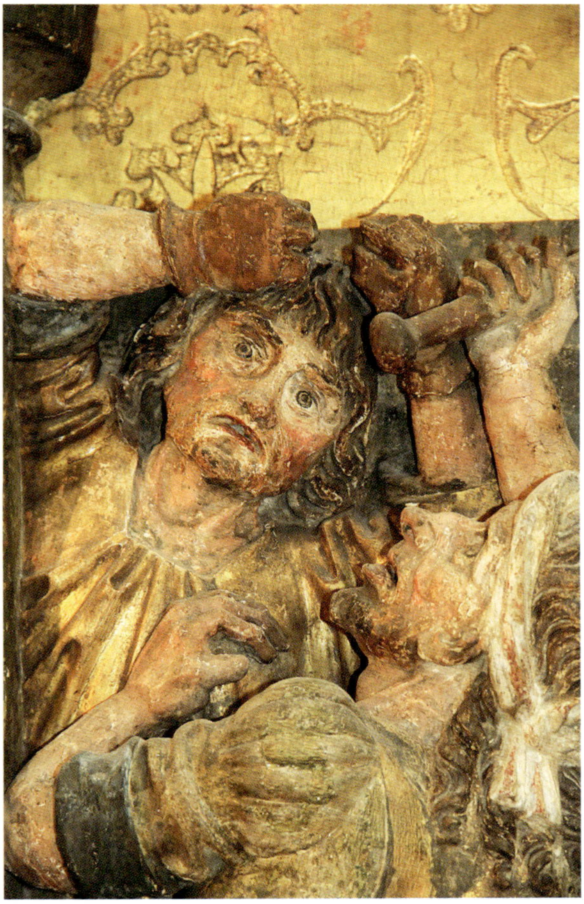

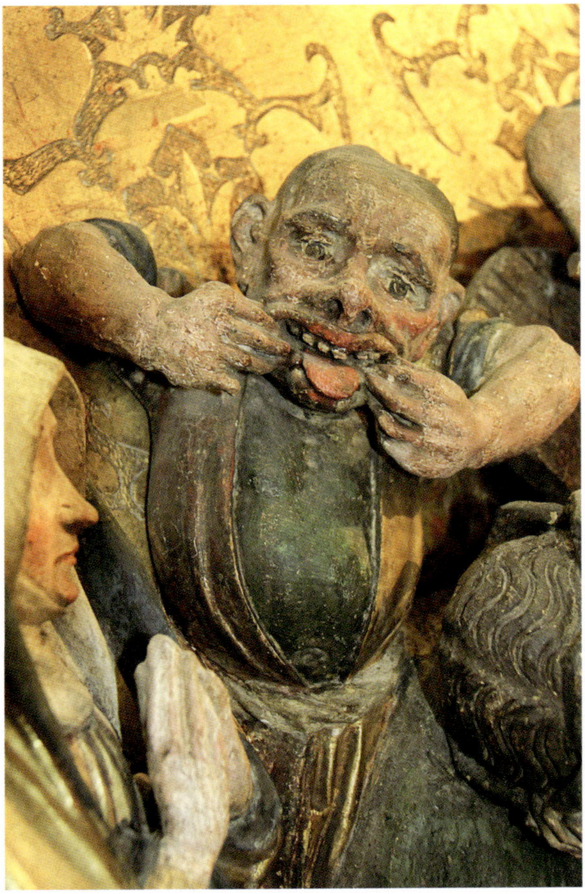

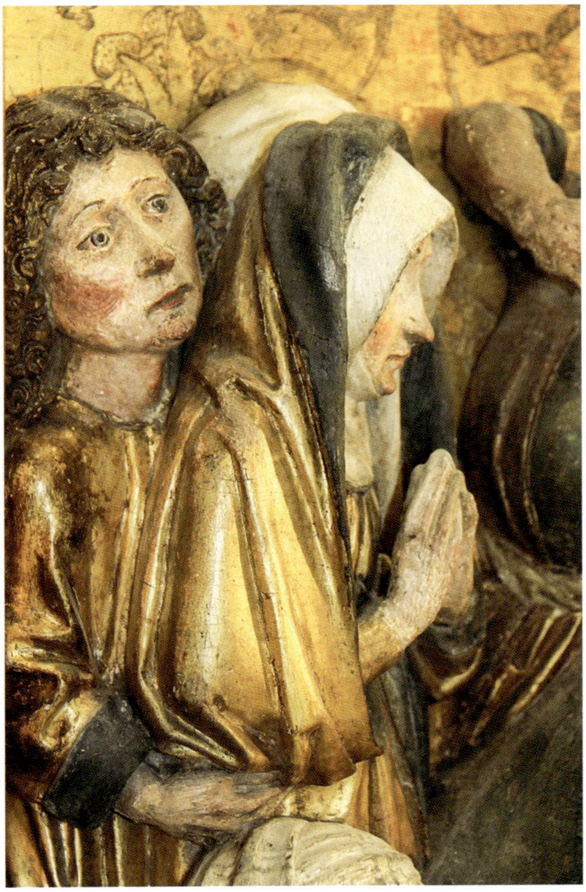

Markierte Ziffern verweisen auf
die Position oben bzw. unten.

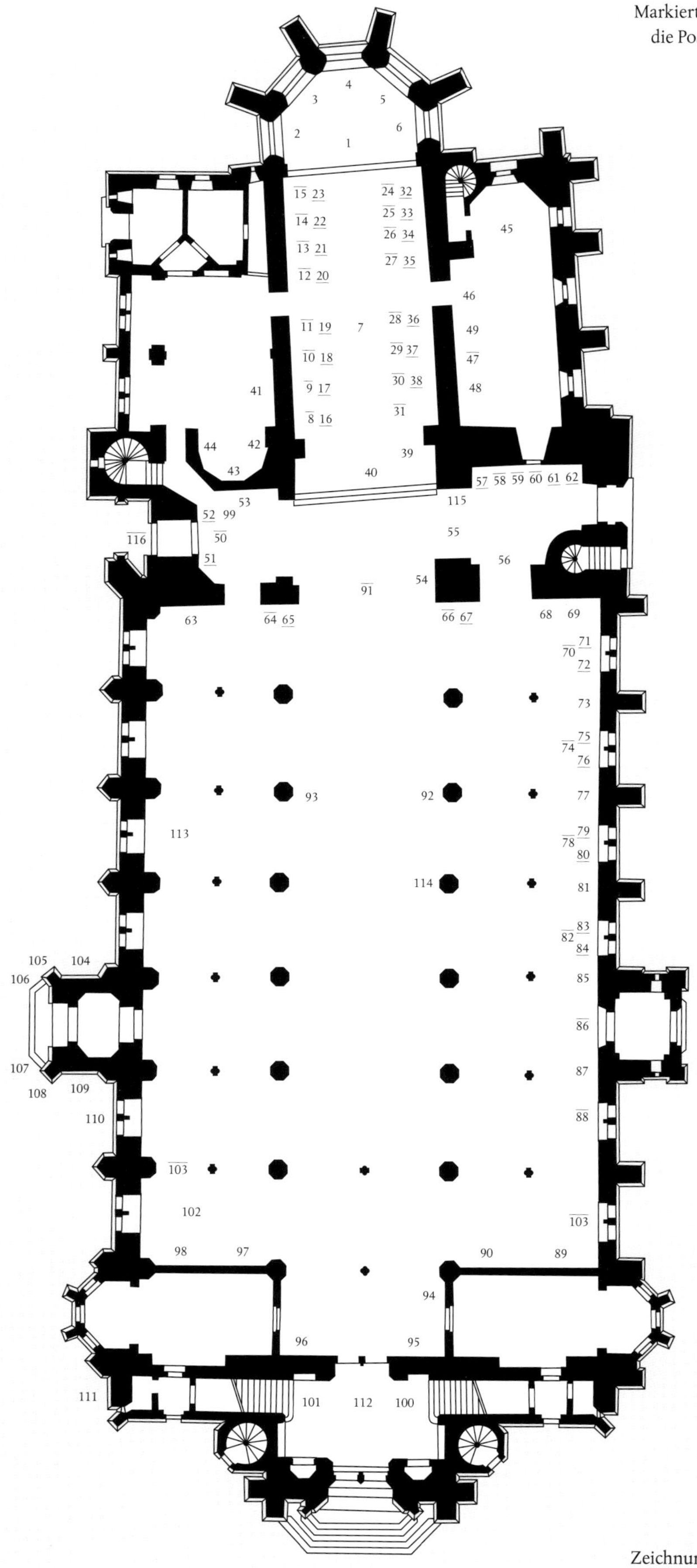

Zeichnung nach Peter Auspurg.

Kunstdenkmale im Kirchenraum und am Kirchenbau (Stand 2012)

1 Pauliner-Altar, 1500
2 Fenster Anbetung der Könige
3 Fenster Taufe Jesu
4 Fenster Auferstehung
5 Fenster Christus mit den Emmausjüngern
6 Fenster Christus und Thomas
7 Taufstein

8–38 Superintendentenbildnisse
8 Pfeffinger
9 Salmuth
10 Selnecker
11 Harder
12 Weinrich
13 Schmuck
14 Leyser
15 Höpner
16 Christian Lange
17 Hülsemann
18 Geier
19 Samuel Lange
20 Reinhard
21 Lehmann
22 Ittig
23 Dornfeld
24 Deyling
25 Stemler
26 Bahrdt
27 Körner
28 Rosenmüller
29 Tzschirner
30 Großmann
31 Lechler
32 Pank
33 Cordes
34 Hilbert
35 Schumann
36 Stiehl
37 Richter
38 Vollbach

39 Spätromanisches Kapitell
40 Grabplatte Johann Sebastian Bach
41 Bildnis Hermann Ferdinand von Criegern
42 Gemälde Gottvater
43 Altar um 1530
44 Gemälde Auferstandener Christus
45 Altar 1888
46 Bildnis Weiß
47 Bildnis Schütz
48 Bildnis Gaudlitz
49 Bildnis Sieber
50 Bildnis Horn
51 Bildnis Abraham Teller
52 Bildnis Mayer
53 Epitaph Leicher
54 Grabplatte Elisabeth von Sachsen
55 Gitter, barock
56 Gitter, barock
57 Epitaph Jenitz
58 Bildnis Carpzov
59 Bildnis Seligmann
60 Bildnis Romanus Teller
61 Grabplatte Stemler
62 Grabplatte Körner
63 Epitaph Bachoffen
64 Gemälde Darstellung im Tempel
65 Epitaph Hutter
66 Gemälde Taufe Jesu
67 Epitaph Hutter
68 Epitaph Hillger
69 Gemälde Gesetz und Gnade auf der Empore
70 Fenster Kriegergedächtnis 1914/18
71 Wappenfenster Landauer/Blasebalg
72 Wappenfenster Seckendorf
73 Grabplatten Wiedebach
74 Fenster Gustav Adolph
75 Wappenfenster Thümmel
76 Wappenfenster Preußer
77 Grabplatte Nickel Pflugk
78 Fenster Johann Sebastian Bach
79 Wappenfenster Limburger
80 Wappenfenster Gutschmid
81 Grabplatte Pistoris
82 Fenster Martin Luther
83 Wappenfenster Frege
84 Wappenfenster Winckler
85 Grabplatte Hermann von Harras
86 Fenster Felix Mendelssohn Bartholdy
87 Grabplatte von Selmitz
88 Fenster Kaiser Wilhelm I.
89 Grabplatte Weinrich
90 Grabplatte Jenitz
91 Kruzifix über dem Triumphbogen (vorgesehen)
92 Kanzel
93 Kruzifix vom Barockaltar
94 Grabplatte Selnecker
95 Grabplatte Horn
96 Stiftungsplatte vom Altar 1721
97 Grabplatte Christian Lange
98 Grabplatte Carpzov
99 Eiserne Truhe
100 Grabplatte Mayer
101 Grabplatte Samuel Lange
102 Grabplatte Diezmann
103 Brüstungsplatten der spätgotischen Empore

104–109 Figuren an der nördlichen Vorhalle: Apostelportal
104 Hanna
105 Simeon
106 Maria
107 Petrus
108 Ein Lahmer
109 Johannes
110 Grabplatte von Hohenthal
111 Denkmal Hiller
112 Orgel von 1889 auf der Empore
113 Orgel von 2000 auf der Empore
114 Bronzeplatte Martin Luther
115 Gedenkplatte Johann Sebastian Bach
116 Tympanon Guter Hirte

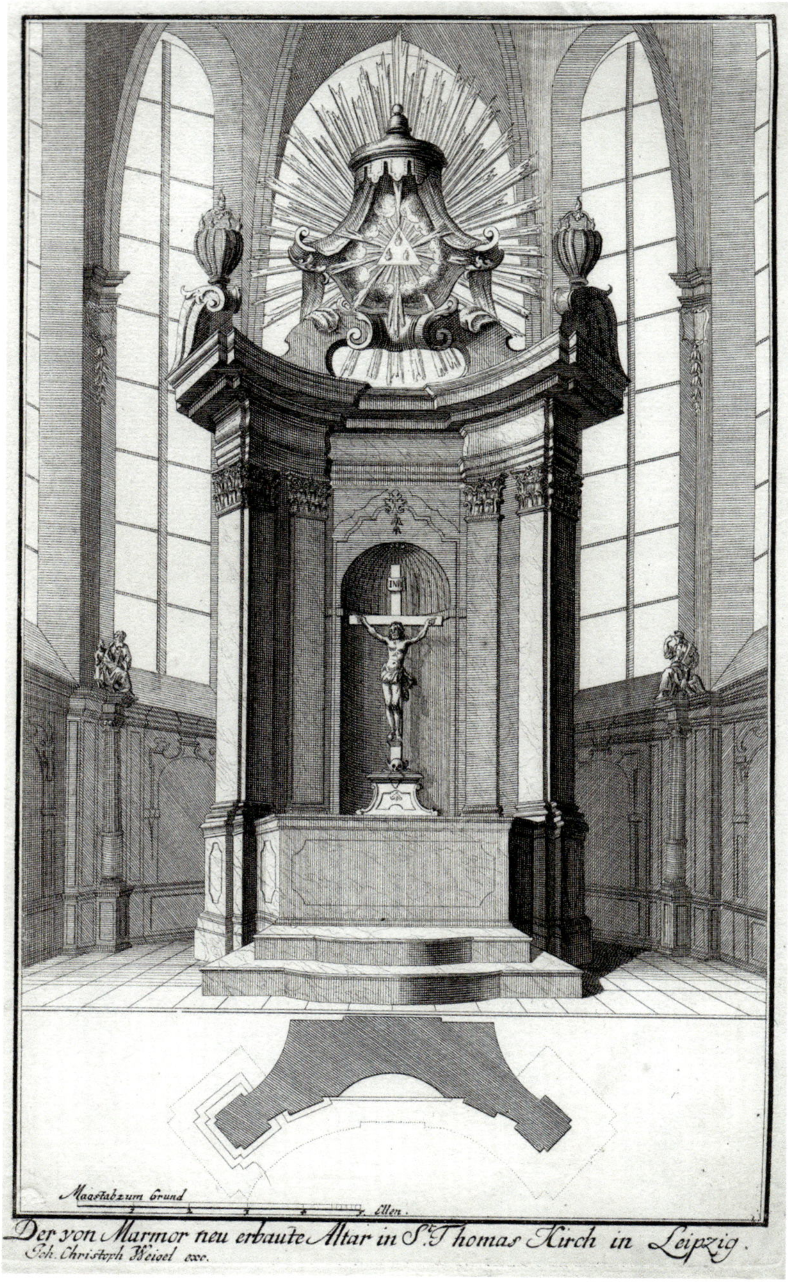

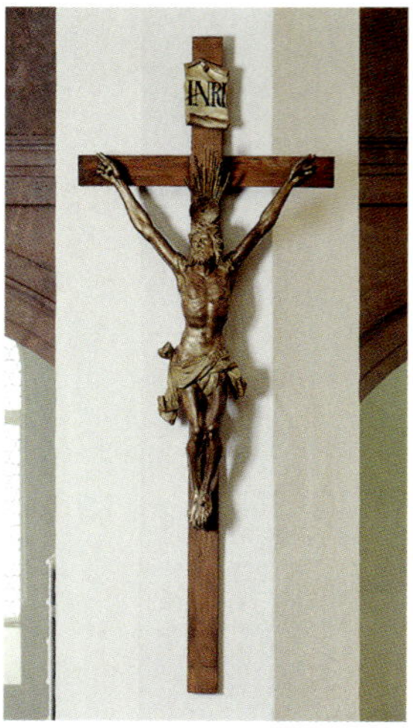

Das Löbeltsche Kruzifix des Bornschen Altars befindet sich heute im Mittelschiff am Pfeiler gegenüber der Kanzel.

Der Bornsche Altar von 1721. Er stand bis 1887 im Chor von St. Thomas und wurde danach in der Johanniskirche aufgestellt, wo er 1943 zerstört wurde.

Bereits 1709 war die Initiative für einen neuen Altar der Thomaskirche von dem inzwischen verstorbenen Bürgermeister Jacob Born († 1709) ausgegangen, der durch eine Stiftung von 1000 Talern den Grund für Zustiftungen legte; der Stadtrat und Borns Witwe legten noch weitere 3000 Taler hinzu, August der Starke schenkte erzgebirgischen Marmor. 1721 kam der Bornsche Altar in die Kirche; an ihm hatten Künstler des Dresdner Hofes gearbeitet. 165 Jahre sollte sich dieser Altar in der Kirche befinden, eine barocke Architektur, in dessen Mitte ein geschnitztes Kruzifix von Caspar Friedrich Löbelt (1687–1763) stand. An diesem Altar empfingen Bach und seine Familie 27 Jahre lang das heilige Abendmahl. Weil man das Bauwerk als ›katholisch‹ empfand, trennte man sich anlässlich der neugotischen Renovierung der Kirche 1887 von dem Altar; übrig geblieben sind nur das Kruzifix [92], das heute an der Säule gegenüber der Kanzel hängt, und die Stiftungstafel der Rückwand. Sie ist in die Westwand im Innenraum der Kirche eingelassen [95].

An Stelle des Bornschen Altares, der in wesentlichen Bauteilen als Altarneuaufbau in der neubarock gestalteten Johanniskirche Aufstellung fand und beim Bombardement auf Leipzig im Dezember 1943 zu Grunde ging, folgte ein neugotischer Altar [44], der von dem Dresdner Architekten Constantin Lipsius (1832–1894) entworfen wurde, ebenfalls Planer und Architekt der neogotisierten Thomaskirche (1885–1889). Das Bildprogramm entwarf der damalige Superintendent Oskar Pank. Es ist ganz auf den Gedanken eines Altars als Zentrum evangelischer Lehre und evangelischen Abendmahls ausgerichtet: Die Mitte des über und über vergoldeten Bauwerks bildet ein ziborienartig vorgezogener Raum, in dem die Abendmahlsszene Jesu mit seinen Jüngern dargestellt ist. Im Sockelbereich der Seitenfelder sind Reliefs mit Themen aus dem Leben Jesu im Sinne des Menschensohns Jesus Christus zu sehen: Zwölfjähriger Jesus im Tempel, Jesus bei Maria und Martha, Einzug Jesu in Jerusalem, Jesu Kreuztragung. Das Bildprogramm der neugotischen Chorraumfenster, die als Stiftungen ebenfalls 1889 eingesetzt wurden, ist völlig auf das des Altars abgestimmt; dort sind Themen zum erniedrigten Gottessohn verarbeitet: Geburt Christi mit Anbetung durch die Weisen, Taufe Jesu, Auferstehung Christi, Christus mit den Emmausjüngern, Christi Himmelfahrt. In der Mitte der Seitenfelder des Altars sind Büsten zu sehen, die vier Opfertypen darstellen: Abel mit Opferlamm,

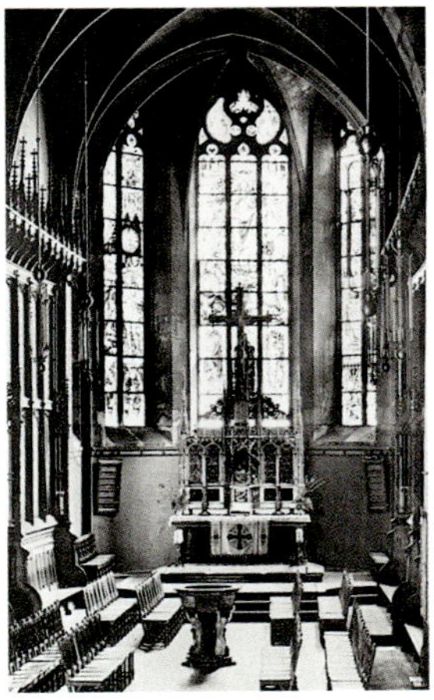

Neugotischer Altar, entworfen von Constantin Lipsius, von 1887 bis 1964 im Chorraum der Kirche (Ansicht um 1930), heute in der Südsakristei.

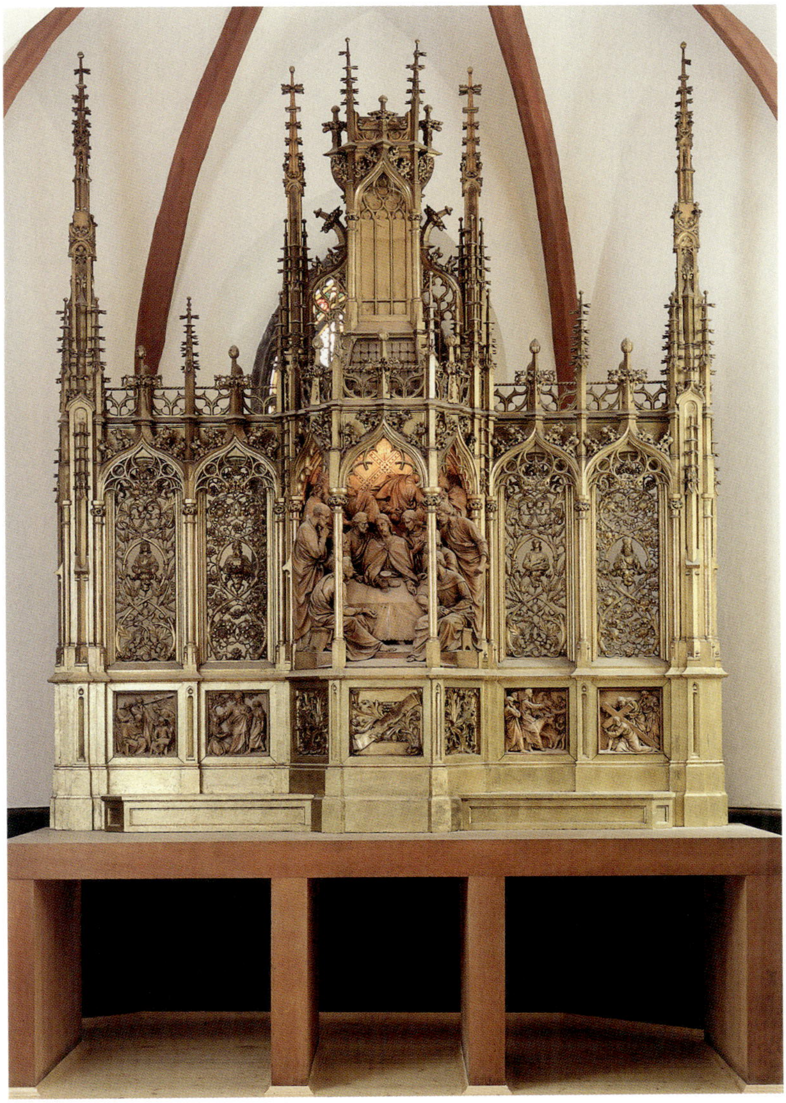

folgende Seiten: Paulineraltar – Feiertagsseite, Passionszyklus, Pauluslegende.

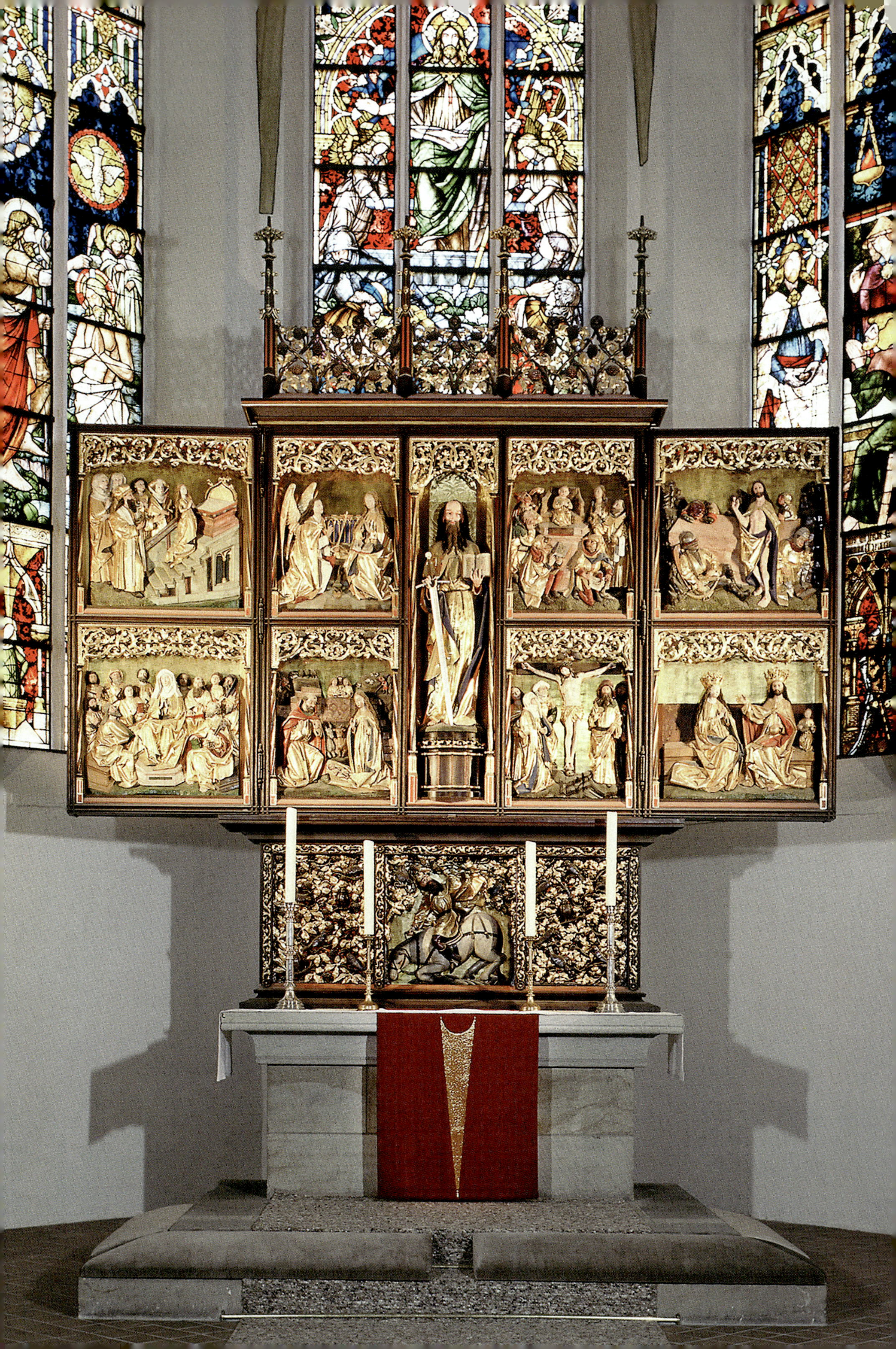

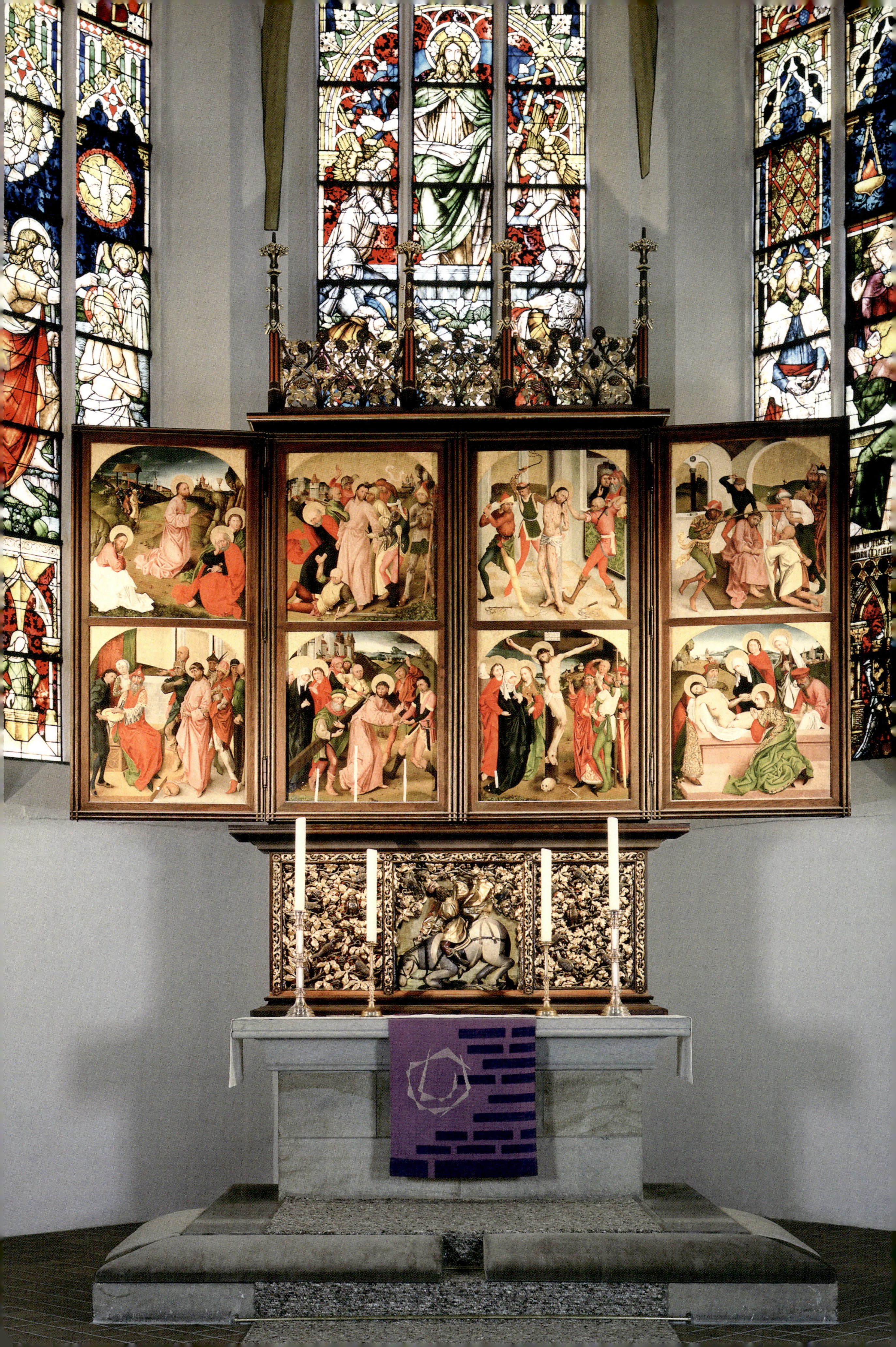

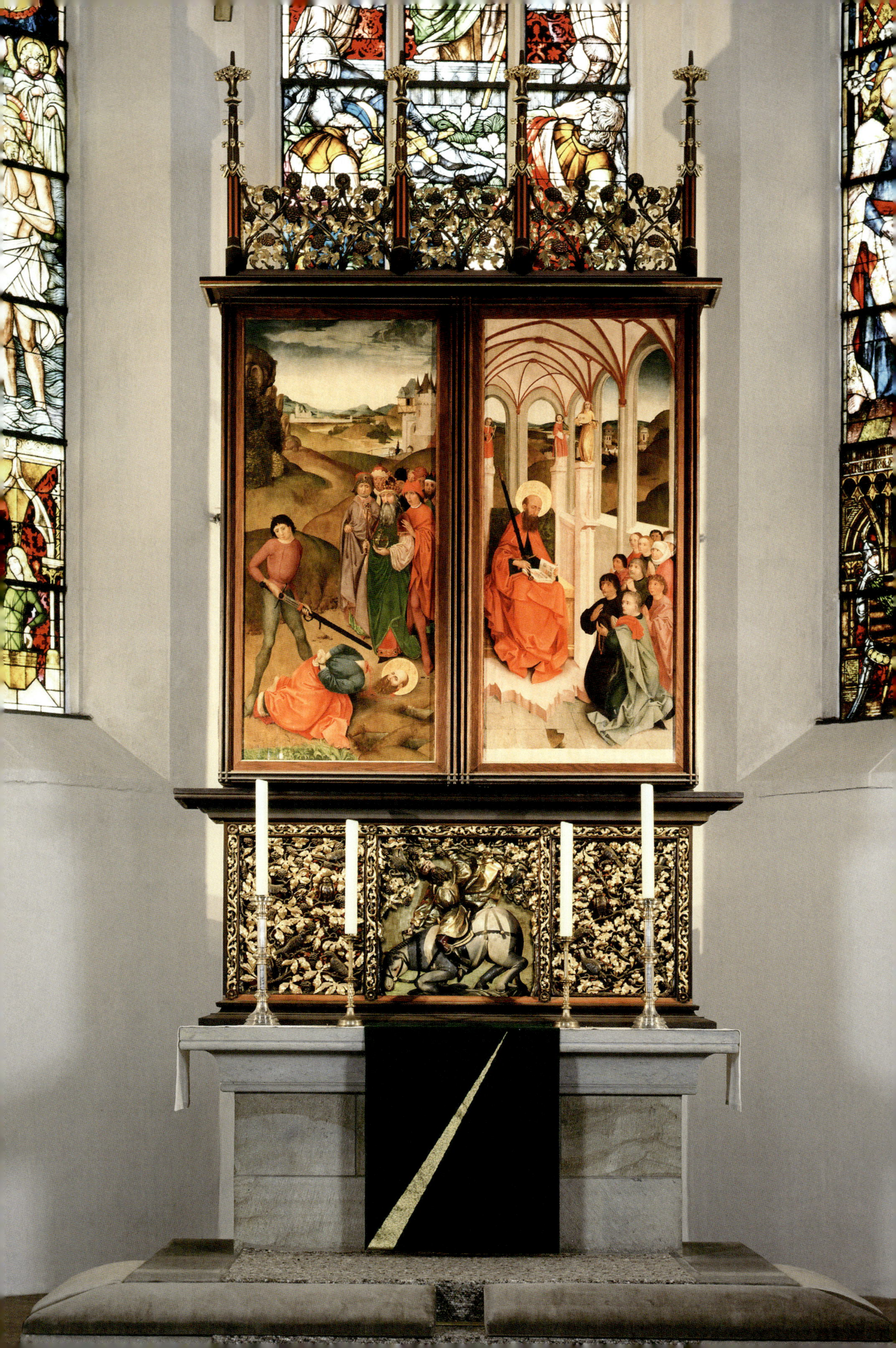

Noah mit Arche, Isaak mit Opferholz, Aaron mit Räuchergefäß. Auf der Mitte des Altarretabels erhob sich auf hohem Sockel ein Kruzifixus aus Holz, farbig gefasst. Bei der Innenerneuerung der Kirche 1961–1964 entfernte man neben verschiedenen neugotischen Ausstattungsstücken auch diesen Altar. Das Retabel fand in der Apsis der Südkapelle Aufstellung, allerdings ohne den hochaufragenden Kruzifixus. Zunächst hoffte man auf einen spätgotischen Flügelaltar, der im Chorraum der Thomaskirche Aufstellung finden könnte. Diese Hoffnung aber erfüllte sich nicht.

Nach einer Zwischenzeit von 1964 an, in der allein das Löbeltsche Kruzifix den Altar krönte, fand seit 1982 der Paulineraltar [1] aus der Universitätskirche St. Pauli Aufstellung, die am 30. Mai 1968 durch Sprengung sinnlos zerstört worden war.

Dieser Paulineraltar enthält auf der Feiertagsseite Reliefs eines Jesus-Maria-Zyklus, auf der Fastenseite Gemälde zur Passion Christi sowie Bildwerke und Gemälde zur Historia Pauli. Alles ist in einen neugotischen Schrein gefasst, der erst 1912 die Schnitzwerke zu diesem Hauptaltar der Universitätskirche zusammenfügte. Im Verhältnis zu ihrer Entstehungszeit (Ende 15. Jahrhundert, fränkisch-thüringischer Herkunft) zeigen sich die Reliefs und Passions-Gemälde erstaunlich bibelnah. Der Jesus-Maria-Zyklus vereinigt acht Reliefs folgender Themen: Mariä Tempelgang, Verkündigung Mariä, Geburt Christi, zwölfjähriger Jesus, Kreuzigung Christi, Auferstehung Christi, Ausgießung des Heiligen Geistes, Krönung Mariä; dazu als Mittelfigur den Apostel Paulus mit Buch für die lehrende und Schwert für die richtende Funktion des Wortes Gottes, in der Predella Paulus vor Damaskus, vom Pferd stürzend, als Sinnbild seiner Bekehrung. Die Gemälde zur Passion Christi zeigen die Szenen Gethsemane, Gefangennahme, Geißelung, Dornenkrönung, Handwaschung Pilati, Kreuztragung, Kreuzigung, Grablegung. Im geschlossenen Zustand sieht man zwei Gemälde aus der Pauluslegende mit dem lehrenden Paulus und der Enthauptung des Apostels. Insgesamt atmet das Altarwerk die geistige Haltung des Dominikanerordens, der sehr früh in Leipzig präsent war: Gründung des Klosters, das 1543 der Universität vom sächsischen Kurfürsten übereignet wurde, war im Jahr 1229. Dem Dominikanerorden, auch Pauliner oder Predigermönche genannt, wurde bald nach seiner Gründung durch den Papst die kirchliche Lehraufsicht übertragen, wobei man selbst mit der verhältnismäßig späten Gründung und der Namensbedeutung des Paulus *(der»Kleine«)* sowie dessen Herkunft aus dem Stamm Benjamin, dem jüngsten Sohn des Erzvaters Jakob, kokettierte und diese geltend machte. Der großartige Paulineraltar wird nach Fertigstellung der neuen Universitätskirche St. Pauli, die zugleich als Aula der Universität genutzt werden wird, an seinen angestammten und nun neuen Ort zurückkehren.

Zur Ausstattung des Altares gehören die Vasa sacra (Abendmahlsgeräte) und die Paramente. Hier haben sich Teile einer großen Vielfalt erhalten. Besonders eindrucksvoll sind:

→ eine Hostiendose von 1614–1616 (Leipziger Beschau) von Hans Schmidt, auf Engelsköpfen als Füße, Gravierungen der vier Evangelisten am Gefäßkörper, einem gewölbten Deckel mit Darstellung der Fußwaschung, des Abendmahls, Christus am Ölberg;

→ ein Abendmahlskelch, dessen Umrissformen spätgotisch sind, der aber 1680 von Gottfried Schmidt (Leipziger Beschau) bearbeitet worden ist und nun auf einem Sechspassfuß (verziert mit Fruchtgehängen und einem kleinen Kruzifix) eine weite glockenförmige Kuppa mit vier Medaillons von Hans Reichert d.Ä. hat: Sündenfall, Opferung Isaaks, Jesus der Kinderfreund, Kreuzigung;

- → eine Hostienschüssel, ehemals profane Schale aus der Zeit um 1500 mit rundem Medaillon in blau, Schild mit roter Eule (womöglich Wappen der Familie von Prinz), gegliedert in fünf Reihen von je elf gegeneinander und nach außen versetzten Buckeln, nach Inschrift wohl 1693 von Elisabeth Ludwigen, geborene Walpurgin, gestiftet;
- → ein Hostienteller mit Umschrift »*Unser Wandel ist im Himmel* ...« (Phil 3,20–21) und einem Schriftband um das Wappen der Stifterfamilie: »*Der Kirchen zu S. Thomas durch C. Bosen. Anno 1629.*« Es handelt sich bei dem Stifter um den langjährigen Leipziger Ratsherrn und Baumeister Caspar Bose, der zwei Jahre später zusammen mit seinem Bruder, dem Juwelier Paul Bose, der Nikolaikirche eine kostbare Taufschale stiftete; dieser Paul Bose ist auch der Stifter einer Abendmahlskanne (Leipziger Beschau, Hans Scholler I.) für die Thomaskirche im Jahr 1662, die ebenfalls noch in Gebrauch ist;
- → eine Taufkanne aus der Werkstatt von Paul Gottfried Haußmann (Leipziger Beschau, um 1730/1740), stark gebaucht, mehrfach geschweifter Henkel, an der Oberfläche getriebene Maskarons in Kartusche und Fruchtschnüre.

An Paramenten besitzt die Thomaskirche neben den neugotischen Sätzen der Zeit nach 1885 noch einige alte Kanzelsäulenbehänge; besonders gut erhalten hat sich ein roter Behang, 210 x 190 cm, mit breiter Barockborte, der die Aufschrift »*U.V.R. – G.V.B. 1709*« trägt; nach einer älteren Nachricht sei er der Kirche bereits 1683 geschenkt worden.

Taufstein und Kanzeln

Der heute noch vorhandene Taufstein [7], jetzt in der Mitte des Chorraums stehend, kam 1615 in die Kirche, damals direkt vor die Mittelsäule der Chorempore. Zu seinem Bestand zählte ein filigran aus Holz gearbeiteter Deckel, an einem Seil aus dem Schlussstein des dritten Jochs von Westen herunterhängend und bewegbar, und ein kunstvolles schmiedeeisernes Gitter um das achteckige Podest, in das der Taufstein eingepasst war. Der Aufbau des Taufsteins mit Deckel und Gitter enthielt eine vollständige Tauftheologie, deren Umsetzung in ein Bildprogramm wohl auf den damals amtierenden Superintendenten Georg Weinrich zurückgeht. Leider ist der Deckel bis auf wenige Figurenreste verloren gegangen. Heute ist vor allem der Taufstein selbst mit seinen vier Alabasterreliefs, die sich mit vier Bibelsprüchen abwechseln, noch vorhanden: Philippus tauft den Kämmerer (Mk 16,16a), Sintflut und Arche Noah (1 Petr 3,20–21), Heilung des syrischen Feldhauptmanns Naeman vom Aussatz (Joh 3,5), Israels Durchzug durch das Rote Meer (Hebr 11,29).

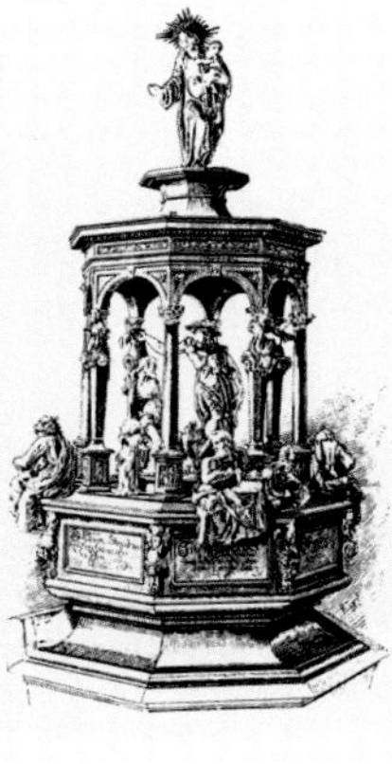

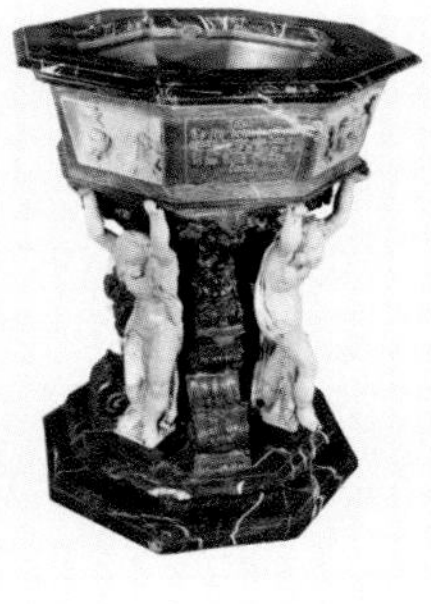

Taufstein von 1614 mit dem um 1945 verloren gegangenen kunstvollen Deckel.

Mit der neugotischen Kanzel [91] von 1889, deren turmartiger Aufbau auf dem Schalldeckel 1962 beseitigt und im Jahr 2000 durch eine leider nicht zureichende Anpassung ersetzt wurde, besitzt die Thomaskirche bereits ihre vierte Kanzel, von der wir wissen. Eine spätmittelalterliche Kanzel stand bis 1574 am dritten Südpfeiler von Osten. Auf ihr predigte Martin Luther zur Einführung der Reformation in Sachsen am Pfingstsonntag 1539, nachdem am Sonnabend zuvor die erste evangelische Predigt in dieser Kirche von Justus Jonas gehalten worden war. Eine Bronzeplatte [113] von 1939 erinnert heute daran. Weder von dieser noch von der nachfolgenden Renaissance-Kanzel hat sich ein Bild erhalten. Wir wissen nur, dass diese auf Marmorart weiß gestrichen und vergoldet am Kanzelkorb, dem Treppenaufgang und auf dem Deckel mit plastischen bzw. reliefartigen Bildwerken ausgestattet war. Eine

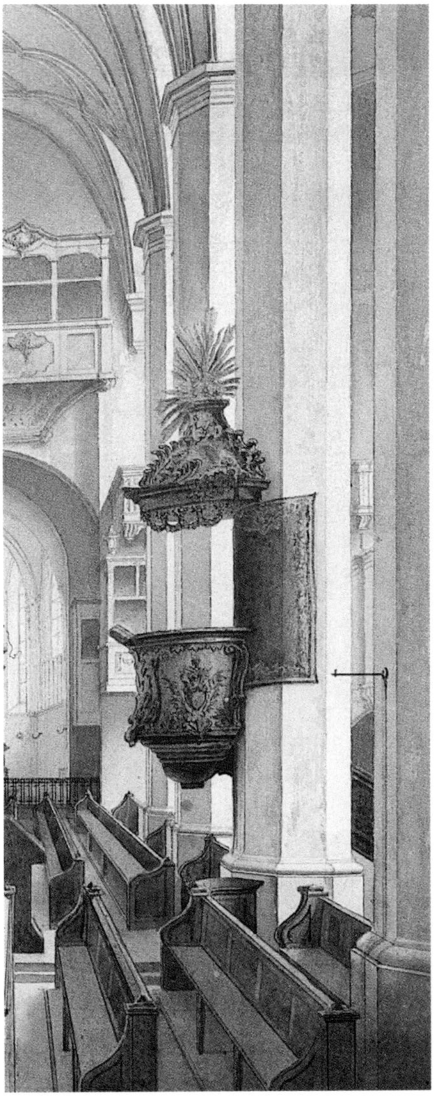

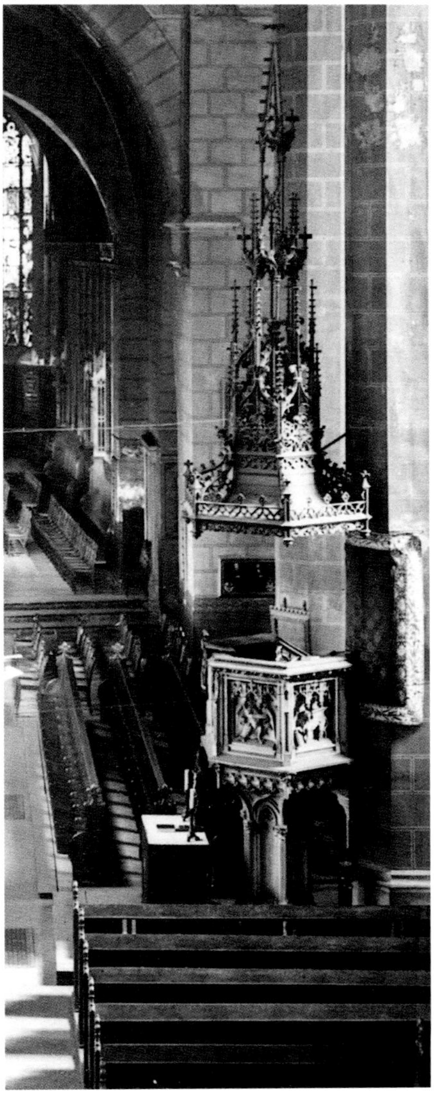

Die 1740 aufgestellte Barock-Kanzel.

Ansicht der neugotischen Kanzel vor 1962.

Barock-Kanzel kam 1740 in die Kirche, geschnitzt von Valentin Schwarzenberger (1693–1754) und am 13. Sonntag nach Trinitatis, dem 11. September, in Gebrauch genommen. Sie wurde 1888 abgebrochen und – so wird überliefert – in einen nicht mehr benötigten Hohlraum der Kirche vermauert. Mehrfach wurde in neuerer Zeit nach ihr gesucht, allerdings ohne Erfolg. Erhalten hat sich von ihr die schmiedeeiserne Tür des Schlossermeisters Johann George Rothmann zum Kanzelaufgang, ein Prachtwerk Alt-Leipziger Schmiedekunst, die auf einen endgültigen Ort ihrer Aufstellung noch immer wartet.

Grabplatten und Bilder im Kirchenraum

Nun folgen Epitaphien und Bilder, einschließlich der Superintendenten- und Pastorenbilder:

→ Grabplatte Nickel Pflug († 1482), seit 1982 in der Thomaskirche, ehemals Bestand Universitätskirche [77];
→ Grabplatte Hermann von Harras († 1451) [85];
→ Grabplatte Herzogin Elisabeth von Sachsen (1443–1484), ehemals Bestand Universitätskirche [54];

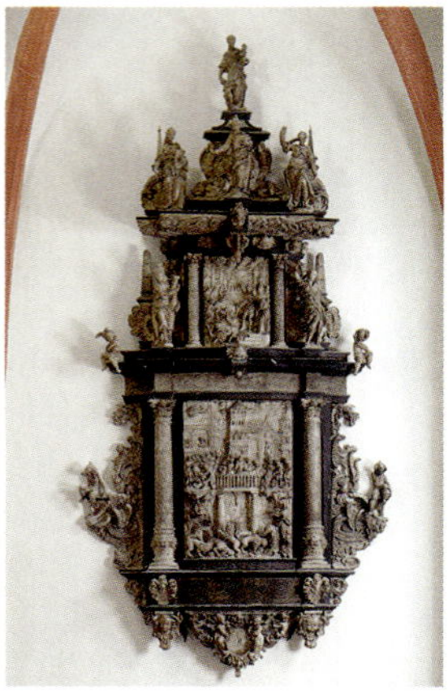

Epitaph Leicher, nördliche Vierung, Ostwand.

- → Grabplatten Georg von Wiedebach († 1524) und Gemahlin Apollonia († 1526) – er betet noch den Rosenkranz, sie bereits aus einem Gebetbuch, was wohl ihre reformatorische Gesinnung anzeigt [73];
- → Grabplatte der Familie Pistoris (1527), früheste Renaissanceformen in Leipzig, in ursprünglicher Fassung wohl farbig [81];
- → Epitaph Bachoffen (nach 1555) mit der Vision des Propheten Ezechiel vom Feld mit Totengebeinen, die auferstehen [63];
- → Epitaph Hillger (nach 1570) mit Darstellung der Stadt Jerusalem in phantasievollen Renaissancearchitekturen [68];
- → Grabplatte Nikolaus Selnecker († 1592), Superintendent [94];
- → Epitaph Jenitz, Sekretär Kurfürst Augusts (nach 1593), ohne die beschädigten, aber noch vorhandenen Alabaster-Statuetten Fortitudo und Temperantia [57];
- → Epitaph Daniel Leicher (nach 1612), Hauptwerk des Manierismus in Sachsen, unten Daniel in der Löwengrube, oben der Drache zu Babel, seitlich allegorische Figuren u. a. Fortitudo, Fides oder Temperantia, Caritas, Spes [53];
- → Grabplatte Georg Weinrich († 1617), bedeutender Superintendent am Übergang vom 16. zum 17. Jahrhundert [89];
- → Grabplatte Christian Lange († 1657), Superintendent [97];
- → Grabplatte Friedemann von Selmnitz († 1665), Student [87];
- → Grabplatte Samuel Lange († 1667), Superintendent [101];
- → Grabplatte Johann Ulrich Mayer († 1679), Thomaspfarrer [100];
- → Grabplatte Johann Benedict Carpzov († 1699), Thomaspastor [98];
- → Grabplatte Immanuel Horn († 1714), Thomaspastor [95];
- → Grabplatte Johann Christian Stemler († 1773), Superintendent [61];
- → Grabplatte Johann Gottfried Körner († 1785), Superintendent, Großvater Theodor Körners [62];
- → Denkmal Johann Adam Hiller († 1804), Thomaskantor [111];
- → Gedenkplatte Peter Hohmann von Hohenthal († 1732) und anderer Familienangehöriger (nach 1888) [110];
- → Sarkophag für Markgraf Dietrich von Wettin, genannt Diezmann (ermordet 1307 in der Thomaskirche), von Ernst Rietschel 1841, ehemals Bestand Universitätskirche [102];
- → Grab Johann Sebastian Bach († 1750), Thomaskantor, von Kunz Nierade und Walter Tiemann 1950, ehemals für eine Grabtumba als Chorstufenanlage geschaffen, mit Hebe-Ringen an vier Ecken, 1964 Ringe entfernt und Platte bündig in den Boden eingepasst [40];
- → Epitaphbild Bartholomäus Helmut († 1554), Gesetz und Gnade, Cranachschule [69];
- → vier Epitaphbilder der Familie Hutter (Darstellung im Tempel, Stifterbild Familie Hutter und Preußer, Taufe Christi, Stifterbild Margaretha Martens und ihrer beiden Männer), um 1570, wahrscheinlich Nicolaus von der Perre [64–67];
- → zwei Epitaphbilder, wohl vom Epitaph Andreas Funck († 1573), Auferstehung, Gottvater, in der Art Lucas Cranach d.J. [44; 42];
- → 30 Superintendentenbilder, Tradition begründet von Sup. Georg Weinrich (Lebens- und Amtsdaten vgl. Anhang: Die Superintendenten und Pfarrer der Thomaskirche): Pfeffinger, Salmuth, Selnecker, Harder, Weinrich, 1614, und Schmuck, 1628, von Johann von der Perre; Leyser, 1633, von Hans Richter; Höpfner von Caspar Albrecht (?); Christian Lange von Christoph Spetner oder Caspar

Albrecht; Hülsemann von Christoph Spetner oder Erasmus Lüderitz; Geier von Christoph Spetner (?); Samuel Lange von Christoph Spetner (?); Reinhard, Lehmann, Ittig und Dornfeld von Johann Salomon Weinigel; Deyling und Stemler von Elias Gottlob Haußmann; Körner von Anton Graff; Rosenmüller und Tzschirner von Hans Veit Schnorr und Carl Wilhelm Tischbein; Großmann von Gustav Jaeger, Lechler von Hermann Heubner; Pank von Georg Papperitz; Cordes, Hilbert und Schumann von Emil Fröhlich; Stiehl von Klaus Zürner; Richter von Albrecht Gehse, Vollbach von Klaus Zürner [8–38];

→ 10 Pastorenbildnisse (Lebens- und Amtsdaten vgl. Anhang: Die Superintendenten und Pfarrer der Thomaskirche): A. Teller [51], Mayer [52], Carpzov [58], Seligmann [59], Horn [50], von unbekannt; Weiß [46], Schütz [47], Sieber [49], Gaudlitz [48] und R. Teller [60] gemalt von Elias Gottlob Haußmann; von Criegern [41] von Emil Fröhlich.

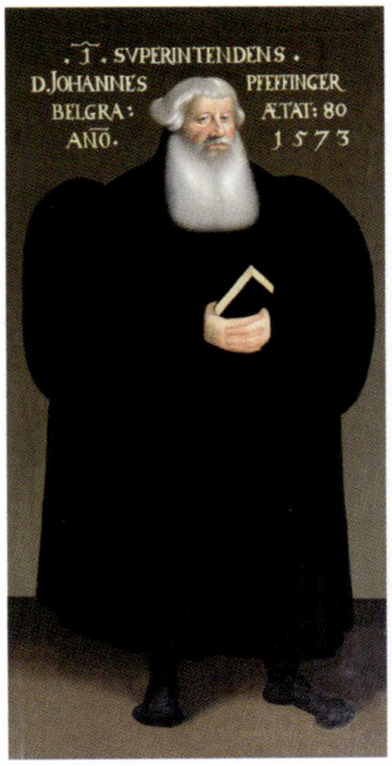

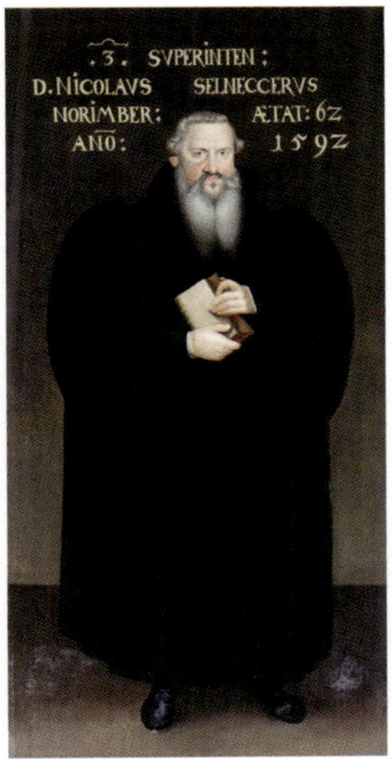

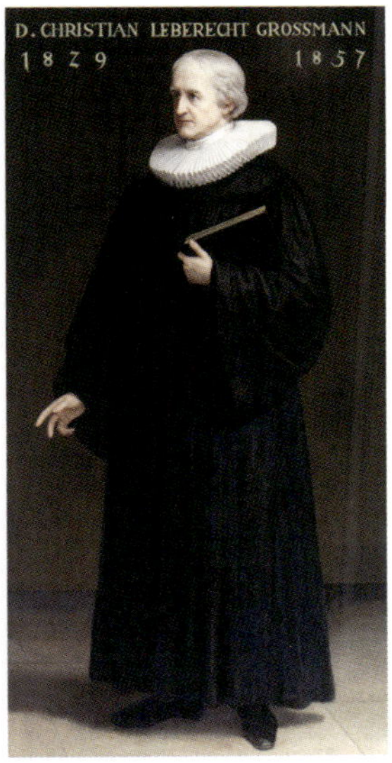

Superintendent Johann Pfeffinger (1494–1573).

Superintendent Nikolaus Selnecker (1532–1592).

Superintendent Christian Lebrecht Großmann (1783–1858).

Das Bildprogramm der Buntglasfenster

Anlässlich der neugotischen Sanierung der Kirche 1885–1889 plante man, die gesamte Kirche mit Buntglasfenstern auszustatten. Im Chorraum kam es zu fünf gestifteten Fenstern mit Themen aus dem Leben Jesu (vgl. oben). Das Südfenster mit der Darstellung der Himmelfahrt Christi wurde im Krieg zerstört. Im Zusammenhang mit der jüngsten Sanierung konnte dank einer großzügigen Spende von Horst Springer (1926–2002), Dortmund, wieder ein Fenster eingesetzt werden. Nach dem Wunsch des Kirchenvorstandes sollte es eine Darstellung der Begegnung des Jüngers Thomas mit dem auferstandenen Christus sein, da es bislang keinen sichtbaren Hinweis auf den Namenspatron der Kirche gab. Hans Gottfried von Stockhausen (1920–2010) fertigte Entwurf und Glasmalerei, die Fa. Saile in Stuttgart lieferte das Fenster [6].

In der Südseite der Kirche plante man eine Fünf-Fenster-Gliederung, deren Mitte durch ein Luther-Fenster [81] gebildet wurde, gestiftet zum 350. Jahrestag der Einführung der Reformation in Sachsen 1889. Hinzu trat der Gedanke, je zwei protestantischen Musikern und zwei protestantischen Politikern die Plätze an der Seite Luthers, Friedrichs des Weisen und Melanchthons einzuräumen. Dazu entschied

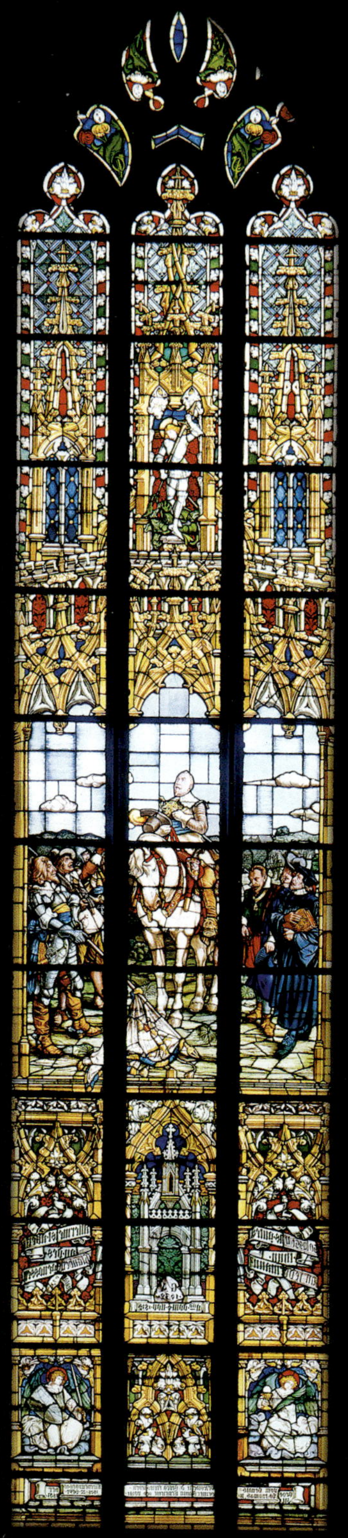

1

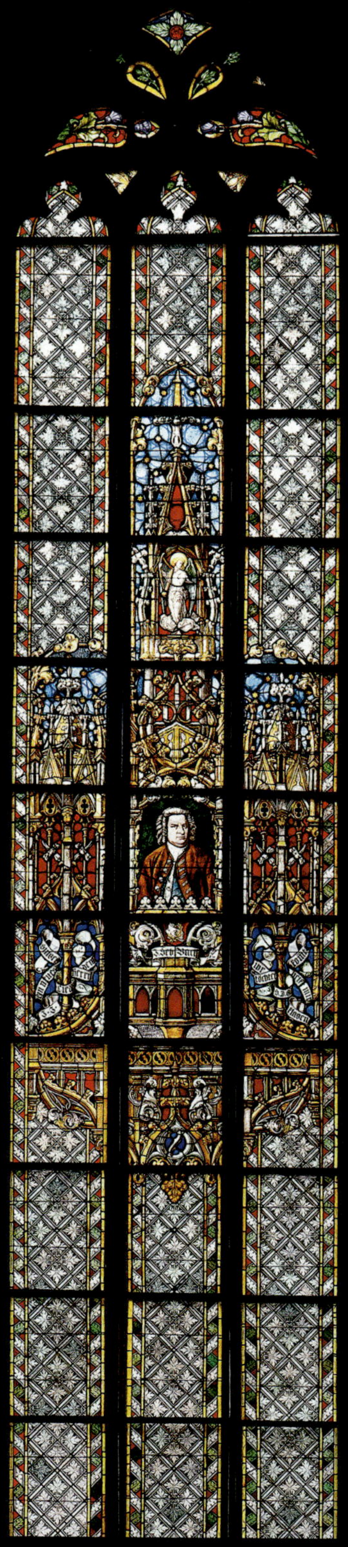

2

Buntglasfenster Thomaskirche Leipzig:

1 Gustav-Adolf-Fenster (1893)
2 Bach-Fenster (1895)
3 Luther-Fenster (1889)
4 Mendelssohn-Fenster (1997)
5 Kaiser-Wilhelm-I.-Fenster (1889)

Seite 66:

6 Thomas-Fenster im Chorraum (2000)
7 Kriegergedächtnis-Fenster (1929)
8 Friedens-Fenster (2009)

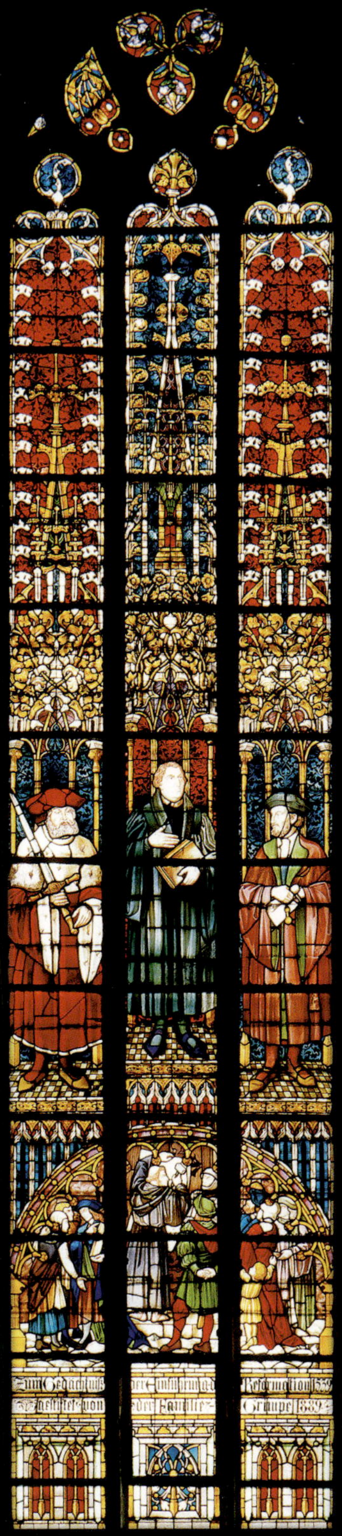

3

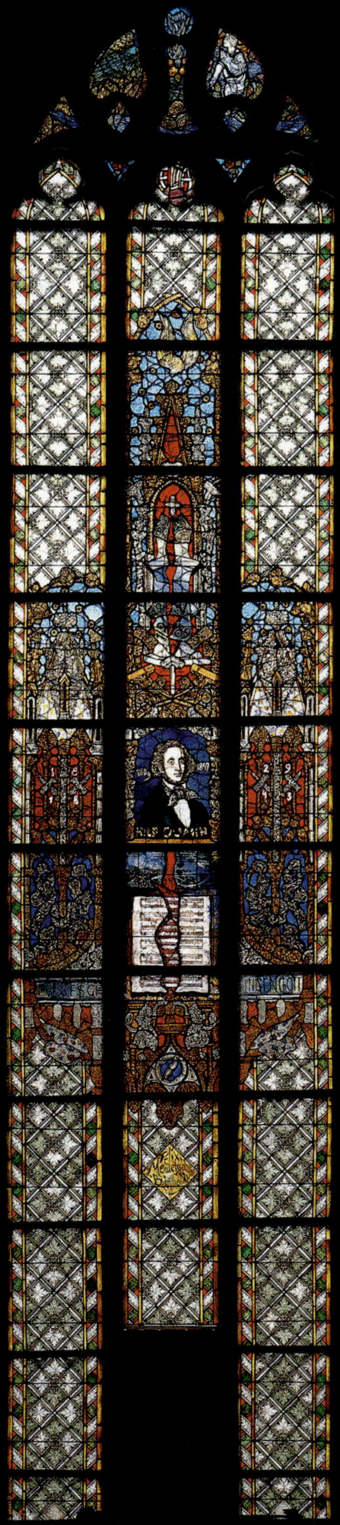

4

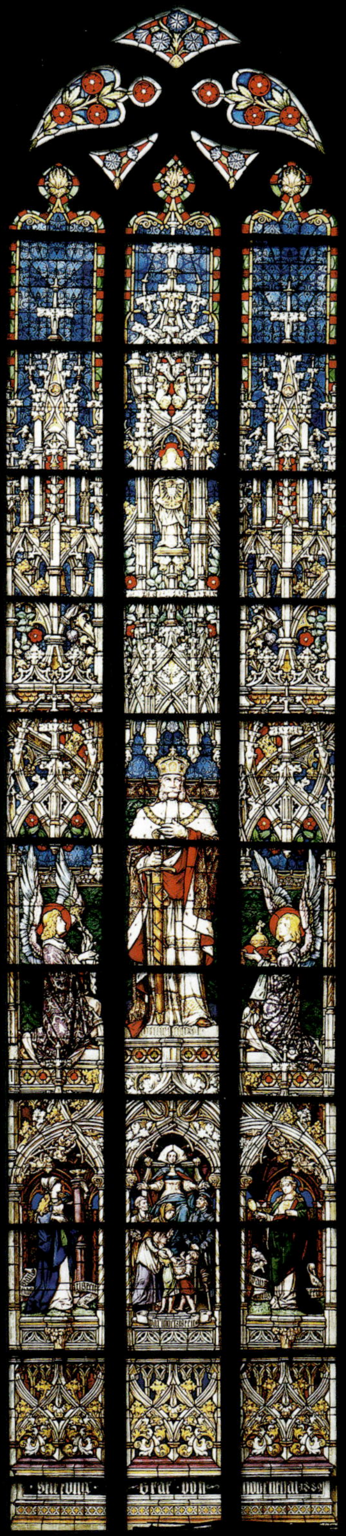

5

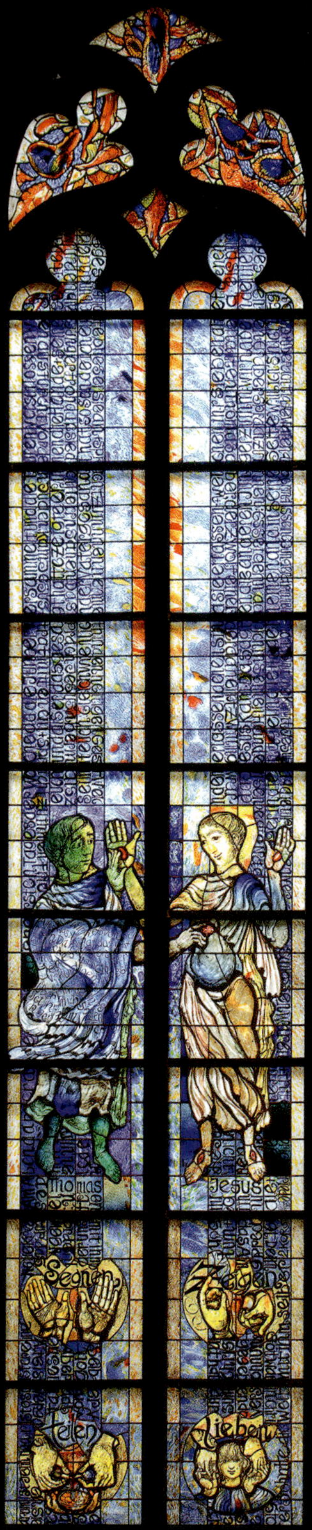

6

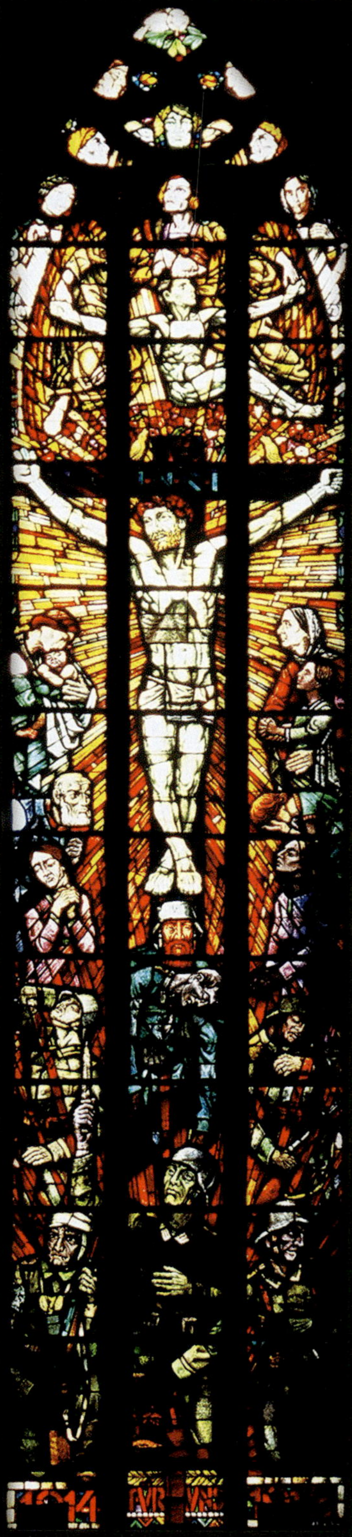

7

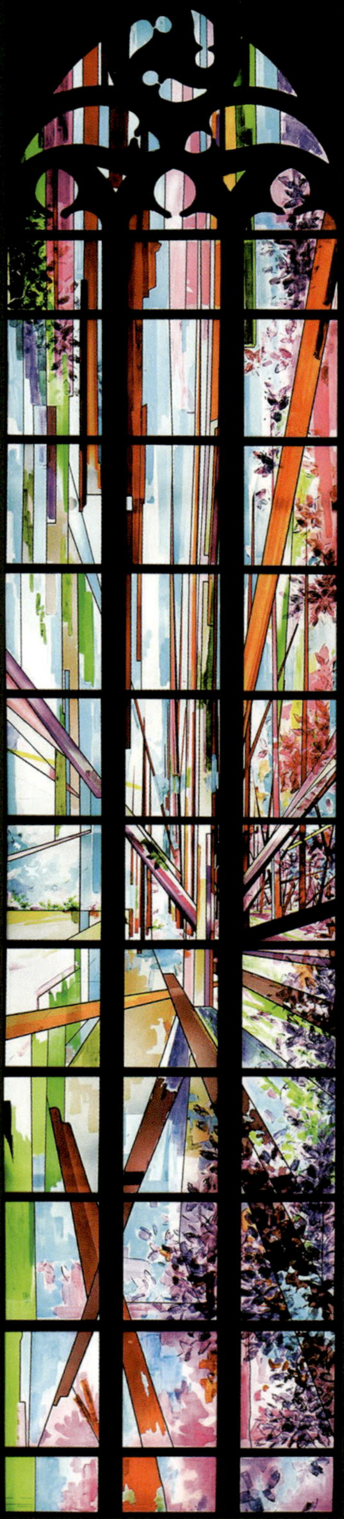

8

man sich für Bach [77] und Mendelssohn [85] einerseits, für Gustav Adolph [73] und Kaiser Wilhelm I. [87] andererseits. Der Plan kam aber nur bis zum vierten Fenster zur Ausführung. Der Einspruch des antisemitisch agierenden Deutschen Reformvereins führte in den Jahren nach 1889 jedoch dazu, den Gedanken an ein Mendelssohn-Fenster nicht aktiv weiter zu betreiben. Und so blieb unter der ohnehin erschöpften Spendenfreudigkeit das Mendelssohn-Fenster auf der Strecke. Seitens des *Internationalen Freundeskreises der Thomaskirche* wurde der Gedanke dieses Fensters in der Vorbereitung des Gedenkens an Mendelssohns Todestag vor 150 Jahren am 4. November 1997 neu aufgegriffen. Der bereits genannte Glasmaler Hans Gottfried von Stockhausen konnte für die nicht einfache Aufgabe gewonnen werden, ein Fenster zu schaffen, das eigenständiges Glied der Fünf-Fenster-Gliederung und zugleich Gedächtnis des bitteren Jahrhunderts der Judenverfolgung und -vernichtung sein sollte. Die großzügige Spende der Gebrüder Dr. Wolfgang Jentzsch (1927–2006) und Senator Klaus Jentzsch († 2006) machten das Werk möglich. Die Herstellung des Fensters oblag der Franz-Mayer'schen Hofkunstanstalt, Glasgestaltung und Mosaik, München, mit der H. G. von Stockhausen eng zusammenarbeitete.

1929 war nach einer fast zehnjährigen Planungs- und Diskussionsphase das Gedächtnisfenster für die Gefallenen des Ersten Weltkrieges in die Südseite der Kirche eingesetzt worden. Es versammelt unter einem übergroßen Christus crucifixus deutsche Soldaten und weinende Frauen und Mütter unter dem Kreuz und gibt so – in aktualisierender Manier – die Situation unter dem Kreuz Jesu auf dem Berg Golgatha wieder. Als Glasmaler hatte man Reinhold Vetter (1877–1962) gewinnen können, die Herstellung des Fensters oblag der Glasmalanstalt C. G. Müller.

Das Gedenken an die Friedliche Revolution 20 Jahre danach brachte im Kirchenvorstand den Gedanken auf, diesem wunderbaren Geschehen ein sichtbares Zeichen zu setzen. Es sollte einerseits der Predigt der Gewaltlosigkeit Jesu gewidmet sein, die sich in den Friedensgebeten und in den Montags-Demonstrationen von 1989 in so unglaublicher Weise mit Kerzen und Gebeten verwirklicht hatte, andererseits will die Abstraktion des Entwurfs von David Schnell (* 1971) mit der Schwebe zwischen Unsicherheit und Aufbruch das Hinaustreten aus dem schützenden Kirchenraum erfahrbar machen. Finanziert wurde das Fenster von der *Houston-Leipzig Sister City Association* sowie von *Rotarien aus Houston/Texas.*

2
Musik

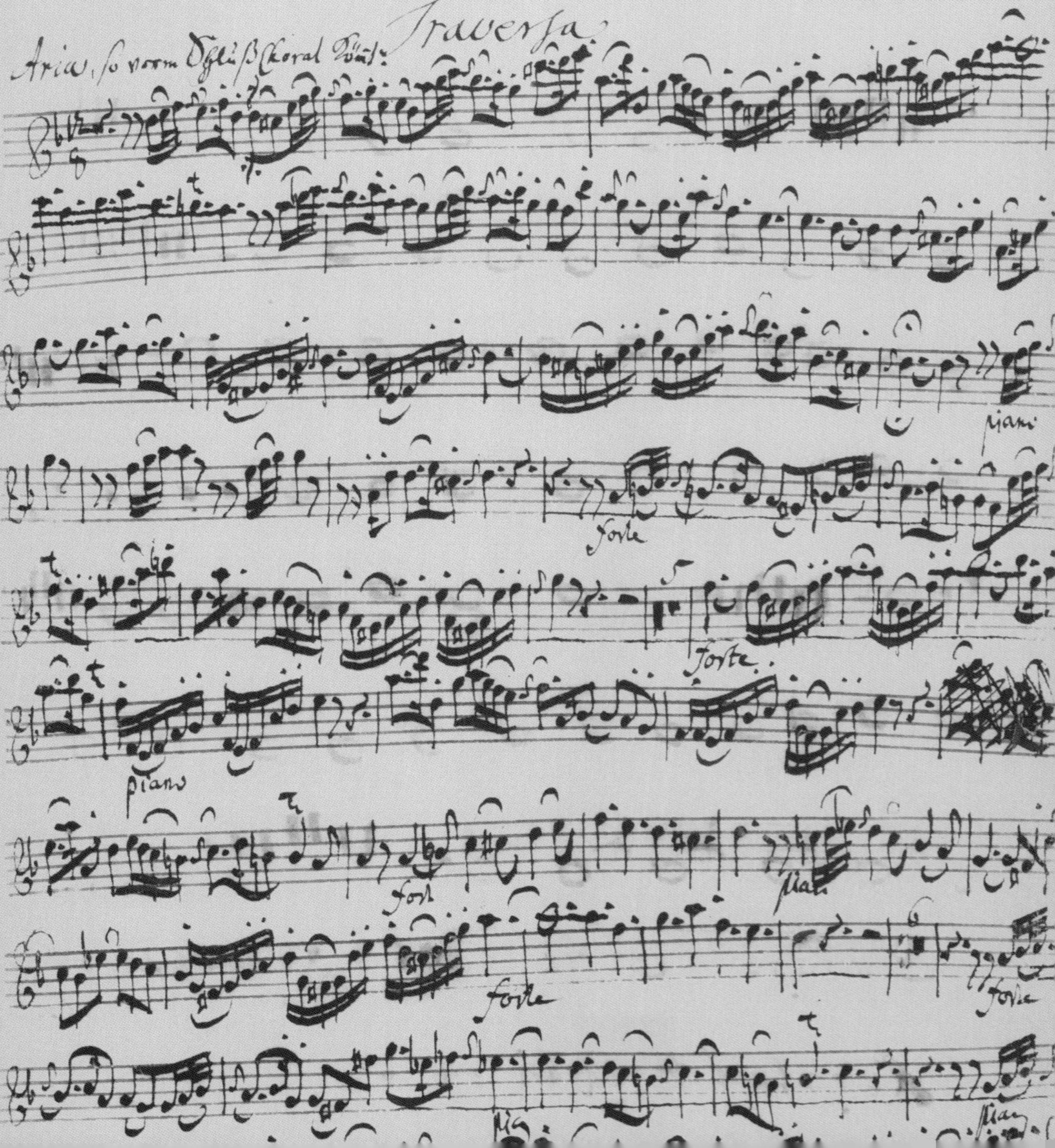

2.1 Musik und Organisten in der Thomaskirche

Spricht man heute von der Musik in der Thomaskirche, so denkt man mit Recht zunächst und vor allem an den Thomanerchor. Dieser Klangkörper, der sich aus Knaben- und Männerstimmen von Schülern der Thomasschule zusammensetzt, gehört zu den bekanntesten und berühmtesten Chören der Welt. Seine hohe Bedeutung gewinnt er im Wesentlichen aus seiner langen Geschichte, aus der Tätigkeit Johann Sebastian Bachs als dem berühmtesten Kantor und aus seiner umfangreichen künstlerischen Wirksamkeit in der Gegenwart. In den folgenden Ausführungen soll der Thomanerchor unter diesen drei Gesichtspunkten kurz betrachtet werden. Abschließend wird einiges über die Organisten, über die Orgeln und über die Glocken der Thomaskirche berichtet.

Der Thomanerchor

Mit Sicherheit darf man annehmen, dass die Geschichte des Thomanerchores so weit zurückreicht wie die des Augustiner-Chorherren-Stiftes zu St. Thomas. Zweifellos gehörte schon bald nach der Gründung im Jahre 1212 zu diesem Stift eine Schule, die vornehmlich den Söhnen armer Eltern aus Leipzig und Umgebung offen stand. Zum ersten Mal erwähnt ist die Schule in einer Urkunde aus dem Jahre 1254. Eine spätere Urkunde aus dem Jahre 1373 gibt einen markgräflichen Schiedsspruch wieder, der besagt, dass die Schule des Thomasstiftes auch den Bürgersöhnen der Stadt zugänglich sein müsse. Nur ein kleiner Teil der Schüler bildete den Chor. Den etwa 12 Knaben wurde neben dem Elementarunterricht, vornehmlich in Religion und Latein, gründliche musikalische Unterweisung zuteil, denn eine ihrer Aufgaben war, den Choralgesang der Chorherren bei Messe und Offizium zu bereichern sowie bei besonderen Anlässen, etwa bei Prozessionen, musikalisch mitzuwirken. Für die Augustiner-Chorherren hatte die Musik große Bedeutung; der feierliche Kult mit Gregorianischem Choral und in späterer Zeit mit mehrstimmigen, von Sängerknaben ausgeführten Messen und Motetten war ein wichtiges Anliegen dieses Ordens. Aus solcher liturgisch-dienenden Tätigkeit heraus ist zu verstehen, dass vom Augustiner-Schulchor keine hervorstechenden musikalisch-künstlerischen Ereignisse überliefert sind. Ähnlich wie mittelalterliche Maler, Bildhauer und Baumeister wirkten auch diese Musiker nicht selbstherrlich im Anblick ratlos staunender Öffentlichkeit, sondern ganz im Rahmen einer mindestens in Kult und Brauchtum eng verbundenen Gemeinschaft, die ihrerseits wiederum wesentlicher Teil des städtisch-gesellschaftlichen Lebens war. Dabei leisteten sie aber keinesfalls Geringeres als ihre späteren mit Namen und Taten gerühmten Nachfolger.

Das aus dem 13./14. Jahrhundert stammende *St.-Thomas-Graduale*, eine der umfangreichsten und bedeutendsten bis heute erhaltenen mittelalterlichen Choralhandschriften, zeugt eindrucksvoll von dem hohen musikalischen und liturgischen Können des Chores. Das *St.-Thomas-Graduale* folgt dem *Germanischen Choraldialekt.*

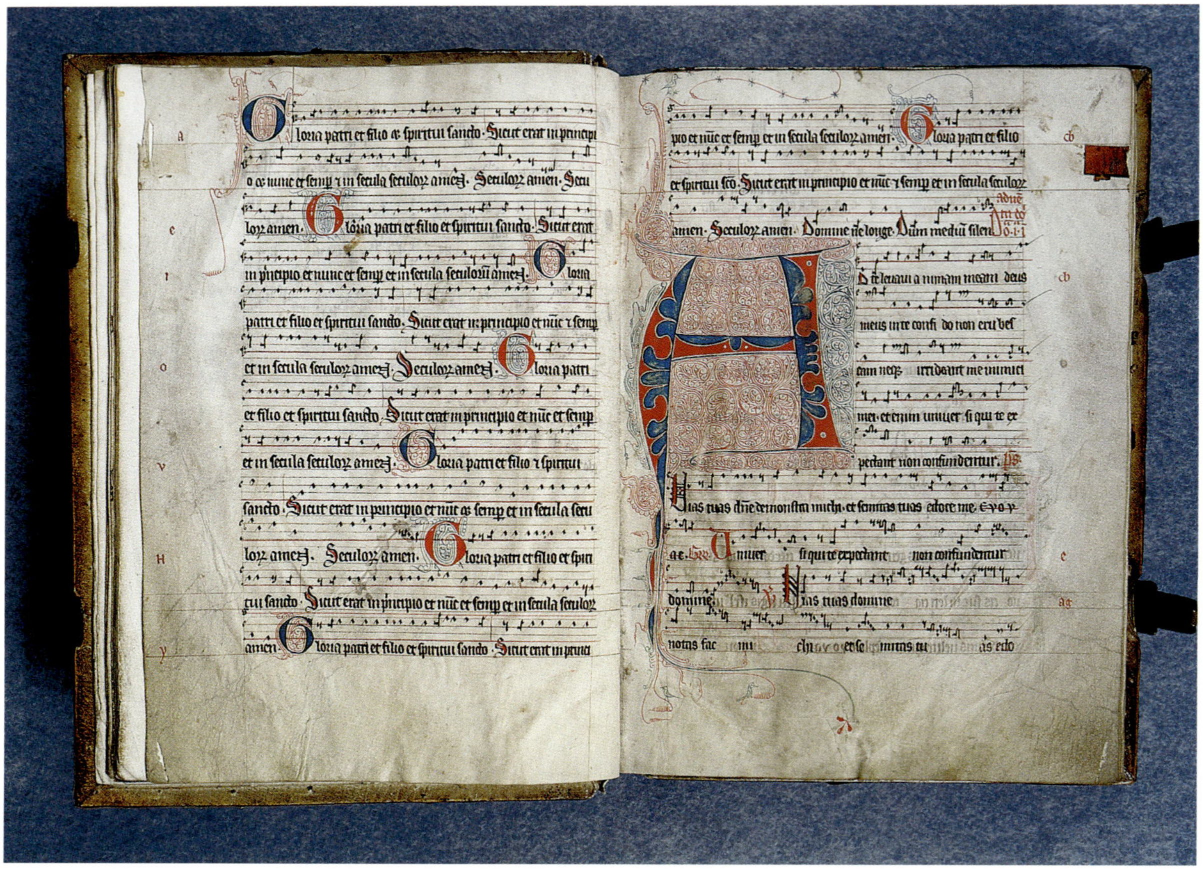

Das St.-Thomas-Graduale, ein Mess-Gesangbuch für die Chorknaben der Thomasschule, aus dem 13./14. Jahrhundert.

Die Melodien verwenden besonders in den Spitzentönen größere Intervalle als in den römischen Vorlagen. In dieser Fassung gewinnt der Gregorianische Choral erhöhte Ausdruckskraft; der Hörer wird unmittelbar ergriffen und zu Besinnung und Gottesfurcht geführt. Der Leiter des Chores war ursprünglich ein Augustiner-Chorherr. Erst gegen Ende des 15. Jahrhunderts übernahm sein Amt einer der Schullehrer. Seit Mitte des 15. Jahrhunderts lässt sich die Reihe der *Thomaskantoren* verfolgen, zunächst noch lückenhaft; jedoch seit 1531 bis zur Gegenwart ist die Reihe der Namen der 30 Thomaskantoren lückenlos bekannt.

Auch in der Wirksamkeit des Chores gingen im Laufe des 15. Jahrhunderts Veränderungen vor sich: Sein Betätigungsfeld wurde vielseitiger und erstreckte sich nun auch auf Gesänge außerhalb des Gottesdienstes, wenngleich durchaus noch innerhalb des städtischen Lebens- und Brauchzusammenhanges. Vor allem muss hier das Kurrende-Singen durch den ganzen Jahreskreis, besonders zu Martini, Weihnachten, Neujahr und Gregorii, sowie das Singen des Chores bei Hochzeiten, Begräbnissen, Huldigungen und Ständchen genannt werden, Aufgaben, die für den Chor zwar recht einträglich waren, aber mancherlei Anstrengungen und gesundheitliche Gefährdungen mit sich brachten. Mit Martin erinnerten die Thomaner am 11. November die Leipziger Bürger an die große Freigebigkeit dieses Heiligen, während Gregor am 12. März wegen seiner vom Heiligen Geist inspirierten Gelehrsamkeit als Patron der Schüler gefeiert wurde.

In das Licht breiter Öffentlichkeit tritt der Chor erst mit der Reformation. Ein außerordentliches Ereignis steht am Anfang: die Disputation zwischen Luther und Eck, die am 27. Juni 1519 in Leipzig begann. Der Disputation voraus ging ein Messgottesdienst in der Thomaskirche; der Chor sang unter Leitung seines Kantors

Georg Rhau eine wahrscheinlich von ihm selbst komponierte lateinische Messe. Die Disputation fand in der Hofstube des herzoglichen Schlosses, der Pleißenburg, statt: »*Nach Mittage Hora 2 fieng man an die Disputationen, da war Georg Rhaw der Cantor mit seinen Cantoribus und mit den Stadtpfeiffern bestellet, die fiengen an zu singen und darein zu blasen das Veni Sancte Spiritus. Darauf fiengen sie an die Disputation … Aber hernach hat der Cantor angefangen das Te Deum laudamus zu singen, dareinn die Stadt-Pfeiffer auf das beste und herrligste geblasen haben.*«

In Leipzig wurde die Reformation 1539 eingeführt; 1543 übernahm der Rat der Stadt das Thomasstift treuhänderisch und wurde somit verantwortlich für die Thomasschule, die zu dieser Zeit schon etwa 200 Schüler hatte, unter ihnen aber nur etwa 20 in der Schule selbst wohnende Alumnen, die den Sängerchor bildeten. Zur Zeit Bachs waren 54 Alumnen die Regel, heute stehen dem Chor 90 Plätze zur Verfügung.

Seit der Reformation sind die Pflichten des Thomanerchores bis zur Gegenwart im Wesentlichen ähnlich geblieben. Unter der Leitung künstlerisch stets überragender Kantoren – der berühmteste war Johann Sebastian Bach – erfüllt der Knabenchor der städtischen Thomasschule in den sonn- und feiertäglichen Gottesdiensten musikalisch-liturgische Aufgaben, wenngleich seit 1940 nur noch allein in der Thomaskirche und nicht mehr wie jahrhundertelang vordem sonntäglich abwechselnd zwischen der Nikolai- und der Thomaskirche. In beiden Kirchen war die Westempore der Ausführungsort; die Westempore der Thomaskirche ist noch heute im musikalischen Gebrauch. Kantaten oder Kantatensätze, Motetten oder weitere geistliche Chorwerke Bachs, aber auch anderer, oft zeitgenössischer Meister, erklin-

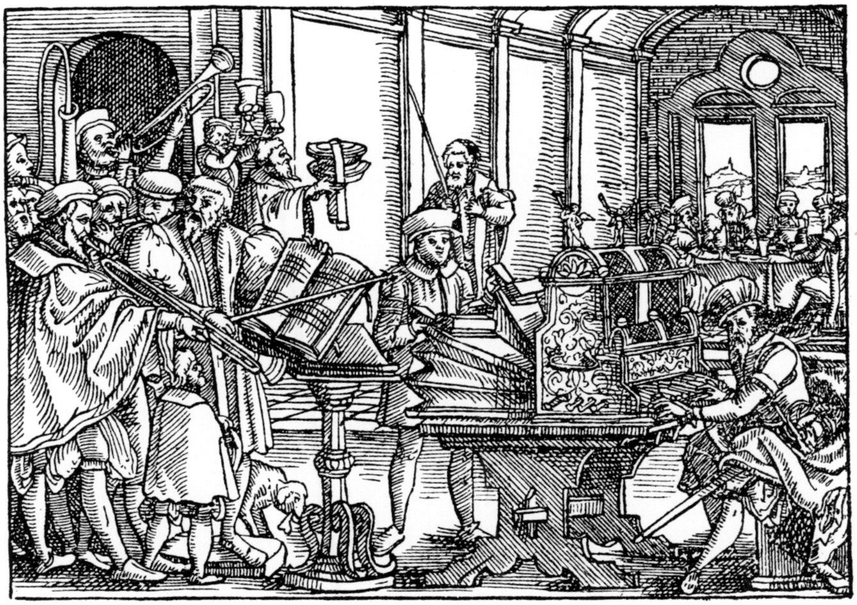

Leipziger Stadtpfeiffer, Holzschnitt aus dem 17. Jahrhundert.

gen hier nach altem liturgischen Brauch in engem Bezug zu Festzeit und Predigt. Wurden bis zum Anfang des 19. Jahrhunderts die instrumentalen Partien von den 1479 bestallten Stadtpfeiffern und den 1608 berufenen Kunstgeigern bei häufiger Mitwirkung von Studenten und Thomasschülern ausgeführt, so werden sie seitdem in zunehmendem Maße und heute ausschließlich vom Gewandhausorchester dargeboten. 1811 gibt es den ersten Nachweis der heutigen Form der Sonnabend-Motette, einem musikalisch reich ausgestalteten Vespergottesdienst. Allein auch die Motette ist älteren Datums: 1569 wird aufgrund einer Stiftung die Sonnabend-Vesper eröffnet und dazu ein Sonnabend-Prediger angestellt, wozu die Schüler Motetten singen; aus dem 17. Jahrhundert wird von der *Sonnabend-Vesper-Predigt* und »*ein paar Motetten*« berichtet, und zur Bachzeit werden die Sonnabend-Vespergottesdienste in der Thomaskirche sogar mit Figuralmusik versehen. Vielleicht geht die Motette im Grunde sogar auf vorreformatorisches Brauchtum zurück. So wird beispielsweise aus dem Jahre 1358, einem Pestjahr, von Sonnabend-Fürbitt-Messen und -Stundengebeten berichtet, die »*perpetue*« und »*sollempniter*« für alle Zeiten in feierlicher Weise unter dem Gesang der Thomaner begangen werden sollten. Die Freitag-Motette entstand dagegen erst 1908 als eine Art Generalprobe für die Sonnabend-Motette. Zu diesem kirchlichen Dienst kommt ein vielfältiges Wirken des Chores in weiter Öffentlichkeit. Ähnlich wie schon unter seinen Kantoren Rhau und Bach singen auch heute die Thomaner bei besonderen staatlichen oder städtischen Festlichkeiten, bei kulturellen Ereignissen oder Anlässen des gesellschaftlichen Lebens wie auch im Zusammenhang mit der Leipziger Messe. Nur mit dem *Kurrende-Singen* hat es seit 1836, mit dem *Leichen-Singen* seit 1875 ein Ende. In der schnell wachsenden Großstadt und angesichts des immer umfangreicher werdenden Schulunterrichts konnten sich diese musikalischen Bräuche nicht länger halten. Seit Anfang des 19. Jahrhunderts wird stattdessen die Mitwirkung der Thomaner in öffentlichen Konzerten üblich, meist in Verbindung mit dem städtischen *Concertorchester*, also dem Gewandhausorchester, wie zum Beispiel bei Aufführungen von Oratorien Händels oder der 9. Sinfonie Beethovens. Aber erst seit Straube gehören reine Chorkonzerte sowie die regelmäßigen Darbietungen der Passionen, des Weihnachtsoratoriums und der Kantaten Bachs zu den Aufgaben des Chores. Seit 1920, ebenfalls unter Straube, werden auch Konzertreisen und seit dem Ende der zwanziger Jahre Schallplattenaufnahmen und Rundfunksendungen durchgeführt. Zusammenfassend konnte somit Thomaskan-

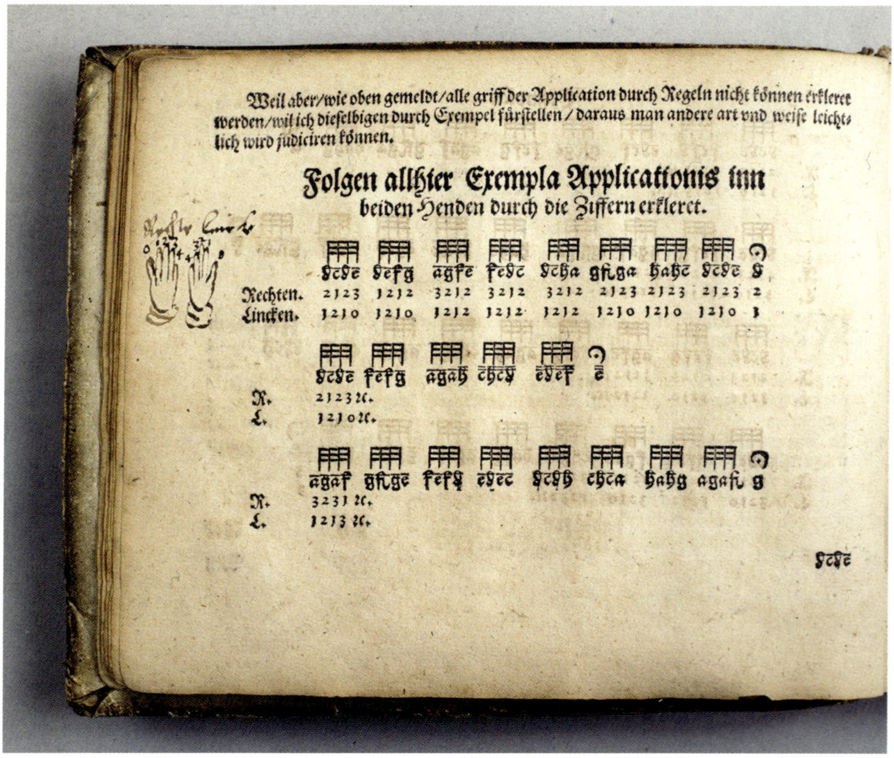

Elias Nicolaus Ammerbach (um 1550–1597), Orgeltabulaturen, Leipzig 1571. Das in der Musikbibliothek der Stadt Leipzig vorhandene Exemplar ist vermutlich das Handexemplar von J.S. Bach.

tor Erhard Mauersberger anlässlich der 750-Jahr-Feier der Thomaner im Jahre 1962 über die Wirksamkeit des Chores sagen: »*Eine schier unübersehbare Fülle an Musik liegt bereit und wird täglich musiziert. Nicht nur frühere Thomaskantoren, sondern viele andere Meister haben uns Kompositionen hinterlassen, die zu pflegen und zu singen nicht nur lohnend, sondern geradezu verpflichtend ist. Mit dem Thomanerchor ist der Name Johann Sebastian Bach unlöslich verbunden. Als Thomaskantor mit seinem Chor allsonntäglich im Gottesdienst tätig, schuf er jene unvergänglichen Werke, die für den Christen Ausdruck tiefster Glaubensaussage sind. Darüber hinaus rechnen sie zu den bedeutendsten Schöpfungen unserer Musikkultur. Diese Musik gibt den Menschen Freude und Kraft für den Alltag, läßt sie hören auf Hohes, Edles und Schönes. – Nach wie vor aber wird es innerstes Anliegen für den Thomanerchor bleiben, nicht nur in Ehrfurcht die Werke von Johann Sebastian Bach und die der alten Meister zu klingendem Leben zu erwecken, sondern auch den Schöpfungen unserer Zeit die Herzen nicht zu verschließen.*« Im gleichen Sinne fortsetzend, betonte sein Nachfolger Hans-Joachim Rotzsch nach seiner Amtseinführung im Jahre 1972: »*Wichtig erscheint mir, daß wir bei Wahrung aller guten lokalen Traditionen uns in kritischer Selbstprüfung darüber auf dem Laufenden halten, was national und international um uns herum geschieht, daß wir aus einem solchen stets wachen Überblick die Maßstäbe für unsere eigene Arbeit gewinnen und bestätigen.*« Und wie eine Realisierung dieser Forderung dürfen die Worte des seit 1992 amtierenden Thomaskantors Georg Christoph Biller gelten, der als künstlerischer Leiter der ab 1999 jährlich stattfindenden Leipziger Bachfeste ausführte: »*Diese Bachfeste werden eine gute Möglichkeit sein, sich mit anderen Interpretationen und Lesarten des Bachschen Werkes auseinanderzusetzen, wenn sich nämlich Künstler aus aller Welt hier jährlich einmal zusammenfinden. Es wird damit ein Höhepunkt im Jahr geschaffen in der dichten, über das ganze Jahr hindurch kontinuierlichen Bachpflege dieser Stadt. Damit erhalten auch Besucher der Stadt, die nicht die Möglichkeit haben, über das Jahr hindurch die sonnabendliche Motette und Kantate und die vielen anderen Veranstaltungen zu besuchen, eine Gelegenheit, das Bachsche Werk an den authentischen Stätten zu erleben.*«

Das Amt des Thomasorganisten und frühe Orgeln

Gegenüber dem Wirken des Thomaskantors und des Thomanerchores steht die Tätigkeit des Thomasorganisten naturgemäß etwas zurück, obwohl dieses Amt ebenfalls eine lange Geschichte aufweist und oft von hervorragenden Musikern ausgeübt wurde. Einige wichtige Namen der Thomasorganisten sollen hier genannt werden (vgl. Anhang): Elias Nicolaus Ammerbach, Komponist und Herausgeber von zwei Orgeltabulaturen; Georg Engelmann, Komponist und Herausgeber von Vokal- und Instrumentalmusik; Jacob Weckmann, ein Sohn des Komponisten Matthias Weckmann; Johann Kuhnau, der spätere Thomaskantor; Johann Gottlieb Görner, Organist unter dem Kantorat Bachs, Komponist von Messen, geistlichen und weltlichen Kantaten; Carl Piutti, Komponist zahlreicher Orgelwerke; Karl Straube und Günther Ramin, die späteren Thomaskantoren. Seit Ramin, besonders aber seit dem 1951 erfolgten Amtsantritt von Hannes Kästner, ist es üblich geworden, dass der Thomasorganist über seinen Dienst in der Thomaskirche hinaus auch Orgelkonzerte in vielen Ländern der Welt gibt. Von dem seit 1986 tätigen Organisten Ullrich Böhme wird dieses doppelte Engagement in beeindruckender Weise weiter ausgeübt.

Eine Orgel ist in der Thomaskirche bereits im Jahre 1384 urkundlich belegt. Im Jahre 1489, also während des Neubaus der Thomaskirche als gotische Hallenkirche, wurde eine zweite, kleinere Orgel an der östlichen Abschlusswand des Südschiffes

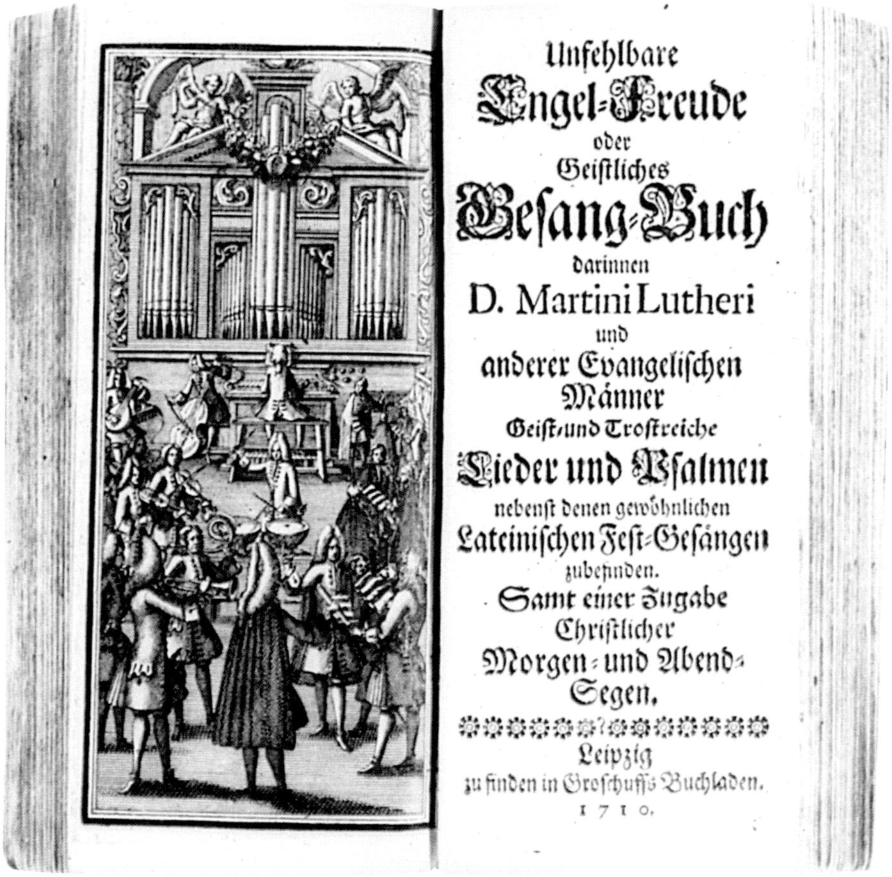

Unfehlbare
Engel-Freude
oder
Geistliches
Gesang-Buch
darinnen
D. Martini Lutheri
und
anderer Evangelischen
Männer
Geist- und Trostreiche
Lieder und Psalmen
nebenst denen gewöhnlichen
Lateinischen Fest-Gesängen
zubefinden.
Samt einer Zugabe
Christlicher
Morgen- und Abend-
Segen.
Leipzig
zu finden in Groschuffs Buchladen.
1710.

Kirchenmusik in St. Thomas unter Johann Kuhnau (1660–1722), Frontispiz aus: Leipziger Kirchen-Staat, Zweiter Teil, 1710.

errichtet; später, wohl schon 1525, fand diese Orgel an der Westwand der Kirche *»neben der großen Orgel ihre Stelle«*. Nach mehrfachen Überholungen und Veränderungen wurde die kleine Orgel 1639, also während der im Geiste des Barocks durchgeführten Erneuerung des Kircheninneren, auf eine eigens für diesen Zweck angelegte Empore an der Ostwand der Halle oberhalb des Triumphbogens umgesetzt. Dort tat sie, allerdings weiterhin des Öfteren reparaturbedürftig und bisweilen sogar vom Herabsinken bedroht, ihren Dienst bis zum Thomaskantorat Bachs, indem *»darauff in hohen Festen geschlagen und musiciret«* wurde. Im Jahre 1740 wohl gänzlich unbrauchbar geworden, wurde sie von dem mit Bach befreundeten Leipziger Orgelbauer Johann Scheibe *»untersucht, taxiert und nebst einem Handlanger abgetragen«*. Sie besaß damals 21 Register: 7 im Oberwerk, 3 im Brustwerk, 8 im Rückpositiv und 3 im Pedal. Die größere Orgel, 1525 durch die Übernahme des weitaus älteren Werkes aus dem Kloster Eicha bei Naunhof neugestaltet, wurde ebenfalls mehrfach *»aus dem Grunde wieder verbessert und angerichtet«*, so vor allem 1601 durch Johann Lange und 1670 durch Christoph Donat. Zur Zeit Johann Sebastian Bachs besaß das auf der noch heute vorhandenen Westempore hinten hochgestellte Werk 35 klanglich ganz der Renaissance verhaftete Register: 9 im Oberwerk, 9 im Brustwerk, 12 im Rückpositiv und 5 im Pedal. Durch Johann Gottlieb Maurer wurde 1773 die Orgel, da *»dermaaßen veraltet, wurmstichig und baufällig«*, so umgestaltet, dass man von einem gänzlichen Neuaufbau, jetzt ohne Rückpositiv auf einer speziell errichteten zweiten Westempore, sprechen konnte. So erklang sie mit ihren zunächst 40, später 50 Registern bis 1885; mit der oberen Empore wurde sie abgetragen, als die Kirche einer einschneidenden, der Neugotik verpflichteten Renovierung unterzogen wurde. Mit der Er-

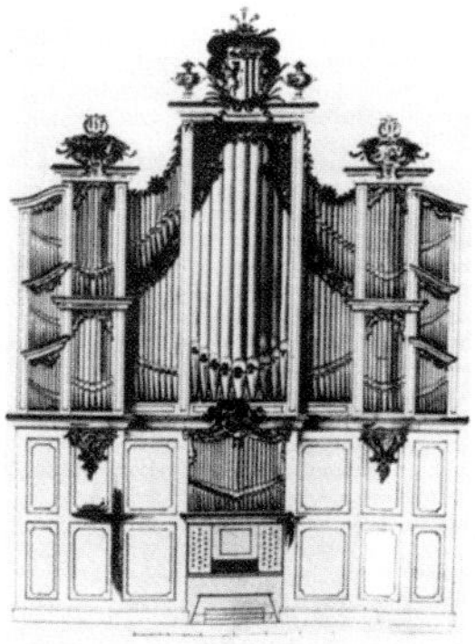

Prospekt der Orgel von Johann Gottlieb Maurer, Zeichnung von 1773.

richtung einer modernen Orgel durch die Firma Wilhelm Sauer aus Frankfurt an der Oder im Jahre 1889 begann für die Thomaskirche eine neue, sich bis in die Gegenwart fortsetzende und weit in die Zukunft weisende Ära des Orgelbaus und des Orgelspiels. Von dieser Entwicklung wird noch zu reden sein.

Die Glocken

Von beachtlichem historischen und künstlerischen Wert sind die Glocken der Thomaskirche. Die hoch in der Turmhaube sichtbare Stundenschlagglocke wurde 1962 nach ihrer 1539 geschaffenen, im Dezember 1943 jedoch kriegszerstörten Vorgängerin erneuert. Die vier Glocken im Inneren des Turmes blieben über alle Kriegszeiten hinweg erhalten. Die *Mittlere* (Schlagton c´), die *Mönchs- oder Beichtglocke* (d´) und die *Abendglocke* (h´) stammen aus den Jahren 1574, 1634 und 1585. Die größte Glocke, die *Gloriosa* (a), wurde 1477 von Theoderich Reinhard gegossen und von Nicolaus Eysenberg mit kunstvollen Ritzzeichnungen versehen. Außerdem trägt sie die Inschriften: »*Vivos voco, mortuos plango, fulgura quoque frango*« (Die Lebenden rufe ich, die Verstorbenen betraure ich, die Blitze breche ich) sowie: »*O rex gloriae, veni cum pace*« (O König der Herrlichkeit, komme in Frieden!).

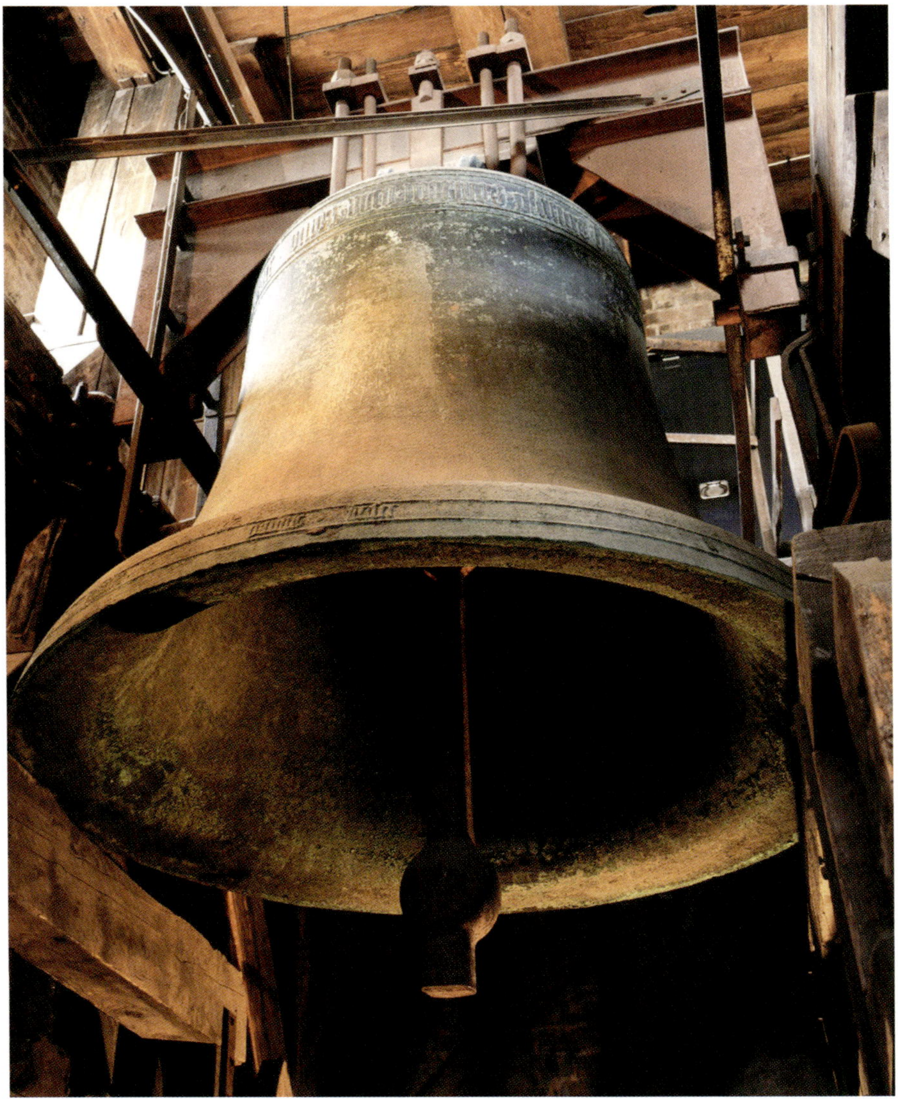

Die Gloriosa von 1477.

2.2 Orgeln in der Thomaskirche

Die romantische Sauerorgel

Im Jahre 1885 forderte der Kirchenvorstand der Thomaskirche vier namhafte deutsche Orgelbauer – E. F. Walcker & Cie, Ludwigsburg; F. Ladegast und Sohn, Weißenfels; U. Kreutzbach, Borna, und W. Sauer, Frankfurt a. O. – auf, Kostenanschläge für eine neue Orgel mit 60 Registern für die Thomaskirche einzureichen. Einstimmig entschieden sich die drei Sachverständigen, Universitätsmusikdirektor Hermann Langer, Thomaskantor Wilhelm Rust und Thomasorganist Carl Piutti, für Wilhelm Sauers Offerte. Der überaus gelungene Neubau der Sauer-Orgel der Leipziger Peterskirche (fertiggestellt 1885) trug entscheidend dazu bei, dass Sauer den Zuschlag erhielt. Den Walcker-Entwurf hielt die Sachverständigen-Kommission für zu teuer, Ladegast erschien ihr zu konservativ und Kreutzbach zu jung und unerfahren. Im Januar 1886 wurde der Orgelbauvertrag mit Wilhelm Sauer (1831–1916) abgeschlossen.

Sauer baute die Orgel mit Kegelladen und mechanischer Traktur. Eine Vorstellung vom damaligen Zustand der Thomas-Orgel kann die 1891 fertiggestellte Sauer-Orgel der Marienkirche Mühlhausen geben, die bis heute erhalten ist. Auf Wunsch von Carl Piutti lieferte Sauer für die Thomaskirche drei zusätzliche Register, so dass die Orgel zur Einweihung der restaurierten Kirche mit der neuen Orgel am Pfingstsonntag 1889 63 Register auf drei Manualen und Pedal besaß. Das Orgelgehäuse aus Eichenholz fertigte die Leipziger Tischlerei Arnemann nach einem Entwurf von Architekt Constantin Lipsius an. Die komplette Orgel kostete damals 34 000 Mark. Obwohl das neue Instrument zur Abnahme am 5. April 1889 nur Lob und Anerkennung geerntet hatte, belegen die Orgelakten bereits 10 Jahre später Klagen über die zu schwache klangliche Wirkung der Orgel bei voller Kirche. Man hatte inzwischen erkannt, dass der neue Standort der Orgel – wesentlich weiter hinten als ihr Vorgängerinstrument im oberen Teil des angebauten Westportals – akustisch problematisch ist. Sauer schlug deshalb vor, die Orgel mit einer pneumatischen Traktur zu versehen, stärker zu intonieren, einen elektrischen Winderzeuger einzubauen und

Spieltisch der Sauer-Orgel mit originalem Notenpult.

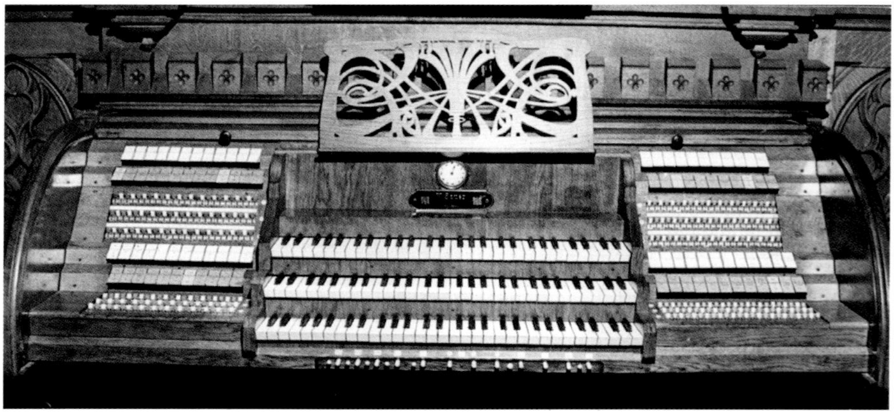

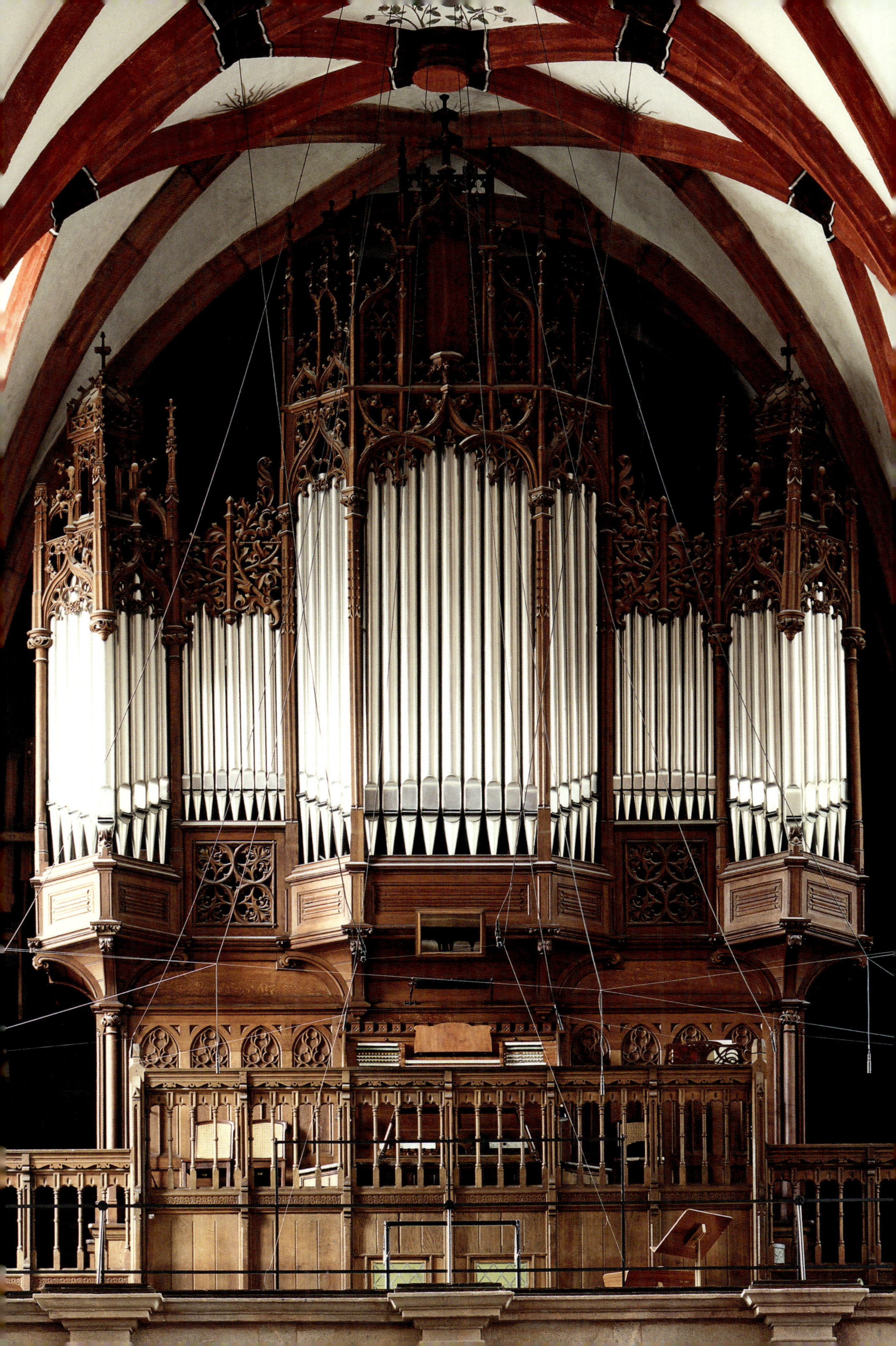

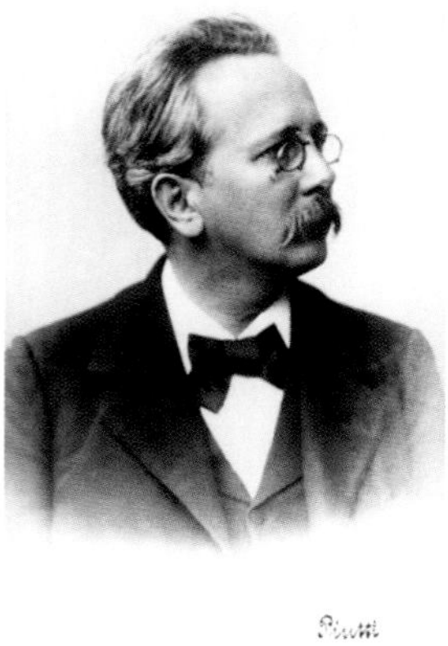

Thomasorganist Carl Piutti (1846–1902).

einige kleinere Veränderungen im Registerbestand vorzunehmen. Im März 1902 kam es zum Vertragsabschluss. Noch während der Arbeiten verstarb Thomasorganist Piutti im Juni 1902. Das Abnahmegutachten des Umbaus vom 29. September 1902 trägt die Unterschriften von P. Homeyer und G. Wohlgemuth. Die Orgel besaß nun 65 Register.

Karl Montgomery Rufus Siegfried Straube, vorher Domorganist im niederrheinischen Wesel, trat sein Amt als neuer Thomasorganist am 14. November 1902 an. Er war mit dem eben abgeschlossenen Umbau der Sauer-Orgel nicht zufrieden und entwickelte bald Pläne, die Orgel wesentlich zu vergrößern. Seine Vorstellungen teilte er 1906 Superintendent Oskar Pank brieflich mit. Als Druckmittel kündigte Straube an, an die Berliner Kaiser-Wilhelm-Gedächtniskirche zu wechseln, denn dort hatte Wilhelm Sauer 1895 eine 94 Register große Orgel fertiggestellt. Straube gelang es, mit diesem Brief durchzusetzen, dass die Thomas-Orgel auf die Dimension der Berliner Sauer-Orgel vergrößert wurde, dass sein Organistengehalt aufgestockt wurde und er den Titel eines Professors erhielt.

1889
1. Manual (18 Stimmen)

Principal 16´
Bordun 16´
Principal 8´
Viola di Gamba 8´
Gemshorn 8´
Flute harmonique 8´
Gedakt 8´
Nasard 5 ⅓´
Octave 4´
Gemshorn 4´
Rohrflöte 4´
Quint 2 ⅔´
Octave 2´
Mixtur 3fach
Cornett 2–4fach
Scharf 5fach
Bombarde 16´
Trompete 8´

1908
1. Manual (25 Stimmen)

Principal 16´
Bordun 16´
Principal 8´
Geigenprincipal 8´
Viola di Gamba 8´
Gemshorn 8´
Dulciana 8´
Doppelfloete 8´
Flute harmonique 8´
Flauto dolce 8´
Gedackt 8´
Quintatön 8´
Quinte 5 ⅓´
Octave 4´
Gemshorn 4´
Rohrfloete 4´
Violini 4´
Octave 2´
Rauschquinte 2 ⅔´ 2´
Mixtur 3fach
Cornett 2-4fach
Scharf 5fach
Groß-Cymbel 4fach
Trompete 16´
Trompete 8´

1889
2. Manual (14 Stimmen)

Salicional 16´
Gedakt 16´
Principal 8´
Quintatön 8´
Salicional 8´
Harmonica 8´
Rohrflöte 8´
Octave 4´
Flauto dolce 4´
Quint 2 ⅔´
Octave 2´
Cornett 3fach
Mixtur 4fach
Clarinette 8´

1908
2. Manual (21 Stimmen)

Salicional 16´
Gedackt 16´
Principal 8´
Schalmei 8´
Salicional 8´
Harmonica 8´
Dolce 8´
Flute harmonique 8´
Konzertfloete 8´
Rohrfloete 8´
Gedackt 8´
Octave 4´
Salicional 4´
Flauto dolce 4´
Quinte 2 ⅔´
Piccolo 2´
Cornett 3fach
Mixtur 4fach
Cymbel 3fach
Tuba 8´
Clarinette 8´

1889
3. Manual (13 Stimmen)

Lieblich Gedakt 16´
Viola di Gamba 16´
Principal 8´
Concertflöte 8´
Aeoline 8´
Voix céleste 8´
Gedakt 8´
Fugara 4´
Traversflöte 4´
Quint 2 ⅔´

1908
3. Manual (19 Stimmen)

Lieblich Gedackt 16´
Gamba 16´
Principal 8´
Viola 8´
Aeoline 8´
Voix céleste 8´
Spitzfloete 8´
Flute d'amour 8´
Gedackt 8´
Gemshorn 8´

1889
3. Manual (13 Stimmen)

Flautino 2´
Harmonia aetheria 2-3fach
Oboe 8´

1908
3. Manual (19 Stimmen)

Quintatön 8´
Fugara 4´
Traversfloete 4´
Praestant 4´
Quinte 2 ⅔´´
Flautino 2´
Harmonia aetheria 3fach
Trompette harmonique 8´
Oboe 8´

1889 **Pedal (18 Stimmen)**	**1908** **Pedal (23 Stimmen)**
Majorbass 32´	Majorbass 32´
Contrabass 16´	Untersatz 32´
Violon 16´	Contrabass 16´
Subbass 16´	Principal 16´
Lieblich Gedakt 16´	Violon 16´
Quintbass 10 ⅔´	Gemshorn 16´
Offenbass 8´	Subbass 16´
Violoncello 8´	Salicetbass 16´
Bassflöte 8´	Lieblich Gedackt 16´
Dulciana 8´	Quintbass 10 ⅔´
Quintatön 8´	Offenbass 8´
Octave 4´	Principal 8´
Flauto dolce 4´	Cello 8´
Posaune 32´	Gemshorn 8´
Posaune 16´	Bassfloete 8´
Fagott 16´	Dulciana 8´
Trompete 8´	Octave 4´
Clarino 4´	Flauto dolce 4´
	Contraposaune 32´
	Posaune 16´
	Fagott 16´
	Trompete 8´
	Clarine 4´

1889 **Pedal (18 Stimmen)**	**1908** **Pedal (23 Stimmen)**
Manualkoppeln II/I, III/I, III/II Pedalkoppeln I/P, II/P, III/P Collectivpedal für alle Koppeln	Manualkoppeln II/I, III/I, III/II Pedalkoppeln I/P, II/P, III/P Tuttikoppel
Mezzoforte, Forte und Tutti für Manuale I, II und Pedal Tutti für Manual III	Mezzoforte, Forte, Tutti, Rohrwerke Piano-, Mezzoforte-, Forte- und Tuttipedal Pedalstimmen ab, Handregister ab, Rohrwerke ab
Combinationspedal für Manuale I, II und Pedal	drei frei einstellbare Kombinationen
Collectivschweller (Walze) für Manuale I, II und Pedal Collectivschweller nur für Pedal	Rollschweller (Walze) mit Absteller
Jalousieschweller für Manual III	Jalousieschweller für Manual III
Prolongement	
mechanische Kegelladen, pneumatischer Hebel (Barker-Maschine)	Röhrenpneumatik (Spiel- und Registertraktur)
Manualumfang: C-f³ Pedalumfang: C-f´	Manualumfang: C-a³ Pedalumfang: C-f´

Die neuerlichen Umbauarbeiten führte Wilhelm Sauer in den Jahren 1907/1908 durch. Es wurden 23 neue Register, zusätzliche Windladen und ein neuer Spieltisch mit erweitertem Tonumfang der Manuale gebaut. Der Prospekt wurde 90 cm nach vorn verschoben, um Platz für die neuen Pfeifen zu bekommen. Die Kosten für den Umbau, zu dem Karl Straube im September 1908 einen Abnahmebericht schrieb, beliefen sich auf 15 000 Mark.

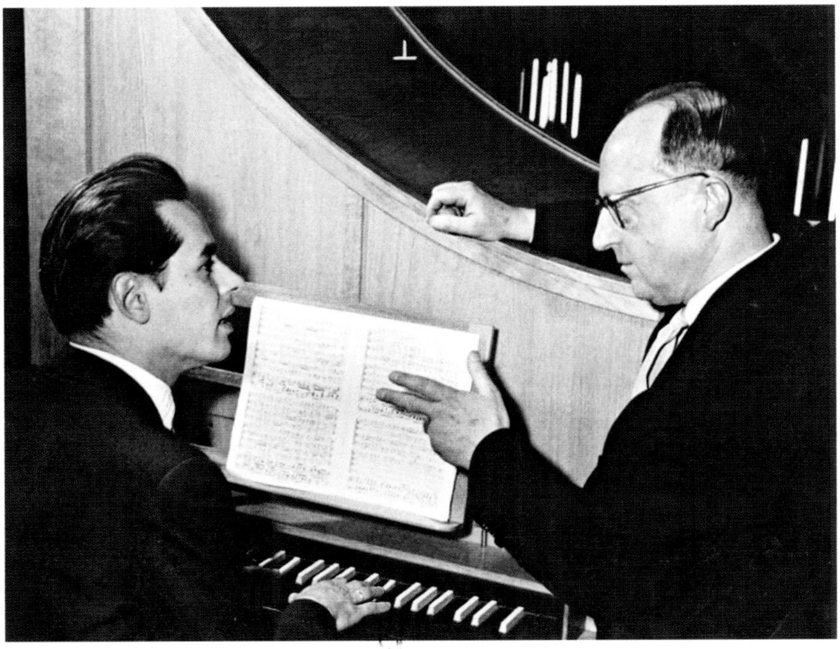

Thomasorganist Hannes Kästner, im Gespräch mit Thomaskantor Erhard Mauersberger.

Am 9. April 1916 starb Wilhelm Sauer. Im Jahre 1917 wurden die zinnernen Prospektpfeifen für Kriegszwecke beschlagnahmt und durch Zinkpfeifen ersetzt. Seit 1919 wirkte Günther Ramin als Thomasorganist (seine Anstellung erfolgte erst 1924). In dieser Zeit begann die Orgelbewegung, die sich für die Wiederbelebung der Barockorgel einsetzte und deren Aktivitäten in hohem Maße gegen romantische Orgeln gerichtet waren, nach und nach an Einfluss zu gewinnen. Diese Zeit hat auch an der Sauer-Orgel der Thomaskirche ihre Spuren hinterlassen. Zwischen 1930 und 1960 wurden folgende Register eingebaut, die bewirken sollten, dass die Orgel einen barocken Klang bekommt:

1. Manual: Superquinte 1 ⅓´, Oktave 1´, Scharfzimbel 4fach, Trompete 4´

2. Manual: Schalmei 4´, Weit-Prinzipal 2´, Terz 1 ⅗´, Krummhorn 8´

3. Manual: Sifflöte 1´, Scharf 4fach, Trompete 4´

Pedal: Nachthorn 2´, Rauschpfeife 2fach, Mixtur 4fach, Singend Cornett 2´

Originale Sauersche Register wurden dann jeweils entfernt. Wann genau diese Eingriffe geschahen, belegen die Akten nur sehr lückenhaft; sie fielen in die Amtszeiten der Thomasorganisten Günther Ramin, Hans Heintze, Karl Richter und Hannes Kästner.

Schuke-Orgel für Barocke Orgelmusik

Die Erkenntnis, dass man ein romantisches Instrument durch den Austausch von Registern nicht zu einer Barockorgel umgestalten kann, sondern die Geschlossenheit der Orgel zerstört, setzte sich bereits bei Ramin durch. Von ihm wird berichtet, dass er die Idee zum Bau einer zweiten mechanischen Orgel in der Thomaskirche erstmals geäußert hätte.

In der Sitzung des Kirchenvorstandes vom 1. März 1954 schlug Thomasorganist Kästner den Bau einer Barockorgel durch die Potsdamer Firma Schuke vor. Das Protokollbuch des Kirchenvorstandes vermerkt von dieser Sitzung: »*Auf jeden Fall möchte der Th.-Matth.-KV die jetzige Orgel um ihres einmaligen Charakters willen erhalten wissen.*«

Als zweites Instrument wurde im Mai 1967 die Schuke-Orgel in der nordöstlichen Ecke der gotischen Halle eingeweiht. Sie hatte folgende Disposition:

Rückpositiv	Unterwerk	Hauptwerk	Pedal
Rohrflöte 8´	Gedackt 8´	Bordun 16´	Principal 16´
Quintadena 8´	Principal 4´	Principal 8´	Subbaß 16´
Principal 4´	Blockflöte 4´	Spillpfeife 8´	Quinte 10 ⅔´
Holzflöte 4´	Rohrnassat 2 ⅔´	Oktave 4´	Oktave 8´
Sesquialtera 2fach	Oktave 2´	Spitzflöte 4´	Spitzflöte 8´
Principal 2´	Waldflöte 2´	Quinte 2 ⅔´	Oktave 4´
Quinte 1 ⅓´	Terz 1 ⅗´	Oktave 2´	Gemshorn 4´
Septime 1 ⅐´	Sifflöte 1 ⅓´	Mixtur 6-7fach	Weitprincipal 2´
Oktave 1´	Mixtur 6fach	Scharff 4fach	Rauschpfeife 3fach
Mixtur 4-5fach	Cymbel 3fach	Trompete 16´	Mixtur 6fach
Krummhorn 8´	Spillregal 16´	Trompete 8´	Posaune 16´
Tremulant	Trichterregal 8´		Trompete 8´
	Tremulant		Clairon 4´

Koppeln: RP/HW, UW/HW, HW/RP, HW/P, UW/P
Schleifladen, mechanische Tontraktur, mechanische Registertraktur für Manuale, pneumatische Registertraktur für Pedal, 2 freie Pedalkombinationen
Manualumfang: C-g³, Pedalumfang C-f´
Disposition und Mensuren: Hans-Joachim Schuke, Prospektgestaltung: Fritz Leweke

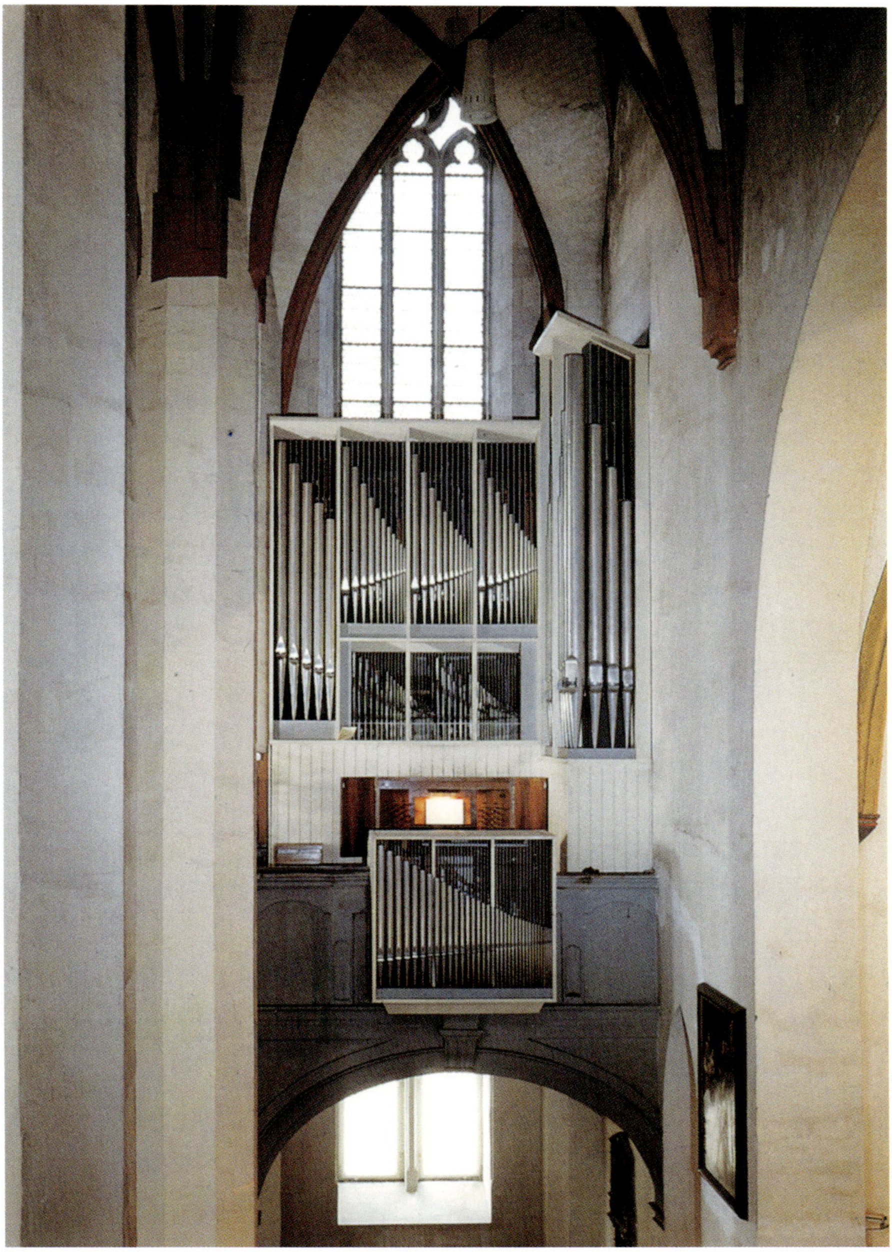

Die 1967 geweihte Schuke-Orgel in der Nordecke des Langhauses. Sie wurde 1999 ausgebaut und der St.-Marien-Domgemeinde in Fürstenwalde bei Berlin übergeben.

Zu den heutigen Aufgaben des Thomasorganisten gehört das Orgelspiel in den Motetten der Thomaner, die allwöchentlich am Freitagabend und am Sonnabendnachmittag von etwa 2000 Menschen besucht werden. In diesen Motetten ist die Orgelmusik ein wichtiger Teil des Programms. In jeder Samstagsmotette wird eine Bach-Kantate vom Thomanerchor und dem Gewandhausorchester unter der Leitung des Thomaskantors musiziert. Oft schon erfolgte die zyklische Aufführung aller Kirchenkantaten Bachs in der Reihenfolge ihrer Entstehung. Der Thomasorganist spielt dabei den Basso-continuo-Part.

Die gut besuchten Gottesdienste sind in der Thomaskirche stark durch die Kirchenmusik geprägt: – A-cappella-Gesang der Thomaner (Bach-Kantaten an hohen Festtagen) und viel Orgelmusik (Improvisationen und Literatur). Höhepunkte sind in jedem Jahr die Aufführungen der Passionen (Johannespassion und Matthäuspassion im Wechsel) am Gründonnerstag / Karfreitag und des Weihnachtsoratoriums am dritten Adventswochenende aber auch drei Weihnachtsliederabende mit weihnachtlichen Chorsätzen und Motetten der Thomaner sowie weihnachtlichen Orgelwerken. Orgelkonzerte finden in der Thomaskirche besonders in den Sommermonaten statt, aber auch das Silvester-Orgelkonzert hat sich zu einem Besuchermagnet entwickelt.

Seit 1964 bis zum Ruhestandsalter der langjährigen Kantorin und Organistin Almuth Reuther gab es eine zweite Kirchenmusikerstelle an der Thomaskirche; sie war in diesen gesamten Aufgabenbereich mit einbezogen. Heute sind Assistenzorganisten des Thomasorganisten tätig.

Um 1985 war eine Ausreinigung und eine technische Restaurierung der Sauer-Orgel für 1988 geplant (auch bei Orgelbauarbeiten gab es in der damaligen DDR jahrelange Wartezeiten). In dieser Zeit entstand der Kontakt Ullrich Böhmes zu dem Orgelbauer Christian Scheffler. Er war damals Leiter der Restaurierungsabteilung des VEB Frankfurter Orgelbau Sauer. In den langen Vorgesprächen über die geplanten Arbeiten äußerte Böhme zum ersten Mal die Idee, die Disposition wieder auf den ursprünglichen Zustand zurückzuführen. Er stieß bei Scheffler auf offene Ohren und es entwickelte sich ein reger Gedankenaustausch. Die Restaurierungsarbeiten 1988 ließen sich aus verschiedenen Gründen (fehlendes Geld, Planungen der Firma Sauer) nicht auf eine Rückführung der Disposition ausweiten. Aber einige Schritte in diese Richtung konnten getan werden: Die Prospektpfeifen aus Zink wurden durch neue Zinnpfeifen ersetzt und ein Register des 2. Manuals – Schalmei 4´ – wurde wieder in seine ursprüngliche 8-Fuß-Lage umgesetzt.

Im Mai 1989 gab es dann in der Thomaskirche ein Orgelfestival zum 100. Jubiläum der Sauer-Orgel mit Konzerten von Organisten aus Ost- und Westdeutschland sowie aus Frankreich. Wenige Monate später kam die Wende. Die entscheidende große Demonstration am 9. Oktober führte von den Kirchen über den Innenstadtring, nachdem in fünf überfüllten Innenstadtkirchen ein Friedensgebet stattgefunden hatte.

Die Menschen in Ostdeutschland waren in der darauffolgenden Zeit mit vielen grundlegenden Änderungen ihrer Lebensumstände beschäftigt. Die Zeit war nicht besonders günstig für Orgelrestaurierungen. Durch die Währungsumstellung war das für Orgelbau und Restaurierungen angesparte Geld plötzlich nur noch die Hälfte wert. Gleichzeitig stiegen die Kosten dafür massiv an, viele Kirchgemeinden konnten ihre Orgelbaupläne nicht mehr verwirklichen. Für die Orgelbaubetriebe schmolz die lange Liste der Auftragsplanungen auf ein Minimum zusammen und vorher nie gekannte wirtschaftliche Probleme mussten bewältigt werden. Um so erstaunlicher ist, dass es trotzdem gelang, die Restaurierung der Sauer-Orgel ein wesentliches Stück voranzubringen. In den Jahren 1991 und 1993 wurden alle drei Manualwerke der Orgel auf den Stand des Jahres 1908 zurückgeführt. Die Orgel gewann dadurch wichtige Klangfarben zurück:

3. Manual: Gamba 16´, Fugara 4´, Trompette harmonique 8´
2. Manual: Schalmei 8´, Harmonika 8´, Konzertfloete 8´, Mixtur 4fach in originaler Zusammensetzung, Clarinette 8´
1. Manual: Viola di Gamba 8´, Doppelfloete 8´ und Violini 4´, Mixtur 3fach, Trompete 16´

Der Orgelrestaurator Christian Scheffler – inzwischen Inhaber einer eigenen Orgelwerkstatt in Sieversdorf – führte diese Arbeiten zusammen mit seinen Mitarbeitern aus. Abgeschlossen war die Restaurierung dieses bedeutenden spätromantischen Instrumentes damit jedoch noch nicht, denn es wurden in der Folgezeit noch vier Pedalstimmen rekonstruiert: Majorbass 32´, Violon 16´, Salicetbass 16´ und Principal 8´.

Das Interesse der Orgelbauer und Organisten aus dem In- und Ausland an diesem Restaurierungsprojekt war von Anfang an groß, ist doch bis heute die originalgetreue Restaurierung einer pneumatischen Orgel aus der Zeit der letzten Jahrhundertwende keineswegs eine Selbstverständlichkeit. Der Mut zu diesem Vorhaben hat inzwischen spürbare Auswirkungen auf andere Orgelprojekte. Die Restaurierungen der Orgeln des Berliner und Bremer Domes oder der Kirche in Bad Harzburg wären ohne die Thomas-Orgel sicherlich anders verlaufen. Die jeweiligen Verantwortlichen hatten sich vorher ausführlich in St. Thomas informiert und zeigten sich vom Ergebnis beeindruckt.

Der bauliche Zustand der Thomaskirche wurde unterdessen immer schlechter. Die letzte große Instandsetzung fand vor über 100 Jahren statt, in den sechziger Jahren des 20. Jahrhunderts gab es eine Innenerneuerung unter DDR-Bedingungen, die viele bauliche Probleme nicht lösen konnte. Die Sandsteine der Außenfassade bröckelten und innen färbte der Ruß die Wände von Jahr zu Jahr dunkler. Erst seit Mitte der neunziger Jahre wurde so richtig bewusst, dass zum Bach-Gedenkjahr 2000 die ganze Welt nach Leipzig blicken werde und die Thomaskirche unmöglich in dem derzeitigen Zustand bleiben könne.

Mit der Gründung des Vereins *Thomaskirche – Bach 2000 e. V.* im Jahre 1997, in dem sich wichtige Persönlichkeiten aus Politik und Wirtschaft, Kirche und Gesellschaft mit dem Ziel zusammenfanden, die Thomaskirche bis zum Jahr 2000 zu restaurieren, gewannen die Baumaßnahmen eine ungeahnte Dynamik. Es war inzwischen gelungen, 10 Millionen DM an privaten Spenden zu sammeln. Die Kirchgemeinde allein wäre mit einer Aufgabe dieser Größenordnung überfordert gewesen. Bis zum Sommer 2000 konnte die vollständige Innen- und Außenrestaurierung der Thomaskirche in wesentlichen Teilen abgeschlossen werden. Der festliche Gottesdienst zur Wiedereinweihung wurde am Pfingstsonntag 2000 gefeiert. Und noch ein weiteres bedeutendes Ereignis fand am gleichen Tag statt: Die Einweihung der neuen Bach-Orgel.

Eine für Bachs Werke geschaffene Orgel: Die Neue Bach-Orgel

Die Schuke-Orgel ist ein typisches Instrument der sechziger Jahre, der Geist der Orgelbewegung spricht aus jedem Detail. Gebaut wurde sie für die Wiedergabe der Orgelmusik Bachs. Der Orgelbau der Bachzeit hatte jedoch völlig andere Klangideale, wie jeder Vergleich mit bedeutenden Orgeln der Barockzeit deutlich macht. Leider stand die Schuke-Orgel in der nordöstlichen Ecke der Kirche akustisch ungünstig und vermochte die gut besetzte Thomaskirche nicht ausreichend zu füllen.

Große Teile des Pedalwerkes befanden sich in einem Raum außerhalb der Kirche und klangen zu schwach und indirekt. Schließlich befriedigte auch das Orgelgehäuse architektonisch nicht, es durchbrach mit seinem Rückpositiv die wertvolle umlaufende Renaissance-Empore von Hieronymus Lotter.

Für viele Menschen aus aller Welt ist die Musikpraxis in der Thomaskirche Orientierung und Maßstab. Dies hat für die Kirchenmusiker an der Thomaskirche eine hohe Verantwortung zur Folge. Daher entwickelte sich die Idee, eine Bach-Orgel in der Thomaskirche zu errichten, die man mit Recht so nennen kann und die sich mit den hervorragenden Instrumenten der Bach-Zeit (Silbermann, Hildebrandt, Trost) vergleichen lässt. Durch die enormen Aktivitäten um den Wiederaufbau der Dresdner Frauenkirche und die geplante Rekonstruktion ihrer Silbermannorgel – man warb in Dresden auch mit dem Argument, eine authentische Bach-Stätte zu gewinnen, denn J. S. Bach hatte im Jahre 1736 hier stundenlang an der Orgel gespielt – fand der Thomasorganist schließlich den Mut, mit neuen Ideen an die Öffentlichkeit zu gehen. Im Dezember 1996 übergab er dem Superintendenten, den Pfarrern und den Kirchenvorstehern ein Papier, in dem Vorstellungen über die derzeitige Orgelsituation in der Thomaskirche und eine mögliche neue Bach-Orgel ausführlich formuliert waren. Die Reaktionen auf dieses Papier waren überwiegend positiv, aber eine Verwirklichung hielt sicherlich niemand für möglich.

Danach fanden mehrere Gespräche mit den Orgelbauern Kristian Wegscheider (Dresden), Helmut Werner (Bautzen) und Gerald Woehl (Marburg) statt. Dabei gewann die zukünftige Orgel nach und nach klarere Konturen, ihr Klang, der sich am mitteldeutschen Orgelbau des 18. Jahrhunderts orientieren sollte, ihr akustisch günstigster Standort auf der Nordempore im 3. Joch von Osten, ihre Disposition nach einem nicht mehr vorhandenen Vorbild der Bachzeit und ihr Gehäuse, inspiriert von einem untergegangenen barocken Werk in Leipzig. Eine mittlerweile durch den Kirchenvorstand berufene Orgelkommission führte eine Ausschreibung durch, bei der fünf ausgewählte Orgelbauer um Projekte gebeten wurden. Nachdem vier eingereichte Entwürfe von der Orgelkommission und den verantwortlichen Denkmalpflegern eingehend beraten worden waren, fiel im Mai 1998 die Entscheidung zu Gunsten des Entwurfes von Gerald Woehl aus Marburg.

Im Mai 1999 wurde die Schuke-Orgel ausgebaut. Der Kirchenvorstand gab das Instrument an die St.-Marien-Domgemeinde in Fürstenwalde bei Berlin ab. Hier wurde sie in der Folgezeit durch die Firma Schuke in erweiterter Form wieder aufgebaut. Die Domgemeinde Fürstenwalde ist über diese Entscheidung glücklich, fehlte ihr doch durch den teuren Wiederaufbau des im Krieg zerstörten Domes das Geld für eine neue Orgel. In der Thomaskirche erklang das Instrument 32 Jahre lang zu unzähligen Gottesdiensten, Motetten und Orgelkonzerten.

Die Disposition der neuen Bach-Orgel der Thomaskirche mit 61 Registern auf 4 Manualen und Pedal geht auf eine Orgel zurück, die vor genau 300 Jahren gebaut wurde. Johann Christoph Bach, der Onkel Johann Sebastians, entwarf sie für die Georgenkirche Eisenach. Das Instrument wurde geschaffen von Georg Christoph Stertzing aus Ohrdruf und muss den jungen Johann Sebastian, der seine Kindheit in Eisenach und Ohrdruf verbrachte, stark beeindruckt haben. In seinen späteren Orgelgutachten legte er immer wieder Wert auf Klangfarben, die in der Eisenacher Orgel vorhanden waren. Bereits im 19. Jahrhundert wurde sie durch ein anderes Werk ersetzt.

Die neue Bachorgel von Gerald Woehl kurz vor ihrer Einweihung am Pfingstfest 2000.

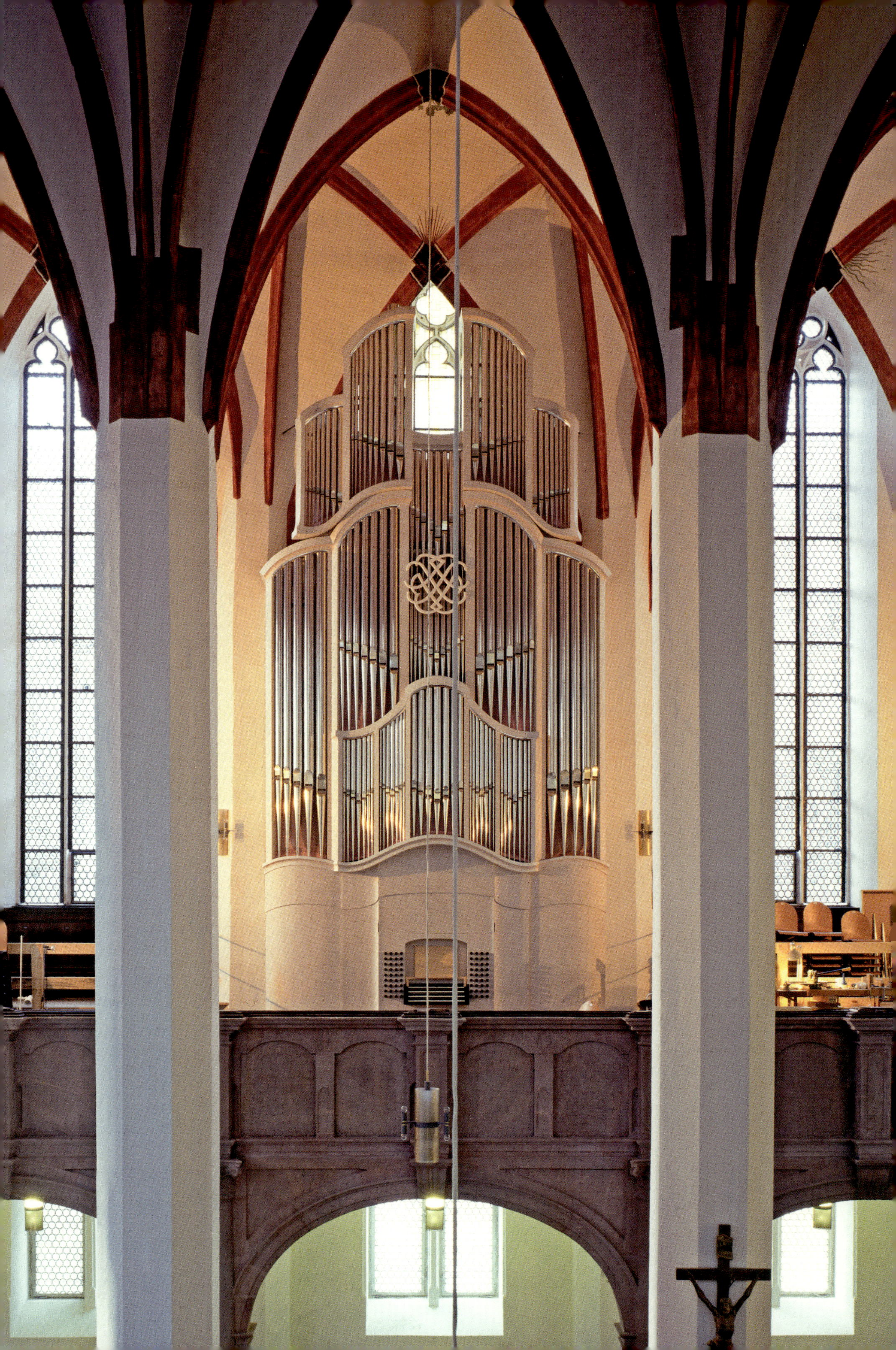

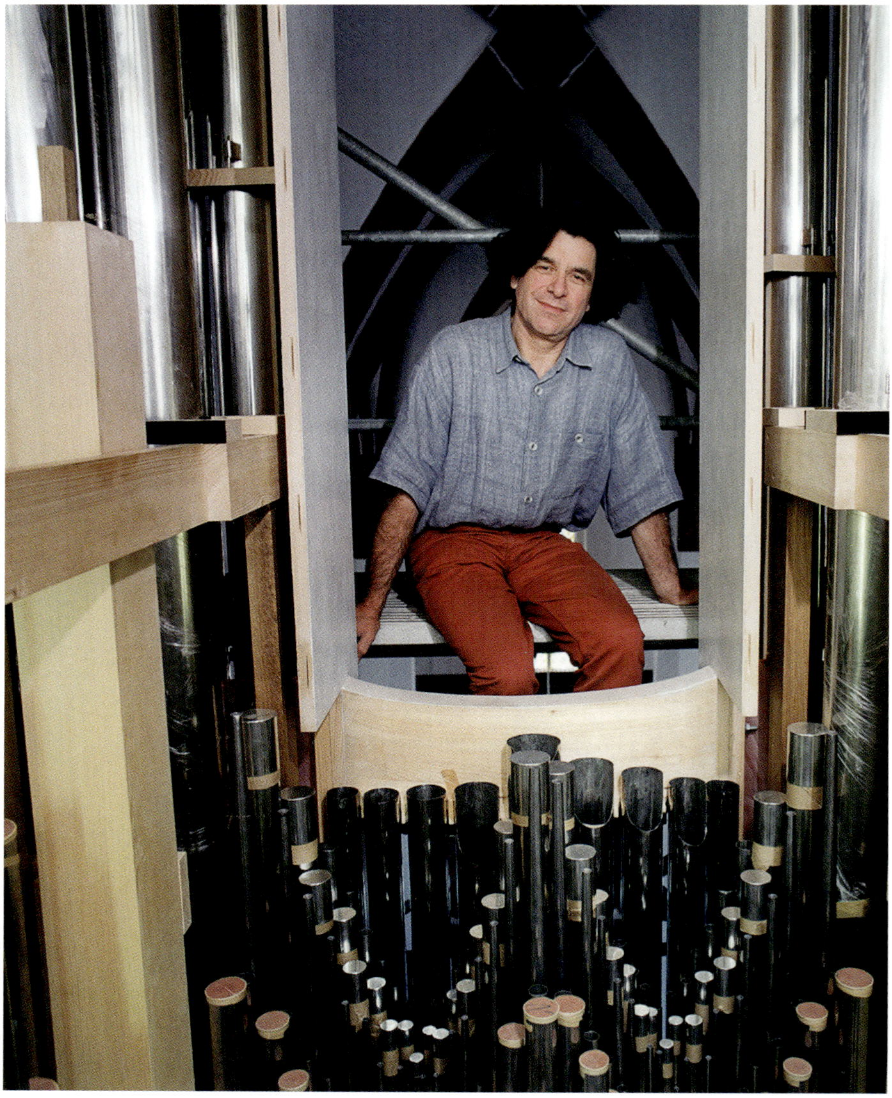

Gerald Woehl und die von ihm erbaute Bach-Orgel, 2000.

Die Stertzing-Orgel stand, wie auch die Leipziger Orgeln der Bach-Zeit, in Chortonstimmung, also etwa einen halben Ton höher als unsere heutige Stimmtonhöhe (etwa 465 Herz). Die neue Orgel der Thomaskirche wurde auch als Chortoninstrument gebaut, damit die Orgelwerke Bachs – seine Präludien, Toccaten, Fugen, Trios und Choralvorspiele – in der Klangwelt der Barockzeit zu erleben sind (die moderne Stimmtonhöhe von 440 Herz gab es im 18. Jahrhundert nicht).

Als weitere Besonderheit – sicherlich einmalig in der Welt – besitzt die Orgel eine rein mechanische Kammertonkoppel, die das ganze Werk um 2 Halbtöne tiefer spielbar macht. So kann man mit barocken Streich- und Blasinstrumenten, gestimmt im Kammerton auf 415 Herz, zusammen musizieren. Bach hätte sich bestimmt über eine solche Koppel gefreut, hätte sie ihm doch erspart, die Orgelstimmen seiner Kantaten einen Ton höher zu notieren als die Chor- und Instrumentalstimmen.

Das Gehäuse der neuen Orgel hat ebenfalls einen Bezug zur Bach-Zeit. Als Vorbild diente ihm der Prospekt der Scheibe-Orgel der Leipziger Universitätskirche. Bach hatte dieses Werk 1717 geprüft und ein Gutachten verfasst. Der Gehäuseentwurf Gerald Woehls präsentiert sich als Kunstwerk unserer Zeit, lässt aber sein barockes Vorbild deutlich erkennen. Zu Weihnachten 1999 stand das Orgelgehäuse in seiner ganzen Höhe aufgebaut in der Kirche. Die Intonation der Pfeifen begann im darauffolgenden März und dauerte noch bis zur kompletten Fertigstellung des Werkes im Oktober 2000 an. Bereits während des Baus erfreute sich das entstehende Instrument großer Aufmerksamkeit in der Öffentlichkeit.

Die Disposition der Bach-Orgel:

Brustwerk I

Grob Gedackt 8fuß
Klein Gedackt 4fuß
Principal 2fuß
Super Gemßhörnlein 2fach
Quint-Sexta 2fach
Sieflit 1fuß

Hauptwerk II

Bordun 16fuß
Principal 8fuß
Violdagamba 8fuß
Rohrflöth 8fuß
Quinta 6fuß
Octav 4fuß
Nassatquint 3fuß
Superoctav 2fuß
Queerflöth 2fuß
Sesquialtera 3fach
Mixtur 6fach
Cimbel 3fach
Fagott 16fuß
Trombetta 8fuß

Oberwerk III

Quintaden 16fuß
Principal 8fuß
Gedackt 8fuß
Gemßhorn 8fuß
Flauta doux 8fuß
Octav 4fuß
Hohlflöth 4fuß
Hohlquint 3fuß
Superoctav 2fuß
Plockflöth 2fuß
Sesquialtera 3fach
Scharff 4fach
Vox Humana 8fuß
Hautbois 8fuß
Tremulant

Tonumfang Chorton:
Manuale C-f^3
Pedal C-f´

Tonumfang Kammerton:
Manuale CD-f^3
Pedal CD-f´

Unterwerk (Echo) IV

Barem 16fuß
Still Gedackt 8fuß
Quintaden 8fuß
Principal 4fuß
Nachthorn 4fuß
Spitzflöth 4fuß
Spitzquint 3fuß
Octav 2fuß
Schweitzerflöth 2fuß
Rauschquint 1 ½fuß
Superoctävlein 1fuß
Cimbel 3fach
Regal 8fuß

Pedal

Großer Untersatz 32fuß
Principal 16fuß
Violon 16fuß
Sub Bass 16fuß
Octav 8fuß
Gedackt 8fuß
Quintaden 8fuß
Superoctav 4fuß
Bauerflöth 1fuß
Mixtur 6fach
Posaun Bass 32fuß
Posaun Bass 16fuß
Trombet 8fuß
Cornet 2fuß
Glockenspiel 2fuß

Nebenregister

Copul Oberwerk-Hauptwerk (III-II)
Copul Unterwerk-Hauptwerk (IV-II)
Copul Hauptwerk-Pedal
Copul Oberwerk-Pedal
Tremulant für das ganze Werk
2 Zimbelsterne
Vogell Geschrey

Kammerkoppel für das ganze Werk

4 Keilbälge

Stimmtonhöhe: Chorton (ca. 465 Hz.)
Stimmung: ungleichstufig,
System Neidhardt

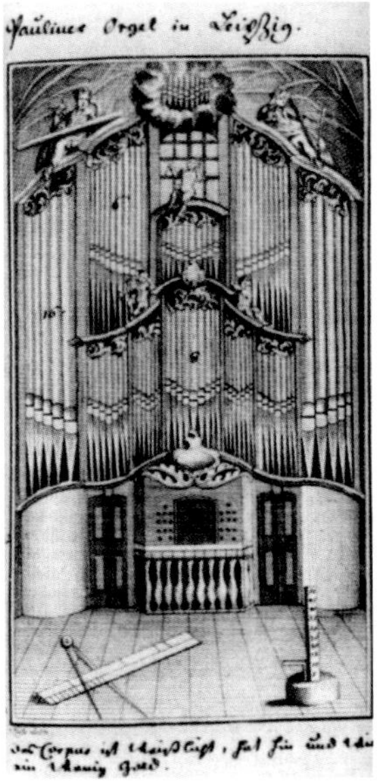

Scheibe-Orgel in der Paulinerkirche. Kupferstich nach Süsse um 1720.

2.3 Thomasschule, Thomanerchor und Thomaskantorat

Aus der Frühzeit der zum Thomaskloster, welches den regulierten Augustinermönchen zugeschlagen wurde, gehörenden Schule wissen wir nur wenig. Man geht davon aus, dass von Anfang an zum Kloster eine Schule gehörte. Die erste urkundliche Erwähnung der Thomasschule stammt aus der ausklingenden Stauferzeit, genauer aus dem Jahre 1254. Anfangs waren es wahrscheinlich 12, später 24 Chorknaben, die den Gottesdienst verschönern sollten. Um die Chorknaben heranzubilden, wurde

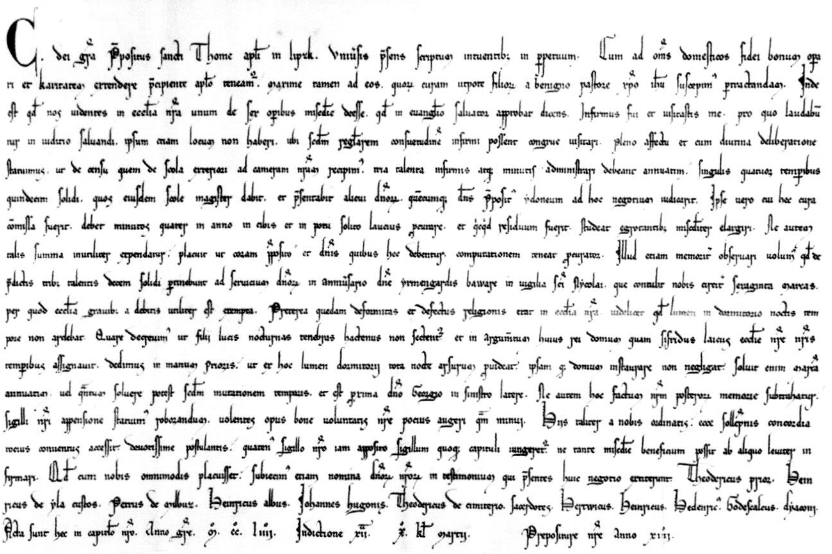

Urkunde des Propstes Conrad vom 20. Februar 1254. Erste urkundliche Erwähnung der Thomasschule.

nach dem Willen des Stifters eine Klosterschule eingerichtet. Der Rektor, der nicht zu den Augustinerchorherren gehörte, leitete den Unterricht. Einen Kantor wird es auch schon gegeben haben, wenngleich dieser die Ausbildung der jungen Mönche zu leiten hatte, während die Chorknaben vom Leiter der Schule, dem Rector scolarium, einstudiert wurden. Mit dem raschen Wachsen der Schule ist dann diese Tätigkeit einem besonders dazu geeigneten Gehilfen übertragen worden. Aus der Tätigkeit dieses Mitarbeiters ist das eigentliche Amt des Thomaskantors erwachsen, so wie wir es heute kennen. Die Thomasschule kann als die älteste deutsche Schule betrachtet werden, da sie von Anfang an eine Schule war, die auch Kindern Leipziger Bürger offenstand. Vergleichbare Klosterschulen waren in der Form einer Schola interior gehalten, also für den Nachwuchs der Kleriker bestimmt; die Thomasschule war eine Schola exterior, eine nach außen geöffnete Schule, die Bürgerkinder gegen Schulgeld aufnahm. Sie war dann übrigens bis zur Gründung der Nikolaischule im Jahre 1512 – also 300 Jahre lang – die einzige Schule Leipzigs. Nach 1539 erfuhr sie eine wesentliche Veränderung, sie wechselte nach Einführung der Reformation und der damit einhergehenden Säkularisierung des Thomasklosters in die treuhänderische Obhut der Stadt Leipzig. Für den Thomanerchor hat sich daran bis heute nichts geändert.

Von den schulischen Anfängen an bis 1877 war klar, wovon die Thomasschule hauptsächlich geprägt wurde: vom Alumnat, in dem die Choristen wohnten und von wo aus sie ihre vielfältigen Dienste in den Kirchen und in der Öffentlichkeit der Stadt versahen. Neben der Kirchenmusik wurden alle der jeweiligen Zeit gemäßen wissenschaftlichen und sprachlichen Unterrichtsfächer angeboten. Das ursprüngliche Schulhaus stand bis 1902 da, wo heute das Thomashaus, die frühere Superintendentur, steht. Auf den Grundmauern der 1553 völlig neu erbauten Schule – die alte musste wegen Schadhaftigkeit abgerissen werden – wurden die uns auch bildlich bekannten Gebäude errichtet. Wesentliche Veränderungen fanden 1732 – in der Amtszeit Bachs – und 1829 statt. Die Zahl der Schüler hatte sich bis ins 19. Jahrhundert hinein zwischen ca. 150 und 250 bewegt. Davon waren etwa 50 Alumnen. Traten zu Bachs Zeit die Sänger erst im Alter von ca. 13–14 Jahren ein und blieben meist bis über ihr 20. Lebensjahr im Chor, so ist das Eintrittsalter heute ca. 10 Jahre und die Thomanerzeit endet mit dem Abitur im Alter von 18 Jahren.

Einhergehend mit der raschen Vergrößerung Leipzigs im 19. Jahrhundert wuchs die Schülerzahl bis 1877 auf 369 an. Das Haus entsprach nun nicht mehr den Erfordernissen der Zeit. Die Enge im Schulhaus und im Alumnat am Thomaskirchhof, fehlende hygienische Einrichtungen, wie eine Badestube, unzureichende Heizung, Ratten im Haus, eine fehlende Sporthalle – dies alles führte 1877 zu dem Beschluss, eine neue Schule zu bauen. Als Bauplatz waren die Thomaswiesen im Westen, damals noch vor den Toren der Stadt, vorgesehen, aber man hatte entschieden, das Alumnat aufzuheben. Erst dem großen Druck, auch von außerhalb Leipzigs, und den unermüdlichen Bemühungen des damaligen Rektors Eckstein und des Kantors Ernst Friedrich Richter ist es zu verdanken, dass dieser Plan nochmals überprüft wurde. Schließlich wurde neu beschlossen, das Internat doch beizubehalten, aber eine Reorganisation vorzunehmen. So kam es, dass der Architekt Viehweger 1877 die neue Schule und 1881 das Alumnat übergeben konnte.

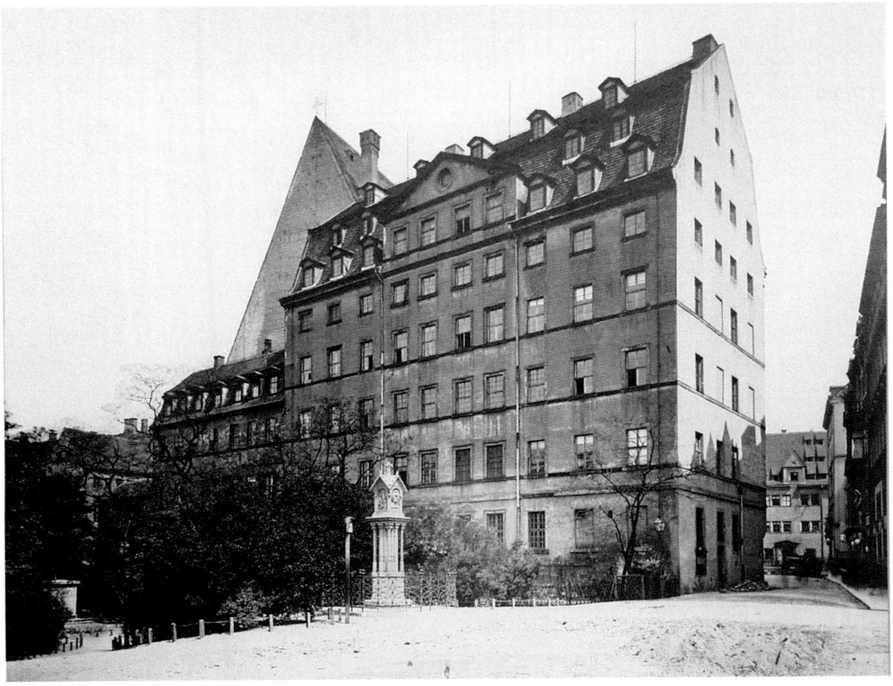

Die Alte Thomasschule mit dem Alten Bachdenkmal, um 1885.

Zu den einstigen Bewohnern der Thomasschule neben der Thomaskirche gehörten neben den Schülern meist auch die Kantoren und Rektoren. Kristallisationspunkt und inzwischen zum Schutzpatron geworden ist unzweifelhaft Johann Sebastian Bach, der immerhin 27 lang Jahre Kantor der Thomasschule war. Aber die anderen Kantoren waren und sind aus der Musikgeschichte nicht wegzudenken und heben mit ihrem Wirken den Thomanerchor über viele Chöre hinaus. Namen wie Rhau, Schein, Kuhnau, Hiller, Hauptmann, Straube, Ramin, Thomas, Mauersberger, Rotzsch und jetzt Biller stehen für die Pflege der evangelischen Kirchenmusik und in neuerer Zeit auch für die Bachpflege in aller Welt. Auch die meisten Rektoren haben weit über die Stadt hinaus gewirkt – als zumeist bedeutende Altphilologen. Namen wie Graumann, Borner, Thomasius, Gesner, Ernesti, Stallbaum, Eckstein und Jungmann sind hierfür beredtes Zeugnis. Natürlich gab es viele berühmte Schüler und Lehrer, die aufzuzählen hier der Raum fehlt.

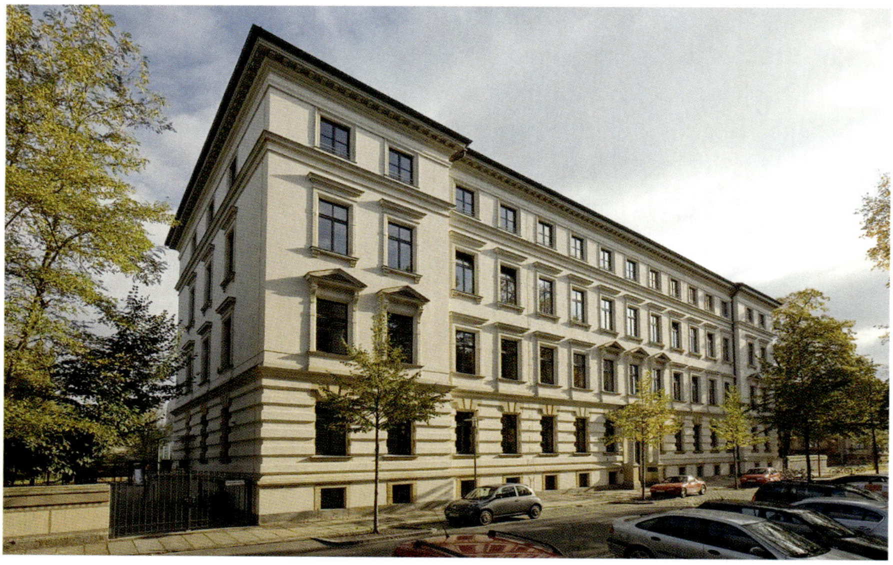

Die Bürgerschule in der Hillerstraße, erbaut 1878, 1945 bis 1973 und ab 2000 Sitz der Thomasschule.

Wenn wir von Blüte sprachen, so darf die Gegenseite nicht unerwähnt bleiben. Niedergänge hat die Schule mehrfach durchleiden müssen. Kriegsfolgen, Seuchen – wie die Pest – und politische Gründe sind hierfür Ursachen gewesen. Das nationalsozialistische Dritte Reich und danach die DDR haben versucht, den Chor politisch zu instrumentalisieren. Ohne den Schutzpatron Johann Sebastian Bach und den Bezug zur Kirche hätte der Chor kaum überleben können. Die Schule in der Schreberstraße wurde im Zweiten Weltkrieg 1943 zerstört; die 72. Volksschule in der Hillerstraße wurde nach mehreren Zwischenstationen bis 1973 zur Heimstatt der Thomasschule. 1973 wurde die Schule in der Hillerstraße zu Gunsten einer Plattenbauschule aufgegeben, sie war jetzt weitab vom Alumnat und somit aus der alltäglichen Zusammengehörigkeit von Choristen und Schülern gerissen. Die meisten Zeugnisse einstiger Größe, wie die Bibliotheken, Handschriften der Kantoren und Rektoren, Bilder und sonstiges Archivgut, wurden weggegeben. Die Staatssicherheit bespitzelte Schule und Chor von innen heraus, z. B. mit Hilfe der Lehrerin Frau Irena Grafenau *(IM Chor)*; und sowohl der Direktor des Chores Prof. Heinz Nöbert *(IM Schwarz)* als auch der Thomaskantor *(IM Johannes)*, ja sogar Schüler wurden angeworben, waren in den Spitzeldienst einbezogen. Im Alumnat wurden neue Inspektoren eingesetzt. Die noch vorhandenen Reste der Latinismen sollten ausgemerzt

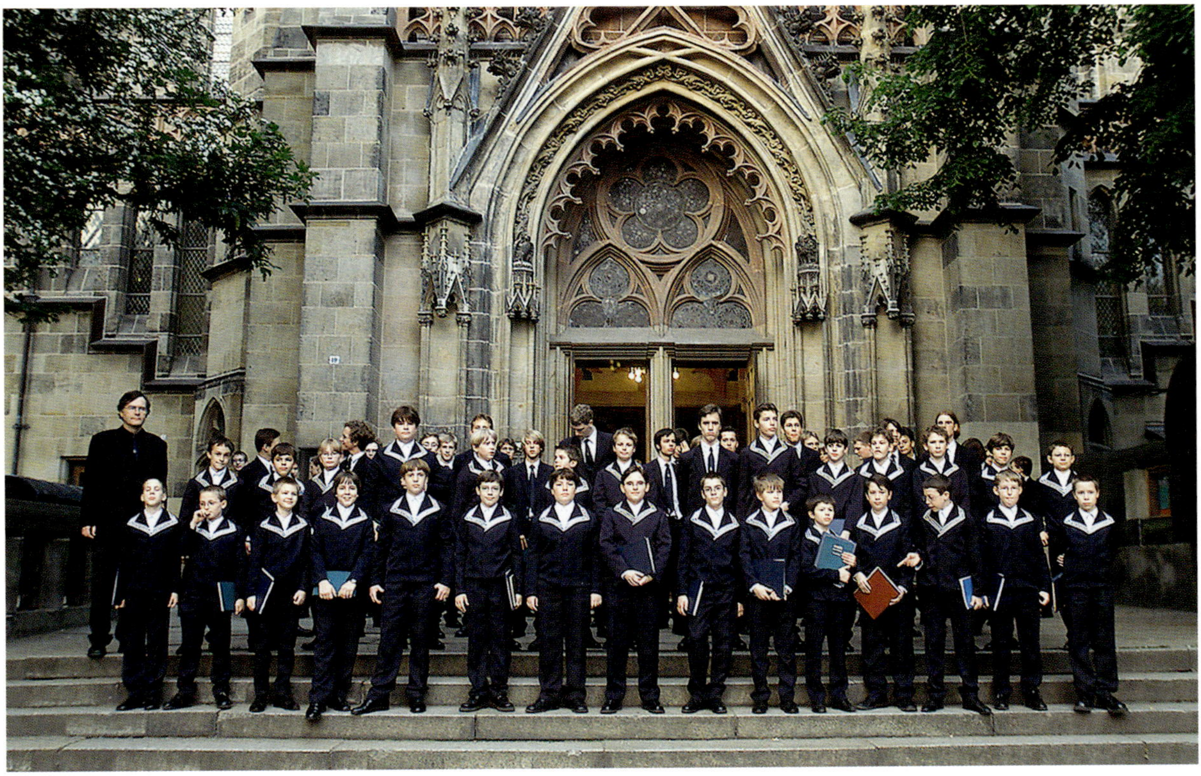

Der Thomanerchor mit Thomaskantor Biller, 2005.

werden. Die üblichen Tischgebete wurden abgeschafft. Der kirchliche Einfluss sollte reduziert werden. Bis 1973 war der Rektor der Thomasschule gleichzeitig das organisatorische Haupt des Chores. Mit Einzug in das neue Gebäude wurde diese Struktur aufgegeben. Die Thomaner bekamen bald eigene Klassen, um den Lehrstoff in der für sie geringeren Unterrichtszeit besser vermittelt zu bekommen. Von nun an driftete die Schule vom Chor ab. Dennoch hat sich vieles tradieren lassen, wohl auch durch den alltäglichen Umgang mit der Musica sacra, die der Hauptinhalt der Chorarbeit blieb.

Mit der Rückkehr der Thomasschule an ihren ursprünglichen Ort im Herbst 2000 beginnt wieder eine Zusammenführung. Verstärkt wird diese durch die Vision des forum thomanum, ein musikalischer Bildungscampus, der um die Thomasschule und das Alumnat des Thomanerchores entsteht mit einer Kindertagesstätte, einer Grund- und Mittelschule, der musicaccademia und der Lutherkirche als geistliches Zentrum des Campus. Die einstige Trias Kirche – Schule – Chor wird dadurch wiederhergestellt. Die Thomasschule bietet zwei Profile, ein naturwissenschaftliches und ein musisches. Obwohl es kein altsprachliches Profil mehr gibt, wird Latein als erste Fremdsprache angeboten bis, zum Latinum, und auch Altgriechisch bis zum Graecum kann gewählt werden. Latein und Englisch sind Pflichtfächer.

Das Schulhaus in der Hillerstraße – in den Jahren 1999–2000 umfassend umgebaut und saniert – ist ein denkmalgeschütztes Gebäude, das im Jahre 1878 als Bürgerschule errichtet wurde. Die Thomaner wohnen im Alumnat, das sich auf der gegenüberliegenden Straßenseite befindet; sie werden hier betreut und auch verpflegt, wenngleich es keine allgemeine Alumnatspflicht mehr gibt. Mit Ausnahme der Schulferien und der Konzertreisen singt der Thomanerchor in der Thomaskirche freitags um 18 Uhr die Motette, sonnabends um 15 Uhr die Motette und Kantate sowie sonntags um 9.30 Uhr die Kirchenmusik im Gottesdienst.

Die Aufnahme in den Thomanerchor erfolgt in der Regel zu Beginn des 4. Schuljahres. Ihr geht eine Aufnahmeprüfung voraus, in welcher sowohl die musikalischen als auch die schulischen Fähigkeiten des Bewerbers überprüft werden. In den Auswahlklassen 1 bis 3 der benachbarten Grundschule werden die Bewerber langfristig und altersgemäß auf die Aufnahmeprüfung vorbereitet.

Das Thomaskantorat von den Anfängen bis zur Gegenwart

Die Nachrichten über das Schulleben und die Chorsänger sind bis ins 16. Jahrhundert recht spärlich. Einen Klosterkantor hat es schon unter den Chorherren gegeben. Nach dem Propst (praepositus), dem Prior und dem Custos hatte er seine Stelle. Aus den Statuten von 1445 geht hervor, dass er die Novizen auch im Singen zu unterrichten hatte, nicht aber die Schüler. Daraus lässt sich mit R. Sachse folgern, dass wir uns als die Leiter der Figuralgesänge der Thomasschüler, bis zum 15. Jahrhundert im Wesentlichen die Thomasschulmeister und deren Gehilfen, zu denken haben. Erst als die Amtsgeschäfte des Schulmeisters zunahmen – er war auch Notar des Klosters, hatte einen Altar der Thomaskirche zu verwalten usw. –, wurde die Anstellung anderer Lehrer und eines Schülerkantors, der zugleich Lehrer war, notwendig.

Thidericus wird 1295 als *»rector scolarium in Lypz«* als Zeuge erwähnt. Johannes Steffani De Orba (Johann Urban), Kantor (?) 1435–1449, 1430 Kanonikus, 1436 bis 1466 als *»Johannes Cantor«* bezeugt, urkundlich oft vertretener Thomasherr, *»Vertrauensmann«* des Klosters. In einer Urkunde aus dem Jahre 1439, die das Georgenhospital betrifft, wird der Kantor Johann Urban erwähnt. Das Kantorat von De Orba wurde 1443–1444 unterbrochen durch das Kantorat seines Klosterbruders Thomas Ranstete. Um 1470 folgte als Klosterkantor Martin Klotsch (Klotsch).

Ludwig Götze, * um 1450 in Werdau, † 1506 in Leipzig. Kantor (?) 1471–1506 (?), 1470 immatrikuliert, beim Bakkalaureatsexamen 1475 als Cantor bezeichnet.

Peter (Petrus) Seehausen (Seehusen de Lipczk), † 1464 in Altenburg. Lehrer, Rektor der Thomasschule in den Jahren 1434 (?), 1443, 1444, 1448, 1451, 1459 (?); Seehausen war als Thomasschullehrer eng mit der Universität verbunden, wurde 1455 deren Rektor, 1456 Dekan (der juristischen Fakultät?).

Johannes Fabri de Forchheym (Furchem, Furchheym), Johannes 1472 als Schulrektor benannt.

Gregor Wessnig (Weszenigk, Weßnigk) aus Kirchenhain, † 11. August 1494. Thomasschulmeister, Schulrektor zwischen 1482 und 1488, Mag. art. und Bacc. decretorum, für den Winter 1485/86, 1451 an der Universität inscribiert, Altarist des St. Annen-Altars in der Thomaskirche.

Heinrich Höfler, * in Leipzig, als Rektor der Schule sicher bezeugt 1488–1490.

Nikolaus Zölner (Zeler, Zceler, Celer, Zolner) aus Breslau, † 23. August 1516 in Leipzig. Er war es, der am Thomastage (21. Dezember) 1494 mit vielen Sängerknaben verletzt wurde, als während der Vesper – in der die Schüler zum Namenstage des Klosterheiligen ein Festmagnifikat zu singen hatten – der Singchor (Empore) einstürzte. Schon in der ersten Hälfte des 15. Jahrhunderts aber erscheint neben dem jeweiligen Rektor sein Succentor. Beide hatten sich in vielen Votivmusiken in die Choralgesänge zu teilen, während die Schüler zum Teil figural sangen. Zölner war Magister artium und Theologiae Baccalaureus formatus, Rektor der Schule 1494 und für das Winterhalbjahr 1498–1499 Rektor der Universität, später Pfarrer zu St. Nicolai.

Es folgte wohl Johannes CONRADI aus Kaltenbrunn als Schulrektor; bekannt ist nur, dass er noch 1508 lebte.

Erster bezeugter Kantor ist Johannes SCHARNAGEL, * um 1480 in Wunsiedel, † 1513 in Leipzig (?). Thomasschulkantor 1505–1513 (?), 1500 immatrikuliert, 1507 Magister. 1511 flüchtet der Thomaskantor (Scharnagel?) aus der Stadt, weil er mit einem Nikolaichoralisten in blutige Rauferei geraten war. 1513 soll ein Thomasschulkantor gestorben sein, nachdem er auf einer Hochzeit, zu der er mit anderen musizierte, schlechtes Fleisch genossen hatte; derselbe, der 1512 die Aufführung einer Motettenpassion – vielleicht der Obrechts – mit zwölf Schülern in der Nikolai- und in der Thomaskirche ermöglicht hatte? Wustmann: »*Neben diesem humanistischen Rektor* [*Poliander* = Graumann] *und seinen Gehilfen* [Mosellanus] *stand als Kantor z.B. 1505 Johannes Scharnagel aus Wunsiedel, vielleicht derselbe Thomaskantor, der 1511 wegen eines Totschlags an einem Chorschüler auf der Grimmaischen Gasse flüchten mußte und erst später wieder vom Rate zu Gnaden angenommen wurde.*«

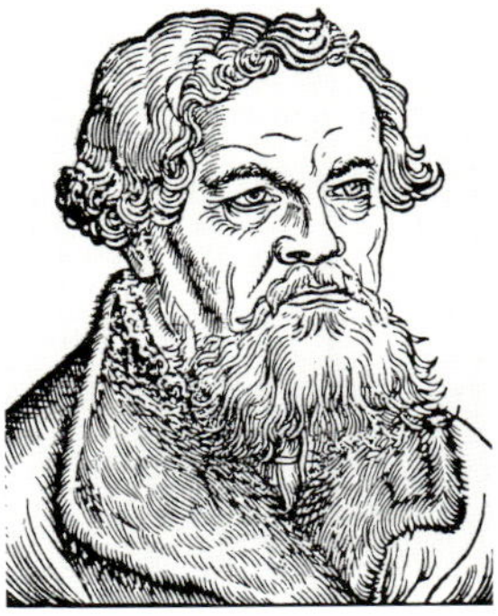
Georg Rhau

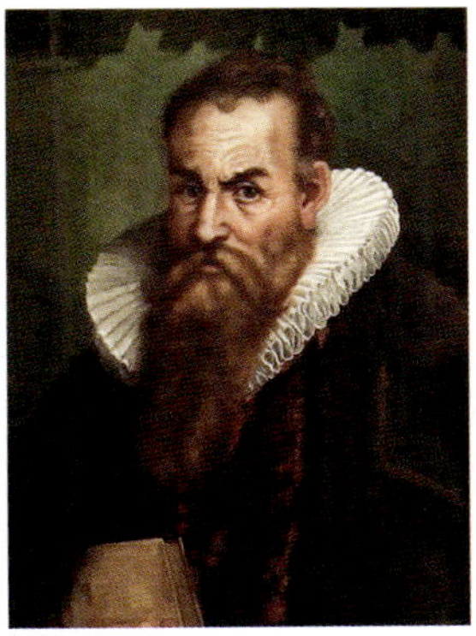
Sethus Calvisius

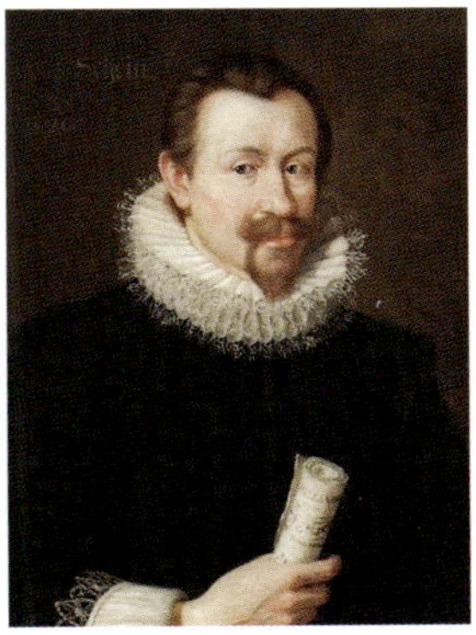
Sebastian Knüpfer

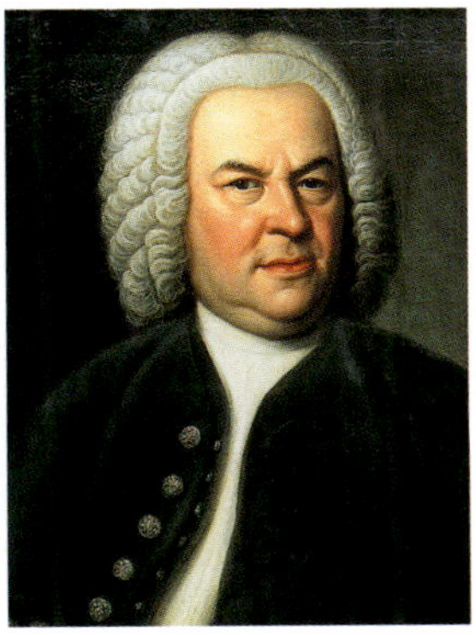
Johann Sebastian Bach

Noch heute hochbedeutsam als Musiker ist Georg RHAU (Rhaw), * 1488 in Eisfeld, † 6. August 1548 in Wittenberg. Kantor der Thomasschule 1518 (?), 1519, 1520 (?). 1520 findet man ihn an der Schule zu Eisleben, ab 1524 in Wittenberg, wo er 1525 eine Noten- und Buchdruckerei errichtete, die er in den Dienst der Reformation stellte. Er verlegte zahlreiche Schriften Melanchthons und Luthers und erwarb sich auch große Verdienste um die Förderung des Gesanges in Kirchen und Schulen durch die Herausgabe eigener theoretischer und praktischer Werke. 1519 führte er als *Kantor* und *Director Chori* Musici an der Thomasschule anlässlich der Disputation zwischen Martin Luther und Eck eine zwölfstimmige Messe und zum Abschluss das Te Deum auf. Wustmann: »*Ein vierstimmiger Satz mag es gewesen sein, in dem am Schluß der Vorfeier in der Pleißenburg, auf Mosellans Vorschlag und nach dessen Eröffnungsrede, das Lied Veni sancte spiritus musiziert wurde, wobei alle Anwesenden ehrfürchtig niederknieten.*« Sachse: »*Ebenso erhöhten die Schüler den Ernst und die Würde der Feier beim Schluß der Disputation am 15. Juli, denn nachdem der Rektor der Universität, Arnold Wüstenfeld, sich in einer Lobrede auf die Disputation über die Vorzüge der Kämpfer verbreitet hatte, führte Rhau mit seinen Schülern ein Te Deum auf, ›darein die Stadtpfeifer auf das beste und herrlichste geblasen haben‹.*« Rhaus *Enchiridion Musicae* für Schulanfänger war 1518 zunächst für die Thomasalumnen bestimmt, wurde aber später mehrfach nachgedruckt.

1520 ist unsicher, ob Michael KOSZWICK tatsächlich an der Thomasschule wirkte und nicht bloß in Leipzig weilte. Möglich ist, dass er 1520 neben dem kranken Rhau das Amt verwaltet haben könnte; Verfasser eines musikalischen Werkes:

Compendiaria musicae artis editio, cuncta, quae ad practicum pertinent, mira quadam breviate complectus.

Ebenfalls unsicher ist Johannes GALLICULUS (vielleicht *Johannes Hanckell de Belgern*), der 1519 in Leipzig immatrikuliert wurde. Der urkundliche Beweis, dass er Thomaskantor gewesen ist, lässt sich nicht erbringen, doch machen dies mancherlei in Leipzig damals eingeführte und gebrauchte Lehrbücher und Kompositionen des Galliculus wahrscheinlich. Wustmann: »*Galliculus widmete seine Isagoge (Einführung) 1520 dem das Leipziger Thomaskantorat damals aufgebenden Rhau; hat er nach ihm das Amt verwaltet?*« Erwähnt werden noch mit unsicherer Zuweisung der Tätigkeit Lucas HORDISCH aus Radeberg und Sebastian FORSTER aus Brachnau. Von ihm erschienen 1533 in Leipzig *Melodiae Prudentionae etc.*, das sind für den Schulgebrauch bestimmte Hymnen des Prudentius. Komponisten der meisten Gesänge waren Hordisch und Forster. Hordisch war 1531 *Supremus* (Konrektor) der Thomasschule.

Johannes HERMANN, * in Zittau, † 22. April 1593 in Freiberg. Thomaskantor 1531–1536, danach ging er nach Freiberg, wo er der erste evangelische Kantor wurde. 1540 wandte er sich juristischen Berufen (1541 Amtsvoigt) zu.

Wolfgang JÜNGER, * um 1517 in Sayda, † 4. März 1564 als Pfarrer von Großschirma. Thomaskantor 1536–1539, wurde dann in Freiberg Nachfolger des ebengenannten J. Hermann. Wenig bekannt ist von Johann BRUCKNER, Thomaskantor 1539(?)–1541.

Ulrich LANGE, * in Vohendres (?), gest. 1549. Thomaskantor 1541–1549, in Leipzig 1538 immatrikuliert (»*de natione Bavarorum*«). Lange schaffte zahlreiche Musikalien an, darunter die damals neuesten Sammelwerke, die der Rat nach Langes Tod für die Schule erwarb. Lange hat auch eine Passion nach Markus geschaffen, die lange Zeit in den beiden Hauptkirchen gesungen worden ist. Stallbaum: »*Daß übrigens während seiner Amtsführung nach erfolgter Reformation die Stellung des Cantors sich veränderte, indem namentlich die klösterlichen Functionen desselben aufhörten, und Unterricht in der Schule und Uebung der Choristen im Gesange für den nunmehr protestantischen Gottesdienst seine Hauptpflichten ausmachten, versteht sich von selbst. [...] Zu bemerken ist indessen, daß dem Cantor auch von jetzt an, wie früher, die Obliegenheit verblieb, den Schülern der Anstalt [...] mit wissenschaftlichen Unterricht zu ertheilen, eine Einrichtung, welche bis auf Hillers Cantorat fortgedauert hat.*« Lange wird als leidenschaftlicher Mensch beschrieben.

Wolfgang FIGULUS (Töpfer), * in Naumburg, † (?) nach 1588. Thomaskantor 1549–1551. Er ging nach Meißen als Kantor der Fürstenschule, verfasste in Meißen verschiedene Schriften und Kompositionen für Schul- und Kirchengebrauch. Als Thomaskantor am Sonntag nach Ostern 1549 »*uf versuchen, bis uf trinitatis*« erwähnt, blieb aber länger – bis 1551.

Melchior HEGER (Heyer), * in Brüx, † Thomaskantor 1553–1564. Er studierte seit 1542 in Leipzig. Nach 1564 kam er in ein geistliches Amt. Als 1553 das neue Schulgebäude errichtet wurde, bekleidete er das Thomaskantorenamt und erhielt eine Wohnung im Schulhaus.

Simon WIEDEMAR aus Oschatz war möglicherweise auch Thomaskantor. Im Juni 1559 wurde er als *Adjunct* dem Kantor Heger beigegeben. 1562 erbat Heger seinen Abschied, verblieb aber noch bis 1564 im Amt.

Valentin OTTO (Ottho), * 1529 in (Mark-)Cleberg, † April 1594. Thomaskantor 1564–1594. Student in Leipzig seit 1548. Sachse: »*1581 fingen im März die Schüler an, wöchentlich dreimal, am Sonntag, Dienstag und am Donnerstag, in der Stadt umherzugehen und zu singen, vorher sangen sie an den Türen der Häuser stehend.*«

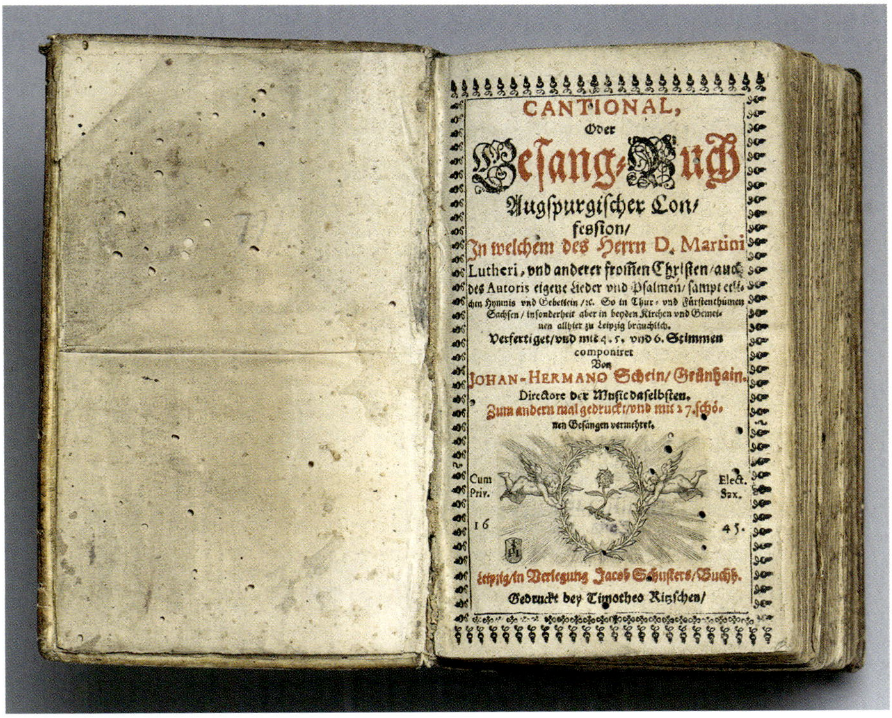

J. H. Schein: Cantional 1629, Leipzig 1645.

Sethus CALVISIUS, * 21. Februar 1556 in Gorschleben (Thüringen), † 24. November 1615 in Leipzig. Thomaskantor 1594–1615. Er besuchte die Schulen in Frankenhausen und Magdeburg, 1579 die Universität Helmstedt, die er 1580 mit der Leipzigs vertauschte. 1581 wurde er Kantor der Universitätskirche, 1582 auf Empfehlung der Theologischen Fakultät Leipzig Kantor in Schulpforta, von wo ihn der Leipziger Rat 1594 in das Kantorat der Thomasschule berief, das er bis zu seinem Tode (24. November 1615) verwaltete. Calvisius gehört durch die Vielseitigkeit und Bedeutsamkeit seiner Leistungen, auf wissenschaftlichem Gebiete wie auf musikalischem, zu den hervorragendsten Männern, die je in Leipzig gewirkt haben. Wie hoch er in seiner Bedeutung als Chronologe geschätzt wurde, zeigt, dass ihm zweimal eine Professur der Mathematik angetragen wurde – 1594 von der Universität zu Frankfurt a. O. und 1611 von Wittenberg –, die er aber beide ausschlug. Er hat eine große Anzahl wissenschaftlicher, musikalisch-theoretischer und praktischer Arbeiten veröffentlicht. Von seinen Motettenkompositionen hat sich leider wenig erhalten. 9 Motetten enthält das *Florilegium Portense* (1603 und 1621), *Joseph lieber Joseph mein* und *Unser Leben währet siebzig Jahre.*

Johann Hermann SCHEIN, * 20. Januar 1586 in Grünhain, † 19. November 1630 in Leipzig. Thomaskantor 1616–1630. Schüler in Dresden und Pforte; studierte 1607 bis 1611 in Leipzig; 1613 Kapellmeister in Weimar. Dichter und hervorragender Komponist weltlicher und geistlicher Musik. Er ist in die Reihe *»der großen S«* des 17. Jahrhunderts neben Heinrich Schütz, mit dem er befreundet war, und Samuel Scheidt einzuordnen, die von Mitteldeutschland aus die Musik der Zeit wesentlich bestimmten. Sein *Cantional* (1629) ist eines der wichtigsten Gesangbücher. An seiner Leipziger Kirchenmusik bemerkenswert ist die beginnende Entwicklung der Kantate durch selbständige Verwendung von Instrumenten. Hauptwerke sind das *Cymbalum Sionium* (Motettensammlung, 1615), die geistlichen Konzerte der *Opella nova* (1618 und 1627), seine geistlichen Madrigale *Israelis Brünelein* (1623) sowie die weltlichen *Waldliederlein* und *Venuskräntzlein.* Sein Lebenslauf enthält viel Leid. Als Waisenknabe wurde Schein in den Chor der Dresdener Hofkapelle unter Rogier Michael aufgenommen, war bis 1603 Diskantist in der Kurfürstlichen Kantorei, danach erfolgte die weitere Ausbildung in Schulpforta, einer sächsischen Fürstenschule. Ab 1608 konnte er Rechtswissenschaften in Leipzig studieren, stieg vom Musiklehrer bei Gottfried von Wolffersdorff ab 1612 in Weißenfels zum Weimarer Hofkapellmeister 1615, 1616 zum Nachfolger Sethus Calvisius' als Leipziger Thomaskantor auf. In Weimar heiratete er Sidonia, Tochter des Kurf. Sächs. Rentsekretarius Hösel. Seit 1618 war er ein kränkelnder Mann, noch nicht fünfundvierzigjährig starb er. In seinem *Cantional* vom Jahre 1629 finden sich – die zweite Ausgabe dieser Sammlung von 1645 eingeschlossen – 58 von ihm komponierte, teils auch von ihm gedichtete Trauergesänge, darunter zum Begräbnis seiner ersten Frau und für sieben seiner Kinder. Nach dem Tod seiner ersten Frau 1625 verheiratete er sich mit Elisabeth von der Perre, Tochter des Kunstmalers Johann von der Perre. Die aus dieser Ehe hervorgegangenen fünf Kinder verstarben im Säuglingsalter. Als Thomaskantor wurde Schein zugleich städtischer Musikdirektor. Erschwert wurde sein Amt durch die Anfang des 17. Jahrhunderts vorherrschende allgemeine sittliche Verwilderung, die sich auch auf den Gesangsunterricht auswirkte, der nur geringe Wertschätzung erfuhr.

Tobias MICHAEL, * 13. Juni 1592 in Dresden, † 2. Juni 1657 in Leipzig. Thomaskantor 1631–1657. Sohn des Hofkapellmeisters Rogier Michael, besuchte Schulen in Dresden und Pforte, die Universitäten zu Wittenberg und Jena. 1619 Kapellmeister in Sondershausen. Jahrelange Kränklichkeit hinderte ihn, in gleicher Weise wie seine Vorgänger und Nachfolger für sein Amt kompositorisch tätig zu sein. Hauptwerk: *Musikalische Seelenlust* (1635 und 1637), das lange Zeit von den Thomanern bei Begräbnissen benutzt wurde. Während Michaels Kantorat versorgten die beiden Organisten der Nikolaikirche Johann Rosenmüller und Adam Krieger ihre Kirche durch eigene Chöre mit Kirchenmusik. Stallbaum: *»Die andauernde Krankheit Michaels war ohne Zweifel Veranlassung, daß die für die Erhaltung der Leistungen des Chores und für regelmäßige Aufführungen der Kirchenmusiken besorgte Behörde gleichzeitig noch einen andern Mann an die Schule berief, welcher dafür mit Erfolg thätig zu sein im Stande war. Dieser war Johann Rosenmüller …«.*

Johann ROSENMÜLLER, * 1619 in Oelsnitz, † 1684 in Wolfenbüttel. Er versah Kantoratsdienste um 1640 bis 1655. Lehrer (Collaborator) der Thomasschule, das Jahr seiner Anstellung ist nicht bekannt. Stallbaum: »*… nur so viel läßt sich ermitteln, daß sie um 1640 erfolgt sein mag. Es wird von ihm berichtet, daß er einen besondern Chor unter seine Direction bekommen habe. … er vielleicht die Leitung der Musiken in der Nicolaikirche übernommen hatte, die damals ihren besondern Cantor gehabt haben soll. Zum ordentlichen Cantorate an der Thomasschule ist er, wie wir gewiß versichern können, niemals gelangt. Eines unnatürlichen Vergehens wegen [homosexuelle Beziehungen zu Thomasschülern] gerieth er 1655 in Verhaft; entflohe jedoch daraus, ging zunächst nach Hamburg, und begab sich dann nach Italien.*« 1680 wurde er Kapellmeister in Wolfenbüttel, wo er 1684 starb. Hochbedeutender Chorkomponist, Verfasser von *Studenten-Musik, Sonaten.*

Sebastian KNÜPFER, * 6. September 1633 in Asch, † 16. Oktober 1676 in Leipzig. Thomaskantor 1657–1676. Studierte in Leipzig und war Bassist in Adam Kriegers Nikolaikirchenchor. Bei der Bewerbung um das Thomaskantorat siegte er über A. Krieger, weil dieser nur die Direktion der Musik, nicht aber das Schulamt übernehmen wollte. Gelehrter Philologe und Komponist. Zahlreiche Kirchenkompositionen weisen ihm (wie auch seinem Nachfolger Joh. Schelle) besondere Bedeutung in der Entwicklung der deutschen Kirchenkantate zu. Die Kirchenmusiken wurden unter seiner Leitung neu geordnet. Für die Studenten der Universität komponierte er eine Sammlung *Lustiger Madrigalien und Canzonetten* (1663). Von seinen Kompositionen sind die Begräbnisgesänge mit ihren originellen Titeln bemerkenswert: *Das verstimmte Orgel-Werk des menschlichen Lebens, welches bei der volkreichen Leichenbestattung des Herrn … in einer Trauer-Ode dargestellet das Collegium musicum* (1665). Am 10. Oktober 1676 erliegt der Thomaskantor Knüpfer einem bösartigen Fieber, wie es heißt »unter frommen Gesängen der Umstehenden«. Der Rektor, Jacob Thomasius, bemerkt in seinem Tagebuch: »*Placide obiit circa vesperam huius diei hactenus cum maligna febre conflictatus Cantor scholae nostrae Seb. Knüpferus, in arte musica vir celeberrimus*« (Ungefähr um die Abendstunde dieses heutigen Tages ist der mit einem bösen Fieber heimgesuchte Kantor unserer Schule, Sebastian Knüpfer, sanft verschieden, ein sehr bekannter Mann in der musikalischen Kunst).

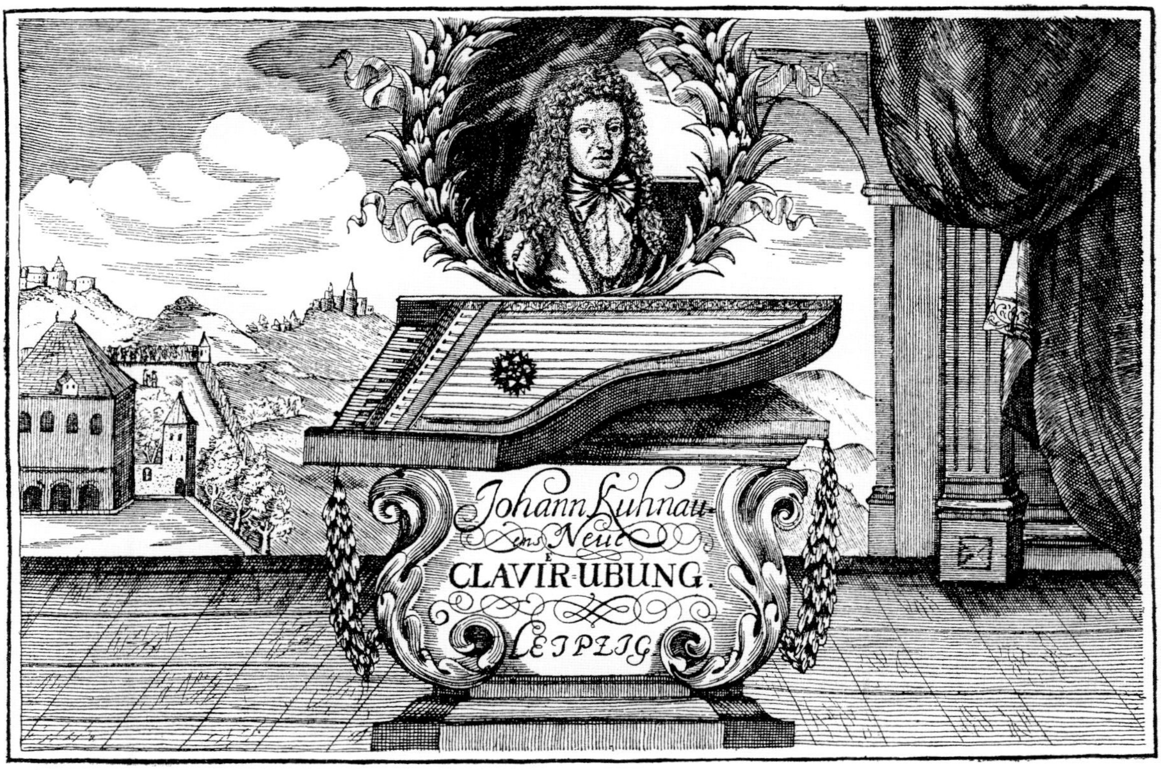

Titelblatt der »Neuen Clavierübung« von Johann Kuhnau mit Porträt, 1689.

Johann SCHELLE, * 6. September 1648 in Geising, † 10. März 1701. Thomaskantor 1677–1701. Er besuchte Schulen in Dresden, Wolfenbüttel und Leipzig (Thomasschule). 1670 Kantor in Eilenburg. Schelle hat zahlreiche Alumnen ausgebildet, die später bedeutende Musiker geworden sind. Es sind darunter folgende Namen: Reinh. Keißer, Joh. Th. Römhild, Joh. David Heinichen, Christoph Graupner, Georg Oesterreich. Im Alter von sieben Jahren wurde J. Schelle auf Betreiben von Heinrich Schütz als Sopranist in die kurfürstliche Kapelle in Dresden aufgenommen, wie dies bereits bei Schein und Michael der Fall gewesen war. 1657 sendet Schütz ihn nach Wolfenbüttel. Hier ist der junge Sänger sieben Jahre lang, also bis 1664, Mitglied des herzoglichen Chores. Als mit dem Eintritt der Mutation seine Verabschiedung erfolgt, wird er von den Herzögen August und Anton Ulrich, von diesem sogar mit einem Ringe der eigenen Hand, reich beschenkt entlassen. Heinrich Schütz empfiehlt Schelle an zwei der angesehensten Bürger Leipzigs, den Bürgermeister Pincker und den Stadtrichter Schütz, dieser des Kapellmeisters Bruder, jener sein Schwiegersohn, die ihm freundlich entgegenkommen und seine Aufnahme unter die Alumnen der Thomasschule durchsetzen. Diesen Liebesdienst, so hebt Rektor Ernesti d. Ä. hervor, habe Schelle beiden niemals vergessen. Die Matrikel der Schule verzeichnet seinen Eintritt unter dem 16. Januar 1665 mit dem Alter von 17 Jahren. Wahrscheinlich wurde ihm bald eine der Präfekturen des Chores anvertraut, denn unter den Alumnen gab es wohl keinen zweiten, der wie Schelle nach den Erfahrungen eines zweifachen fürstlichen Sängerdienstes über gleiche Kenntnisse im Gesang und in der Chorleitung verfügte.

Johann KUHNAU, * 6. April 1660 in Geising, † 22. Juni 1722 in Leipzig. Thomaskantor 1701–1722. Er ist ein Vetter Joh. Schelles. Schulen in Dresden (Kreuzschule) und Zittau. Er war ein universelles Sprachtalent, bereits in jungen Jahren lernte er neben den alten Sprachen auch Italienisch und Französisch, so dass er jeder Konversation gewachsen war. 1680 floh er vor der grassierenden Pest nach Zittau. Ab 1682 Student der Rechtswissenschaften in Leipzig. Zunächst wurde er 1684 Thomasorganist, und gleichzeitig war er als Advokat tätig. Er hinterließ viele Kantaten, Sonaten und Orgelstücke, schrieb zahlreiche lehrreiche musikalische Romane wie *Musicus vexatus oder der wohlgeplagte, doch nicht verzagte, sondern jederzeit lustige Musicus instrumentalis,* den *Musikalischen Quacksalber* und eine Klavierschule, mit der er die moderne dreisätzige Sonatenform begründete. Kuhnau haderte in seiner Amtszeit mit den Zuständen der Leipziger Kirchenmusik, wie in seinen Eingaben von 1709 und 1720 an den Rat der Stadt nachvollziehbar ist. Er bekam Konkurrenz von neuer, studentischer Musik, die in der Neukirche stattfand, die Sänger, Musiker und ›Publikum‹ von der Thomaskirche abzog; dagegen protestierte Kuhnau. Man erhält in den Eingaben ein gutes Bild von der ungenügenden personellen und sächlichen Ausstattung in den beiden Hauptkirchen und deren Nutzbarkeit zur Musik.

Johann Sebastian BACH, * 21. März 1685 in Eisenach, † 28. Juli 1750 in Leipzig. Thomaskantor 1723–1750. Er besuchte Schulen zu Eisenach, Ohrdruf (mit 14 Jahren Primaner, bei Weitem der jüngste Schüler der Klasse!) und Lüneburg. 1703 Violinist in Weimar, dann Organist in Arnstadt. 1707 Organist in Mühlhausen, 1708–1717 Hoforganist in Weimar, 1717–1723 Kapellmeister und Kammermusikdirektor in Köthen. 1723–1750 Kantor der Thomasschule. Bedeutendster Thomaskantor. (Siehe Kap. 2.4)

Gottlob HARRER, * 1703 in Görlitz, † 9. Juli 1755 in Karlsbad. Thomaskantor 1750–1755. Er war *Kompositeur* bei der Kapelle des Grafen Brühl in Dresden gewesen und von diesem noch zu Lebzeiten J. S. Bachs für das Thomaskantorat empfohlen worden. Nachdem er bereits im Juni 1749 in Leipzig eine *»Probe-Musik«* aufgeführt hatte, wurde er am 7. August 1750, 10 Tage nach Bachs Tode, einstimmig zum Kantor erwählt. Harrer schrieb u.a. für die Karfreitagsgottesdienste der Thomas- und Nikolaikirche Passionsoratorien. J. G. Harrer war in der italienischen Schule aufgewachsen, ein begabter Musiker des ›modernen Stils‹. Seine von reicher Bildung zeugende Musikbibliothek kam später nach Berlin; sie enthielt Messen und Kirchenstücke von Palestrina, Passarini, Buononcini, Colonna, Benevoli, Gianettini, Fux. Er schrieb selbst ein kleines Schulwerk *Specimen contrapuncti,* Kantaten, Passions- und Konzertoratorien. Er starb am 9. Juli 1755 in Karlsbad, *»wohin er wegen seiner Gesundheit gereist war«* (Salomon Riemers Chronik).

Der längeren Krankheit und Abwesenheit Harrers vom Thomaskantorat und dessen Vertretung im Amt durch den ersten Thomanerpräfekten, den 18-jährigen

Christian Friedrich PENZEL, der als fleißiger Kopist aus den vorliegenden Stimmen Bach-Kantaten für die Sonntagsmusiken in Partitur brachte, ist die Überlieferung einer Anzahl von Kantaten J. S. Bachs zu verdanken.

Johann Friedrich DOLES, * 23. April 1715 in Steinbach-Hallenberg, † 8. Februar 1797 als Emeritus in Leipzig. Thomaskantor 1756–1789. Schüler J. S. Bachs, Verfasser zahlreicher Passionsmusiken und Kirchenstücke. Choralbuch 1785. Doles ist der erste Kantor der Thomasschule, der A-cappella-Motetten für den Gottesdienst geschrieben hat.

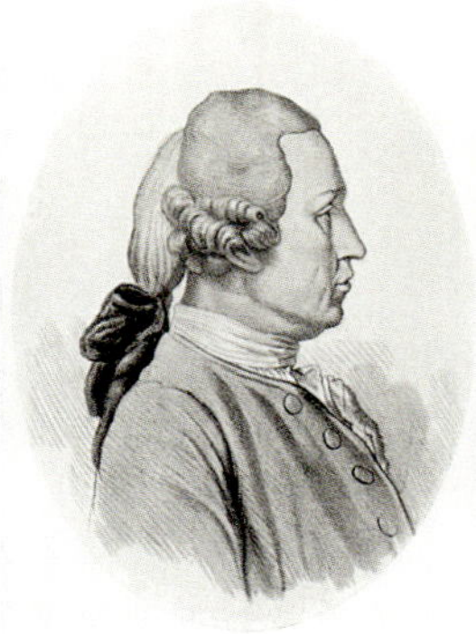
Johann Adam Hiller

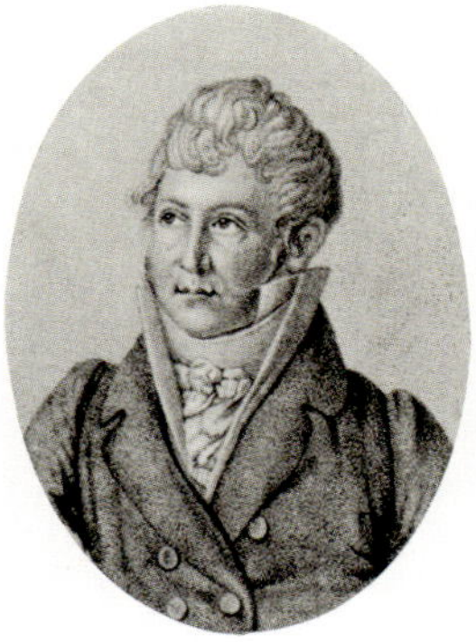
August Eberhard Müller

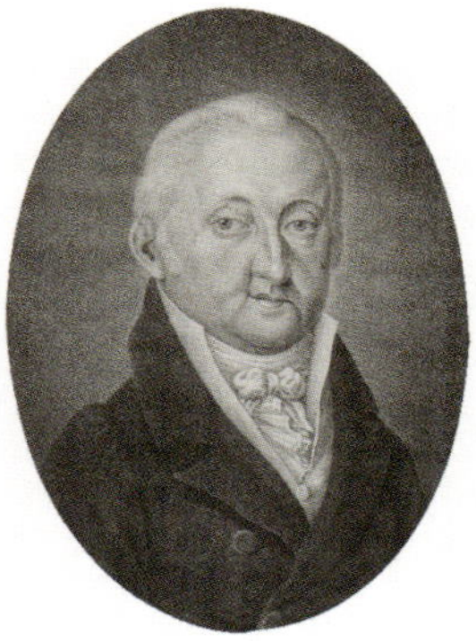
Johann Gottfried Schicht

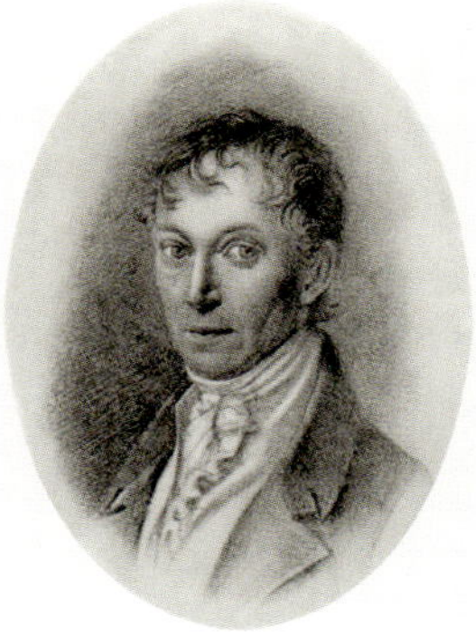
Christian Theodor Weinlig

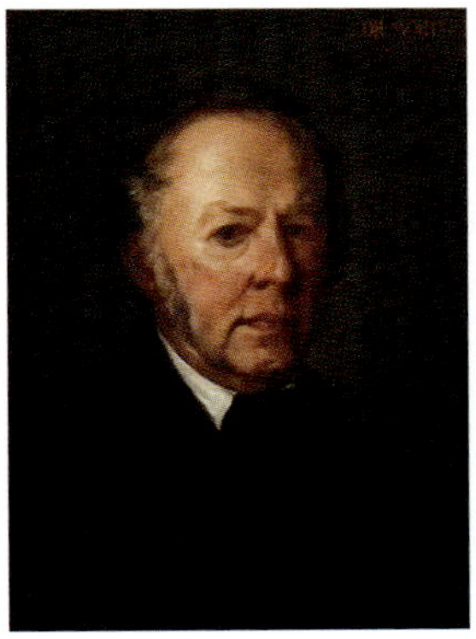
Moritz Hauptmann

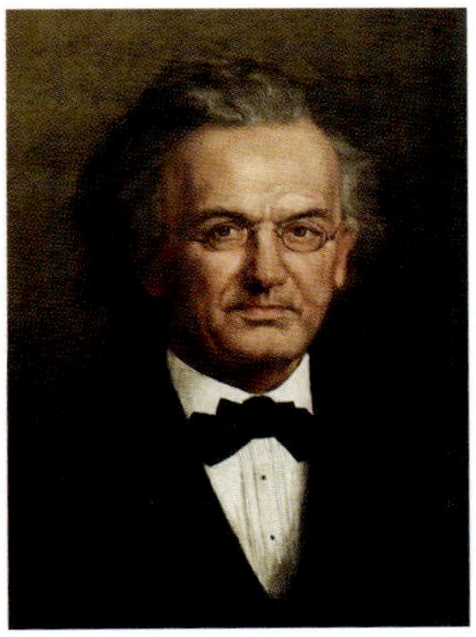
Ernst Friedrich Richter

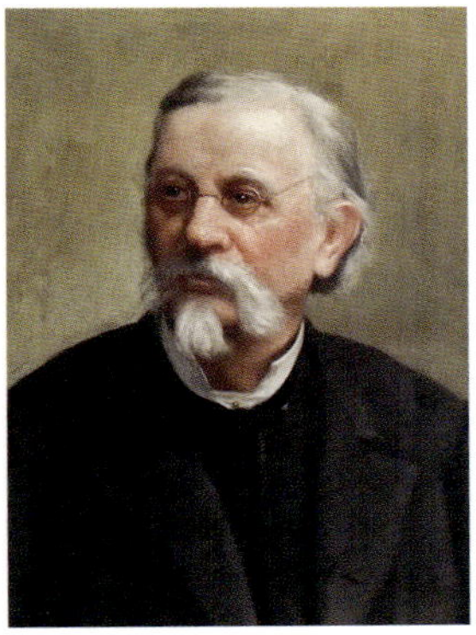
Wilhelm Rust

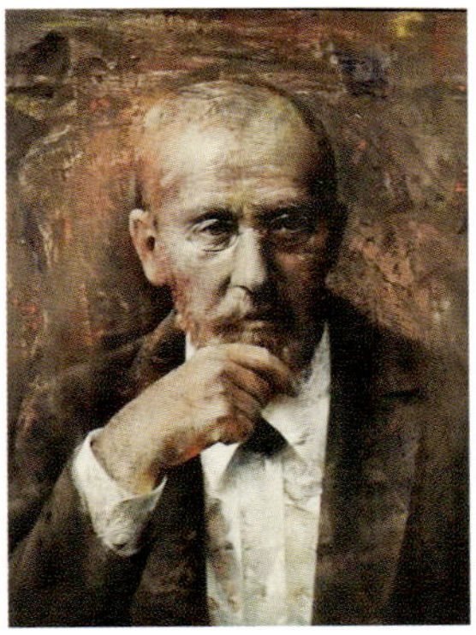
Gustav Ernst Schreck

Johann Adam HILLER, * 25. Dezember 1728 in Wendisch-Ossig, † 16. Juni 1804 in Leipzig. Thomaskantor 1789–1800. Besuchte die Kreuzschule in Dresden, seit 1751 die Universität Leipzig. Begründer des *Großen Konzerts;* daraus entwickelten sich die heutigen Gewandhauskonzerte. Herausgeber der ersten deutschen Musikzeitung (1766–1770). Besondere Bedeutung haben seine zahlreichen Singspiele für die Entwicklung der deutschen Spieloper gehabt. Neben eigenen geistlichen Kompositionen gab er viele Werke großer Zeitgenossen neu heraus. Er war ein herausragender Gesangslehrer. Hiller war einer der ersten, der in Deutschland Musikaufführungen großen Stils mit zahlreichen Instrumentalisten und Sängern veranstaltete und dadurch das moderne Konzertwesen mitbegründete. Leipzig verdankt ihm die Erhebung zur Musikstadt. Reste des Hillerdenkmals, das in der Nähe der alten Thomasschule stand, sind an der Nordwestseite der Thomaskirche eingelassen.

August Eberhard MÜLLER, * 13. September 1767 in Northeim, † 3. Dezember 1817 in Weimar. Thomaskantor 1800–1810. 1789 Organist in Magdeburg, 1794 Organist an der Nikolaikirche zu Leipzig, zugleich erster Flötist des Gewandhausorchesters. Veröffentlichte viele Kompositionen für Flöte, Klavier und Orgel sowie mehrere instruktive Werke (Klavier- und Flötenschule). Für die Kirche hat er wenig geschrieben. Während seines Kantorates bestand auf der Thomasschule eine Zeit lang ein wöchentliches Konzert, in denen die Alumnen, durch Mitglieder des Gewandhausorchesters unterstützt, Symphonien, Instrumentalkonzerte und Chorwerke aufführten. Er ging 1810 als Hofkapellmeister nach Weimar.

Johann Gottfried SCHICHT, * 29. September 1753 in Reichenau, † 16. Februar 1823 in Leipzig. Thomaskantor 1811–1823. Er besuchte die Universität zu Leipzig. 1776 Akkompagnist und 1785–1810 Kapellmeister des Großen Konzerts. Schrieb mehrere Oratorien (bekannt war *Das Ende des Gerechten*), einige Messen und Kirchenstücke sowie viele Motetten. Schicht ist der erste Thomaskantor, der seine kompositorische Tätigkeit hauptsächlich der Motette zuwandte. Seine Werke waren sehr beliebt und wurden in ganz Sachsen und weit darüber hinaus gesungen. 1819 gab er sein großes Choralbuch heraus.

Christian Theodor WEINLIG, * 25. Juli 1780 in Dresden, † 6. März 1842 in Leipzig. Thomaskantor 1823–1842. Er studierte in Leipzig die Rechte, dann bei Mattei in Bologna Musik. 1814–1817 Kantor der Dresdner Kreuzschule, 1823–1842 Kantor der Thomasschule. Er wurde auch berühmt als Theorielehrer Richard Wagners. Weinlig schrieb ein Passions-Oratorium, viele Motetten, Gesangsübungen und ein theoretisches Werk: *Anleitung zur Fuge*.

Moritz HAUPTMANN, * 13. Oktober 1792 in Dresden, † 3. Januar 1868 in Leipzig. Thomaskantor 1842–1868. Ursprünglich zum Architekten bestimmt, wandte sich Hauptmann später der Musik zu, studierte bei Morlacchi Komposition und bei Spohr Violine, in dessen Orchester in Kassel er seit 1822 als Geiger tätig war. Durch theoretische Schriften und Kompositionen hatte er sich einen angesehenen Namen verschafft, infolgedessen er auf Mendelssohns Empfehlung das Thomaskantorat erlangte und Lehrer am neugegründeten Konservatorium der Musik wurde. Zahlreiche Motetten, geistliche und weltliche Lieder. Theoretisches Hauptwerk: *Die Natur der Harmonik und der Metrik*.

Ernst Friedrich RICHTER, * 24. Oktober 1808 in Großschönau, † 9. April 1879 in Leipzig. Thomaskantor 1868–1879. Nach Schulbesuch in Zittau bezog er die Universität Leipzig, um Theologie zu studieren, bildete sich autodidaktisch zum Musiker aus und wurde 1843 neben Hauptmann als Theorielehrer am Konservatorium angestellt. 1843–1847 Dirigent der Singakademie, 1851 Organist an der Peterskirche, 1862 an der Neukirche und 1863 an der Nikolaikirche. Für das Konservatorium verfasste Richter theoretische Lehrbücher, die große Verbreitung fanden. Er komponierte hauptsächlich Kirchenmusik: Messen, Psalmen, Motetten.

Wilhelm RUST, * 15. August 1822 in Dessau, † 2. Mai 1892 in Leipzig. Thomaskantor 1880–1892. Schüler von Friedrich Schneider, war Privatlehrer in Ungarn, später in Berlin, 1868 Ehrendoktor der Universität Marburg, bekleidete in Berlin verschiedene Ämter, wurde 1878 Organist an der Leipziger Thomaskirche und 1880 Kantor der Thomasschule. Komponierte hauptsächlich Kirchenmusik. Als Redakteur der alten Bachgesellschaft hat er in deren Auftrag eine große Anzahl von Werken Bachs mustergültig herausgegeben.

Gustav Ernst SCHRECK, * 8. September 1849 in Zeulenroda, † 22. Januar 1918 in Leipzig. Thomaskantor 1892–1917. Schulbesuch in Greiz. Nach einer Episode als Lehrer in Gommla bei Greiz und Remptendorf besucht er 1868 das Leipziger Konservatorium. 1870 Musiklehrer am Privatgymnasium in Viborg (Finnland), 1874

Rückkehr nach Leipzig, 1887 Theorielehrer am Konservatorium. 1892 wurde er zum Thomaskantor berufen. 1909 schrieb er zur 500-Jahr-Feier der Universität die Festkantate. Seine Frau, Emmy Schreck, geb. Krohn, war als Komponistin, Dichterin und Malerin tätig. In seinen Werken herrscht die kontrapunktische Technik und singbare Stimmführung vor. Von Einflüssen Wagners und später Regers hat sich Schreck weitgehend freigehalten.

Karl Montgomery Rufus STRAUBE, * 6. Januar 1873 in Berlin, † 27. April 1950 in Leipzig. Thomaskantor 1918–1939. Sohn eines Organisten und einer aus England stammenden Mutter. Ersten musikalischen Unterricht erhielt er von seinem Vater und besonders von dem Berliner Organisten H. Reimann. Ein Konservatorium hat er nicht besucht. 1897 Organist in Wesel. Seit dieser Zeit lebenslange Freundschaft mit dem nur wenige Wochen jüngeren Max Reger. 1903 Thomasorganist in Leipzig; er übernahm die Leitung des Leipziger Bachvereins. Seit 1907 Orgellehrer am Konservatorium, 1908 Professor. Anfang der zwanziger Jahre wurde auf sein Drängen hin das Kirchenmusikalische Institut am Leipziger Konservatorium gegründet. Obwohl er als Thomaskantor dafür prädestiniert gewesen wäre, gab er keinen Chorleitungsunterricht. Er avancierte zum »*Organistenmacher*« der evangelischen Kirchenmusik. Er ist der erste Thomaskantor, der kein Komponist war. Sein Kantorenamt fiel in die Zeit zahlreicher gesellschaftlicher Umbrüche. 1923 musste er dafür kämpfen, dass die Kantatenaufführungen weiter von Musikern des Gewandhausorchesters bespielt wurden, wofür die Stadtverordneten – gerade wurde des Amtsantritts Bachs vor 200 Jahren gedacht – nicht mehr zahlen wollten. Mit dem Thomanerchor gelang es Straube, auch auf Grund der sich rasant entwickelnden Verkehrsmittel und der Erfindung des Rundfunks, in eine internationale Spitzenposition vorzurücken. Die erste Auslandsreise führte den Chor 1921 nach Skandinavien. Liest man heute die fast ausnahmslos euphorischen Konzertkritiken, Erinnerungen von Thomanern und Straube-Schülern, so muss von ihm eine charismatische Ausstrahlung mit dem Anstrich des Unfehlbaren ausgegangen sein. Die Rundfunkübertragungen aller Bach-Kantaten in den Jahren 1931–1937 aus Leipzig schufen eine dauerhafte Bach-Kantaten-Gemeinde weit über Deutschland hinaus, die bis heute fortwirkt. Zum 31. Dezember 1939 wurde Thomaskantor Prof. D. Dr. h.c. Karl Straube aus dem Thomaskantorenamt gedrängt. Günther Ramin löste ihn ab, indem man Ramin politisch instrumentalisierte. Straube hat dies nie verwunden. Nach außen hat er das Gesicht gewahrt, hat Ramin in den Bemühungen, den Thomanerchor mit kirchlicher Bindung zu erhalten, gestützt. Straubes Wohnung in der Grassistraße wurde beim schweren Bombenangriff auf Leipzig im Dezember 1943 zerstört; dabei fiel seine Bibliothek und die Arbeit an der Neuausgabe der Bachschen Orgelwerke der Zerstörung zum Opfer. Straube zog in eine Wohnung in der Talstraße. In seinen letzten Jahren wird er als gebrochener Mann beschrieben, wenngleich er sich in seinen Briefen immer wieder zur selbstauferlegten Klarheit, Vorausschau und Größe aufschwang. Im Rahmen der Entnazifizierung musste sich Straube für seine Mitgliedschaft in der NSDAP seit 1933 rechtfertigen. Er machte geltend, dass er darin eine Chance gesehen habe, dem Thomanerchor mehr Sicherheit zu verschaffen. Diese Zeit ist kritisch zu bewerten. Der jüngst behauptete Eintritt in die NSDAP schon 1925/26 lässt sich nicht beweisen, war wohl so, dass Straube in die Organisation NSV (Nationalsozialistische Volkswohlfahrt) eintrat, die erst 1933 von Hitler ›etabliert‹ und später in die NSDAP übernommen wurde. (Hinweis von Frau Maria Hübner, die im Leipziger Stadtarchiv neue Erkenntnisse gewann.) Trotz kritischer Betrachtungen bleibt festzuhalten: Der Einfluss Straubes ist selbst heute noch spürbar. Dank jüngster Veröffentlichungen alter Tonaufnahmen können wir einen Eindruck vom Musiker Straube erhalten.

Günther Ramin, * 15. Oktober 1898 in Karlsruhe, † 27. Februar 1956 in Leipzig. Thomaskantor 1940–1956. Er gehörte dem Thomanerchor von 1910 bis 1914 an. Danach war er Orgelschüler von Straube. 1919, erst zwanzigjährig, Thomasorganist, 1920 Gewandhausorganist und Lehrer für Orgel am Konservatorium, seit 1932 Professor – sowie zeitweise Leiter des Kirchenmusikalischen Instituts. Von 1922 bis 1935 leitete er den Leipziger Lehrergesangsverein, 1933/34 und 1945–1951 den Gewandhauschor und 1935–1943 den Berliner Philharmonischen Chor. Am 17. Februar 1956 ereilte ihn ein Hirnschlag, an dessen Folgen er verstarb. Ramin war ein weltberühm-

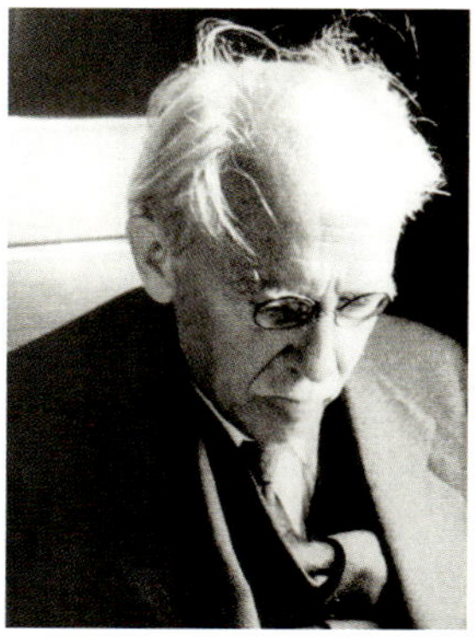

Karl Montgomery Rufus Straube

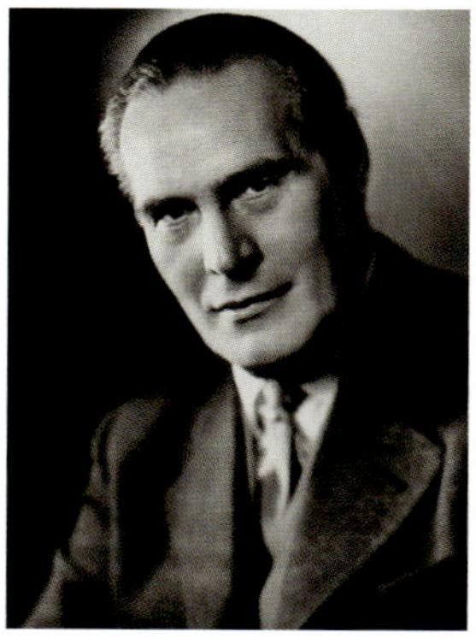

Günther Ramin

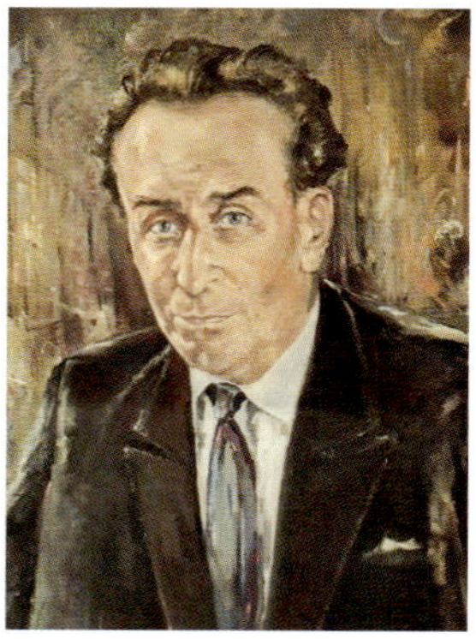

Kurt Thomas

ter Organist und Cembalist; seine Improvisationen waren legendär, er verschaffte dem Thomanerchor durch Reisen in die ganze Welt und durch Medienpräsenz internationale Bedeutung als gefeierter Bachchor. Traditionsbewahrung wurde als erfolgreicher Widerstand präsentiert, um sich zugleich vor neuen politischen Zugriffen zu schützen. Er war weder NSDAP-Mitglied noch SED-Mitglied, zeigte in beiden Perioden aber eine teils aus Überzeugung, teils aus Taktik resultierende Systemnähe, die es ihm erlaubte, wesentliche Elemente der Thomaner-Tradition zu sichern. Der Thomanerchor, die Thomasschule und das Thomaskantorat weckten in beiden Diktaturen die Begehrlichkeit, sich die weit über die Stadt- und Landesgrenzen hinaus bekannten vitalen und als Magneten auf viele Menschen unterschiedlichster Herkunft und Anschauung wirkenden Institutionen systemkonform dienstbar zu machen. Ramin entsprach geschickt der Forderung der Nazis, weniger kirchliche Veranstaltungen im gottesdienstlichen Rahmen zu führen, indem er die Kirchenmusik in der Nikolaikirche aufgab, sich ganz in die Thomaskirche zurückzog. Dort hat er aber die Einbeziehung der Bachkantate in eine Gottesdienstform verflochten und erhalten, wenngleich sie von Sonntag auf Sonnabend verlegt wurde. Die Beibehaltung der Bachkantatenaufführung als gottesdienstliche Zuordnung ist sein Verdienst, gegen den Widerstand auch von Teilen des Kirchenvorstandes von St. Thomas. Mit Ramin – äußeren Zwängen folgend – ging die seit Jahrhunderten gepflegte Praxis, dass Thomaner neben der Thomaskirche auch den Hauptgottesdienst in der Nikolaikirche besingen, zu Ende. Nach dem Zweiten Weltkrieg vermochte Ramin es durchzusetzen, dass der Chor, nachdem die sowjetischen Besatzungstruppen und die nachfolgende DDR-Kulturmaschinerie in den fünfziger Jahren vom Thomanerchor mehr Konzerte mit weltlichem Inhalt und da besonders mit damals erwarteter proletarischer Volksmusik forderten, fast gänzlich *»aus terminlichen Gründen«* auf weltliche Konzerte verzichtete. In die Zeit Günther Ramins als Thomaskantor fielen die sehr krisenhaften Zeiten der Bombenangriffe auf Leipzig im Zweiten Weltkrieg, die Evakuierung des Chores 1943–1945 nach Grimma in die dortige Fürstenschule, der Zusammenbruch des Dritten Reiches, aber auch die dem Geist der Thomasschule und des Chores nicht zuträgliche Machtherrschaft der Kommunisten in der DDR. Es ist – neben dem vielfältigen Kampf des damaligen Thomasschulrektors und Vorstehers des Thomanerchores Heinze um den Erhalt der Traditionen der Thomasschule – Günther Ramins Verdienst, den Chor in diesen schweren Zeiten richtungsweisend zusammengehalten und neue Glanzlichter in künstlerischer Hinsicht gesetzt zu haben.

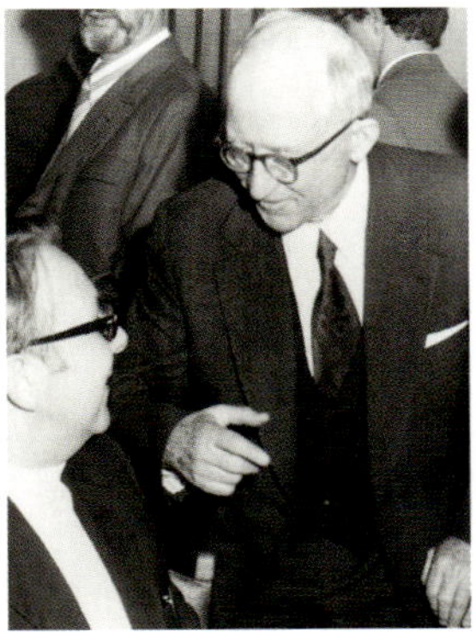
Erhard Mauersberger

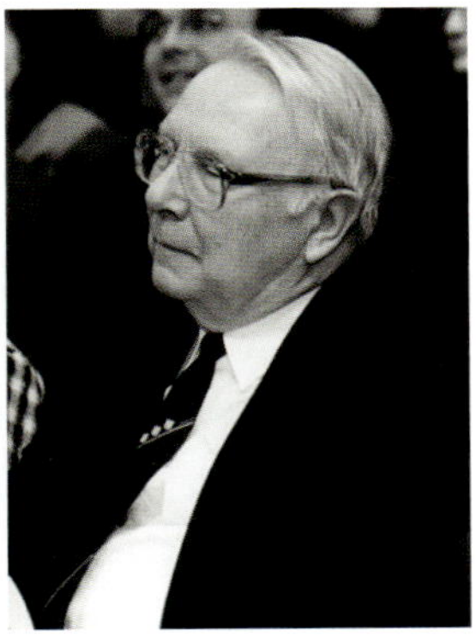
Hans-Joachim Rotzsch

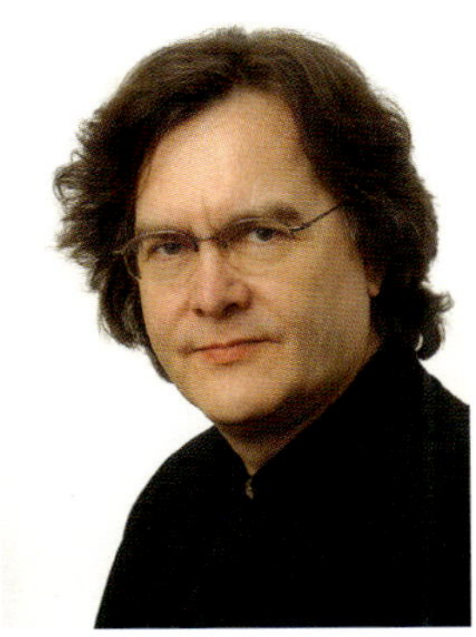
Georg Christoph Biller

Ekkehard TIETZE, * 10. Juni 1914, † 9. September 1995 in München. 1956–1957 Interimskantor. Er war einst selbst Thomaner von 1925 bis 1934, Schüler von Straube und Ramin. 1939 wurde er Stellvertreter des Thomasorganisten Prof. Günther Ramin, später Kirchenmusiker in Potsdam (Friedenskirche). Er verbrachte seinen Lebensabend in München, hier betreute er den Bach-Chor, nachdem dessen Leiter Karl Richter verstorben war. Nach der plötzlichen schweren Erkrankung von Ramin im Februar 1956 übernahm Tietze interimistisch – bis zur Ernennung eines neuen Thomaskantors – die Leitung des Thomanerchors. Er belebte das Motettenprogramm neu und brachte besonders alte, vorbachische Meister zum Erklingen.

Kurt THOMAS, * 25. Mai 1904 in Tönning, † 31. März 1973 in Bad Oeynhausen. Thomaskantor 1957–1960. Kurt Thomas war seit 1922 in Leipzig Schüler von Robert Teichmüller, Hermann Grabner, Arnold Mendelssohn und Karl Straube. Nach dem großen Erfolg seiner von den Thomanern uraufgeführten Messe op. 1 wurde er sehr jung Dozent am Leipziger Konservatorium, lehrte dort bis 1934 Theorie und leitete die von ihm gegründete Kantorei. Neben Hugo Distler und Ernst Pepping gab Kurt Thomas der evangelischen Kirchenmusik einen neuen wesentlichen Impuls. Sein Werk umfasst neben geistlichen und weltlichen Chorwerken zahlreiche kammermusikalische Kompositionen und Orchesterwerke. Das dreibändige *Lehrbuch der Chorleitung* wurde zu einem Standardwerk. 1957 nahm Prof. Thomas die Berufung zum Thomaskantor an und führte in den folgenden Jahren neben dem regelmäßigen Kantoratsdienst in Leipzig Konzertreisen mit dem Thomanerchor in die Bundesrepublik, nach Frankreich, Italien, Österreich und in die Schweiz durch. Bleibendes Zeugnis seiner Kantoratstätigkeit legen die Aufnahmen der Bach-Motetten ab, geistlicher und weltlicher Kantaten, des Weihnachts-Oratoriums und des

Magnificat. Seinem plötzlichen Weggang aus Leipzig, zurück ins damalige Westdeutschland, gingen zahlreiche politische und persönliche Schwierigkeiten voraus.

Erhard MAUERSBERGER, * 29. Dezember 1903 in Mauersberg, † 11. Dezember 1982 in Leipzig. Thomaskantor 1961–1972. Der jüngere Bruder Rudolf Mauersbergers, Kantor der gleichfalls durch ihre Chortradition berühmten Kreuzschule in Dresden. Er war einst selbst Thomaner unter Schreck und Schüler Straubes. Zuerst tätig in Aachen und in Mainz, wurde er Landeskirchenmusikdirektor in Eisenach. Er übernahm 1961 das Amt in einer politisch und künstlerisch schwierigen Zeit. Er half, den Chor in der Zeit der politischen Isolation, die durch die Mauer zwischen den beiden deutschen Staaten und durch die sozialistische Kultur-Doktrin in der DDR gekennzeichnet war, in seinen kirchenmusikalischen Bindungen zu bewahren. Schallplatten- und Rundfunkaufnahmen zeigen ihn als Bewahrer der Tradition seiner Lehrer. In seinen späteren Jahren komponierte Mauersberger für den Thomanerchor A-cappella-Werke, die sich mit spätromantischem Habitus im Chorrepertoire bewähren.

Hans-Joachim ROTZSCH, * 25. April 1929 in Leipzig. Thomaskantor 1972–1991. Dank langjähriger Verbindung zum Chor als Stimmbildner und als herausragender Tenor zahlreicher Kantaten- und Oratorienaufführungen vermochte er es, den Chor zu neuer stimmlicher Blüte zu führen. Als es zur Nachfolge E. Mauersbergers kommen sollte, wurde Rotzsch von den damaligen Machthabern instrumentalisiert, um einen den Geist der DDR stützenden Thomaskantor zu etablieren. In die Zeit seines Kantorats fallen zahlreiche und ausgedehnte Konzertreisen auch ins westliche Ausland. Für die Schallplatte wurden Bach-Kantaten und anderes aufgenommen. 1991 schied er aus dem Amt auf Grund der Verwicklung als *IM Johannes* (inoffizieller Mitarbeiter der Staatssicherheit der DDR) in der DDR-Zeit. Danach Professur in Salzburg für evangelische Kirchenmusik am Konservatorium *Mozarteum*.

Georg Christoph BILLER, * 20. September 1955 in Nebra. Thomaskantor seit 1992, war 1965–1974 selbst Thomaner. Er unterrichtet an der Leipziger Musikhochschule Chordirigieren. Liturgische Abläufe in den Motetten geben den Impuls zur Auswahl der musikalischen Werke. Dieses Prinzip zieht sich als roter Faden durch alle Programme – auch bei den Konzerten in aller Welt. In der Verpflichtung dem Werk Johann Sebastian Bachs gegenüber, begann er 1992, die gesamten erhaltenen Bach-Kantaten zyklisch in chronologischer Reihenfolge durch die Thomaner und das Gewandhausorchester aufzuführen, wobei der Zuordnung der Kantaten zum entsprechenden Sonn- oder Feiertag im Kirchenjahr besondere Aufmerksamkeit geschenkt wird.

2.4 Bach und Bachpflege

Bach und die Leipziger Thomaskirche

Über Bach und die Leipziger Thomaskirche zu berichten, führt auf ein weites, interessantes Feld. So sehr damit ein Spezifikum dieser Kirche bezeichnet ist, so sehr muss in zweierlei Hinsicht eingeschränkt werden: Einmal war Bach zunächst nur einer in einer respektablen Reihe von Thomaskantoren, von Persönlichkeiten, die vor und nach ihm das Amt wesentlich prägten, wenn auch unbestreitbar ist, dass vor allem Bachs Wirksamkeit diesem Amt zu der Besonderheit verholfen hat, die es heute auszeichnet; zum Andern meint die Bezeichnung *Thomaskantor* eine Lehrerstelle. Denn spätestens seit Seth Calvisius' Kantorat Anfang des 17. Jahrhunderts darf von einem unverwechselbaren Gepräge dieses Amtes gesprochen werden. Doch sei in Erinnerung gerufen, dass an der Widmung des Schülerchores der Thomasschule, des heutigen Thomanerchores, die unverändert seit Gründung von Schule und Chor Anfang des 13. Jahrhunderts besteht, über die Reformation und die verschiedenen politischen Veränderungen insbesondere des 20. Jahrhunderts hinweg festgehalten wurde: für die Kirchenmusik in Kirchen der Stadt Leipzig zu sorgen. Das ist die Aufgabe des Thomanerchores und des Thomaskantors bis heute geblieben.

Die andere Einschränkung, Bachs Einfügung in das Kollegium der Thomasschullehrer, brachte ihn – wie auch seine Vorgänger und Nachfolger – in einen Zusammenhang, der sich zwar ständig verändert hat, jedoch in einem Punkt gleich blieb: im Sinne des Kirchenjahres kontinuierlich mit Schülern kirchenmusikalisch tätig zu sein und gottesdienstliche Musik zu betreiben. Die Einbindung in das Lehrerkollegium ist heute nicht allein dadurch faktisch aufgegeben, dass der Thomaskantor keine Unterrichtspflichten in der Schule mehr wahrnimmt, sondern auch deshalb, weil die anderen Lehrer der Thomasschule nicht mehr stellvertretend zu kirchenmusikalischen Pflichten herangezogen werden, wie es zu Bachs Zeiten üblich und selbstverständlich war.

Trotz solcher sachlicher Einschränkungen muss natürlich der Zusammenhang von Bach und Thomaskirche als einzigartig bezeichnet werden. Denn diese Kirche war und bleibt in herausragender Weise ›seine‹ Kirche:

→ aus der Geschichte sind Kirche, Schule und Chor so stark miteinander verbunden, dass jedenfalls nach wie vor der Chor nicht ohne diese Kirche besteht und die Schule ihren Bezug zu St. Thomas nur zu ihrem eigenen Nachteil aufgeben würde;

→ jede Schule verfügte damals über die Stelle eines Kantors, so auch die Nikolaischule in Leipzig; für die Stadt Leipzig entwickelte sich aber das Thomaskantorat deshalb zu dem des leitenden Kirchenmusikers, weil es ursächlich verbunden war mit einer Schola pauperum, also mit Schülern, die mit Singen im Gottesdienst und als Kurrende auf den Straßen der Stadt sich ihre Bildungsmöglichkeit erwarben;

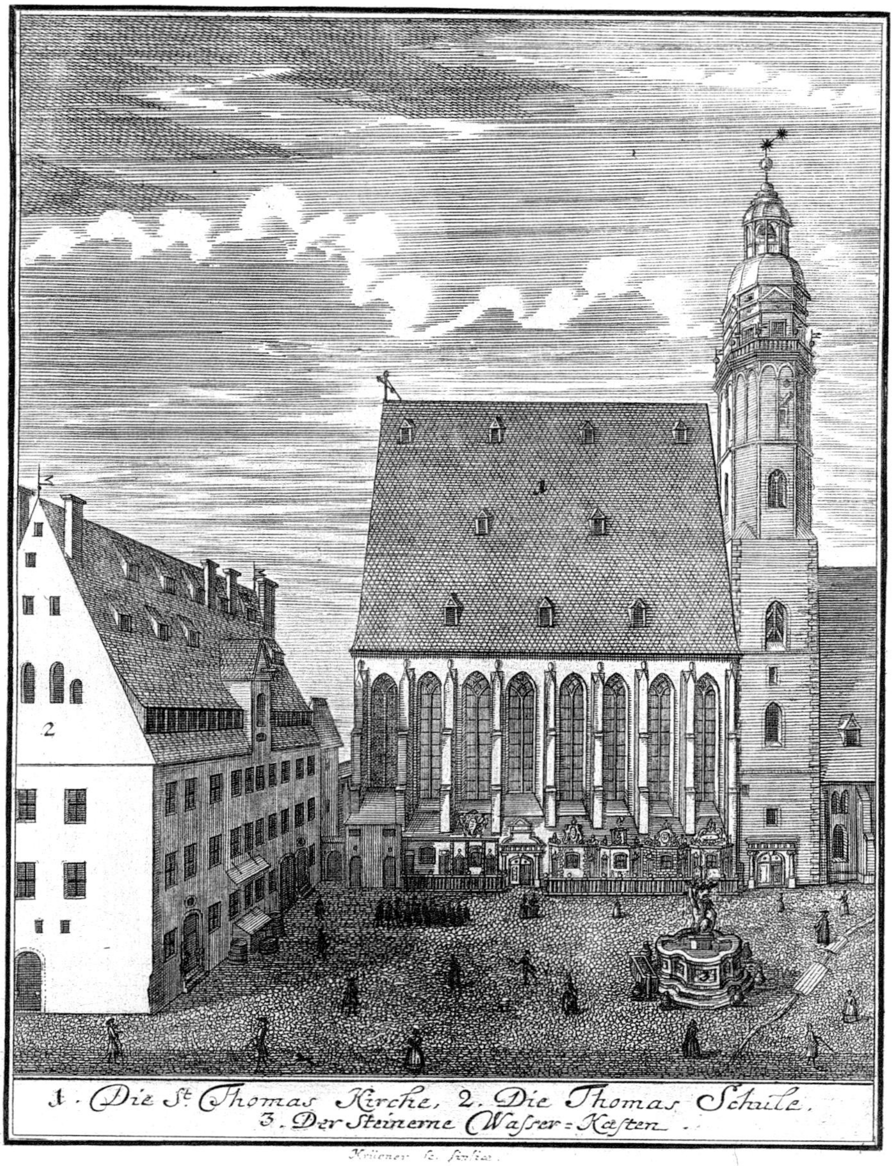

Thomaskirche, Stich von J. G. Krügner, Fontispiz der Thomasschulordnung von 1723.

→ die Thomaskirche war für Bach und seine Familie nicht nur Gemeindekirche im Sinne einer heutigen Parochie (Ortskirche), sondern zugleich kommunales Zentrum, bedenkt man, welche öffentliche Rolle zu jener Zeit der Gottesdienst als Informationszentrum spielte;

→ für Bach und seine Familie ist die Thomaskirche im engeren Sinne auch Familienkirche; hier hatte die Familie Kirchenstühle, hier nahm Bach mit den Seinen 27 Jahre am heiligen Abendmahl teil, hier wählte er sich unter den Geistlichen seinen Beichtvater, was ebenso für die Familienmitglieder galt; am Taufstein der Kirche wurden 11 der 13 Kinder seiner zweiten Ehe getauft, vor dem Altar der Thomaskirche wurde Bachs Tochter Elisabeth Juliana Friederica mit dem Organisten und Bachschüler Johann Christoph Altnickol getraut, hier wurden im Gottesdienst die familiären Sterbefälle abgekündigt;

→ schließlich wird heute in der Thomaskirche in besonderer Weise des Lebens und Wirkens Bachs gedacht: durch die Memorialfenster für Bach und Mendelssohn in der Südfront der Kirche sowie durch seine Grabstätte, die sich seit 1949 in der Kirche befindet.

Eine Vorstellung, die gern genannt und kolportiert wird, trifft allerdings nicht zu: die des orgelspielenden Thomaskantors Bach. In dieser Vorstellung überlagern sich das Wissen um Bachs Bekanntheit als Orgelspieler und -virtuose zu seiner Zeit mit dem heutigen Berufsbild eines Kantors und Organisten. Da es an allen Leipziger Kirchen zu jener Zeit eigens Organisten gab, hatte Bach keine berufliche Veranlassung, in der Thomaskirche die Orgel zu spielen. Wir wissen auch von keiner Gelegenheit seines Orgelspiels, so wenig man sich vorstellen kann, dass er diese Orgel nie angerührt hätte.

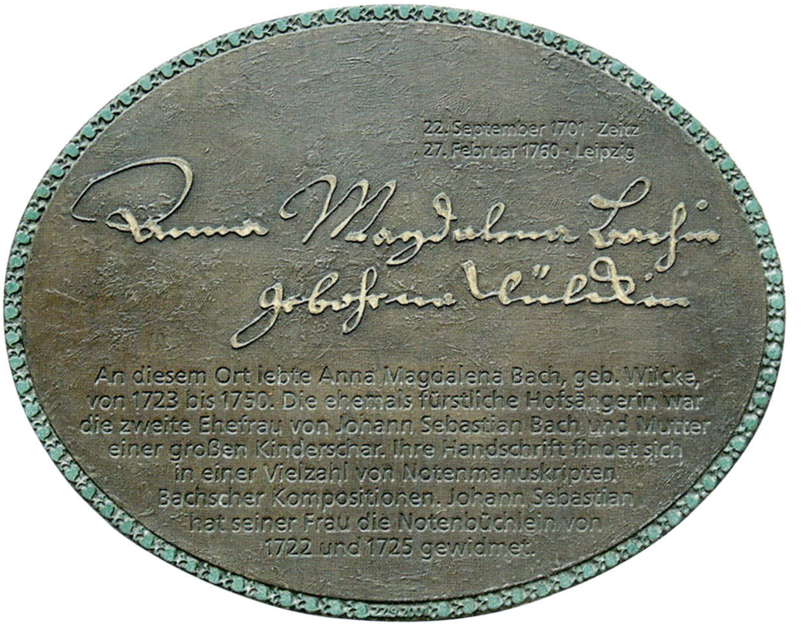

Gedenkplatte für Anna Magdalena Bach, 2001.

Bachs musikalisches Wirken in Leipzig

Der Wirkungsradius in Leipzig, den Bach von Thomasschule und -kirche her ausfüllte, hat eine erstaunliche Breite. Da ist vor allem die Verpflichtung, die Kirchenmusik an allen vier Hauptkirchen der Stadt – Thomaskirche, Nikolaikirche, Neukirche, Peterskirche – zu organisieren. In erster Linie betraf das die Figuralmusik, die bis auf die Fastenzeiten – vor Ostern, Invokavit bis Palmarum und vor Weihnachten, 2. bis 4. Advent – an jedem Sonn- und Feiertag im Gottesdienst als Evangelienmusik und als Musica sub Communione (Musik während der Austeilung des Abendmahls) aufzuführen war, insgesamt also an etwa 60 Terminen im Kirchenjahr. Leipzig verfügte bereits über eine seit langem funktionierende Organisation: An Sonntagen wechselte die Figuralmusik wöchentlich zwischen Thomas- und Nikolaikirche, an Festtagen zwischen Früh- und Nachmittagsgottesdienst dieser beiden Kirchen. Die außerordentlich intensive Tätigkeit des Wechsels zwischen Vor- und Nachmittag war jeweils am 1. und 2. Feiertag der drei hohen Feste – Weihnachten, Ostern, Pfingsten, die damals mit drei Feiertagen gefeiert wurden – zu leisten; jedesmal am 3. Feiertag wurde nur im Frühgottesdienst figural musiziert. Hinzu traten als Festtage alle diejenigen, die seit Luthers Reformation als Christusfeste begangen wurden: Neujahr (1. Januar), Epiphanias (6. Januar), Mariae Reinigung (2. Februar), Mariae Verkündigung (25. März), Himmelfahrt (Donnerstag nach Rogate), Johannis (24. Juni),

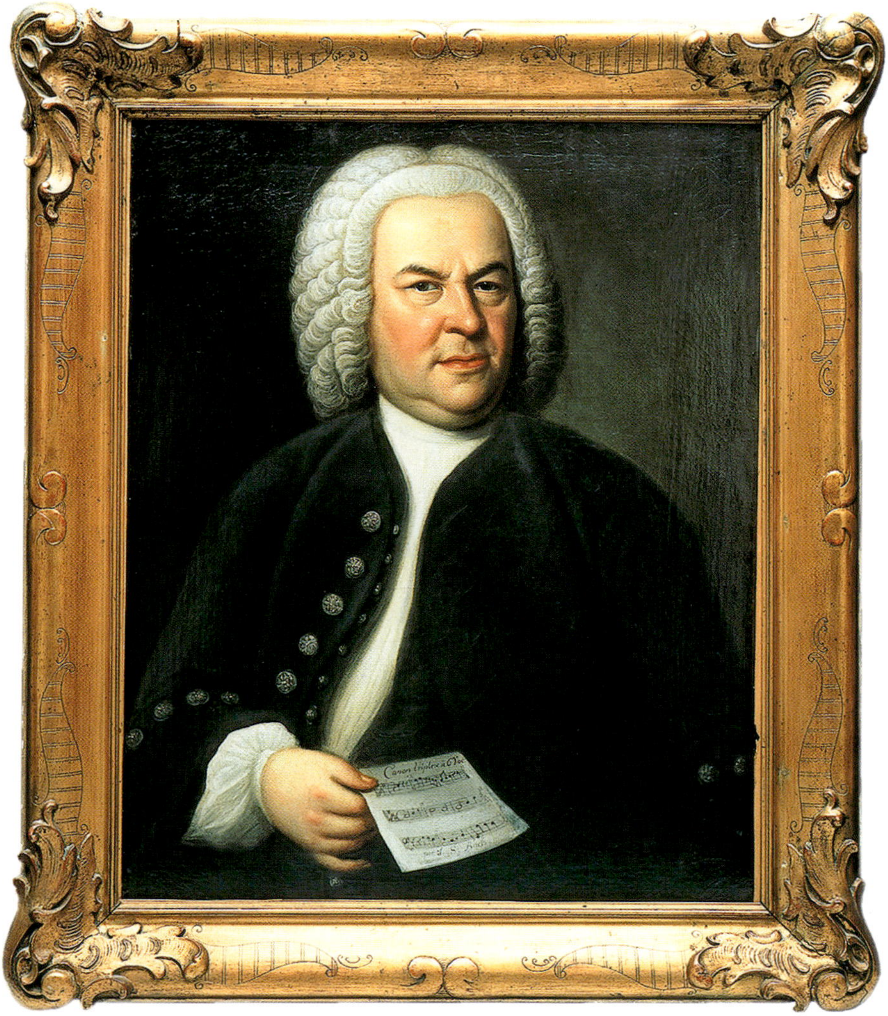

Thomaskantor Johann Sebastian Bach (1685–1750), Gemälde von Elias Haußmann (1748) (Sammlung William H. Scheide).

Mariae Heimsuchung (2. Juli) und Michaelis (29. September); seit 1667 jährlich gefeiert wurde auch das Reformationsfest (31. Oktober). Nicht zu vergessen ist die damals gerade im Entstehen begriffene jährliche Aufführung einer oratorischen Passion in der Karfreitagsvesper, die auch jährlich zwischen den beiden Hauptkirchen wechselte, wie auch die Aufführung der Ratsmusik am Montag nach Bartholomäi in der Nikolaikirche.

Bei der Aufführung der Figuralmusik standen Bach je 4 Stadtpfeifer und 4 Kunstgeiger einschließlich Organist als Instrumentalensemble zur Verfügung. Aus gegebenem Anlass richtete Bach im August 1730 ein Memoriale an den Rat; dort schlüsselte er die ihm zur Verfügung stehenden Kräfte auf und machte deutlich, dass das vorhandene Potenzial vor allem quantitativ nicht einmal das untere Limit erreicht. Von 55 Alumnen, die 1730 zur Verfügung standen, mussten drei Chöre zu je 9 Sängern gebildet werden, von denen hohe Musikalität zu erwarten war, denn sie bildeten die Chöre für Thomas-, Nikolai- und Neukirche; von dem vierten Chor, der die Peterskirche zu versorgen hatte, urteilt er, es seien die, *»so keine music verstehen, sondern nothdörfftig einen Choral singen können«*, d.h. nur einstimmig tätig sind.

Aus Bachs Nekrolog wissen wir von fünf Jahrgängen zu je 60 Kantaten, die nach neueren Forschungen von ihm gleich während seiner ersten fünf Dienstjahre in Leipzig, 1723 bis 1729, geschrieben wurden. Davon sind etwa drei Jahrgänge erhalten geblieben. Der Rest muss als verschollen gelten. Doch bereits das erhalten ge-

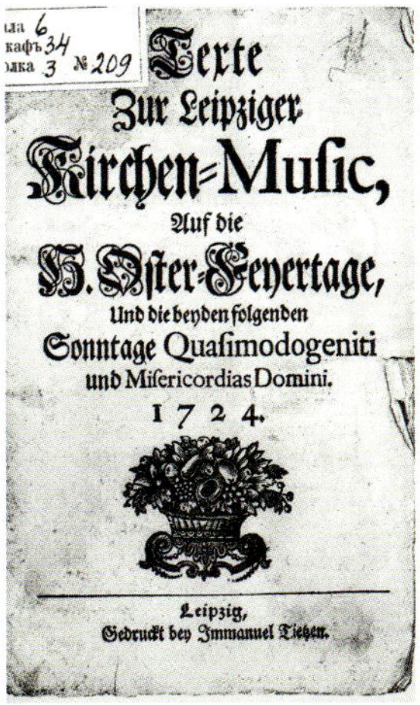

Texte
Zur Leipziger
Kirchen-Music,
Auf die
H. Oster-Feyertage,
Und die beyden folgenden
Sonntage Quasimodogeniti
und Misericordias Domini.
1724.

Leipzig,
Gedruckt bey Immanuel Tietzen.

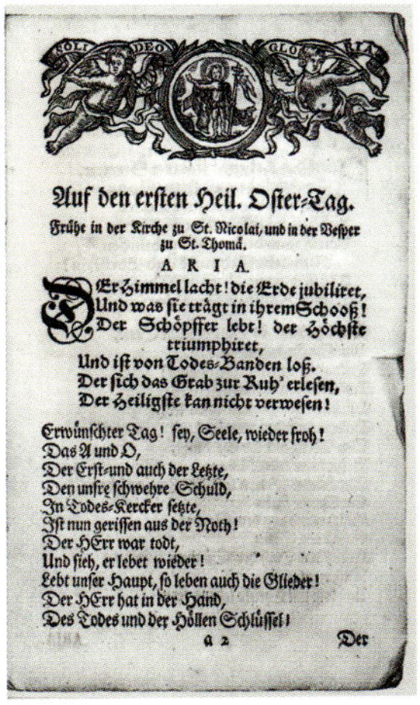

SOLI DEO GLORIA

Auf den ersten Heil. Oster-Tag.
Frühe in der Kirche zu St. Nicolai, und in der Vesper zu St. Thomä.

ARIA.

DEr Himmel lacht! die Erde jubiliret,
Und was sie trägt in ihrem Schooß!
Der Schöpffer lebt! der Höchste triumphiret,
Und ist von Todes-Banden loß.
Der sich das Grab zur Ruh' erlesen,
Der Heiligste kan nicht verwesen!

Erwünschter Tag! sey, Seele, wieder froh!
Das A und O,
Der Erst- und auch der Letzte,
Den unsre schwehre Schuld,
In Todes-Kercker setzte,
Ist nun gerissen aus der Noth!
Der HErr war todt,
Und sieh, er lebet wieder!
Lebt unser Haupt, so leben auch die Glieder!
Der HErr hat in der Hand,
Des Todes und der Höllen Schlüssel!

a 2 Der

Titelblatt und Beginn der Oster-Kantate »Der Himmel lacht, die Erde jubiliret« (BWV 31) im Textheft von 1724.

bliebene Kantatenwerk bildet als umfangreichster Werkteil, den er hinterlassen hat, zugleich den unbekanntesten. Für diese Werkgruppe betrieb er einen erstaunlichen Aufwand, weil er sich damit zugleich die Basis für seine regelmäßig aufzuführende Kirchenmusik schuf. Man ist heute der Überzeugung, dass Bachs Dienstantritt zugleich eine deutliche musikästhetische Zäsur markiert. Hatte man beim Tode der Thomaskantoren üblicherweise von deren Witwen Kompositionen ihrer Männer abgekauft, so war das im Falle des Vorgängers Bachs, Johann Kuhnau, unterblieben. Für Bach konnte das nur bedeuten, sich in einem unbeschreiblichen Kraftaufwand das gesamte benötigte Repertoire neu zu schaffen. Dazu zeigte er sich auch fest entschlossen. Freilich überschätzte er seine Arbeitsleistung, indem er – zunächst offenbar dem Plan nachhängend – pro Sonn- und Festtag doppelteilige Kantaten schaffen wollte. Das gelang ihm für die ersten Sonntage seines Dienstes ganz gut: Zum 1. und 2. Sonntag nach Trinitatis 1723 komponierte er solche zweiteiligen Kantaten (BWV 75 und 76); am 3. Sonntag nach Trinitatis griff er auf ein zweiteiliges Weimarer Werk (BWV 21) zurück, zum 4. Sonntag bearbeitete er ein Weimarer Werk (BWV 185) und setzte als zweite Kantate eine Neukomposition hinzu (BWV 24). Doch zum Johannistag, 24. Juni 1723, kennen wir nur eine einteilige Kantate, und das setzt sich dann so auch weiter fort. Am Anfang seines zweiten Jahrgangs, der bedeutsamen Choralkantaten, setzt er erneut mit einer doppelteiligen Kantate ein (BWV 20), doch findet das dann keine Fortsetzung; auch später ist dieses Bemühen immer noch einmal zu spüren. Meist behalf er sich durch Hinzunahme anderer Werke.

Der Aufwand muss trotz dieser erzwungenen ›Selbstentlastung‹ in den ersten 5 Jahren erheblich gewesen sein: Zunächst suchte er fortwährend nach brauchbaren Texten, die er in je 10 Heften pro Jahr zu etwa 5 bis 8 Texten zusammengefasst für die Gemeinde zum Nachlesen veröffentlichte; dann ging es ans Komponieren, an das Ausschreiben und Revidieren der Stimmen, wofür er Kopisten beschäftigte, ans Einstudieren für Chor, Solisten und Instrumentalisten. Daneben warteten in regel-

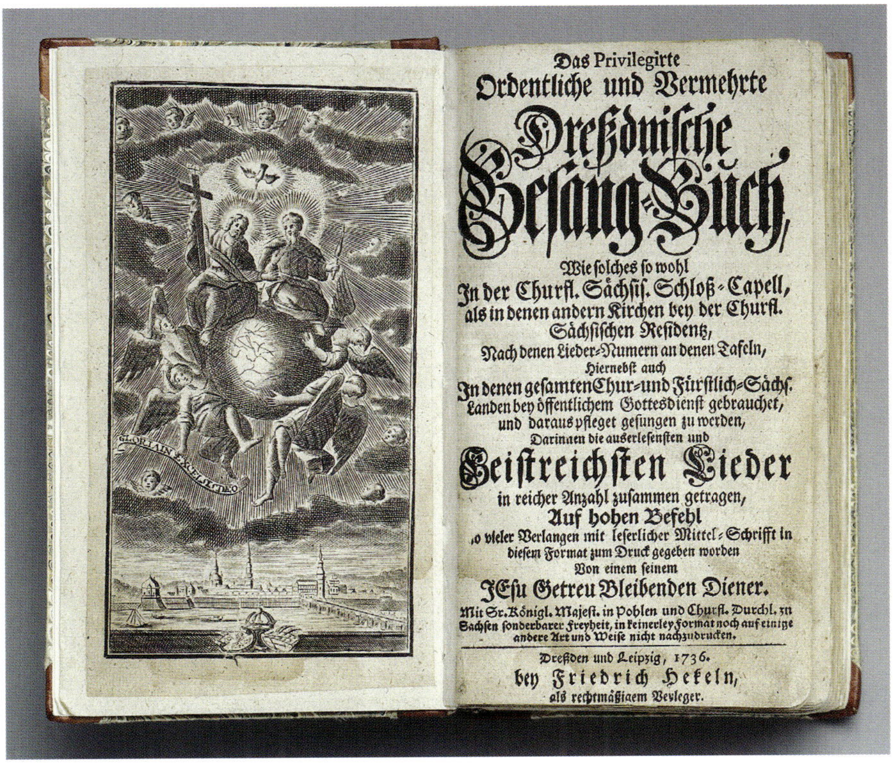

Das Privilegirte
Ordentliche und Vermehrte
Dreßdnische
Gesang-Buch,
Wie solches so wohl
In der Churfl. Sächsis. Schloß-Capell,
als in denen andern Kirchen bey der Churfl.
Sächsischen Residentz,
Nach denen Lieder-Numern an denen Tafeln,
Hiernebst auch
In denen gesamten Chur- und Fürstlich-Sächs.
Landen bey öffentlichem Gottesdienst gebrauchet,
und daraus pfleget gesungen zu werden,
Darinnen die auserlesensten und
Geistreichsten Lieder
in reicher Anzahl zusammen getragen,
Auf hohen Befehl
,o vieler Verlangen mit leserlicher Mittel-Schrifft in
diesem Format zum Druck gegeben worden
Von einem seinem
JEsu Getreu Bleibenden Diener.
Mit Sr. Königl. Majest. in Pohlen und Churfl. Durchl. zu
Sachsen sonderbarer Freyheit, in keinerley Format noch auf einige
andere Art und Weise nicht nachzudrucken.

Dreßden und Leipzig, 1736.
bey Friedrich Hekeln,
als rechtmäßigem Verleger.

Das Dresdner Gesangbuch. Dresden und Leipzig 1725/1736, Frontispiz und Titelblatt.

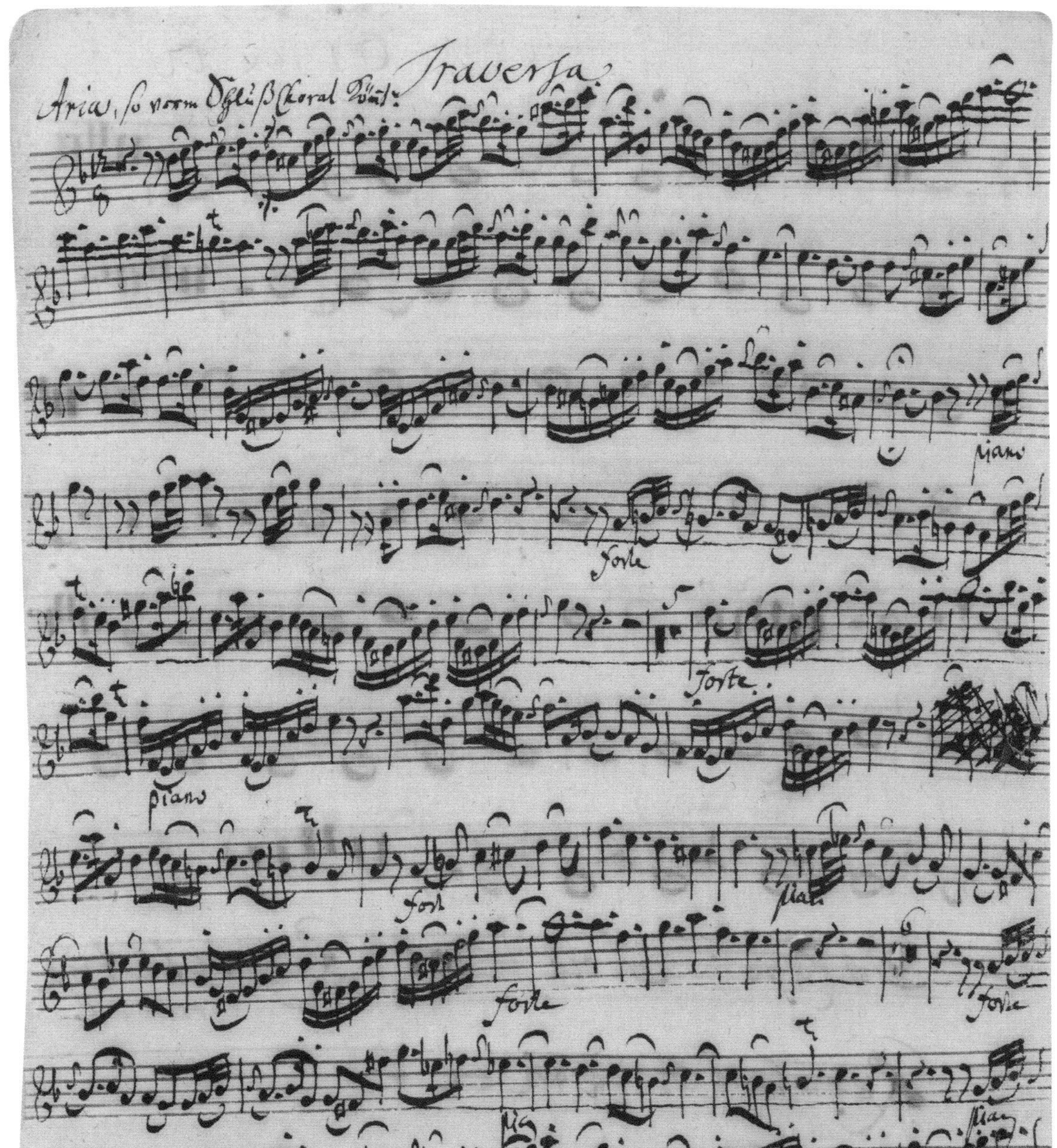
Traversa
Aria
piano
forte
Choral Hautbois
Fine

Autograph der Kantate »Nimm von uns, Herr, Du treuer Gott« (BWV 101).

mäßigen Abständen Aufsichtspflichten in Schule und Alumnat. Ebenfalls regelmäßig, doch in einwöchentlichem Rhythmus, war er zuständig für die kirchenmusikalische und liturgische Vorbereitung der Sonn- und Festtagsgottesdienste, für die Auswahl der Gemeindelieder, die Heranbildung der Altaristen – 4 Schülern, die im Gottesdienst als liturgische Hilfen zu beiden Seiten des Altars Aufstellung nahmen.

Bachs Textauswahl für seine Kantaten rührt an ein eigenes Gebiet des Nachdenkens: weder dichtete er sich selbst Kantatentexte, noch verlässt er sich, wie sämtliche seiner Berufskollegen in vergleichbaren Anstellungen, auf veröffentlichte und gedruckte Textjahrgänge, welche es zu dieser Zeit zu Hunderten gab. Offenbar weil er die Letztverantwortung für die zu vertonenden Texte selbst trägt – eine detaillierte theologische Prüfung vor seinem Amtsantritt hatte seine Kompetenz unter Beweis stellen müssen –, geht er mit außergewöhnlicher Subtilität bei der Suche und Bearbeitung von Texten vor. Die höchste Ziffer von ausgewählten Texten aus einem gedruckten Jahrgang beträgt 13, dann sucht er sich bereits wieder andere Quellen. Auch aus dem zur Komplettierung des Choralkantatenjahrgangs von 1725 herangezogenen und erst 1728 gedruckten Jahrgang der Christiane Mariane von Ziegler zieht er sich nach 9 benutzten Texten wieder zurück. Es sieht trotz der nachweisbaren Eingriffe in diese Texte auch so aus, als ob ihm die theologische Qualität dieser Texte nicht ausreichend erschienen sei.

Der erwähnte Choralkantatenjahrgang, 1. Sonntag nach Trinitatis 1724 bis zum Fest Mariae Verkündigung 1725, darf als Höhepunkt seines Kantatenschaffens überhaupt angesehen werden. Sowohl in textlicher als auch in musikalischer Hinsicht gelingt ihm mit diesem Zyklus bei großartiger Variabilität im Einzelnen ein erstaunlicher Kursus. In musikalischer Hinsicht bedeutet die Entscheidung für Kirchenlieder als Grundlage für Kantaten zwar vordergründig eine Einschränkung, doch entfaltet er durch die Konzentration auf Lied und Cantus Firmus den schier unbegrenzten Reichtum seiner Erfindungskraft; in textlicher Hinsicht verlangt die Entscheidung einen immensen bibeltheologischen Weitblick, um das gewählte Lied mit seinen eigenen sachlichen Intentionen zu verbinden mit dem Skopus des jeweiligen Sonn- bzw. Festtagsevangeliums. Das geschieht nach modernem theologischen Urteil oft nicht spezifisch genug, nach dem damals geltenden Selbstauslegungsgrundsatz der Bibel jedoch in Höchstform der Auslegungskunst. Bachs Kantatentexte und deren musikalische Deutungen zu verstehen, setzt umfangreiche Bibelkenntnis voraus, die heute selbst bei Fachtheologen nur noch selten anzutreffen ist. Er selbst berücksichtigt die Besonderheiten der Bibelauslegung seiner Zeit musikalisch sensibel in nachvollziehbaren Formen. Warum dieser bedeutsame Jahrgang jäh abbricht, erklärt man sich heute mit dem plötzlichen Ausfall des Textdichters. Vermutungen verweisen auf Andreas Stübel, den wegen seiner Nähe zur chiliastischen Schwärmerei seit seinem 44. Lebensjahr im Jahr 1697 pro emerito erklärten ehemaligen Thomasschulkonrektor, der am 31. Januar 1725 verstarb.

Neben all den genannten Tätigkeiten und Beschäftigungen hatte er fortwährend Prüfungen abzunehmen: Alumnenanwärter, Stadtpfeifer, Kunstgeiger und Organisten. Politische Verpflichtungen bei städtischen und höfischen Anlässen verlangten von ihm ebenso, beachtet zu werden. Die bereits genannte jährliche Ratswahl, gottesdienstlich am Montag nach Bartholomäi (24. August) eines jeden Jahres in St. Nikolai begangen, die Anwesenheit von Mitgliedern des Dresdner Hofes anlässlich der Messen, aber auch Anlässe, wie die Musiken zum 47. Geburtstag des Gothaer Herzogs (August 1723) und zur Trauerrede für die verstorbene lutherisch gebliebene Kurfürstin Christiane Eberhardine (Oktober 1727), erwarteten – manches Mal auch gegen Widerstände – seine musikalische Teilnahme.

Stärker durch persönliche Daten veranlasst, doch ebenso zu seinen Pflichten gehörig, zeigen sich Musiken bei Trauungen (»*gantze Brautmessen*«), Beerdigungen und Gedächtnisgottesdiensten; aber auch das Singen auf Grund von Verpflichtungen, die sich aus Legaten ergaben und nicht unbedeutend waren für die Summe der sogenannten Akzidentien, bezeichnen seine nebenamtliche Tätigkeiten. Unberücksichtigt bleiben müssen in unserem Rahmen die von Leipzig aus erfüllten auswärtigen Verpflichtungen: Orgelprüfungen, Konzerttätigkeit in Weißenfels, Köthen, Dresden und Altenburg, gutachterliche Äußerungen, Empfehlungen.

Persönliches und Familiäres aus Bachs Leben in Leipzig

Will man sich dem Gebiet des Persönlichen und Familiären Bachs in Leipzig nähern, so gibt es einen anschaulichen Einsatzpunkt: »*Am vergangenen Sonnabend [22. Mai 1723] zu Mittage kamen 4 Wagen mit Haus-Rath beladen von Cöthen allhier an, so dem gewesenen dasigen Fürstl. Capell-Meister, als nach Leipzig vocirten Cantori Figurali, zugehöreten; Um 2 Uhr kam er selbst nebst seiner Familie auf 2 Kutschen an, und bezog die in der Thomas-Schule neu renovirte Wohnung.*« So vermeldet es eine damalige Zeitung. Die Kantorenwohnung befand sich auf der linken Seite des Gebäudes, die des Rektors auf der rechten Seite. Das Gebäude von 1553 war zu diesem Zeitpunkt nicht mehr in bestem Zustand, Ende Juni 1731 wurde die Familie wie auch die gesamte Schule ausquartiert, um das Gebäude einer Sanierung zu unterziehen. Bachs wohnten unterdessen im Hause des Juristen Dr. Christoph Donndorff in der Hainstraße. Erst reichlich 11 Monate später konnte die Schule und ihre Wohnungen wieder ihrer Bestimmung übergeben werden.

Im Schulhaus am Thomaskirchhof wurden 12 der insgesamt 13 Kinder zweiter Ehe Bachs geboren. Die im Frühjahr 1723 zur Welt gekommene Christiana Sophia Henrietta hat jedenfalls nicht Leipzig zum Geburtsort, auch wenn wir Näheres nicht wissen. Insgesamt waren es 7 Mädchen und 6 Jungen, die Johann Sebastian und Anna Magdalena zu Eltern hatten. Als man nach Leipzig zog, lebten aus seiner ersten Ehe von 7 Kindern noch 4: Catharina Dorothea (14), Wilhelm Friedemann (12), Carl Philipp Emanuel (9) und Johann Gottfried Bernhard (8). In die Familie integriert war seit der Weimarer Zeit die unverheiratet gebliebene ältere Schwester von Bachs erster Frau, Friedelena Margaretha (47); sie starb hier 6 Jahre später an dem Tage, an dem einst auch Johann Sebastian das Zeitliche segnen würde, am 28. Juli. Bach selbst stand 1723 im 39., Anna Magdalena im 23. Lebensjahr. Von den Kindern zweiter Ehe verstarben im Kleinkindalter Christiana Sophia Henrietta mit 3 1/4 Jahren (1726), Ernestus Andreas mit 2 Tagen (1727), Christian Gottlieb mit 3 1/2 Jahren (1728), Christiana Benedicta mit 3 Tagen (1730), Christiana Dorothea mit 1 1/2 Jahren (1732), Regina Johanna mit 4 1/2 Jahren (1733), Johann August Abraham mit 3 Tagen (1733). Man sollte sich schon einmal vor Augen führen, was es bedeutet haben mag, dass die dreiunddreißigjährige Mutter Anna Magdalena am Ende des Jahres 1733 nach insgesamt 10 Geburten bereits 7 Kinder durch den Tod wieder hatte hergeben müssen. Am Leben waren Gottfried Heinrich (* 1724), Elisabeth Juliana Friederica (* 1726) und Johann Christoph Friedrich (* 1732); es folgten noch drei Kinder, die am Leben blieben und erwachsen wurden: Johann Christian (* 1735), Johanna Carolina (* 1737) und Regina Susanna (* 1742).

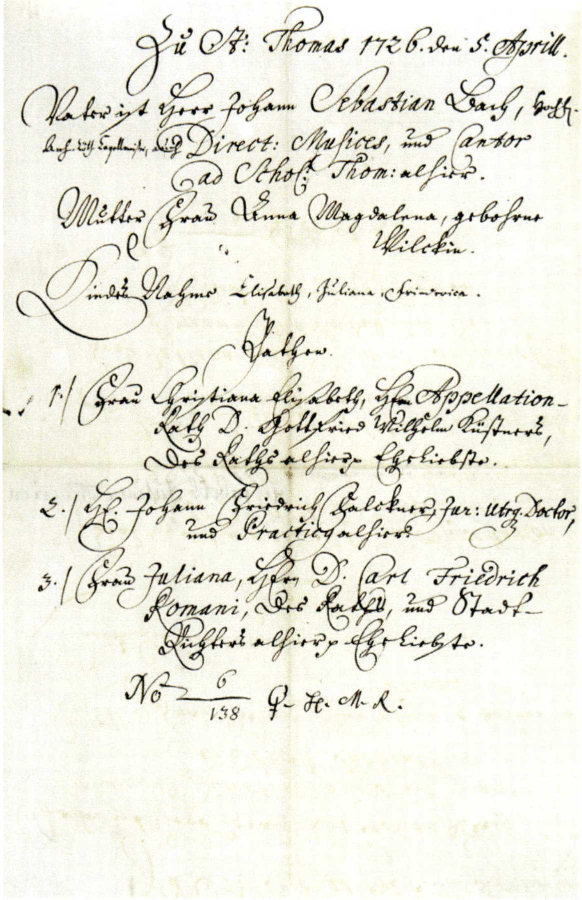

Zu St: Thomas 1726. den 5. April.
Vater ist Herr Johann Sebastian Bach, Hochf. Anhalt-Cöthen. Capellmeister, auch Direct: Musices, und Cantor ad Schol: Thom: allhier.
Mutter Frau Anna Magdalena, gebohrne Wilckin.
Kindes Nahme Elisabeth, Juliana, Friederica.
Pathen.
1.) Frau Christiana Elisabeth, Herrn Appellation-Rath D. Gottfried Wilhelm Küstners, des Raths allhier Eheliebste.
2.) H. Johann Friedrich Falckner, Jur: Utr. Doctor und Practicus allhier.
3.) Frau Juliana, Herrn D. Carl Friedrich Romani, des Raths, und Stadt-Richters allhier, Eheliebste.
No 6/138

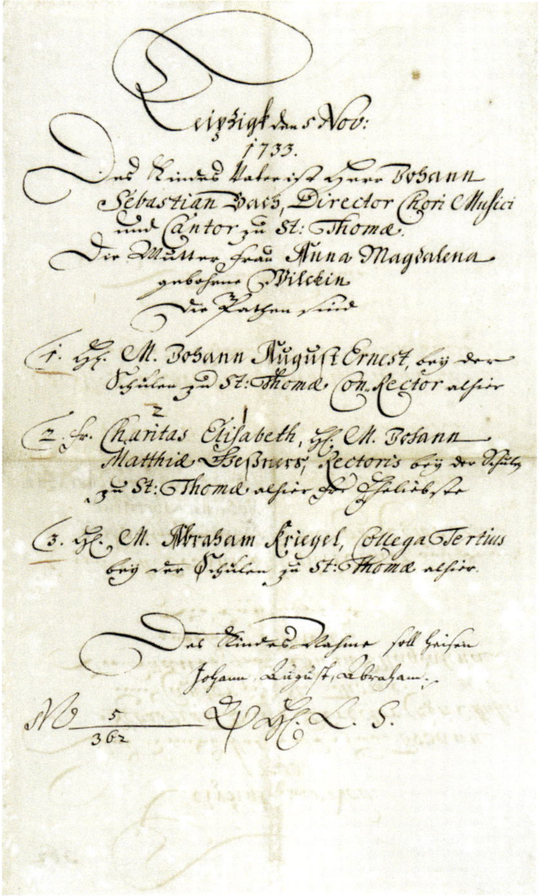

Leipzig den 5 Nov: 1733.
Des Kindes Vater ist Herr Johann Sebastian Bach, Director Chori Musici und Cantor zu St: Thomae.
Die Mutter Frau Anna Magdalena gebohrne Wilckin.
Die Pathen sind
1. H. M. Johann August Ernest, bey der Schulen zu St: Thomae Con-Rector allhier
2. Fr. Charitas Elisabeth, H. M. Johann Matthiae Geßners, Rectoris bey der Schule zu St: Thomae allhier Eheliebste
3. H. M. Abraham Kriegel, Collega Tertius bey der Schulen zu St: Thomae allhier.
Das Kindes Nahme soll heißen Johann August, Abraham.
No 5/362

Taufzettel des Johann August Abraham Bach, getauft in der Thomaskirche am 5. November 1733.

Taufzettel der Elisabeth Juliana Friederica Bach, getauft in der Thomaskirche am 5. April 1726.

Hinsichtlich dieses familiären Hintergrundes erscheinen insbesondere die Jahre 1732–1733 als einschneidend: Im August 1732 hatte man die knapp 1 1/2-jährige Christiana Dorothea zu Grabe getragen, nachdem zwei Monate zuvor Johann Christoph Friedrich zur Welt gekommen war. In den ersten Monaten des nächsten Jahres beherrschte vor allem der Tod Augusts des Starken (1. Februar) die Öffentlichkeit. Am 21. April fand in der Nikolaikirche die Huldigungspredigt für den neuen Kurfürsten statt, zwei Tage später starb die 4 1/2-jährige Regina Johanna. Bach nutzte das Tempus clausum nach dem Tode des Kurfürsten für die Komposition seiner Missa (Kyrie und Gloria der späteren h-Moll-Messe, BWV 232), deren Stimmensatz – von ihm selbst, von Anna Magdalena, Wilhelm Friedemann und Carl Philipp Emanuel geschrieben – er dann mit einem Begleitschreiben am 27. Juli in Dresden persönlich überreichte. Zu dieser Zeit war Anna Magdalena im sechsten Monat schwanger. Reichlich drei Monate später gebar sie Johann August Abraham, der aber nach 3 Tagen am 7. November wieder verstarb.

Bachs Teilnahme am Abendmahl in der Thomaskirche ist anhand der Kommunikantenregister gut dokumentiert und kontinuierlich zu verfolgen. Er behielt offenbar seinen gewohnten Rhythmus bei, zweimal pro Jahr am Abendmahlstisch zu erscheinen. Das tat er gewöhnlich zusammen mit weiteren Mitgliedern seiner Familie beim Donnerstagsfrühgottesdienst in der Thomaskirche. Da er sonntags während des Abendmahls zu musizieren hatte, bot sich diese Leipziger Gepflogenheit an. Dem ging die Beichte am Vortag voraus. Er wandte sich nach seinem Dienstantritt deshalb gleich an den Pastor Thomanus, Lic. Christian Weise d. Ä. Das Kommunikantenregister führt Bach stetig unter den Kommunikanten Weises auf. Die Pre-

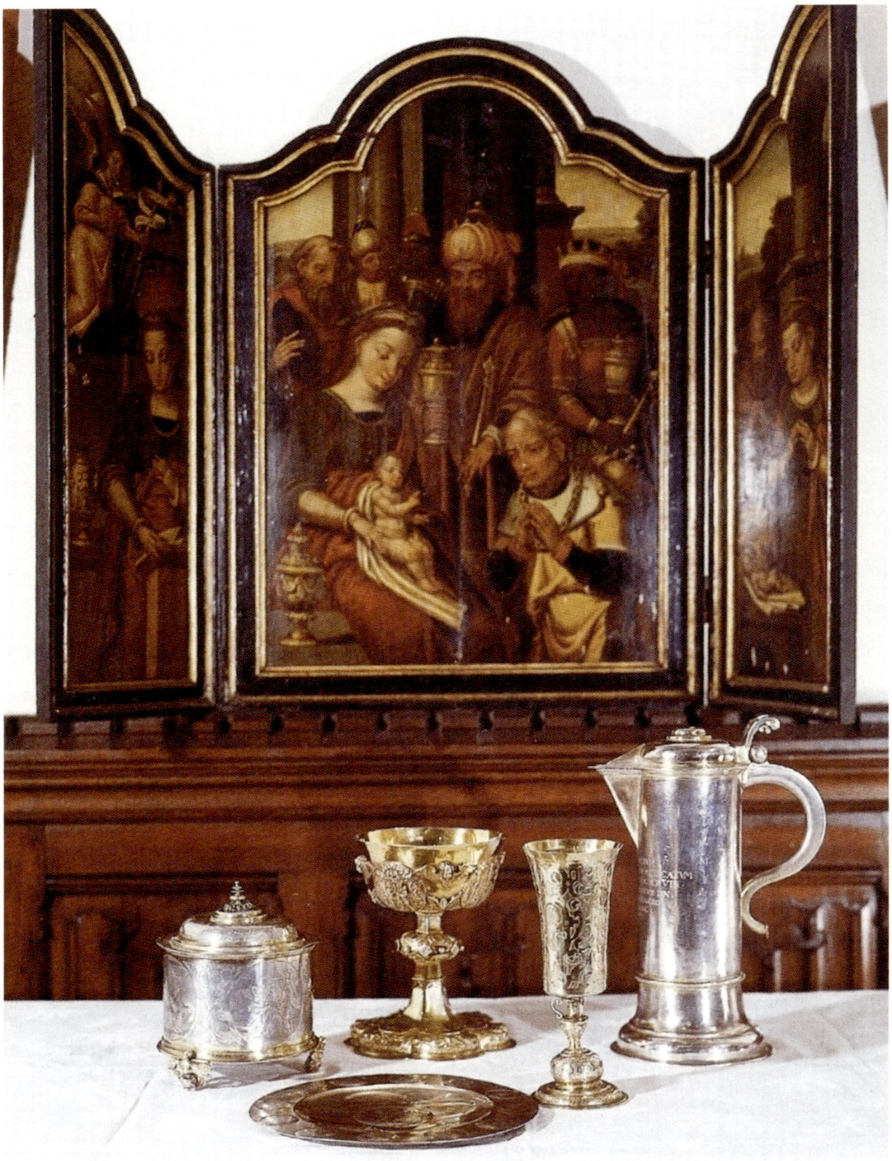

Abendmahlsgerät der Bachzeit, vor dem Dreikönigsaltar (Mitte des 15. Jahrhunderts, später womöglich als Tragaltar zu Haustrauungen benutzt).

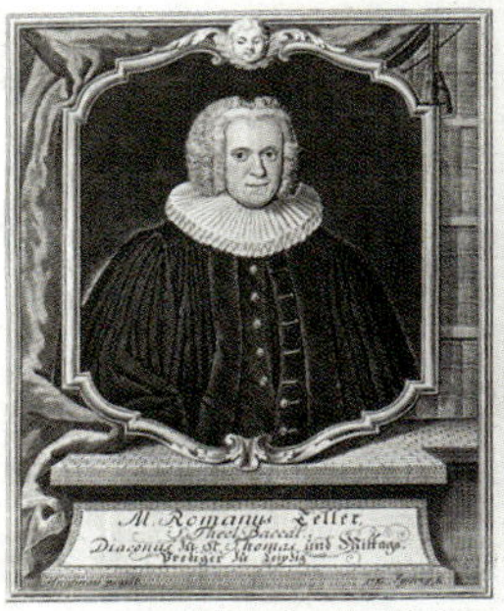

Romanus Teller (1703–1750) Diakonus an der Thomaskirche.

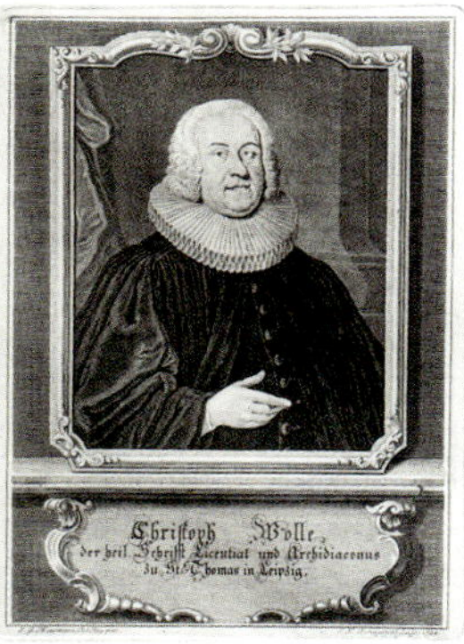

Christoph Wolle (1700–1761), Archidiakonus an St. Thomas, Stich von F. M. Bernigeroth, 1745.

digten zu diesen Donnerstagsfrühgottesdiensten hielt nicht immer Weise, sondern meistens Studenten. Eine Ausnahme von der Abendmahlsteilnahme am Donnerstag machte Bach nur einmal, am Sonntag Jubilate, dem 4. Mai 1732. Zehn Tage zuvor erst war man aus der Interimswohnung in der Hainstraße, die die Familie während des Thomasschulumbaus bewohnte, in die sanierte Thomasschule zurückgekehrt. Nach dem Tode Weises im Dezember 1736 scheint Bach unschlüssig gewesen zu sein, zu welchem neuen Beichtvater er sich wenden solle. Erst am 20. März 1738 findet sich die nächste Abendmahlseintragung, nun bei M. Romanus Teller als seinem neuen Beichtvater. Dieser war am 25. August 1737 als Subdiakonus und Mittagsprediger an der Thomaskirche angetreten. Als dieser sich dann nach seiner Berufung zum Theologieprofessor an die Universität auf eine Katechetenstelle an die Peterskirche versetzen lässt, muss Bach sich erneut anders orientieren. Diesmal gelingt ihm der Übergang offenbar ohne Schwierigkeiten; er wendet sich dem Subdiakonus M. Johann Paul Ram zu, erst seit März 1740 in Leipzig, auf der Stelle der Thomaskirche seit 2. Oktober. Doch kurz bevor dieser am 18. Juni 1741 die Thomasstelle gegen die des Diakonats an der Nikolaikirche tauscht und dann im September darauf verstirbt, nimmt Bach nochmals bei ihm am Abendmahl teil. Der neuerlich nötige Wechsel muss Bach nicht schwer gefallen sein. Schon seit 1739 hatte er Gelegenheit, den damals neuen Subdiakonus der Thomaskirche, M. Christoph Wolle, kennen zu lernen und zu erleben. Ihm, der inzwischen zum Diakonus und dann zum Archidiakonus avanciert war, wendet er sich zu und nimmt bei ihm erstmalig am Donnerstag nach dem 2. Advent 1741 am Abendmahl teil. Wolle wird derjenige sein, der am Montag nach dem 2. Sonntag nach Epiphanias, dem 20. Januar 1749, Bachs Tochter Elisabeth Juliana Friederica mit Johann Christoph Altnickol, inzwischen Organist der Wenzelskirche zu Naumburg, vor dem Altar der Thomaskirche trauen wird; und er ist es auch, der Bach wenige Tage vor seinem Tode am 22. Juli 1750 das Krankenabendmahl zu Hause spendete.

Es würde zu weit führen, wollte man nun alle Persönlichkeiten der Thomaskirche und -schule – Geistliche, Organisten, Lehrer, Küster, Türmer – aufführen, mit denen Bach dienstlich oder auch vielleicht privat näheren Kontakt gepflegt hat. Das ist aus den Zusammenstellungen im Anhang zu ersehen. Man müsste auch die häusliche Umgebung am Thomaskirchhof berücksichtigen, aus der vor allem zur Familie des Kaufmanns Bose ein guter Kontakt bekannt ist. Anna Magdalena zählte eine der Bosetöchter zu ihren »*Herzenfreundinnen*«, was u. a. auch durch Patenschaften unterstützt wird.

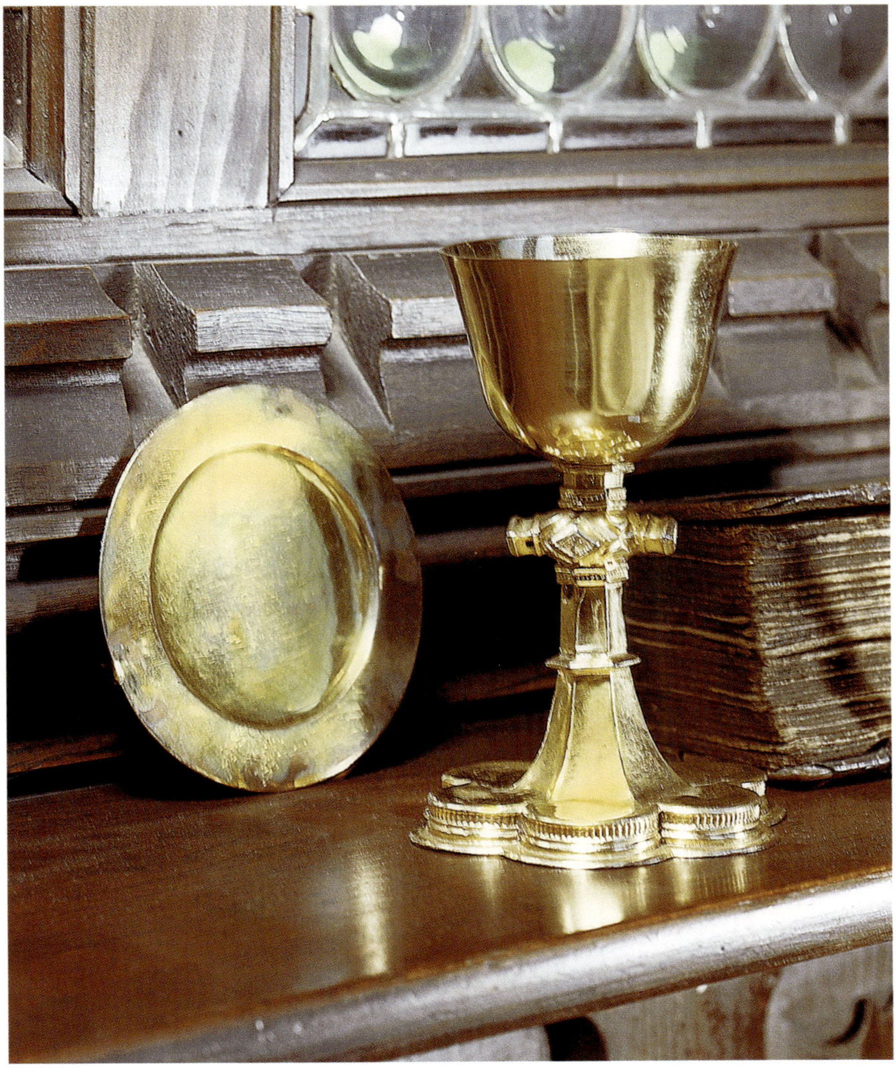

Hausabendmahlsgerät, Kelch um 1500.

Bachpflege in der Thomaskirche

Die Bachpflege in der Thomaskirche beginnt Bach selbst mit der Aufführung seiner Probekantaten im Gottesdienst des Sonntages Estomihi, dem 7. Februar 1723. Wie im Einzelnen die aufführungspraktische Situation auf der Chorempore der Thomaskirche beschaffen war, ist nur unzureichend zu rekonstruieren. Bilder oder auch nur Bauzeichnungen fehlen gänzlich. Zwei Gestühlpläne, von 1679 und 1780, deuten nur nebenbei an, was wir heute gern wüssten. Für Leipzig gilt, dass grundsätzlich alle Werke des Thomaskantors in den beiden Hauptkirchen St. Thomas und St. Nikolai musiziert werden konnten. Doch geschah dies abhängig vom Lauf des Kirchenjahres. Dabei war zu bedenken, dass seit den Zeiten des Superintendenten Hülsemann, der seinen Dienstsitz an der Nikolaikirche hatte, die Ordnung galt, am 1. Feiertag der hohen Feste die Kantate im Frühgottesdienst der Nikolaikirche und im Vespergottesdienst der Thomaskirche zu musizieren. Daraus allein erklärt sich zu Bachs Zeiten die Reihenfolge des Wechsels zwischen beiden Kirchen. Doch allein die Tatsache, dass Bach die Matthäuspassion, soweit bekannt ist, nie in der Nikolaikirche musiziert hat, macht deutlich, dass auch aufführungspraktische Bedingungen ein gewichtiges Wort mitredeten. Andererseits scheint die damalige Nikolaiorgel vorteilhafter gewesen zu sein für einleitende Kantatensinfonien mit obligater Orgel, wie z.B. bei der Kantate BWV 29.

Bachs Nachfolger, Gottlob Harrer, führte nachweislich Werke seines Vorgängers auf, vor allem Stücke aus dem Choralkantatenjahrgang, den Bachs Witwe, Anna Magdalena, dem Rat zu Leipzig verkaufte. Dem Fleiß des Thomanerpräfekten Christian Friedrich Penzel verdankt die Nachwelt die Kenntnis von mancher Bachkantate. Er pflegte nach Harrers Tod das Kantatenwerk Bachs weiter. Johann Friedrich Doles, Schüler Bachs und zweiter Amtsnachfolger, pflegte mit dem Chor besonders die Motetten Bachs; die bekannteste Aufführung ist die von *Singet dem Herrn ein neues Lied* (BWV 225) in Anwesenheit Mozarts am 21. oder 22. April 1789 unter dem bereits emeritierten Thomaskantor Doles.

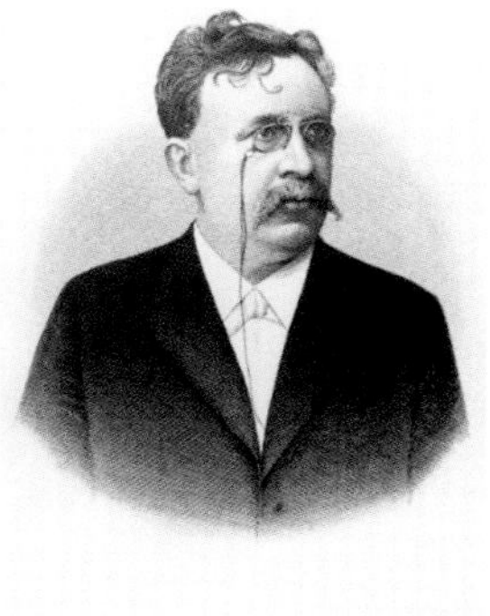

Hermann Kretzschmar (1848–1924), Vorsitzender der »Bachgesellschaft« und der »Neuen Bachgesellschaft«.

Auch wenn Bachpflege in Leipzig nie aufgehört hat, so muss wohl doch davon gesprochen werden, dass sie sich in den folgenden Jahrzehnten nur in eingeschränktem Maße fortsetzte. Leipzig huldigte zwar dem großen Thomaskantor 1781 durch die Aufschrift seines Namens an der Decke des Gewandhaussaales, doch bedurfte es des Anstoßes durch Thomaskantor Johann Gottfried Schicht, der erstmalig zu Motetten in Zeitungen einlud, und schließlich der überragenden Tätigkeit Mendelssohn Bartholdys. Auf dessen Betreiben war auch Moritz Hauptmann aus Kassel nach Leipzig gerufen worden und bekleidete seit 1842 das Thomaskantorat. Übrigens gruppierte sich um diesen von 1856 an auch die Händelgesellschaft. Unter seinem Vorsitz, doch bereits nach Mendelssohns Tod, kam zunächst die Bachgesellschaft 1850 zu Stande, die sich das Ziel setzte, alle Werke Johann Sebastian Bachs im Druck zu veröffentlichen. An dieser Arbeit waren namhafte Persönlichkeiten beteiligt. Zu ihren Gründern gehören auch Franz Liszt und Louis Spohr. Als Herausgeber ist nächst Moritz Hauptmann vor allem wieder ein Thomaskantor zu nennen, Wilhelm Rust. Er trieb die Arbeit voran, doch konnte er die Vollendung nicht erleben. Dies war Hermann Kretzschmar vergönnt, der am 27. Januar 1900, dem Geburtstag des deutschen Kaisers, das erreichte Ziel der Bachgesellschaft verkündet, diese als aufgelöst erklärt, sogleich aber die *Neue Bachgesellschaft* (NBG) gründet mit der Zweckbestimmung der Pflege und Verbreitung des Bachschen Werkes.

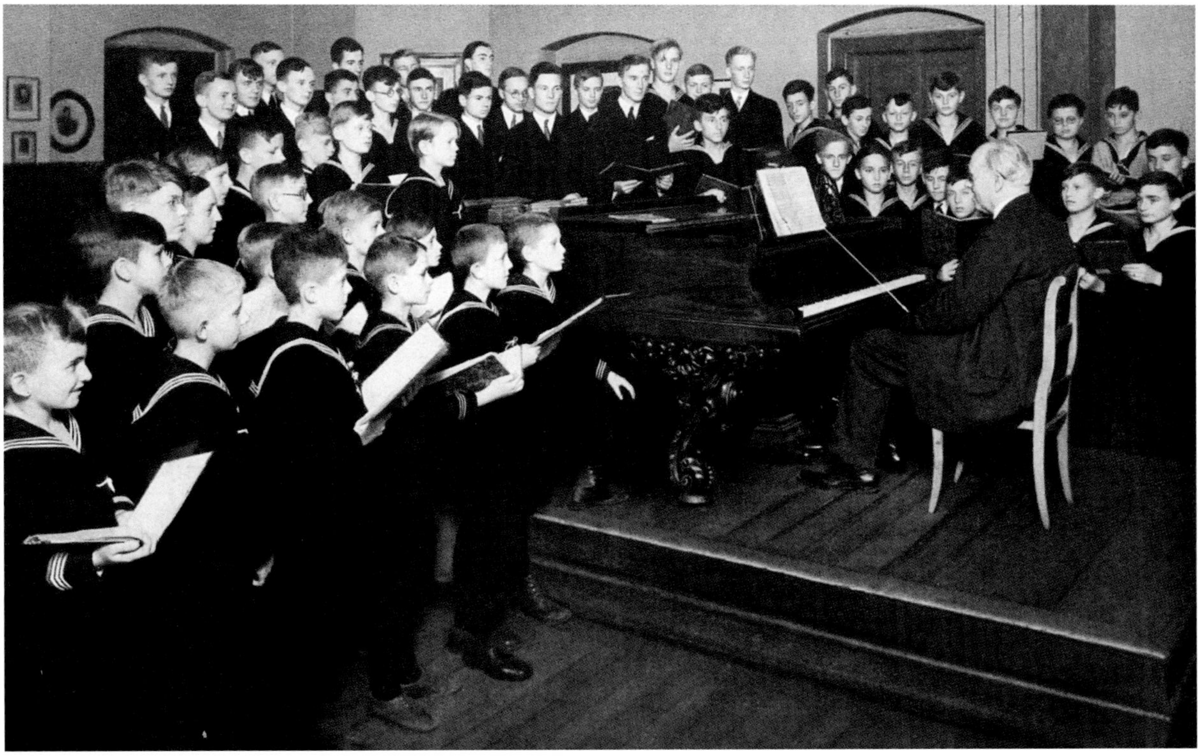

Thomaskantor Karl Straube bei der Probenarbeit im Musiksaal der Thomasschule (1930).

Gleichsam die Arbeit der NBG vorwegnehmend, macht sich indes in Leipzig um die Bachpflege ein eigens gegründeter Bach-Verein verdient, der noch bis weit in die Zeiten des Thomaskantors Straube besteht. Zunächst unter der Leitung von Alfred Volkland, 1875, dann unter Heinrich von Herzogenberg, kommt es zu einer verhältnismäßig dichten Reihe von Kantatenaufführungen vornehmlich in der Thomaskirche und im Vereinshaus der Leipziger Inneren Mission. Auch die Städtische Bachfeier zum 200. Geburtstag Bachs am 21. März 1885 begeht man gemeinsam mit Thomanerchor und Gewandhausorchester; zur Aufführung kommt die Johannespassion in der Thomaskirche. Ihre neugotische Sanierung in den Jahren von 1885 an trägt ein weiteres Element bei: Für die Reihe der geplanten Memorialfenster auf der Südseite des Langhauses sollen auch Fenster für Bach und für Mendelssohn Bartholdy entstehen. Während das Bach-Fenster sehr rasch einen Sponsor findet, verhindern Proteste einer antisemitischen Vereinigung das Zustandekommen des Mendelssohn-Fensters. Erst zum 150. Todestag des Komponisten am 4. November 1997 erfährt er, der auch als Wiedererwecker des Bachschen Werkes gilt, seine verdiente Würdigung in dieser Reihe.

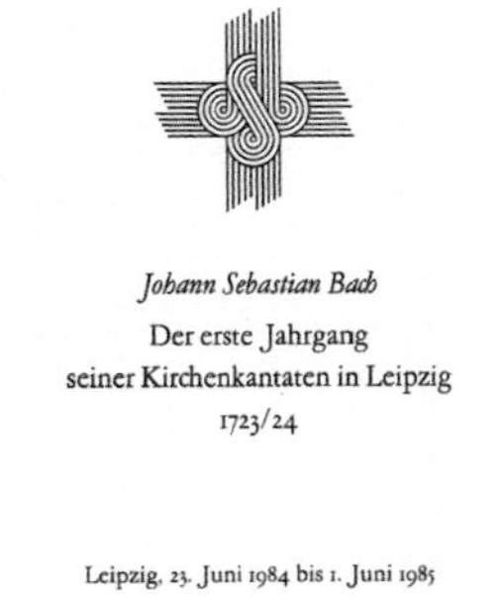
Kirchliches Komitee Johann Sebastian Bach 1985, im Auftrag der Ev.-Luth. Landeskirche Sachsens

Johann Sebastian Bach
Der erste Jahrgang
seiner Kirchenkantaten in Leipzig
1723/24

Leipzig, 23. Juni 1984 bis 1. Juni 1985

Programmheft zur Aufführung des ersten Jahrgangs der Bachschen Kirchenkantaten (1723–1724) anlässlich des Bachjahres 1985.

Unter dem Thomasorganisten und späteren Thomaskantor Karl Straube nimmt die Bachpflege einen wesentlichen Aufschwung; erinnert sei nur an die sonntäglich musizierten Bachkantaten im Gottesdienst der Thomaskirche und im Gewandhaus zur Direktübertragung im Rundfunk Ostern 1931 bis Dezember 1937. Unter den nachfolgenden Thomaskantoren bis heute erlebt die Pflege des Bachschen Werkes eine nie dagewesene Blüte. Regelmäßige Kantatenaufführungen in den Motetten gehören ebenso zum gewohnten Bild der Thomaskirche wie die Pflege der Oratorien. Für den Thomasorganisten gehört das Spiel der Bachschen Orgelwerke von Amts wegen dazu. Nicht unerwähnt bleiben darf, dass neben der serienmäßigen Aufführung der Bachkantaten unter den Thomaskantoren Straube und Biller bereits zum Bach-Schütz-Händel-Jahr in Verantwortung des *Kirchlichen Komitees Johann Sebastian*

Instrumente der Bachzeit aus der Instrumentenkammer der Thomaskirche.

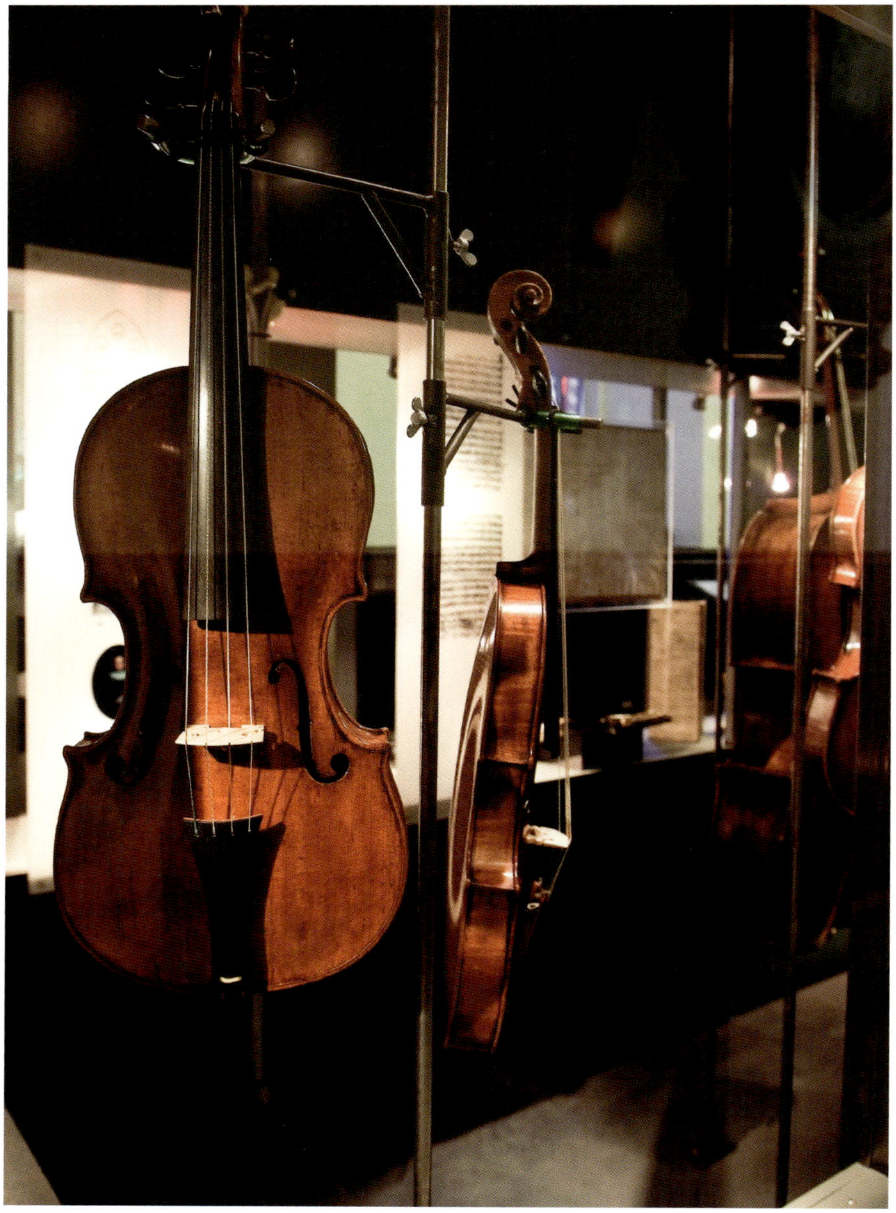

Bach 1985 von Juni 1984 bis Juni 1985 eine Gesamtaufführung von Bachs erstem Leipziger Kantatenjahrgang 1723–1724 zu Stande kam; von 61 Kantaten erklangen 38 in der Thomaskirche.

Die 1945 totgeglaubte NBG verknüpft ihr Wirken spätestens von dem Zeitpunkt an mit der Thomaskirche, seit sie in ihrer Satzung eine Mitverantwortung für das seit 1949 in der Kirche befindliche Bachgrab festschreibt.

Auch in Zukunft wird die Thomaskirche Zentrum der Bachpflege in Leipzig bleiben. Dem Wirken des Thomanerchores, seines Kantors und des Thomasorganisten obliegt weiterhin diese wunderbare Aufgabe.

3
Gemeinde

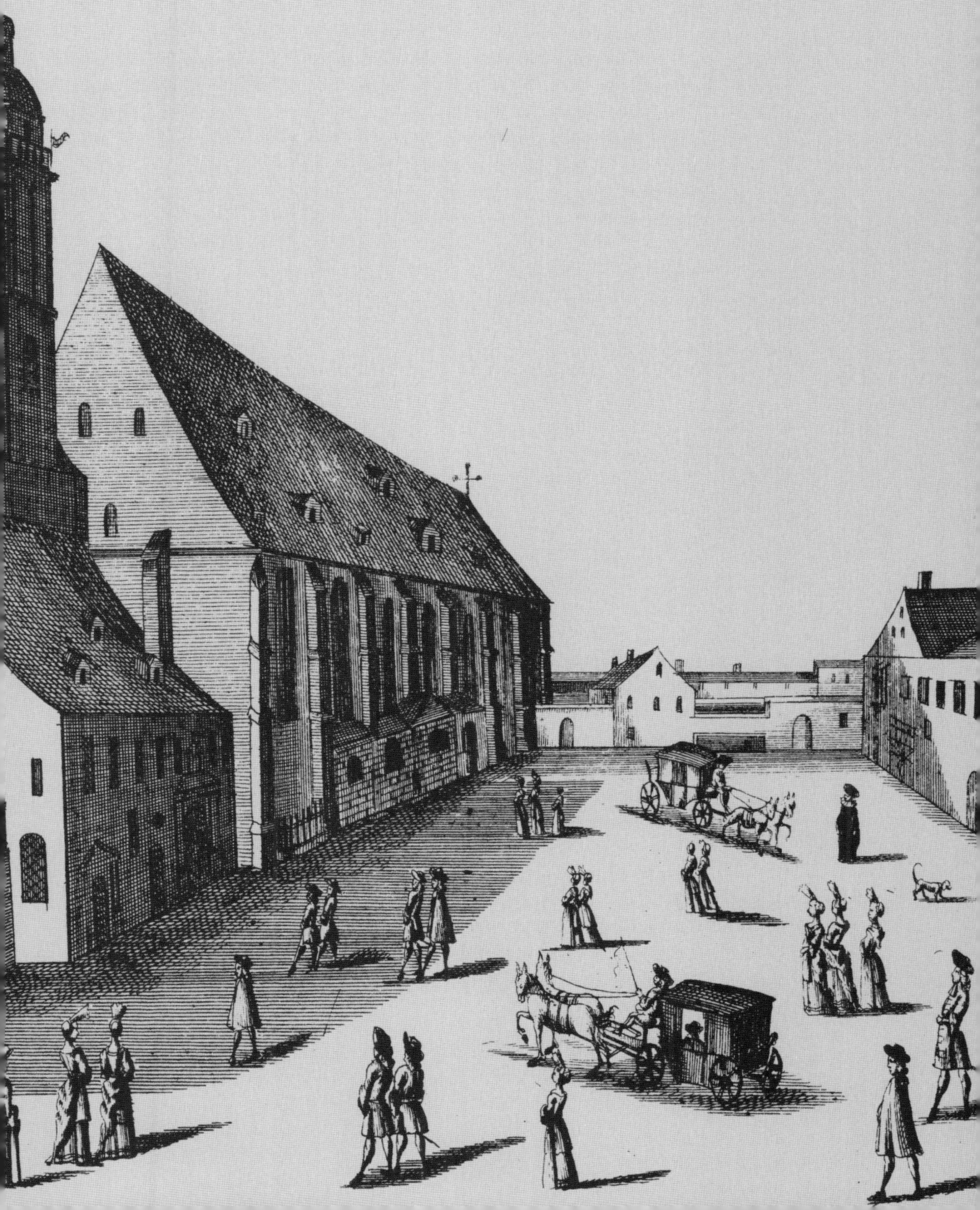

3.1 Kirche im mittelalterlichen Leipzig

Im 10. Jahrhundert gelang es dem deutschen König Heinrich I. (um 876–936) und seinen Nachfolgern, ihre Herrschaft über die Saale nach Osten hin auszudehnen. Zwischen Merseburg und Meißen – seit 929 deutsche Burg – entstand mit den Burgwarden ein System von Befestigungsanlagen. Diese Stützpunkte deutscher Herrschaft und Verwaltung waren für ein bestimmtes Gebiet zuständig, dessen Dörfer zu Dienstleistungen und Abgaben verpflichtet waren, aber auch den Schutz der Burg beanspruchen konnten. Neben Wurzen (961), Magdeburg (970), Zwickau (974), Schkeuditz (974), Döbeln (981), Eythra (984) zählte auch Leipzig dazu. Die Chronik des Merseburger Bischofs Thietmar (975–1018) erwähnt diesen Ort erstmals im Zusammenhang mit dem Tod des Bischofs Eid von Meißen, der für den 20. Dezember 1015 in der »*urbs Lipzi*« berichtet wird. Es ist anzunehmen, dass die Burg Leipzig – archäologisch auf dem früheren Matthäikirchhof nachgewiesen – eine sorbische Befestigungsanlage ablöste. Zur Hauptburg gehörten Unterburgen, in deren Schutz Handwerker und Kaufleute siedelten.

Die Stadtentstehung Leipzigs

Eine Kirche als Ausgangspunkt christlicher Predigt und Seelsorge ist erstmals Anfang des 11. Jahrhunderts belegt. König Heinrich II. (973–1024) übergab dieses Gotteshaus 1017 an Bischof Thietmar von Merseburg. Dabei handelte es sich vermutlich um eine dem Hl. Petrus geweihte Kapelle, die als Andachtsstätte zunächst sowohl der sorbischen Bevölkerung als auch den ersten deutschen Siedlern diente.

Der eigentliche Landesausbau ab 1100 verbesserte die kirchliche Versorgung im Umkreis der Burg Leipzig. An der alten von West nach Ost verlaufenden Straße, der späteren Via regia, entstand für die Kaufmannssiedlung an der Doppelfurt von Elster und Pleiße vom Schottenkloster in Erfurt aus eine Jakobskirche, zugleich als Wegstation für Wallfahrer auf dem Jakobsweg zum Grab des Apostels Jakobus d. Ä. im spanischen Santiago de Compostela. In Burgnähe siedelten Handwerker, die eine Pfarrkirche, als Vorgängerin der Thomaskirche und sicher mit dem gleichen Patrozinium, Mitte des 12. Jahrhunderts erhielten, zu der auch ein Friedhof gehörte. Zwischen der nördlichen West-Ost-Straße, die nach Eilenburg, Torgau, Herzberg führte, und der südlichen Abzweigung in die Lausitz über Grimma, Döbeln und Meißen entwickelte sich eine Ansiedlung von Fernkaufleuten, die ihrem Schutzpatron, dem Hl. Nikolaus, eine Kirche errichteten. Diese erhielt nach 1170, wahrscheinlich mit markgräflicher Unterstützung, einen Nachfolgebau, nun jedoch schon als eine der beiden Stadtkirchen neben St. Thomas. Zu den Andachtsstätten zählten weiter eine im Ostteil des Brühls, im Hof der Herren von Schkeuditz, zu lokalisierende Marienkapelle und am Ausgang der Katharinenstraße eine Katharinenkapelle, deren Existenz eine 1240 erfolgte Zuwendung voraussetzt. Beide Kapellen wurden nach Einführung der Reformation abgerissen.

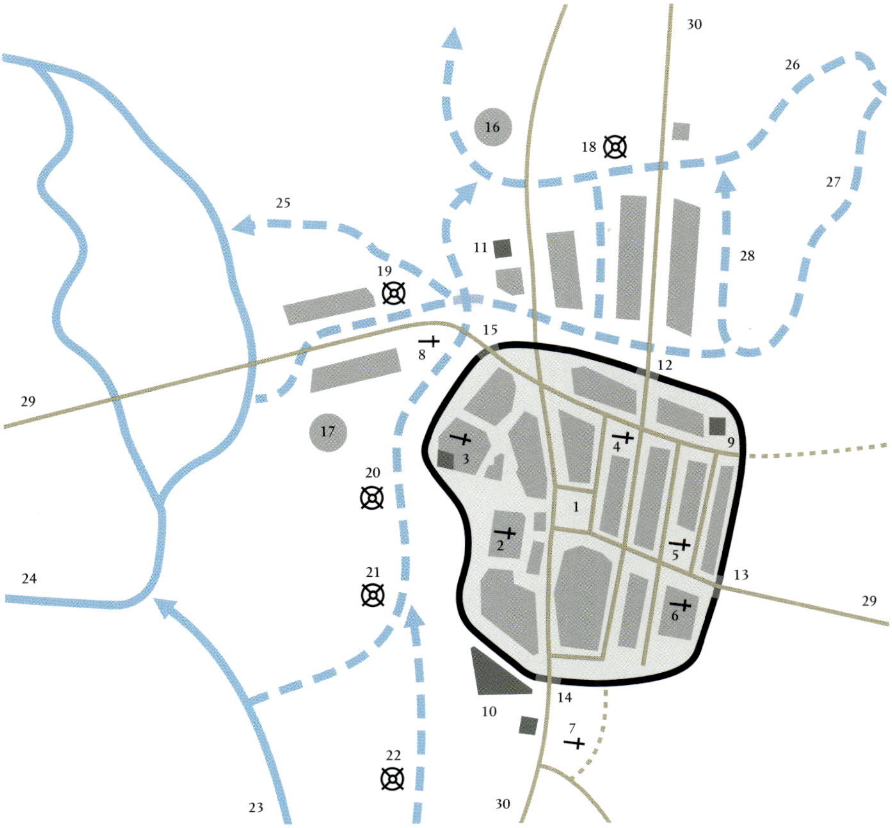

Siedlungskern Leipzigs im 13. Jahrhundert (nach Herbert Küas, 1976).

1 Markt
2 Augustinerchorherrenstift St. Thomas
3 Franziskanerkloster anstelle der Hauptburg
4 St. Katharinen
5 Nikolaikirche
6 Dominikanerkloster St. Pauli
7 St. Petri
8 St. Jakob
9 Burg der Stadtvögte
10 Pleißenburg
11 Alte Burg
12 Hallisches Tor
13 Grimmaisches Tor
14 Peterstor
15 Ranstädter Tor
16 Pfaffendorf
17 Naundörfchen
18 Lohmühle der Gerber
19 Angermühle
20 Burgmühle
21 Thomasmühle
22 Nonnenmühle
23 Pleiße
24 Elster
25 Elstermühlgraben
26 verlegte Parthe
27 alte Parthe
28 Gerberkanal
29 Via Regia
30 Via Imperii

Zu den Formen des Landesausbaus gehörten die Neugründung von Städten oder die Zusammenfassung mehrerer Siedlungskerne durch Verleihung des Stadtrechts zu einem Gemeinwesen. Dieses erfolgte für Leipzig um 1165 durch Markgraf Otto den Reichen von Meißen († 1190). Damit gelang es den Wettinern, nicht nur ihre Macht im Leipziger Raum auszubauen und sich gegen Ansprüche des Königs und des Merseburger Bischofs durchzusetzen, sondern auch Leipzig zu einem politischen Mittelpunkt auszubauen, mit dem sie die strategisch bedeutsame Kreuzung der Nord-Süd- und der Ost-West-Verbindung für sich beanspruchten, schützten und in ihr Herrschaftsgebiet integrierten. Der Markgraf verlieh der Stadt das Recht von Halle und Magdeburg und ein Marktprivileg. Er bestimmte, wie weit das Stadtrecht galt, er forderte die Bürger zu gemeinschaftlicher Verteidigung auf und versicherte sie seines Schutzes. Eine weitere markgräfliche Urkunde befreite Kaufleute, die die Leipziger Märkte besuchten, vom Wege- und Brückenzoll. Mit diesen Privilegien begann die eigentliche Geschichte Leipzigs als markgräfliche Stadt. Sie schufen ebenso die Voraussetzungen für den raschen Aufstieg Leipzigs, das bald neben Camburg und Meißen zu den wichtigsten Orten im Herrschaftsbereich der frühen Wettiner gehörte. Der geistlichen Versorgung der Stadt dienten die beiden Pfarrkirchen St. Thomas und St. Nikolai, der die Peterskapelle zugeordnet war. Eine Wallanlage schützte das neue Gemeinwesen, zu dem das Viertel um die Jakobuskirche nicht gehörte.

Die Stadtwerdung Leipzigs fällt in eine Zeit weiterer Stadtgründungen in der Markgrafschaft Meißen und verweist auf eine verstärkte deutsche Ansiedlung und auf die intensiven Bemühungen der Markgrafen um eine Machtdurchdringung ihres Gebietes. Neben die Dörfer traten die Städte als Orte des Handels und des Handwerks, die durch ihre Größe und Befestigung militärische und wirtschaftliche Bedeutung erlangten und die landesherrliche Macht entscheidend stärkten. Die Städte erwarben eine begrenzte Eigenständigkeit im feudalen System. Das besondere Stadtrecht konstituizerte als neue soziale Institution die Gemeinschaft der Bürger, die – durch Eid verbunden – selbstbewusst ihre politische sowie geistig-geistliche Verwirklichung suchte und damit Freiräume eröffnete, die Wirtschaft und Wissenschaft förderten. Zunahme der Bevölkerung, Veränderungen im Lebensgefühl, neue Formen des Denkens und veränderte Methoden wissenschaftlichen Arbeitens führten zu einem geistigen Umbruch, wie er seit Beginn des 12. Jahrhunderts auch für Leipzig zu beobachten ist.

Gründung des Augustinerchorherrenstifts St. Thomas

Familienstreit unter den Wettinern schwächte den Markgrafen und stärkte die Position und die Haltung der Leipziger Bürger, was sich im Bau der Nikolaikirche niederschlug. Der Markgraf musste jedoch daran interessiert sein, durch ihm zur Verfügung stehende Mittel das neue Gemeinwesen zu fördern und zu kontrollieren. Diesem Zweck diente eindeutig die Gründung des Augustinerchorherrenstifts St. Thomas in Leipzig durch Markgraf Dietrich († 1221). Wann dieser mit dem Aufbau des Klosters an der Thomaskirche begann, ist nicht überliefert, frühestens jedoch nach 1198, als Dietrich sich gewaltsam die Markgrafschaft aneignete. Am 20. März 1212 bestätigt Kaiser Otto IV. (1182–1218) auf Wunsch des Markgrafen die Stiftung und Ausstattung eines Klosters und eines Hospitals zu Leipzig, was sich nur auf das Augustinerchorherrenstift und auf das Georgenhospital beziehen kann, dessen Gründung in Verbindung mit dem Thomaskloster erfolgte und ebenfalls auf Markgraf Dietrich zurückging. Die Chorherren lebten nach der Regel Augustins (354–430). Sie verbanden klösterliches Gemeinschaftsleben mit Seelsorgetätigkeit in den Gemeinden. Dieser Ausrichtung verdankten sie auch die Förderung durch Markgraf Dietrich, der mit der Neugründung zugleich das Kirchenwesen Leipzigs neu ordnete und seinen Einfluss ausbaute. Otto IV. gestattete 1212 den Wettinern noch weitere Zuwendungen aus den Gütern der Mark Meißen, die ihm der Kaiser verliehen hatte, und beteiligte sich damit selbst an der Ausstattung des Stifts. Außerdem wurde die Vogtei über Kloster und Hospital dem jeweiligen Markgrafen von Meißen zugesprochen, was den Einfluss der Wettiner festschrieb. 1219 bekräftigte König Friedrich II. (1194–1250) diese Bestimmung und erneuerte die Schutzzusage für Stiftung und Ausstattung des Klosters.

Seine landespolitische Aufgabe erhielt das Stift 1213. Markgraf Dietrich beurkundete die Gründung des Thomasklosters und beschrieb dessen Rechtslage, Ausstattung und Aufgaben. Das Schutzrecht, die Vogtei, sollte stets bei der Familie des Stifters nach dem Senioratsprinzip verbleiben und zu keiner Zeit weiterverliehen werden. Dietrich unterstrich die Verantwortung der Wettiner für ihre neue Stiftung, die Steuer- und Dienstfreiheit gegenüber dem Markgrafen erhielt. Besonders weitreichend waren die Bestimmungen zum Leipziger Kirchenwesen. Dem Stift wurde nicht nur die Thomaskirche zugeordnet, auch die Nikolaikirche und die Peterskapelle wurden mit dem Kloster verbunden. Dieses erlangte damit Einfluss auf die Besetzung der geistlichen Stellen und die Vergabe der Pfründe an den Stadtkirchen. Die Einwirkungsmöglichkeiten des Rates und damit der Bürger wurden bewusst eingeschränkt. Mit St. Thomas erhielt das Stift die kleine Siedlung Pfaffendorf sowie mit St. Nikolai und St. Peter Besitz in Baalsdorf, Probstheida, Olschwitz und dem später wüsten Geroldsdorf, verbunden mit der Grund- und Gerichtsherrschaft in diesen Orten. Die Übertragung des Patronats über die Kirche in Gautzsch (Markkleeberg) und Großzschocher 1217 durch Dietrich eröffnete dem Thomaskloster zusätzliche Einnahmequellen, stärkte seine Rolle und betonte auch den landesherrlichen Einfluss. Eine ebenfalls noch 1213 ausgestellte markgräfliche Urkunde erlaubte den Chorherren, ihren Propst selbst zu wählen. Das Kloster blieb dem Merseburger Bischof unterstellt. Die Bestätigung der Zuwendungen und Entscheidungen Dietrichs durch Papst Honorius III. († 1227) 1219 und 1220 bedeutete eine Stärkung der Stellung des Stifts einerseits gegenüber den Ansprüchen des Merseburger Bischofs, andererseits gegenüber Widerständen von Seiten der Stadt. Dank markgräflicher Entschlossenheit erhielt die erste Klostergründung in Leipzig innerhalb weniger Jahre einen aktiven Platz im mittelalterlichen Kirchenwesen der Stadt und einen klaren Auftrag als Stützpunkt wettinischer Machtentwicklung zwischen Saale und Elbe.

Dieser Prozess traf auf erbitterten Widerstand der Stadt Leipzig, die die territorialpolitischen Absichten des Markgrafen bei der Neugründung klar erkannte. Zeitgenössische Quellen berichten von Zusammenstößen zwischen Markgraf und Stadt,

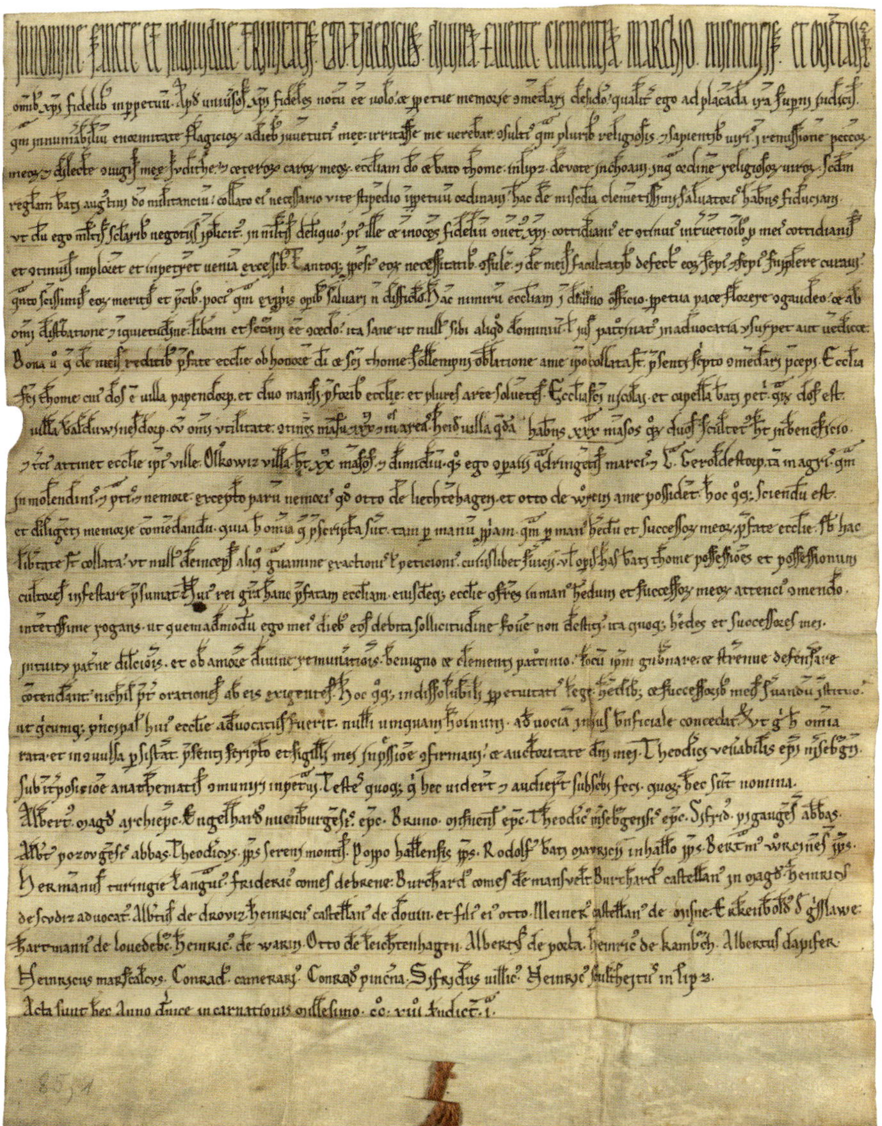

Bestätigungsurkunde des Thomasklosters durch Markgraf Dietrich von Meißen 1213.

die den Landesherrn abschütteln wollte. So beschreibt die Anfang des 15. Jahrhunderts vom Leipziger Juristen und Augustinerchorherren Johannes Tylich († um 1422) verfasste *Meißnische Fürstenchronik* das Streben Leipzigs, sich vom Markgrafen zu befreien und eine Reichsstadt zu werden. Die Stadt verbündete sich mit den Gegnern des Markgrafen und wurde zum Zentrum des Widerstandes. 1215 misslang ein Anschlag auf Dietrich in Eisenberg. Raub- und Brandzüge folgten. Die Bischöfe von Merseburg und Naumburg-Zeitz sowie der Erzbischof von Magdeburg vermittelten einen Ausgleich, der in den Stadtbrief Markgraf Dietrichs vom 20. Juli 1216 mündete. Darin bestätigte er die Rechte Leipzigs, ohne dass die Stadt ihr eigentliches Ziel aufgab, vom Markgrafen unabhängig zu werden. Dietrich verschmerzte die Niederlage nicht. Wenige Monate später, im Herbst 1216, gelang es ihm, mit Hilfe König Friedrich II. die Bürger zu überrumpeln und die Stadt einzunehmen. Die Stadtmauer wurde eingerissen. Um die Leipziger zu beherrschen, ließ der Markgraf drei Burgen errichten, die allerdings bis auf die spätere Pleißenburg recht schnell ihre Funktionen einbüßten. Leipzig musste auf die Träume, Reichsstadt zu werden, verzichten. Es blieb aber die wichtigste Stadt im Markgrafentum Meißen. Bei diesem von Dietrich energisch betriebenen Prozess der Befriedung und Integration erfüllte das neue Thomasstift eine wichtige Aufgabe, so dass die in der meißnischen Geschichtsschreibung erwähnten Aktionen der Stadt gegen den Bau des Klosters kaum eine Erfindung der Geschichtsschreiber sind, um Dietrichs ‚Bedrängnis' farbig zu gestalten. Es klingt sehr glaubhaft, dass die Bürger die Ansiedlung der Mönche hintertrieben, den ersten Propst Konrad zeitweilig verjagten und den Bau der Klostergebäude massiv behinderten. Die Niederlage der Stadt 1216 gegen den Markgrafen konsolidierte die Neugründung, wenn auch der Rat in Zukunft stets bemüht war, den Einfluss des Stifts zu begrenzen.

Wirkungen des Stifts St. Thomas

Zu den Leistungen der Chorherren für Leipzig gehörte neben der Gründung des Hospitals St. Georg die Errichtung einer Klosterschule. Sie wird als »äußere Schule« (*scola exterior*) erstmals 1254 erwähnt, die im Gegensatz zur »inneren Schule« die aufgenommenen Bürgersöhne nicht nur für gottesdienstliche Aufgaben vorbereitete, sondern auch Grundlagen für eine Bildung unter Nichttheologen bot. Damit entstand erstmals in der Markgrafschaft Meißen an einem Kloster eine öffentliche Bildungsstätte, an deren Arbeit die Universität etwa 200 Jahre später anknüpfen konnte. Der Propst wählte einen Schulmeister aus, der die Schule für eine bestimmte Geldsumme pachtete und selbstständig verwaltete. Über die wissenschaftliche Ausbildung und Tätigkeit der Chorherren ist wenig bekannt. Ein Bibliothekskatalog, um 1400 erstanden, enthält außer theologischen Werken vor allem juristische Schriften und historische Handschriften. Das Thomaskloster entwickelte sich zu einem Zentrum der Geschichtsschreibung für die Markgrafschaft Meißen und die Wettiner. Die im 13. und 14. Jahrhundert entstandenen Thomasannalen sind leider nicht erhalten und nur über Bruchstücke in anderen Geschichtswerken teilweise rekonstruierbar. Zu den in Leipzig entstandenen Darstellungen gehören eine sehr umfangreiche *Chronik des Meißner Landes* (*Chronicon terrae Misnensis*) und die auf Tylich zurückgehende große *Meißnische Fürstenchronik*, die beide im 15. Jahrhundert verfasst wurden und sich gegenseitig als bedeutende Quellen der meißnischen und thüringischen Chronistik ergänzen.

Die ersten Chorherren kamen wie Propst Konrad aus dem Moritzkloster Halle nach Leipzig. Während im 13. Jahrhundert die an die Apostel erinnernde Zwölfzahl dominierte, gehörten 1305 dem Konvent mit Propst und Prior bereits 20 Chorherren an, 1311 22 und vier Laienbrüder. Diese Zahl blieb bis zur Reformation weitgehend konstant. Zum Einfluss auf das Leipziger Kirchenwesen, das dem Propst unterstand, trat die wirtschaftliche Bedeutung des Klosters durch seinen Besitz an Grund und Boden. Die Grundausstattung mit Gütern, Ländereien und Höfen in der Stadt vermehrte sich durch Schenkungen und gezielte Käufe. Die erste Stiftung stammte von Heinrich von Morungen (um 1150–1222), der als Minnesänger im Dienst Dietrichs stand und dem Kloster eine ihm vom Markgrafen zugewiesene Geldrente mit Zinsen überließ, als er vermutlich in das Stift eintrat und dort starb. Sein Grabstein war noch Ende des 15. Jahrhunderts erhalten. Eine planmäßige Erwerbungspolitik erfolgte zwischen 1270 und 1310 vor allem im Süden Leipzigs, in Connewitz, Gorbitz, Döbschütz (Connewitz) und Gautzsch, später u. a. in Mölkau, Baalsdorf, Holzhausen, Wolfshain, Zweenfurth, Sommerfeld und Kleinpösna. Obwohl die Entwicklung des Klosters um 1350 stagnierte und durch den Vortrag von 1373 mit Leipzig die Erweiterung sich auf außerstädtische Güter verlagerte, konnte der Grundbesitz des Stifts bis Anfang des 15. Jahrhunderts annähernd verdoppelt werden. Er umfasst etwa 20 Dörfer und Land in weiteren 15 Dörfern sowie Besitz an Wald und Wiesen. Dieser Expansion stand der Rat nicht tatenlos gegenüber. In Konkurrenz zum Thomasstift traten Neugründungen der Bettelorden in Leipzig. Die Dominikaner ließen sich ab 1229 nieder. Auf dem Gelände einer der von Dietrich erbauten Zwingburgen bauten die Mönche mit markgräflicher Erlaubnis ein Kloster nahe dem Grimmaischen Tor. 1240 wurde die Kirche dem Apostel Paulus geweiht. Dieses Paulinerkloster war bereits im 14./15. Jahrhundert ein Baustein für die Entwicklung Leipzigs zur Universitätsstadt. Im Mittelpunkt des Klosterlebens standen wissenschaftliche Studien, die jedem Mitglied des Ordens zur Pflicht gemacht wur-

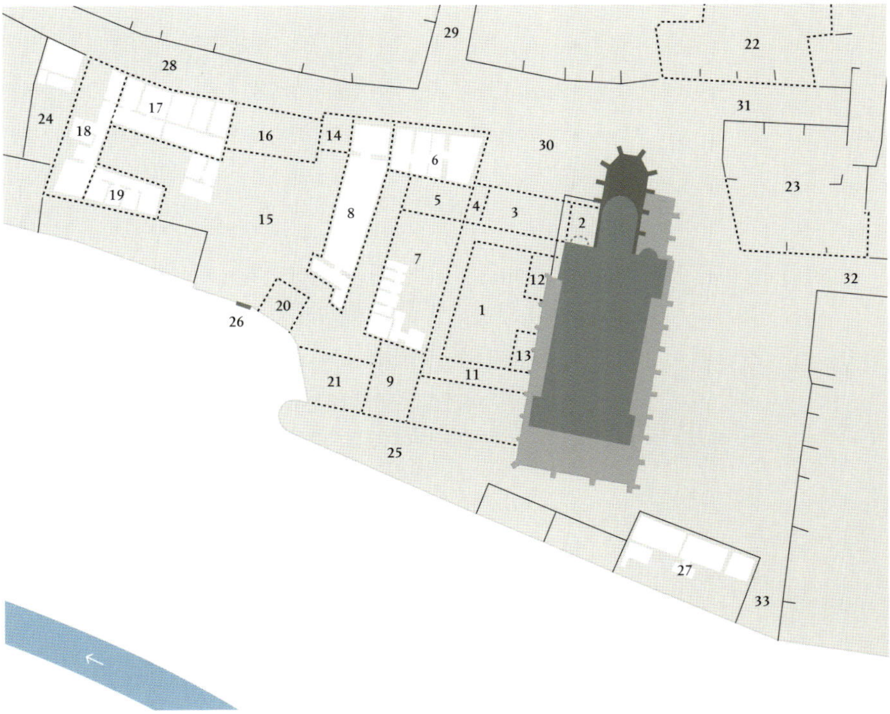

Lageplan des Thomasklosters, Rekonstruktion. Zustand um 1500. Rekonstruiert auf Grund alter Baufluchten. (nach E. H. Lemper)

1 Klosterhof
2 Sakristei und alte Propstei
3 Neue Propstei
4 Durchgang und Haupteingang
5 Vorratsräume, später Neue Propstei
6 Wirtschaftsräume, später Neue Propstei
7 Rempter
8 Speisesaal und Wirtschaftsräume
9 Siechstube, später Küsterhaus und Superintendentur
10 Schlafhaus
11 Kreuzgang
12 Allerheiligen- und
13 Michaelis-Maria-Magdalena-Kapelle
14 Einfahrt zum Wirtschaftshof
15 Wirtschaftshof
16 »Schirhau«
17 Malzhaus
18 Brauhaus
19 Ställe
20 Turm, noch 1800 vorhanden
21 Küche
22 teilweise Vorwerk
23 Vorwerk
24 Nachbarhaus
25 Zwinger
26 Ausgang an der Stadtmauer
27 Thomasschule
28 Klostergasse
29 Thomasgasse
30 Kirchhof
31 Der Sack, zum Vorwerk gehörig
32 Burgstraße
33 Thomaspforte

den, um sich durch eine theologisch begründete Predigt gegen Häretiker und Ketzer zu behaupten. Eine Bibliothek war von Anfang an vorhanden, vermehrt durch Schenkungen und gezielten Ankauf aus Mitteln des Klosters. Teile dieser Büchersammlung befinden sich heute in der Leipziger Universitätsbibliothek. 1543 wurden die Klostergebäude der Universität übereignet. An die Stelle der geschleiften Hauptburg des 10./11. Jahrhunderts trat vor 1250 der Konvent der Franziskaner, das Barfüßerkloster. Während die Dominikaner sich der Predigt zuwandten, lag der Schwerpunkt der Franziskaner auf der Seelsorge. Ihr Verzicht auf Besitz und die praktizierte Armut verschafften den Bettelmönchen einen Sympathievorsprung gegenüber den an Besitz und Einkünften interessierten Augustinerchorherren. Noch vor 1230 wurde ein dem Hl.Georg geweihtes Kloster der Zisterzienserinnen von Hohenlohe (bei Lützen) nach Leipzig verlegt. Südlich der späteren Pleißenburg vor der Stadt bauten die Nonnen ihr neues Kloster. Mit den Klostergründungen und den Bestimmungen für das Thomasstift hatte das Leipziger Kirchenwesen im 13. Jahrhundert seine Ausprägung erfahren, die noch bis in das 16. Jahrhundert bestimmend sein sollte.

Stift, Stadt und Universität

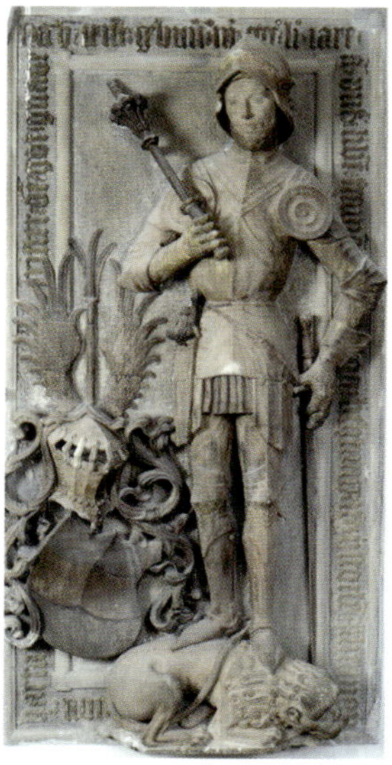

Grabplatte Nickel Pflugks († 1482), südliches Seitenschiff, ehemals Bestand der Universitätskirche.

In der Folgezeit kam es immer wieder zum Streit zwischen Thomasstift und Stadt, in dem sich der Rat weitgehend behauptete und schrittweise den Einfluss der Chorherren zurückdrängte. 1345 wurde den Klöstern und Geistlichen im Auftrag des Markgrafen auferlegt, ihnen zugefallene Grundstücke innerhalb eines Jahres wieder zu verkaufen. Einen Einschnitt bedeutete der Vergleich vom 7. November 1373, den Markgraf Friedrich III. (1332–1381) und Bischof Friedrich von Merseburg († 1382) vermittelten: Das Kloster verzichtete gegen eine jährliche Zahlung auf seinen Besitz innerhalb der Stadtmauer, soweit er nicht unmittelbar vom Stift genutzt wurde. Die Bürger erhielten das Recht, Altarleute (Kirchväter) für St. Nikolai zu bestimmen, die auch den Küster dieser Kirche einsetzten. Wenn auch die Meinung des Propstes eingeholt werden sollte, so beschränkte sich der Einfluss des Stiftes auf die Nikolaikirche in Zukunft auf Patronatsrechte und geistliche Verpflichtungen. Ein gesondertes Kirchenvermögen entstand, das Anteil an den Gebühren erhielt. Die Gemeinschaft der Bürger übernahm Verantwortung auch im kirchlichen Bereich. Als es dem Rat nicht gelang, Einfluss auf die Klosterschule an St. Thomas zu gewinnen, erwirkte dieser 1395 von Papst Bonifatius IX. († 1404) ein Privileg, in der Nikolaiparochie eine Schule ohne Zustimmung von Propst und Chorherren errichten zu können. Diese Schulhoheit nutzte Leipzig jedoch erst 1511 mit der Gründung der Nikolaischule. Die Verzögerung ist sicher auf die Gründung der Universität Leipzig 1409 zurückzuführen, die ebenfalls in Verbindung mit dem Thomasstift erfolgte und die stärker werdenden Wünsche aus der Bürgerschaft nach Bildung teilweise erfüllte. Als 1439 ein Neubau des Georgenhospitals erforderlich wurde, übernahm die Stadt diese Aufgabe. Das Kloster verzichtete auf seine alten Rechte an diesem Hospital. Zielgerichtet gelang es dem Rat, seinen Einfluss auf Kirche, Schule und Sozialwesen auszubauen. Die reformatorische Erneuerung ab 1539 konnte an diese Entwicklung anknüpfen.

Am 2. Dezember 1409 erfolgte die Gründung der Universität im Refektorium des Thomasklosters als Ergebnis gemeinsamer Anstrengungen von Landesherrn, Stadt und einer Gruppe von Magistern der Prager Artistischen und Theologischen

Fakultät, die im Mai 1409 Prag verließen und als »Universität Prag im Exil« zur Keimzelle der neuen Bildungsstätte wurden. Der Ort des Gründungsaktes unterstrich die bestimmende Rolle des Thomasstifts im Leipziger Kirchenwesen und leitete zugleich eine Phase enger Zusammenarbeit zwischen Kloster und Universität ein, die sich erst Ende des 15. Jahrhunderts lockerte. 1442 berief der Bischof von Merseburg als Kanzler der Hohen Schule den Propst zu seinem Vertreter in der Ausübung akademischer Gerichtsbarkeit. Chorherren lassen sich immer wieder immatrikulieren oder erscheinen als Graduierte, was besonders für die Juristenfakultät galt. Diese hielt bis 1508 Vorlesungen und Prüfungen im Kloster ab. 1518/19 wurde dem Stift auferlegt, den Professor für kanonisches Recht solange zu besolden, bis ein Chorherr die Aufgabe übernehmen könnte. Die besondere Rolle der Geschichtsschreibung im Wirken des Thomasklosters ist auf den Einfluss der Universität zurückzuführen. Mit der Entstehung der Universität erhielt Leipzig als Zentrum der Bildungsvermittlung in Mitteldeutschland eine entscheidende Ergänzung zur Thomasschule. Diese Stellung wurde Anfang des 16. Jahrhunderts mit der Gründung der Nikolaischule als Schule der Stadt noch verstärkt.

Frömmigkeit und Glaubenspraxis im mittelalterlichen Leipzig

Die Quellenlage zur Frömmigkeit und Glaubenspraxis verbessert sich erst im 15. Jahrhundert. Die Zeugnisse bestätigen die spätmittelalterliche Frömmigkeit, die sich in reichen Stiftungen, Wallfahrten, Erwerb von Ablässen, Zuwendungen für die Klöster, Bildung von Bruderschaften äußerte. Der Umbau der Nikolaikirche nach 1470 und ihr Neubau 1513–1525, aber auch die Neuerrichtung der Thomaskirche zwischen 1482 und 1496 als dreischiffige Hallenkirche belegen ein geistliches Selbstverständnis von Stadt und Kloster wie deren politische Ansprüche. Ein Höhepunkt in der neuen Thomaskirche war Ende 1496 ohne Zweifel die Hochzeit Herzog Georgs von Sachsen (1471–1539) mit Barbara (1482–1534), einer Tochter König Kasimirs IV. von Polen (1427–1492), die mit großem Aufwand und viel Pracht auf der Pleißenburg gefeiert wurde. Besondere Gestaltung erfuhren die kirchlichen Feste, so am Palmsonntag die Prozession zum Markt mit einem aus Holz geschnitzten Esel, der in der Thomaskirche seinen Platz hatte. 1514 wurde die Passionsgeschichte nachgespielt. Bei der großen Fronleichnamsprozession kam es zum Streit, ob die Studenten oder die Barbiere *»zunächst dem Sakrament gehen sollten«*. 1511 erhielten die Studenten das Vorrecht, neben der Monstranz mit der Hostie zu ziehen. Über die Festpraxis in Leipzig veröffentlichte 1514 Magister Johannes Beuschel – seit 1496 in Leipzig – eine umfangreiche Versdichtung als Gesänge der neun Musen über die Festpraxis in Leipzig. 1502 versuchte Bischof Thilo von Merseburg († 1514), die Aufgaben der Klöster in Leipzig abzugrenzen und Beschwerden beizulegen. Die Streitpunkte betrafen vor allem Beichte und Kommunion, Predigt, Begräbnisse. Das Morgenläuten sollte in allen Kirchen gleichzeitig stattfinden, offensichtlich versuchte man, sich durch besonders frühes Läuten zu überbieten. Die Klosterbrüder hatten ihre Predigten an Sonntagen vor Beginn der Predigt in den Stadtkirchen zu beenden. An zwölf besonders benannten Feiertagen sollte den Mittagspredigten der Dominikaner und Franziskaner derselbe Text zu Grunde liegen, um den Bürgern eine Auswahl zu ermöglichen. An den verbliebenen Feiertagen war in der bisherigen Weise zwischen den beiden Klosterkirchen abzuwechseln. Die Geistlichen der Pfarrkirchen durften bei der Kommunion keinen zurückweisen, der bereits bei den Franziskanern ge-

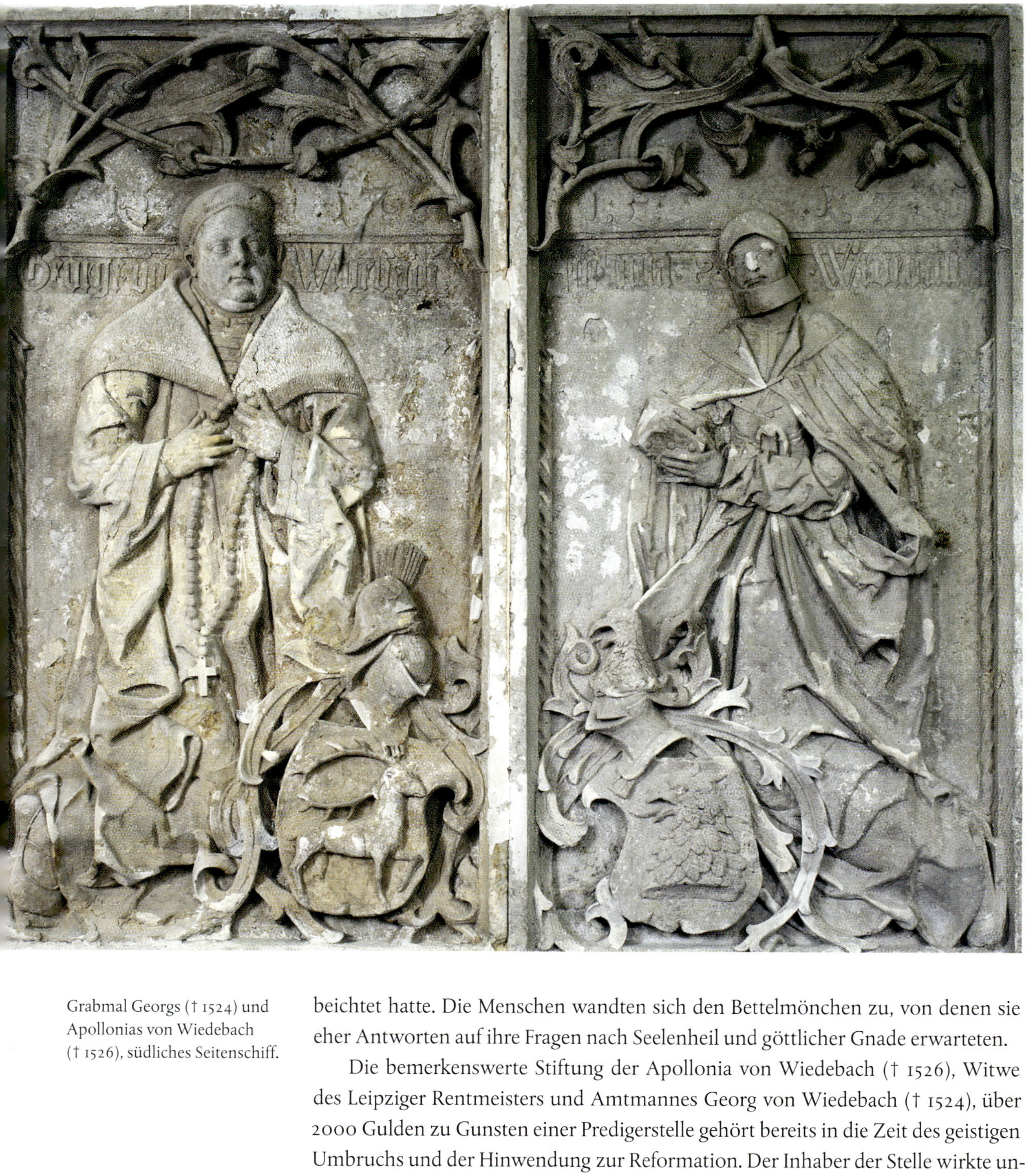

Grabmal Georgs († 1524) und Apollonias von Wiedebach († 1526), südliches Seitenschiff.

beichtet hatte. Die Menschen wandten sich den Bettelmönchen zu, von denen sie eher Antworten auf ihre Fragen nach Seelenheil und göttlicher Gnade erwarteten.

Die bemerkenswerte Stiftung der Apollonia von Wiedebach († 1526), Witwe des Leipziger Rentmeisters und Amtmannes Georg von Wiedebach († 1524), über 2000 Gulden zu Gunsten einer Predigerstelle gehört bereits in die Zeit des geistigen Umbruchs und der Hinwendung zur Reformation. Der Inhaber der Stelle wirkte unabhängig vom Propst des Thomasstifts und sollte dem Wunsch nach verstärkter Verkündigung des Bibelwortes entsprechen. Die spätmittelalterliche Kirche war an einen Wendepunkt gelangt. Den weiteren Weg bestimmte die von Wittenberg ausgehende Erneuerung von Glaube, Theologie und Kirche.

3.2 Reformation, Kryptocalvinismus und Dreißigjähriger Krieg

Am Morgen des 27. Juni 1519 versammelten sich im Großen Kollegium in der Ritterstraße die Teilnehmer der akademischen Disputation, die am Vormittag in der Pleißenburg beginnen sollte, zusammen mit ihren Begleitern und einer Gruppe von Zuhörern. Sie formierten sich zu einer Prozession, die in die Thomaskirche führte. Hier wurde ein Gottesdienst gefeiert, für den der Kantor der Kirche, Georg Rhau, eine zwölfstimmige Messe komponiert hatte. Den akademischen Akt selbst eröffnete Petrus Mosellanus mit einer lateinischen Rede. In der Disputation standen sich Johann Eck, Professor in Ingolstadt, einerseits und Andreas Bodenstein aus Karlstadt, Professor in Wittenberg, sowie Martin Luther, Mönch im Augustinerkloster in Wittenberg, andererseits gegenüber. Der Landesherr, Herzog Georg von Sachsen, hatte die Vorbereitungen für das Streitgespräch zwischen den beiden Parteien mit persönlichem Interesse verfolgt.

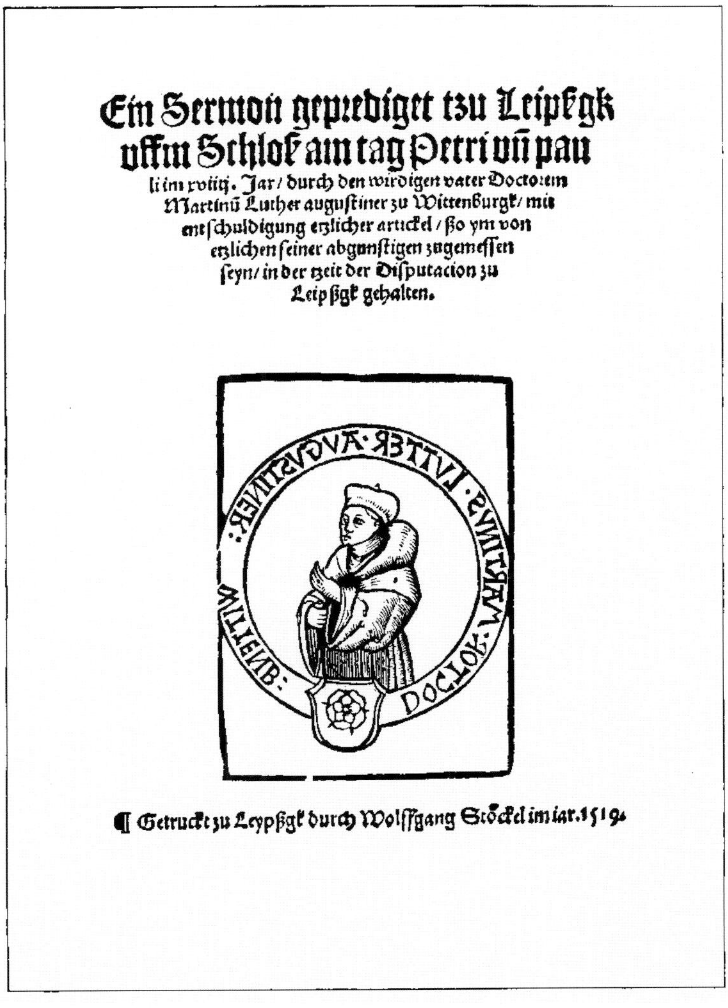

Ein Sermon geprediget tzu Leipßgk uffm Schloß am tag Petri vñ pauli im xviiij. Jar / durch den wirdigen vater Doctorem Martinũ Luther augustiner zu Wittenburgk / mit entschuldigung etzlicher artickel / ßo ym von etzlichen seiner abgunstigen zugemessen seyn / in der tzeit der Disputacion zu Leipßgk gehalten.

Getruckt zu Leypßgk durch Wolffgang Stöckel im iar. 1519.

Predigt Luthers auf der Pleißenburg vor Beginn der Leipziger Disputation 1519.

Im Juni 1519 ahnte wohl noch niemand, was dieser Disputation einmal folgen würde. Die Thomaskirche zeigte sich nach wie vor als mittelalterliche Stiftskirche, durch den Lettner, eine halbhohe Querwand, in zwei Räume geteilt, den Chorraum im Osten für die Gottesdienste der Mitglieder des Stifts und die hohe Halle des Kirchenschiffs. Das Auftreten des Wittenberger Augustinermönchs hinterließ jedoch bei den Augen- und Ohrenzeugen der Disputation tiefe Eindrücke. Was der Anlass dafür war, dass Georg Rhau schon nach zwei Jahren als Assessor der Fakultät der Freien Künste und Kantor an der Stiftsschule St. Thomas Leipzig wieder verließ, ist nicht bekannt. Seit etwa 1523 zog er nach Wittenberg und hinterließ bei seinem Tode 1548 ein umfangreiches musikalisches Werk, das der Liturgie gewidmet war, wie sie durch die Wittenberger Reformation neu gestaltet wurde. Deutliche Spuren der Begegnung mit Martin Luther im Sommer 1519 zeigte der weitere Lebensweg von Johannes Graumann (Gramann, Poliander), des Rektors der Thomasschule, der Johann Ecks Protokollant während des Streitgesprächs in der Pleißenburg gewesen war. Er ging im Herbst 1519 nach Wittenberg, kehrte noch einmal für ein Jahr nach Leipzig zurück, erklärte an der Universität biblische Texte und verbrachte nach einem Aufenthalt in Würzburg die wichtigste Zeit seines Lebens als Pfarrer in Königsberg in Ostpreußen und als Berater des Herzogs Albrecht. Dort dichtete er eine gereimte Fassung von Psalm 103, die bis heute gesungen wird (Evangelisches Gesangbuch [EG] Nr. 289).

Leipzig zwischen Altgläubigkeit und Reformation

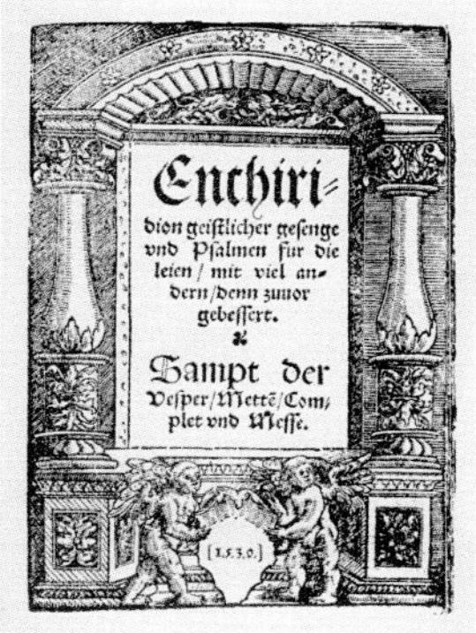

Titelblatt des Gesangbuchs von Michael Blume, erstes Leipziger Gesangbuch, Leipzig 1530. Blume druckte bereits 1530 Lutherlieder, obwohl erst 1539 in Leipzig die Reformation eingeführt werden konnte.

In den folgenden 20 Jahren regten sich immer wieder deutliche Anzeichen dafür, dass die Wittenberger Reformationsbewegung in Leipzig Anklang gefunden hatte. Am 27. August 1529 erließ Herzog Georg von Sachsen eine Anordnung an Propst Ulrich Pfister von St. Thomas und den Rat von Leipzig: Priester, die das heilige Abendmahl unter beiderlei Gestalt – also mit Brot und Wein – ausspendeten, sollten dem Bischof gemeldet, Bürger, die sie dabei unterstützten, den herzoglichen Behörden ausgeliefert werden; bis an ihr Lebensende hartnäckig Widerspenstige seien an ungeweihtem Ort zu begraben. Waren doch bei dem Chorherrn an St. Thomas Johann Caspar Beer im April 1524 trotz bereits erfolgter Warnung noch immer lutherische Bücher aufgespürt worden. Eine ganze Reihe von Bürgern verließen sonntags die Stadt und hörten der lutherischen Predigt in Holzhausen und in der Kirche des ehemaligen Klosters Eicha zu. Holzhausen gehörte zum Grundbesitz des St. Thomasstifts. Dennoch war der Propst des Stifts machtlos, weil das Dorf im sächsisch-ernestinischen Gebiet lag und nicht der Oberhoheit Herzog Georgs unterstand. Die Spannungen verschärften sich. 1532 und 1533 wurden Bürger von Leipzig aus der Stadt ausgewiesen, weil sie sich den Anordnungen nicht beugen wollten. Luther schrieb an sie einen Brief, in dem er sich gegen Beschuldigungen verwehrte, er habe sich mit den Zwinglianern geeinigt, die eine ganz andere Abendmahlslehre vertraten. Am zweiten Pfingsttag 1534 empfing er die aus Leipzig Verjagten in Wittenberg und hielt ihnen eine Predigt, die sie trösten sollte.

Am 25. Juni 1525 unterschrieb Apollonia von Wiedebach, die Witwe des ein reichliches Jahr zuvor verstorbenen herzoglichen Amtmanns und Rentmeisters Georg von Wiedebach, ihr Testament. Vor acht Jahren hatten die Eheleute sich in der Stiftskirche St. Thomas eine Kapelle einrichten lassen, in der sie auch bestattet sein wollten und wo bereits die Grabsteine lagen und Steinbildnisse mit ihren Porträts angebracht waren. Die wohlhabende Witwe legte fest, welche Kapitalsummen verarmten Insassen des Hospitals St. Georg und anderen Stadtarmen, Aussätzigen, an Syphilis Erkrankten, zur Mitgift für zwei arme Jungfrauen oder Dienstmägde, zur Feier von Totenmessen und weiteren Zwecken bestimmt sein sollten. Unter den Stiftungszwecken fand sich einer, der in jenen Jahren ebenfalls in vielen anderen Städten zur Ausführung kam. Apollonia von Wiedebach stiftete 100 Gulden an Zinsen zur Anstellung eines »*redlichen tauglichen Predigers … zu St. Thomas in die Pfarrkirche*«, der eine gute akademische Ausbildung haben und mindestens den Magistergrad vorweisen sollte. Das Besetzungsrecht für diese Stelle sollte dem Rat der Stadt, nicht dem Propst des Thomasstiftes, zukommen und dafür sollte auch der Rat eine kleine jährliche Summe aus der Stiftung erhalten. Diese Bestimmung sorgte bei den Chorherrn für Unruhe. Dennoch erhielt mit Johann Koß ein Prediger als erster die gestiftete Stelle, der offenbar Kritisches vom kirchlichen Leben zu sagen hatte. Noch dazu erschien bei dem Leipziger Buchdrucker Michael Blume ein Gesangbuch mit lutherischen Liedern.

Einführung der Reformation 1539

Mit dem Tod des Herzogs Georg am 17. April 1539 änderte sich die Situation grundlegend. Sein Bruder und Nachfolger, Herzog Heinrich, öffnete das Land der Reformation. Am Freitag vor Pfingsten, dem 23. Mai, traf er während seiner Huldigungsreise durch das Land in Leipzig ein, am gleichen Tage auch sein ernestinischer Vetter Kurfürst Johann Friedrich, dessen Hofprediger Friedrich Myconius, Pfarrer und Superintendent in Gotha, und aus Wittenberg Martin Luther, Philipp Melanchthon, Justus Jonas und weitere Theologen. Das Pfingstfest 1539 stand in Leipzig ganz im Zeichen der Reformation. Am Vorabend hielt Justus Jonas eine Predigt in St. Thomas. Ambrosius Rauch, der Propst, und die Chorherren untersagten, zu diesem Gottesdienst die große Glocke der Kirche läuten zu lassen. Der Küster jedoch wusste Rat. Er ließ durch einige Schüler Zettel an die Türen der Kirche heften, die den Gottesdienst ankündigten. Die Kirche füllte sich schnell. Als am Pfingstsonntag zur Vesper Martin Luther die Predigt hielt, wurden von außen Leitern angelegt, die bis zu den Fenstern reichten, und ein paar Scheiben eingeschlagen, so dass zu hören war, wie der Wittenberger Gast die Pfingstgeschichte auslegte.

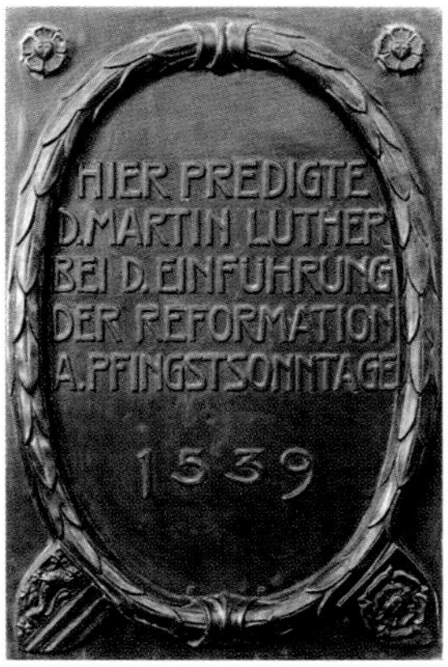

Gedenkplatte zur Erinnerung der Predigt Martin Luthers zur Einführung der Reformation in Kursachsen 1539 in Leipzig, Mittelschiff, Säule neben der Kanzel.

Friedrich Myconius blieb für einige Monate in Leipzig. Er sorgte ab Juni 1539 für die Einführung der Messe in deutscher Sprache mit der Austeilung des heiligen Abendmahls unter Brot und Wein. Wie in anderen Kirchen der Stadt, wurde auch in St. Thomas der Lettner beseitigt. Die Reformation war das Ereignis, das seit Menschengedenken am spürbarsten in die Geschichte dieser Kirche eingriff.

Die Chorherren des St. Thomasstiftes hatten es schwer, sich auf die neuen Verhältnisse einzustellen. Als jedoch im August 1539 die Visitationskommission in Leipzig eintraf, die mit dem Auftrag zur Neuordnung der kirchlichen Verhältnisse durch das Land zog, verzichtete der letzte Propst auf seine Einkünfte aus der Pfarreistiftung und auf die Seelsorge und stellte zum Unterhalt für Pfarrer, Prediger und Kaplan 400 Gulden zur Verfügung. Als Diakone traten die bisherigen Chorherren Johann Ficker und Leonhard Neumarkt ihr Amt an. Als Prediger fungierte vorerst Friedrich Myconius. Sein Nachfolger wurde ein Mitglied der Visitationskommission, Balthasar Loy aus Salzburg. Eigentlich sollte künftig auch der Stadtsuperintendent seinen Sitz an der Thomaskirche haben. Wegen der Verzögerung der Übergabe des

Stifts mit der Klärung der Rechtsverhältnisse amtierte der erste Superintendent Johann PFEFFINGER jedoch an St. Nikolai, und künftig wechselte der Dienstsitz des Superintendenten jeweils zwischen den beiden Kirchen. Die zweite Visitation im Mai 1540 fand im Stift St. Thomas außer dem Propst noch 10 Chorherren vor. Nachdem es mit einem großen Teil seines Grundbesitzes 1543 an den Rat der Stadt verkauft worden war, wurde es von den im Hause wohnenden Kanonikern geräumt. Sie erhielten eine reichliche Abfindung.

An der Thomaskirche waren seit 1541 vier Geistliche angestellt, neben dem Pfarrer der Prediger (Archidiakon) und zwei Kapläne (Diakon und Subdiakon). Dazu kamen ein Organist, ein Küster, ein Glöckner und vier Schullehrer, die sämtlich aus dem Stift übernommen wurden. Die Leipziger Superintendenten wurden künftig meist zusätzlich Professoren der Theologie an der Universität, mussten also zu Doktoren promoviert sein. Mancher der Archidiakone erhielt eine Hebräischprofessur an der Fakultät der Freien Künste. Das gottesdienstliche Leben sah außer den Sonntagsgottesdiensten mehrere Gottesdienste während der Woche vor. Seit 1569 gab es zusätzlich das Amt eines Sonnabendpredigers, der auch für die Vorbereitung auf die Beichte angestellt war.

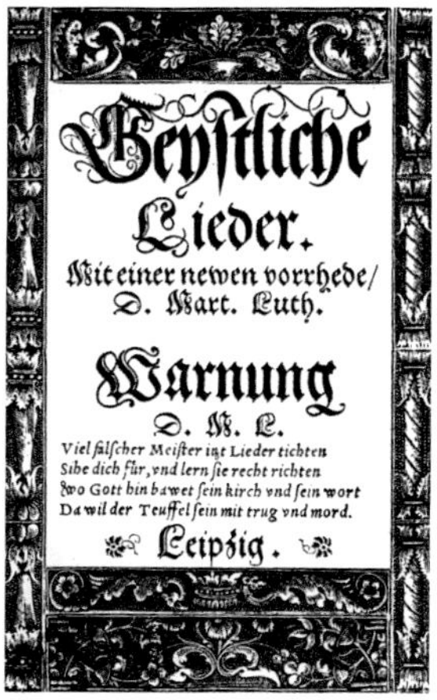
Geystliche Lieder.
Mit einer newen vorrhede/ D. Mart. Luth.
Warnung D. M. L.
Viel falscher Meister itzt Lieder tichten
Sihe dich für, vnd lern sie recht richten
Wo Gott hin bawet sein kirch vnd sein wort
Da wil der Teuffel sein mit trug vnd mord.
Leipzig.

Bapstsches Gesangbuch, Leipzig 1545.

Nachdem der Schmalkaldische Krieg 1547 für die dem Schmalkaldischen Bund verpflichteten Stände verloren war, eröffnete der Reichstag von Augsburg 1548 auch für das dem Bund nicht angeschlossene, nunmehr in den Besitz der Kurwürde gelangte albertinische Sachsen eine spannungsreiche Zeit. Die kaiserliche Gesetzgebung, die das Ende der Reformationsbewegung zum Ziel hatte, galt auch diesem Land. Unter maßgeblicher Beratung durch Philipp Melanchthon schlug das Land einen politischen Weg ein, der die Treue zu den Grundsätzen der Reformation mit überlegtem und behutsamem Eingehen auf kaiserliche Forderungen zu verbinden suchte. Auch dem für Leipzig zuständigen neuen Bischof von Merseburg, Fürst Georg von Anhalt, einem überzeugten Anhänger der Wittenberger Reformation, war daran gelegen, so weit wie möglich die mittelalterliche Tradition und die Kontinuität zur alten Kirche zu bewahren. So behielten die Stadtkirchen von Leipzig die überkommene gottesdienstliche Kleidung der Pfarrer bei. Juristen und Theologen anderer von der Reformation ergriffener Territorien, vor allem des ernestinisch-thüringischen Sachsen, erhoben wegen der sich ihrer Meinung nach darin aussprechenden Grundsätze schwere Vorwürfe gegen den neuen Kurfürsten Moritz und das albertinische Sachsen.

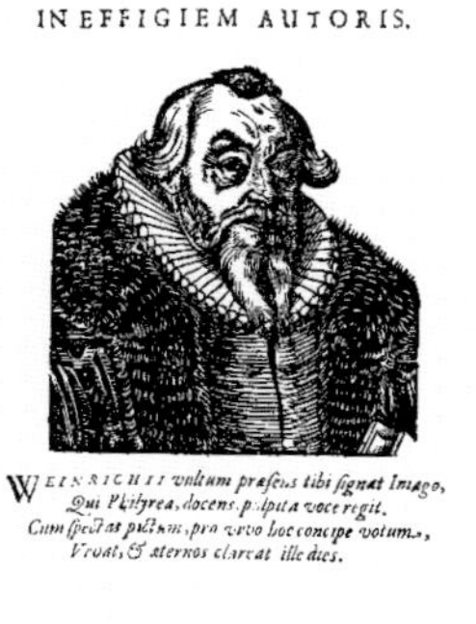

Holzschnittporträt Georg Weinrichs (1554–1617) in: Georg Weinrich, Erklärung des kleinen Kinderkatechismus, Leipzig 1622.

Auch nach dem Aufstand einer Gruppe von Reichsfürsten gegen Kaiser Karl V., den Kurfürst Moritz geplant und angeführt hatte und der mit dem Thronverzicht des Kaisers endete, blieb das Land den Grundsätzen der politischen Ethik Melanchthons treu. So wurde es möglich, dass ein Theologe wie Justus Menius, der seinerseits als Superintendent von Eisenach und Gotha in Schwierigkeiten geriet, 1557 als Hilfspfarrer an der Thomaskirche für ein Jahr ein Unterkommen fand. Bis zu seinem Tode war er mittwochs und donnerstags für die Wochengottesdienste an St. Thomas und St. Nikolai zuständig.

Unter den Pfarrern, die an der Kirche tätig waren, fanden sich künftig immer wieder Theologen, die von wichtigen Orten des Landes nach Leipzig berufen wurden. Zu ihnen gehörte der aus Hirschberg in Schlesien stammende Georg WEINRICH. Er wurde durch den schlesischen Späthumanismus geprägt, lernte in Saaz die tschechische Sprache, war nach dem Studium in Leipzig für kurze Zeit an der Fürstenschule in Grimma tätig und begann 1585 seine pfarramtliche Tätigkeit in Bad

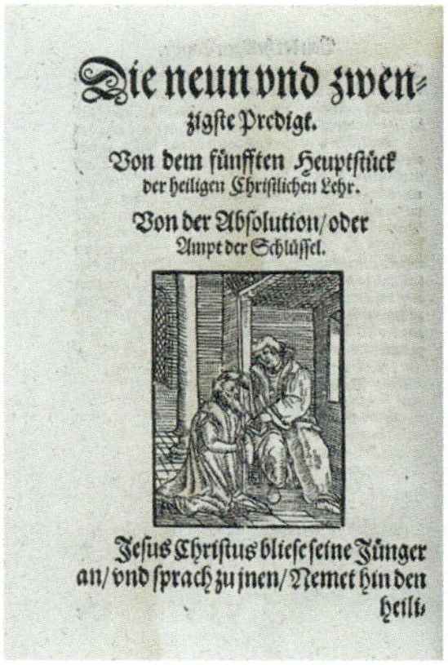

Predigt Heinrich Salmuths (1522–1576) zur Beichte in: Heinrich Salmuth, Catechismus, Leipzig 1581.

Langensalza. Bereits im folgenden Jahr wurde er in das Diakonat an St. Thomas berufen und übernahm 1589 das Amt des Vesperpredigers. 1591 als Nachfolger von Christoph Gundermann angestellt, wurde ihm nach zwei Jahren die Superintendentur übertragen. Seit der Übernahme einer theologischen Professur im Jahre 1594 verwaltete er mehrmals das Dekanat und weitere akademische Ämter. Georg Weinrichs beruflicher Weg konnte als Muster für die Laufbahn einer ganzen Reihe von weiteren Pfarrern an St. Thomas gelten. Zeugnisse ihrer Arbeit blieben der Nachwelt in einer großen Zahl von gedruckten Predigten erhalten. Unter ihnen sind beispielsweise die Predigten zum Reformationsjubiläum von 1617, die Vinzenz Schmuck gehalten hatte, und die Katechismuspredigten von Heinrich Salmuth und Georg Weinrich zu nennen.

Zu den weit über Leipzig hinaus bedeutenden Theologen und Pfarrern an St. Thomas gehörte Nikolaus Selnecker. Er stammte aus Hersbruck in Franken, war seit 1557 als Hofprediger und Prinzenerzieher in Dresden tätig und dort für die Aufsicht über die Hofkapelle zuständig. Eine Predigt, in der er den Hof kritisierte, war 1565 der Anlass für seine Beurlaubung in eine Professur in Jena, von wo er 1568 an die Universität Leipzig zurückberufen wurde. Auf Anforderung wurde er zwischen 1570 und 1574 zur Durchführung der Reformation im Herzogtum Braunschweig-Wolfenbüttel und in der Grafschaft Oldenburg-Delmenhorst tätig. In den folgenden Jahren bestimmten die Arbeit an der Theologischen Fakultät sowie in der Verwaltung des Leipziger Superintendentenamts (seit 1576) und damit an St. Thomas sein Leben. Er wurde aktiver Teilnehmer an den Bemühungen um die Einigung unter den Kirchen, die aus der Wittenberger Reformation hervorgegangen waren. Ihr Ergebnis war die Fertigstellung der Konkordienformel (1577), an deren Redaktion Selnecker im Auftrag des kursächsischen Hofes unmittelbar beteiligt war. Er war mehrere Monate lang zur Sammlung der Unterschriften innerhalb und außerhalb des Territoriums unterwegs. Für die Thomaskirche wichtig wurde der Franke, weil ihm, der seit früher Jugend an selbst als Organist tätig gewesen war, die Aufsicht über den Schulchor und seine Kirchenmusik aufgetragen war. Selnecker war auch

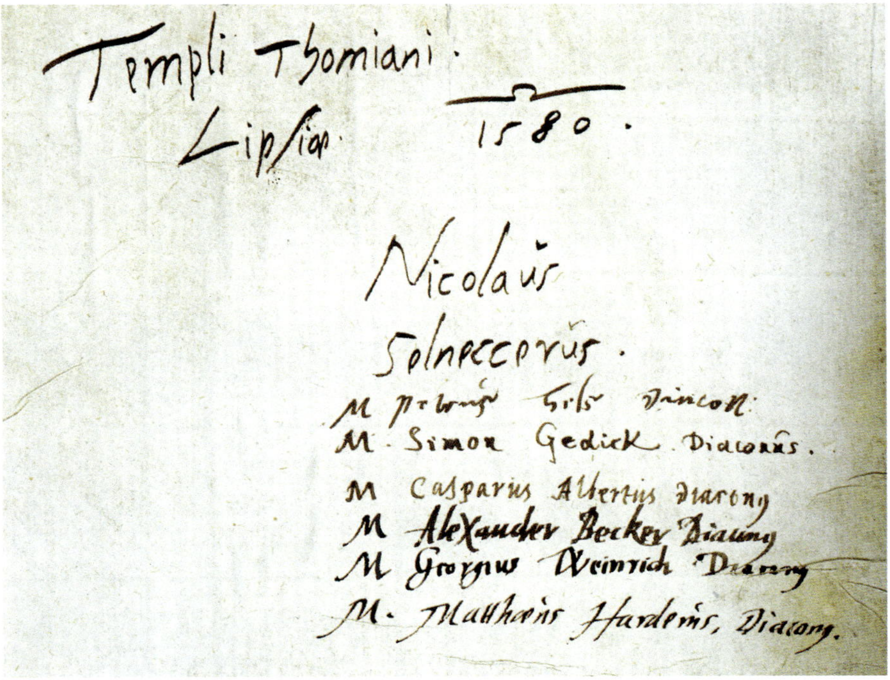

Namenszüge Selneckers und der Diakone an St. Thomas in: Bernhard von Clairvaux, Opera.

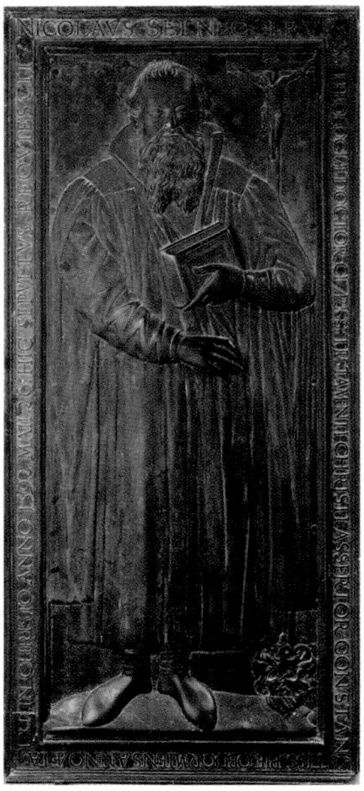

Grabplatte von Nikolaus Selnecker (1532–1592).

Herausgeber eines Gesangbuchs, zu dem er selbst eine Reihe von Liedern beisteuerte (vgl. EG 157 und 246). 1579 rief er zu Spenden auf, die dem Aufbau einer Bibliothek an der Thomaskirche zu Gute kommen sollten. Zunächst kamen 73 Bände in den Besitz der Kirche. In den nächsten Jahren wurde der Bestand aus der Summe von jährlich 10 Gulden aus dem Kirchenvermögen erweitert. 1597 stiftete der Mediziner Georg Wild weitere 100 Bände.

Einen Bruch seiner Laufbahn bedeutete 1589 die Entlassung Selneckers aus dem Pfarramt an St. Thomas aus Gründen der gewandelten Kirchenpolitik im Lande. Auch der Diakon Peter Hesse hatte aus dem gleichen Grunde Kursachsen verlassen müssen. Selnecker fand eine neue Tätigkeit als Superintendent von Hildesheim (1590). Der neue Administrator der Regierung Herzog Friedrich Wilhelm von Sachsen rief ihn 1592 nach Leipzig zurück, wo er todkrank eintraf und wenige Tage danach starb.

Der Lebensweg Nikolaus Selneckers zeigt, wie die Thomaskirche immer wieder unmittelbar durch wichtige politische Veränderungen in Kursachsen und damit auch in der Kirchenpolitik des Landes berührt wurde. Als sich seit 1572 die kursächsische Politik neu orientierte und davon auch die Religionspolitik betroffen war, gab es in der Stadt Unruhe und Nachforschungen wegen der Beschuldigung gegen den Buchdrucker Ernst Vögelin, er habe durch eine seiner Veröffentlichungen gegen den Hof Stellung nehmen wollen.

Calvinismusstreit und Dreißigjähriger Krieg

Einen starken Einschnitt brachte die kurze Regierungszeit des Kurfürsten Christians I. (1586–1591) mit sich. Der junge Kurfürst versuchte, mit Hilfe seiner engsten Ratgeber das Land dem westeuropäischen Calvinismus zu öffnen. Der Versuch wurde durch den Tod des Landesherrn abgebrochen, hatte aber bereits Folgen gebracht, die den Lebensweg vieler Pfarrer, unter ihnen auch Selneckers und Peter Hesses, zeichneten. Selneckers Nachfolger als Pastor Christoph GUNDERMANN, verlor mit dem erneuten politischen Wechsel 1591 sein Amt, floh über Naumburg in Richtung seiner Heimatstadt Kahla in Thüringen, wurde aber durch einen ihm nachgeschickten Ratsboten in Jena dazu bewegt, nach Leipzig zurückzukehren. Dort geriet er in Hausarrest. Schließlich wies der Rat ihn ohne seine Familie aus der Stadt aus. Seine Frau nahm sich das Leben. Gundermann lebte bis zu seinem Tode in Kahla. Auch drei Leipziger Diakone verloren 1593 ihr Amt. Die Erregung unter Teilen der Stadtbevölkerung über diese Vorgänge wurde durch obrigkeitliche Mandate noch geschürt. Im Mai 1593 kam es zu Tumulten und Übergriffen auf Häuser in der Nähe des Marktes, deren Besitzer als Calvinisten galten. Auch ein Schüler der Thomasschule, der sich nach der Rückkehr von einer Bestattung, bei der er zu singen hatte, zu neugierig gezeigt hatte, war unter den Verhafteten des Tumults, wurde aber alsbald wieder freigelassen.

Die Vorgänge in der Öffentlichkeit bedurften der Klärung. Georg Mylius, Professor in Jena, der bereits die Leichenpredigt für Nikolaus Selnecker gehalten hatte, wurde herbeigerufen und hielt am Fest der Himmelfahrt Christi 1593 in St. Thomas eine Predigt. Sie redete sowohl den am Tumult Beteiligten als auch der Obrigkeit ins Gewissen. Vier Anführer wurden hingerichtet. Ein Zeugnis für die Auseinandersetzungen hat sich in einem Gemälde erhalten, das die *Calvinistenleiter* darstellte und die verhandelten theologischen Zusammenhänge ins Bild zu bringen versuchte.

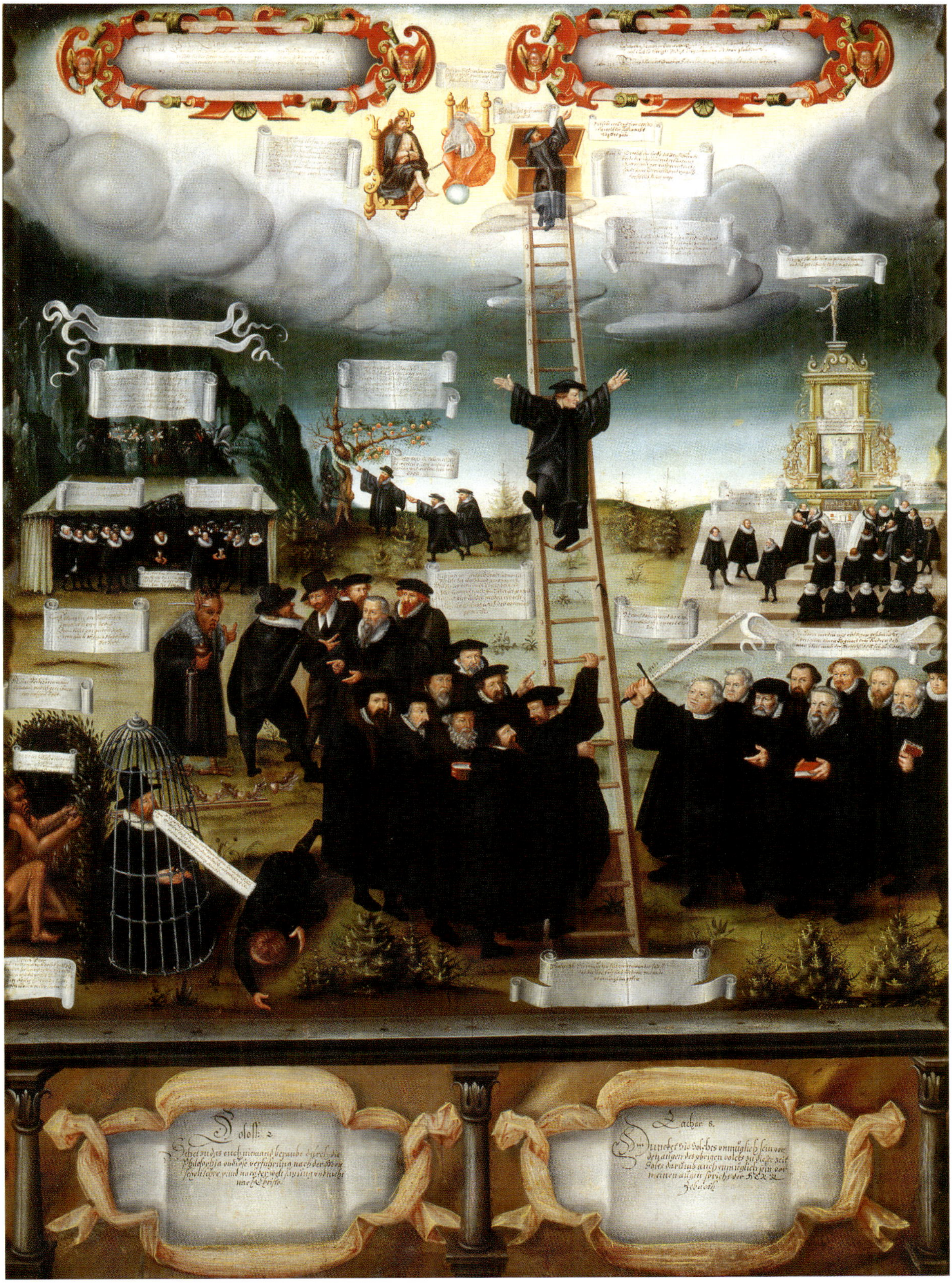

Hans Crell d. J., Spottbild auf die Calvinisten, Ölgemälde auf Holz, nach 1570 (so genannte »Calvinistenleiter«).

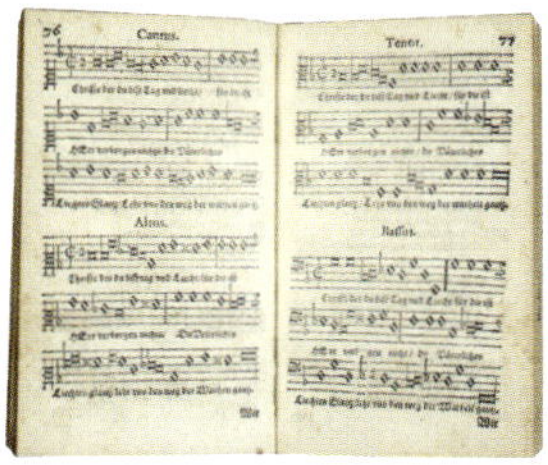

Seth Calvisius (1556–1615): Harmonia Cantionum Ecclesiasticarum, Leipzig 1612, Seiten 76 und 77.

Das gottesdienstliche Leben in Zeiten von Hunger, Epidemien und Krieg erfuhr insofern eine Veränderung, als durch den Landesherrn wöchentliche Bittgottesdienste zusätzlich zu den regelmäßigen Gottesdiensten angeordnet wurden. So geschah es auch zu Beginn des Dreißigjährigen Krieges 1618 und nach der für Kursachsen unglücklichen Wende der Kriegsereignisse 1626 und 1631. Wegen der starken Anteilnahme der Bevölkerung an den Bußpredigten am Freitag verlegte der Stadtrat den Markt auf den Donnerstag und ließ während der Gottesdienste die Stadttore schließen. Anlass zu Dankgottesdiensten wurden die für das Land günstig erscheinenden Kriegsereignisse. Der Sieg König Gustav Adolfs bei Breitenfeld am 7. September 1631 wurde eine Zeit lang jährlich gefeiert. Einen festlichen Höhepunkt mitten im Krieg bildete die dreitägige Feier des 100. Jahrestags der ersten Verlesung des Augsburgischen Bekenntnisses auf dem Reichstag des Jahres 1530.

Die Theologische Fakultät war mit St. Thomas regelmäßig durch die Predigten verbunden, die jährlich neu promovierte Doktoren der Theologie nach dem akademischen Festakt hielten.

Die schwersten Belastungen der Stadt durch den Krieg und seine Folgen brachten die Jahre nach 1630. 1629 war nochmals ein Rekordbesuch der Leipziger Messe zu verzeichnen gewesen. Der Rat der Stadt erließ eine Verordnung, die der Verschwendungssucht der Kaufleute steuern sollte. Zwischen 1631 und 1642 wurde Leipzig viermal von fremden Truppen besetzt. Die Pestepidemien von 1633, 1637 und 1642 führten zum Ausfall bzw. zur Verlegung der Messen. Was es für die Stadtpfarrer bedeutete, dass 1637 etwa 4000 Pesttote – ein Fünftel der Stadtbewohner – zu bestatten waren, lässt sich nur erahnen. Im Jahre 1635 konnte jedoch eine neue große Glocke für St. Thomas gegossen und aufgezogen werden.

Die Thomaskirche war der Ort mehrerer Gottesdienste aus Anlass von Theologenkonventen (1626 und 1630) und aus Anlass einer repräsentativen Zusammenkunft von Vertretern von 40 Territorien und Städten des Reiches, die vom 3. Februar bis zum 3. April 1631 in Leipzig tagte. Sie beriet gemeinsame Schritte gegen das Vorgehen des Kaisers gegen die nicht-römisch-katholischen Reichsstände im Restitutionsedikt von 1629, das die politischen Verhältnisse auf die Zeit vor Beginn des Krieges zurückschneiden wollte. Ein während der Zusammenkunft stattfindender Konvent von lutherischen und reformierten Theologen befasste sich mit Möglichkeiten der Beilegung der theologischen Kontroversen zwischen den beiden Konfessionen. Zwei Predigten des kursächsischen Oberhofpredigers Matthias Hoe von Hoenegg in der Thomaskirche erregten Aufsehen bis hin an den Kaiserhof, weil sie ohne Scheu die Bedrohung der Kirchen ansprachen, die aus der Reformationsbewegung des 16. Jahrhunderts hervorgegangen waren.

Das eigentliche kursächsische Friedensfest nach Beendigung des Dreißigjährigen Krieges wurde nach Abschluss des Nürnberger Exekutionstages am 22. Juli 1650, beginnend mit der Vesper am Vortage, auch an St. Thomas gefeiert. Jetzt erst war der Abzug der ausländischen Truppen vom Boden des Reiches beschlossen und geregelt, der die Voraussetzungen für die Rückkehr zu einem einigermaßen geordneten Leben ermöglichte.

3.3 Späte altprotestantische Orthodoxie und neue Frömmigkeiten

Bemühung um rechten Glauben

Mit Johann Hülsemann, seit 1646 Pastor an der Nikolaikirche, begann an der Leipziger Theologischen Fakultät eine neue Ära. Etwa zur gleichen Zeit seines Dienstantritts hatte Dresden sich um ihn bemüht; dort sollte er Oberhofprediger werden. 1645 hatte er an dem Collegium Charitativum in Thorn teilgenommen, dessen Ziel in einer kirchlichen Union bestehen sollte. Doch die dort begonnenen Gespräche mit dem Helmstedter Theologen Georg Calixt weiteten sich zum Calixtinischen Streit aus. 1657 wird er in Leipzig Superintendent in der Nachfolge Christian Langes. Es ist Hülsemanns Geist, der dafür sorgt, dass sich in Leipzig nun nach und nach eine eigene und selbstbewusste Theologie auszubilden beginnt, die sich mehr und mehr aus der Umklammerung Wittenbergs frei macht. Besonders in den dem Colloquium in Thorn folgenden Streitigkeiten erwirkte Hülsemann theologisch Bedeutsames. Während er an St. Nikolai wirkte, war in St. Thomas Abraham Teller tätig; schon 1637 hatte dieser das Thomasschulrektorat übernommen und wirkte später als Thomaspastor und Inspektor der Schule; in Stammbücher pflegte er einzuschreiben: »*In Iesu mea vita meo, / Mea clausula vitae est, / in hoc Iesu vita perennis erit.*« (Mein Leben in meinem Jesus / ist mir mein Lebensschluss, / in diesem Jesus wird mein ewiges Leben sein.)

Teller war musikalisch; er dichtete, komponierte und gab zwölf geistliche Lieder heraus, deren Anfangsbuchstaben seinem Namen, denen seiner Frau und seiner Kinder entnommen waren. Neben ihm wirkte der erste theologische Leipziger Vertreter der berühmten Carpzovs, jener einst aus Spanien um des Glaubens willen ausgewanderten Familie: Johann Benedict Carpzov I. Vor allem als Autor von Arbeiten zur Christologie und zu den lutherischen Bekenntnisschriften machte er sich einen Namen. Außerdem – wohl um größere Lebendigkeit zu erreichen – entwickelte er nicht weniger als 100 Methoden zur Gliederung von Predigten. Womöglich forderten ihn die schrecklichen Folgen des Dreißigjährigen Krieges dazu heraus. Überhaupt bemühte man sich zu dieser Zeit vor allem um gewissenhafte Befolgung kirchlichen Lebens unter der Bevölkerung, die durch den furchtbaren Krieg verroht und gleichgültig geworden war. Noch 1649 muss der Stadtrat auf Aufforderung des Konsistoriums einschreiten, damit man nicht weiter während der sonntäglichen Frühpredigt Bierfässer verlud und umherfuhr, sondern das Gebot der Sonntagsheiligung einhielt.

Mit der Berufung von Martin Geyer zum Thomaspastor 1659, 1661 als Superintendent, setzte eine für Leipzig im Allgemeinen und für die Thomasgemeinde im Besonderen fruchtbare Zeit ein. Er war in untergeordneten Anstellungen schon seit 1643 tätig. Ein Erlebnis hat er lebenslang nicht vergessen: Am 9. November 1642, »*als Torstensohn die Stadt Leipzig mit Feuereinwerfen beängstigte, und Geyer eben früh gutes Muthes aufgestanden, und in seine Studirstube gegangen war, auch ein Kapitel in der Bibel zu lesen*

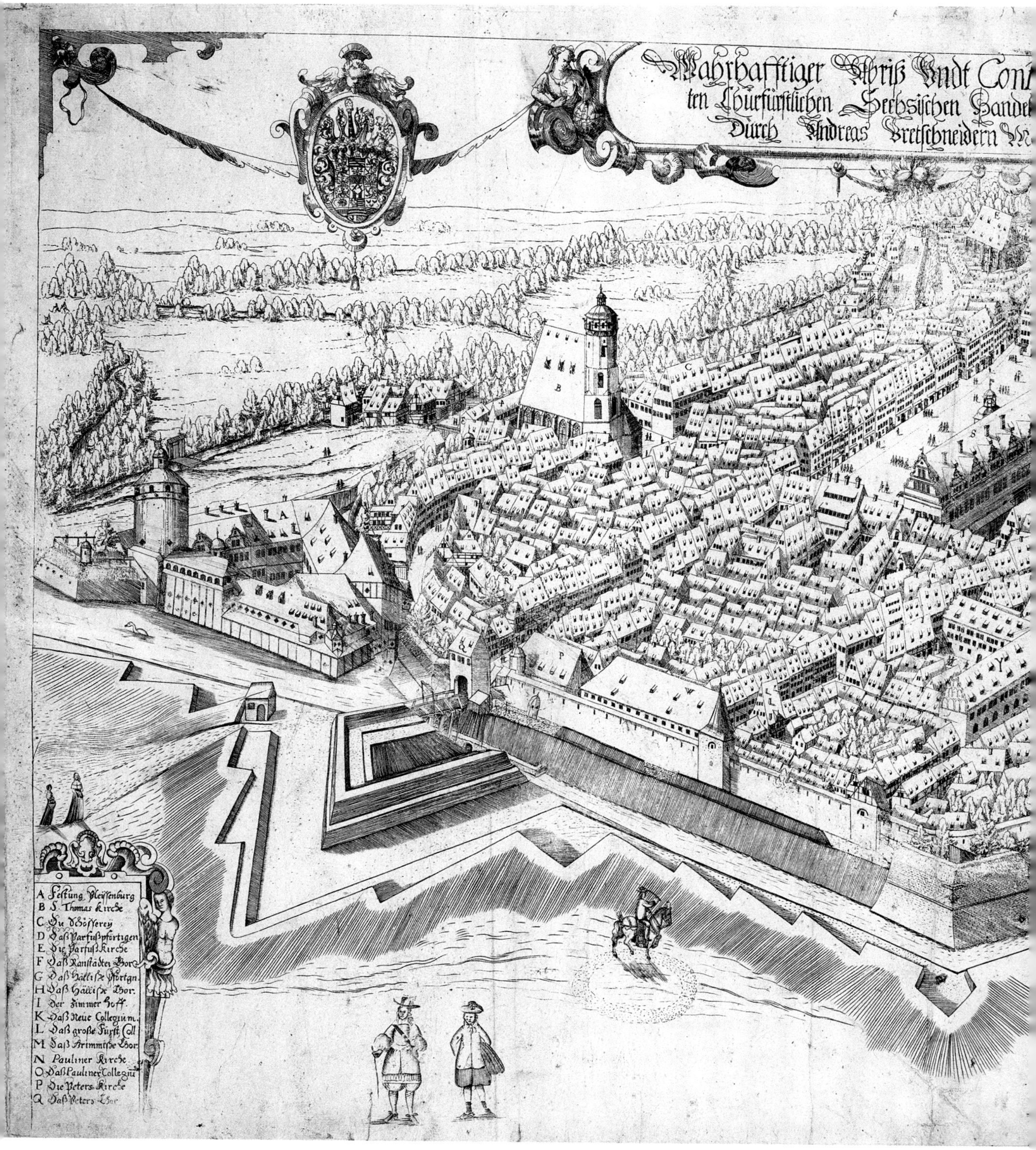

Abriss der Stadt Leipzig 1660.

angefangen hatte, kam ihm eine Angst an, so, dass er ohne solches zu beendigen, aus der Stube gehen musste. Kaum war er hinaus, so kam eine Stückkugel in dasselbe Zimmer, wodurch diese Bibel nebst andern Büchern übel zugerichtet wurde.« 1669 erschien ein Predigtband von ihm mit dem Titel *Zeit und Ewigkeit, aus denen Sonn= und Fest=Tags=Evangelien fürgetragen, Leipzig 1669*, selbst in der theologischen Bibliothek eines Johann Sebastian Bach noch zu finden. Längst Oberhofprediger in Dresden, erinnerten sich die Leipziger noch lang und gern an Geyer. Sein Wahlspruch entstammte den Seligpreisungen:

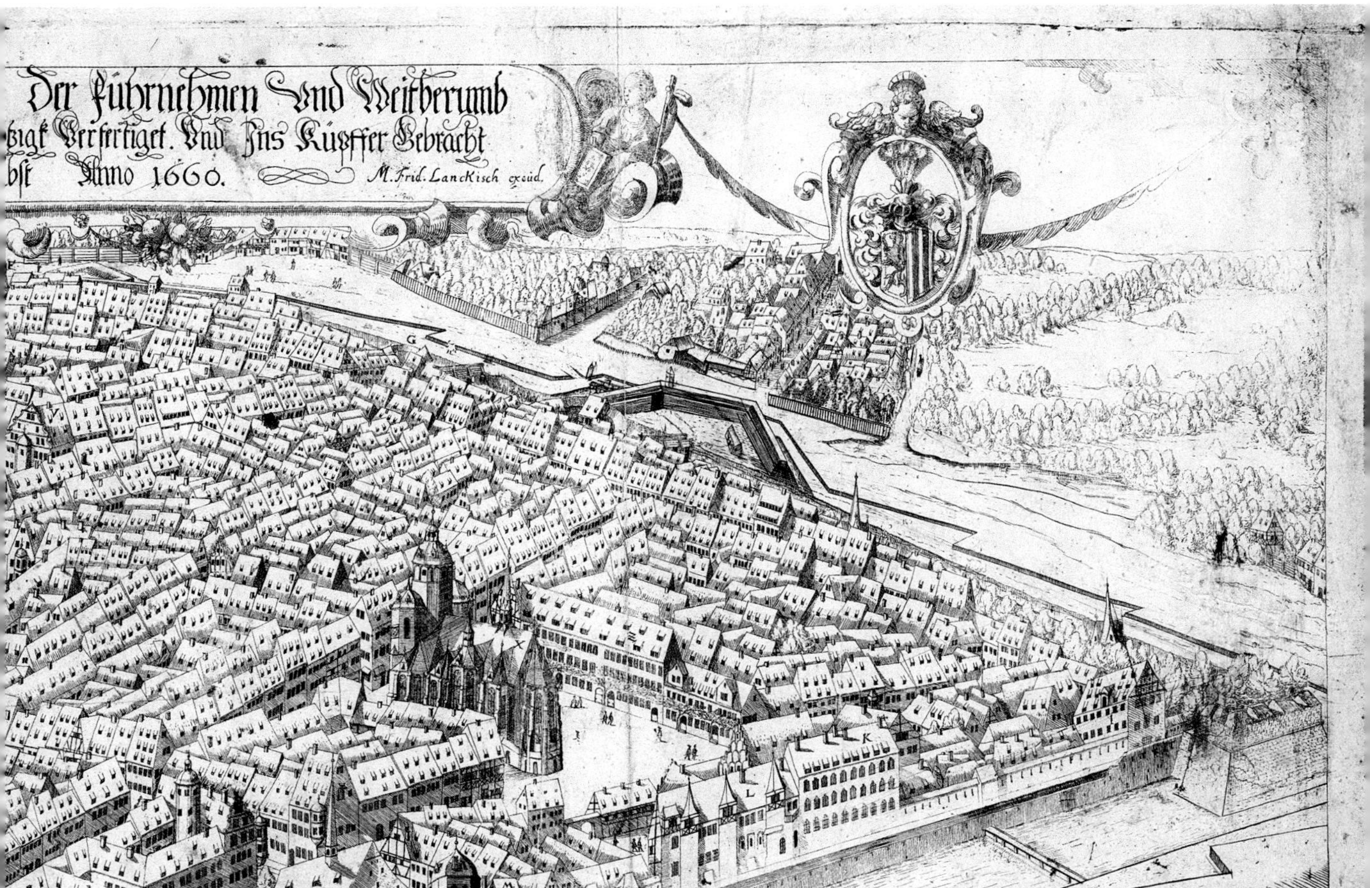

»*Beati mites*« (selig die Sanftmütigen). Er soll – in jener auch theologisch streitbaren Zeit ein Einzelfall – nie eine Streitschrift geschrieben und herausgegeben haben. Auf seiner Arbeit fußt eine neue intensive Pflege des Hebräischen an der Universität Leipzig. Während Geyer zwischen 1639 und 1658 die hebräische Professur inne hat, entwickelt sich Leipzig zu einem Zentrum hebräisch-talmudischer Gelehrsamkeit. Die Edition der *Biblia Hebraica et Graeca* des Arius Montanus bei dem Leipziger Buchhändler Christian Kirchner 1657 geht ebenso auf Geyers Anregung zurück wie die qualifizierte Neubesetzung des Lehrstuhls nach ihm. Auch dann sind wieder Theologen tätig, die mit Thomaskirche und -schule eng verbunden sind: Johann Benedict CARPZOV II., August PFEIFFER, Johann Gottlob CARPZOV und Christian LUDOVICI, seit 1697 Substitut des wegen Irrlehren zwangsweise emeritierten Konrektors Andreas Stübel. Sowohl personell als auch programmatisch, aber auch in pragmatischer Weise kommt es zu erstaunlichen Regelungen für diese Zeit: So werden etwa um 1680 Juden als Lektoren beim hebräischen Lehrstuhl der Universität angestellt, was sich bis ins 18. Jahrhundert fortsetzt.

Mit Samuel LANGE, Sohn des Superintendenten Christian Lange, amtiert für knapp einhundert Jahre der letzte Superintendent an St. Thomas; er war u. a. auch ein Schüler Calixts in Helmstedt gewesen, doch ohne dessen Theologie zu vertreten. Dies konnte in der Zeit nach Johann Hülsemann in Leipzig auch niemand erwarten. Aber es ging ihm stärker als Hülsemann um Einigung unter den Evangelischen. Ob durch diesen Geist auch die 20 Jahre später aufkommende Bewegung um August Hermann Francke in Leipzig bereits vorbereitet wurde, ist eine ungeklärte, gleichwohl vermutete Ansicht. An seiner Seite ist Johann Ulrich MAYER tätig, Vater des berühmten Theologen Johann Friedrich Mayer, der eine kluge und gewandte Persönlichkeit, aber eben auch von ungezügelter Natur war. Zwar nicht an der Thomaskirche im Amt, aber als Superintendent an St. Nikolai sehen wir in Elias Sigmund REINHARD jenen Kollegen Paul Gerhardts aus Berlin vor uns, der gleich diesem vertrieben wurde. Zu Tode kam er durch eine Blutvergiftung, da er den Löschsand von einem Brief abreiben wollte und sich in den Finger schnitt. Johann Ulrich Mayer hielt ihm, dem Vornamen Elias folgend, die Leichenpredigt über 1 Kön 19,4.

Das Wirken Johann Benedict CARPZOVS II., Sohn des gleichnamigen Archidiakonus, war schon berührt worden; besonders im Rabbinischen und in Orientalia bei Buxtorf in Basel ausgebildet, legt von dieser Gelehrsamkeit ein einstmal vor-

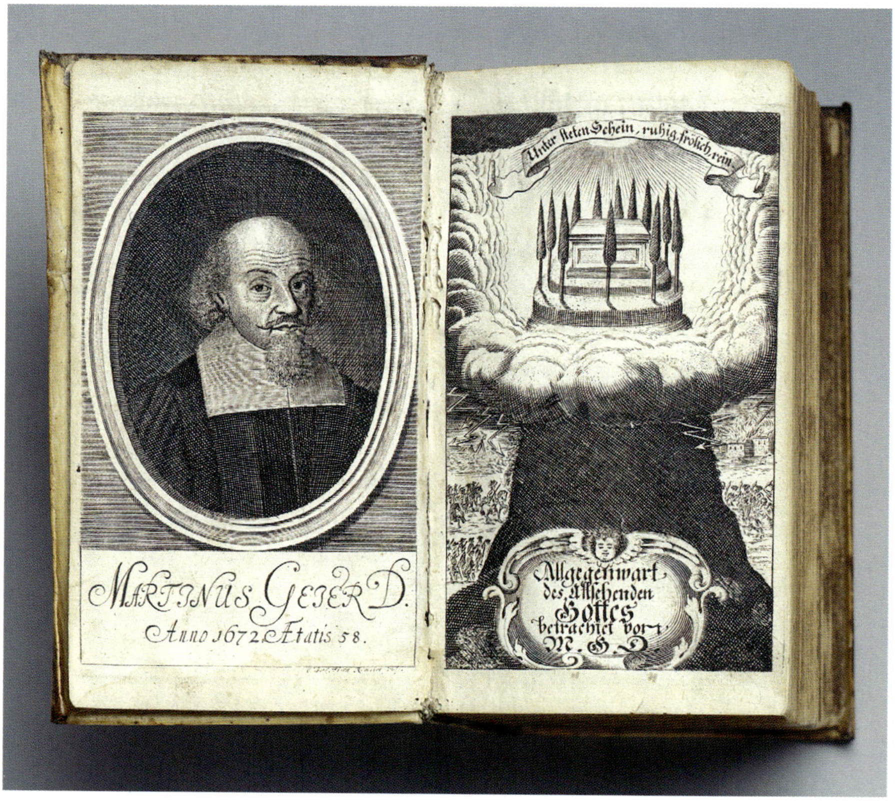

Martin Geyer (1614–1680), Predigten, Dresden/Leipzig 1696. Porträt, Frontispiz und Titelblatt.

handen gewesenes umfangreiches Manuskript Zeugnis ab, das gar noch von seinem Sohn und Enkel fortgesetzt wurde und wenigstens genannt sein soll: *Collegium Rabbinico-Biblicum in libellum Ruth, XII olim Disputationes usque ad Cap. II, 10. editum, nunc ex Collegio Beati Autoris MSSt. continuatum a M. Io. Bened. Carpzov. Filium et Nepotem, Lipsiae 1703*.

Am 6. Sonntag nach Trinitatis 1681 beging man ein allgemeines großes Dankfest nach überstandener Pest mit Carpzovs Predigt: *Davids Dank= und Lobopfer, so er nach überstandener Plage der Pestilenz Gott geopfert, aus 1Chr 22,25–27 und 2Sam 24,25 … der christlichen Gemeinde zu St. Thomas in Leipzig zum Exempel schuldiger Nachfolge vorgestellet, Leipzig 1681*. Noch bevor diese Seuche über Sachsen hereinbrach, hielt man im Juni 1676 einen Konvent mit Dankfest in Torgau ab, angeregt durch Kurfürst Johann Georg II., für das 100 Jahre zuvor begonnene Konkordienwerk: Teilnehmer neben Oberhofprediger Geyer, Abraham Calov und Johann Meisner aus Wittenberg und dem Leipziger Professor Johann Adam Schertzer war der Leipziger Superintendent D. Georg LEHMANN. Seine Biographie gibt Typisches wieder, was diese Generation charakterisiert: 1641 konnte er während seines Studiums in Leipzig die Gunst eines schwedischen Stabsoffiziers erlangen, der ihm seinen Sohn zum Unterricht übergab und ihn nach dem Friedensschluss 1648 mitnahm, um ihn in Wismar oder Schweden zu versorgen. Doch Hülsemanns Rat, er müsse als ein ehemaliger landesherrlicher Stipendiat zuerst seine Dienste dem eigenen Vaterlande widmen, hielt ihn davon wie auch von einer Berufung zum Schlossprediger in Stettin zurück. Einige Titel Lehmannscher Leichenpredigten sollen die besondere homiletische Art zeigen, aus Namen Predigtthemen zu gewinnen, wie sie im Gefolge der Predigtmethoden J. B. Carpzovs I. entwickelt worden waren:

→ *Das aufrichtige Adlerherz*, Ps 139,23-24; Leichenpredigt für Johanna von Adlershelm, geb. Becker von Rosenfeld, 1673;

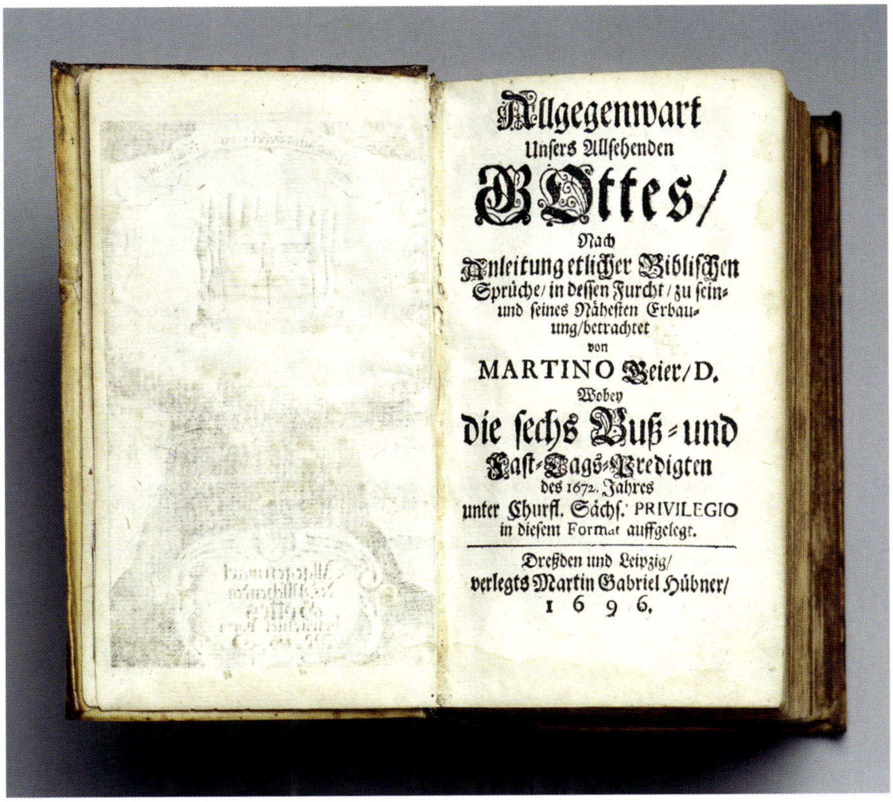

- → *Das geistliche Jagdgeschrey*, Röm 3,24-25; Leichenpredigt für Friedrich-Konrad Jäger, 1677;
- → *Der Lutherische Haus-Papst*, Offb 14,13; Leichenpredigt für Steuereinnehmer Gottfried Papst, 1682;
- → *Daniels denkwürdiger Hingang*, Dan 12,13; Leichenpredigt für Freitagsprediger Lic. Daniel Griebner, 1685;
- → *Die im Dornenfelde kämpfende Seele*, 2 Tim 4,7-8; Leichenpredigt für Anna Margarethe Dornfeld, 1685;
- → *Daniels fürtreffliche Erhöhung*, Gal 2,20; Leichenpredigt für Archidiakon D. Daniel Müller, 1686;
- → *Der gefallene aber nicht weggeworfene Gerechte*, Ps 24,24; Leichenpredigt für Prof. Lic. Joachim Feller, 1691.

Episode des Pietismus

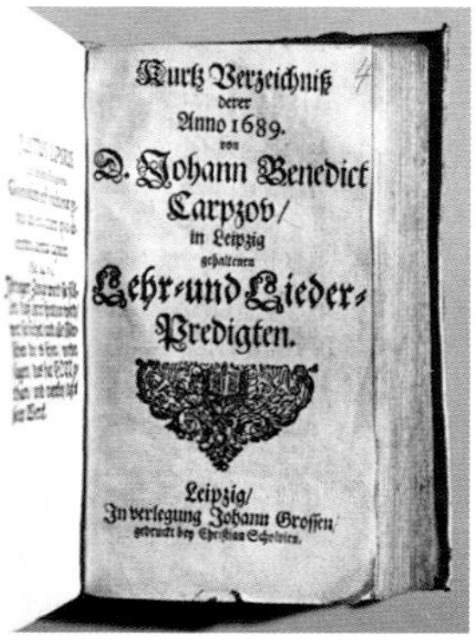

Johann Benedict Carpzov II. (1639–1699), Kurtz Verzeichniss, Leipzig.

Dieser Carpzov ist derjenige, der 1689-1690 Liederpredigten hielt: *Kurz Verzeichniß derer ao. 1689 von D. Jo. Bened. Carpzoven in Leipzig gehaltenen Lehr= und Liederpredigten, Leipzig 1690*, die für Thomaskantor Schelle Anlass waren, Liedkantaten zu schreiben, wie auch derjenige, der den Pietismusstreit in Leipzig vom Zaune brach bei Gelegenheit der Leichenpredigt für einen Studenten. Carpzov nahm den Vorschlag Speners auf, in privaten Erbauungsstunden die Bibel zu lesen und Frömmigkeit zu pflegen. Nach einer seiner Predigten 1686 begründeten zwei Magister der Philosophie, August Hermann Francke und Paul Anton, zu diesem Zweck ein *Collegium philobiblicum*. Sowohl Spener, der gerade in Dresden Oberhofprediger geworden war, als auch der Leipziger Professor Valentin Alberti unterstützten die Initiative. Alberti stellte sogar seinen Vorlesungssaal im Fürstenhaus an der Grimmaischen Straße zur Verfügung. Da in den Räumen der Magister oft die Plätze nicht ausreichten, Carpzov aber schon 1686 eine Jesajavorlesung wegen Mangel an Hörern absagen musste, geriet nach und nach der gesamte akademische Betrieb durcheinander und erzeugte Neid und Ärger. Carpzov empfand es außerdem als persönlichen Tiefschlag, dass sein Bruder Samuel Benedict in Dresden nicht die Oberhofpredigerstelle erhalten hatte. Eine vom Dresdner Oberkonsistorium eingeleitete gerichtliche Untersuchung zur Klärung der inzwischen bedenklichen Entwicklung führte zwar zur Beendigung der Tätigkeit Franckes, erbrachte aber als einzigen Vorwurf nur den, Francke und seine Freunde hätten sich in der philosophischen Fakultät nicht auf die sprachliche Seite des Bibeltextes beschränkt, sondern unerlaubterweise auch theologische Auslegung betrieben. Das *Leichencarmen* für den verstorbenen Studenten Martin Born, das der Poesieprofessor Joachim Feller verfasst hatte, machte den Begriff populär: »*Es ist jetzt stadtbekannt der Nam' der Pietisten. / Was ist ein Pietist? Der Gottes Wort studiert. / Und nach demselben auch ein heilig Leben führt. / Das ist ja wohl getan, ja wohl von jedem Christen.*«

Währenddessen sprach Carpzov in seiner Predigt davon, die Jünger Speners bildeten »*studiosos satis pios sed satis indoctos*« aus: völlig fromme, doch völlig ungelehrte Studenten! Wenige Jahre später mischte sich auch der 1692 an die Thomaskirche berufene Albrecht Christian Rotthe, bekannt geworden durch eine vielbeachtete *Vollständige deutsche Poesie, Leipzig 1688*, noch in den pietistischen Streit, der immer neue Richtungen zu erzeugen in der Lage war.

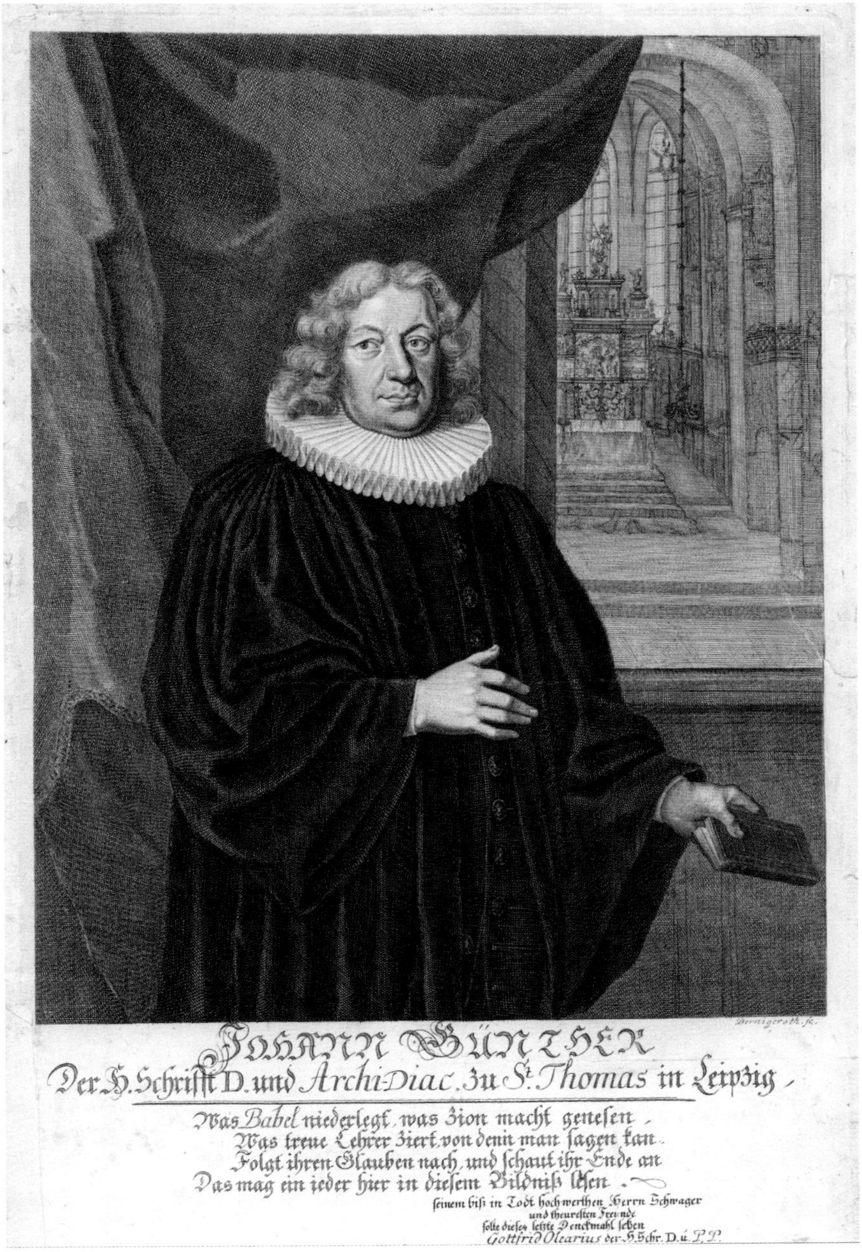

Johann Günther (1660–1714), Kupferstich mit dem Passionsaltar im Hintergrund.

Genannt werden muss hier auch der terministische Streit zwischen ITTIG und dem Theologieprofessor Rechenberg 1700, ebenso eine Variante des Pietismusstreites: Es handelte sich um die Frage, ob die Gnade Gottes für den reuigen Sünder immer offen stehe, oder ob es einen Termin der Gnade gäbe? Christian WEISE, später langjähriger Thomaspastor, schlug sich auf die Seite des Superintendenten Ittig, der für die unbegrenzte Offenheit der Gnade Gottes plädierte; doch für so einfach hielt man dieses Problem, das durch einen Sorauer Diakonus initiiert worden war, nicht. Der Leipziger Theologieprofessor Johann Schmid gab eine *Antwort auf Ittigs Zankfragen* heraus. Die dabei ausgebildeten Überzeugungen teilten die Lager in unvorhergesehener Weise. Superintendent Ittig ordinierte am 2. November 1705 einen der deutschen Sprache unkundigen Siebenbürger Sachsen aus Zetneck, Daniel Klein, in lateinischer Sprache; man hatte ihn zum Prediger in das den Lutheranern in Preßburg genehmigte Bethaus berufen; Christian Weise verrichtete die Diakonalia in ebendieser Sprache.

Theologisch aktive Gemeindepfarrer

Als Immanuel Horn 1708 in das Thomaspastorat einrückte, erhielt der Schlesier Johann Günther das Archidiakonat. Mit ihm tritt an der Thomaskirche eine Person in den Blick, die zugleich Wesentliches zu dem Thema ›Schlesier in Leipzig‹ trägt. Seit den Höhepunkten des Dreißigjährigen Krieges und der Zwangskatholisierung Schlesiens drängten viele vertriebene Lutheraner aus Schlesien nach Westen und stießen in Leipzig auf die erste erreichbare lutherische Universität. So kam es, dass für etwa ein Jahrhundert die gesamte Leipziger Oberschicht in Kirche, Stadt und Universität durch Schlesier bestimmt war, die hier ihre Kräfte einsetzten. Günther hatte bei seinem Versuch, die akademische Laufbahn einzuschlagen, Misserfolge hinnehmen müssen. Deshalb wohl war ihm der Weg zum Pfarrer um so wichtiger geworden. Er fühlte sich zunehmend als Patron aller Schlesier in Leipzig, stand für mehrere Jahre auch als Präpositus dem Frauen-Collegium vor, einer Einrichtung der Schlesischen Nation an der Universität. Ihm lag die Bildung der Fömmigkeit am Herzen, wie an seiner Vorrede zum achtbändigen Wagnerschen Gesangbuch (1697) zu sehen ist, einer Sammlung, die der fromme ehemalige Leipziger Bürgermeister Paulus Wagner (1617–1697) angeregt und begonnen hatte.

Ähnlich wie Geyer seinerzeit berief man auch später Leipziger Theologen zu Oberhofpredigern in Dresden: Thomaspastor Gottlob Friedrich Seligmann, der freilich nur wenige Wochen dieses Amt bis zu seinem Tode am Heiligabend 1707 führte, und seinen Nachfolger Heinrich Pipping, der bis dahin Diakonus an der Thomaskirche war.

Um diese Zeit setzte auch eine eifrige Bautätigkeit in der Thomaskirche ein. Vornehme Bürger wetteiferten miteinander um bequem ausgestattete Betstübchen und vorteilhafte Kirchenstühle. Nicht nur auf und unter den Emporen, sondern auch am Triumphbogen und in der Vierung baute man unentwegt kleine Emporen und Sitzgelegenheiten ein, die z.T. separate Zugänge von außen erhielten. Auf der

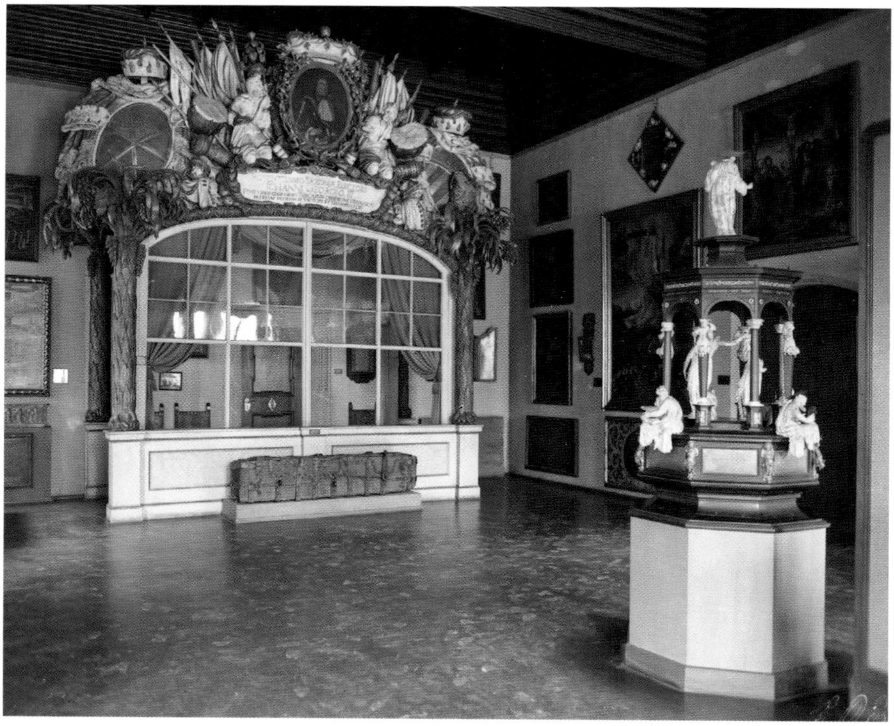

Fürstenstühl von 1684 (zu Ehren von Kurfürst Johann Georg III.). Er ist 1889 abgebrochen und dem Stadtgeschichtlichen Museum Leipzig übergeben worden. Rechts ist der 1945 verloren gegangene Deckel des Taufsteins der Thomaskirche zu sehen.

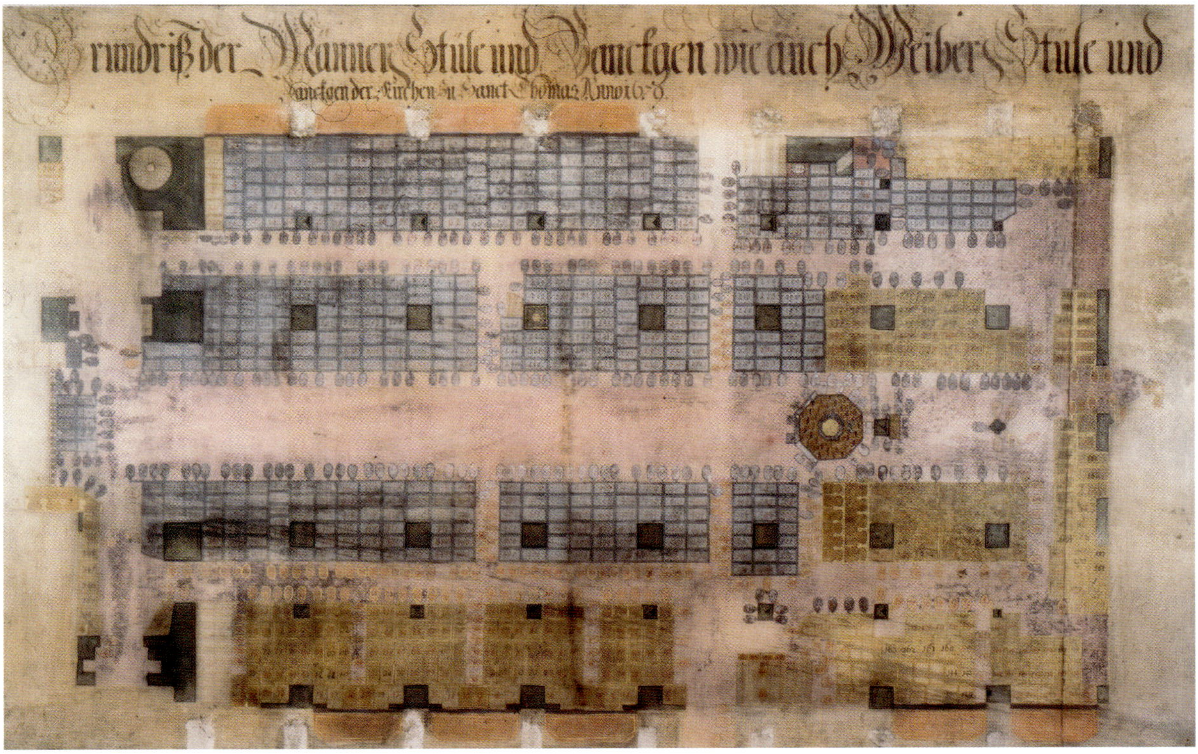

Gestühlplan der Thomaskirche von 1680.

Nordempore stand seit 1684 der Fürstenstuhl, eine Art Siegesdenkmal für die Teilnahme Kurfürst Johann Georg III. am Kampf gegen die Türken vor Wien; nun kam eine zweite hölzerne Empore darüber hinzu.

Superintendent DORNFELD, der wie sein Nachfolger an St. Nikolai residierte, kümmerte sich sehr um die verwaltungsmäßige Ordnung (Kirchenrechnungen) seiner Ephorie, aber auch um die Belebung der Katechismusexamenia. Er gelangte als einer der wenigen Leipziger Superintendenten nicht zu einer theologischen Professur an der Universität. Doch verdanken wir seiner ordnenden Hand ebenso wie seinem zweiten Nachfolger STEMLER viele Aktentitel. Dornfelds Nachfolger, DEYLING, sah sich mehr in der Rolle eines theologischen und verwaltungsmäßigen Ruhepols inmitten der sehr großen und weiträumigen Leipziger Superintendentur. Er tritt uns vor allem als Superintendent Bachs in den Blick; sein Interesse in der Fakultät galt pastoraltheologischen Themen.

Die konsequent geführten Kommunikantenregister der Jahrzehnte des 18. Jahrhunderts geben nicht nur Einblick in den Reichtum der Gottesdienste – sonntags bis zu dreimal, wochentags am Morgen im Wechsel mit der Nikolaikirche, nachmittags Betstunden, dazu nach Bedarf Taufen und Hochzeiten –, sondern auch durch die Kommunikantenziffern Kenntnis von der Abendmahlsbeteiligung. Seit Luther galt die Regel, man solle jährlich viermal zum Heiligen Abendmahl gehen. Wenige Zahlen der Jahre zwischen 1723 und 1736 mögen einen Eindruck geben:

Jahr	1723	1725	1727	1729	1731	1733	1735	1736
Gesamt	19088	16645	12683	16085	17869	18489	18836	17861
Privatkommunionen			354	373				

Um eine Durchschnittszahl für einen Gottesdienst zu errechnen, muss man die Gesamtziffer der Teilnehmer durch die Zahl der Sonn- und Festtage des Kirchenjahres (70) teilen und erhält dann eine Abendmahlsteilnahme von 230 bis 270 Menschen je Gottesdienst. Daraus ergibt sich auch die Konsequenz, dass die zweimalige Teilnahme Bachs pro Jahr, die ein allgemeines Verhalten seiner Frömmigkeit zeigt, auch von anderen kaum höher erwartet werden kann, wenn die Gottesdienste nicht noch länger dauern sollten. Dadurch lässt sich aber auch gut verstehen, warum man sich kirchlicherseits heftig gegen das sogenannte Frühbeichten wandte, eine bequeme Form der Verbindung von Privatbeichte und Abendmahlsgang an ein- und demselben Tag.

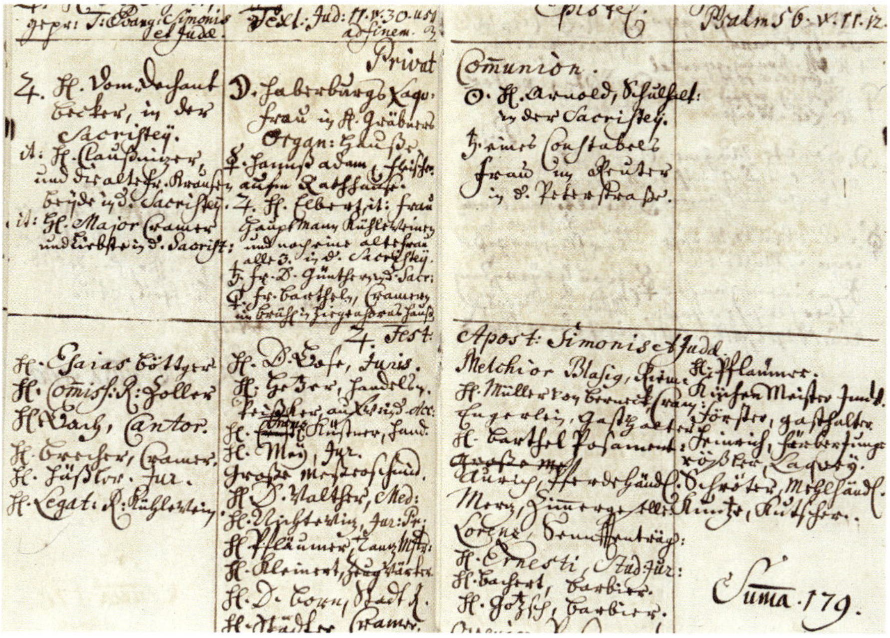

Kommunikantenregister der Thomaskirche 1723 mit dem Eintrag J. S. Bachs. →

Die Thomaspastoren von Christian WEISE an sind alle aktiv theologisch tätig. Friedrich Wilhelm SCHÜTZ, nur für zwei Jahre Thomaspastor, Großneffe des Dresdner Altmeisters der Kirchenmusik Heinrich Schütz, gab des Gottfried Olearius (1672–1716) *Anleitung zur geistlichen Seelen=Cur, Leipzig 1718* heraus. Dieses Werk begründet die Poimenik bzw. Seelsorgelehre, zu dieser Zeit – wenn überhaupt – nur als Nebenfach der Theologie betrieben. Ebenso machte er sich um Übersetzung und Herausgabe eines umfangreichen Werkes des Lord-Bischofs von Worcester, Edward Stillingfleet, verdient (Leipzig 1732); hier finden sich sowohl biblische Auslegungen, Predigten wie auch Widerlegungen sozinianischer, römisch-katholischer und deistischer Autoren. Romanus TELLER, Thomaspastor von 1745 an, wird ähnliche Wege mit der Herausgabe der sogenannten antideistischen Bibel 1749ff. beschreiten; außerdem predigte Schütz als Montagsprediger zu St. Nikolai 1721–1737 die Bibel kursorisch, von Gen 1 bis 2 Kön 5.

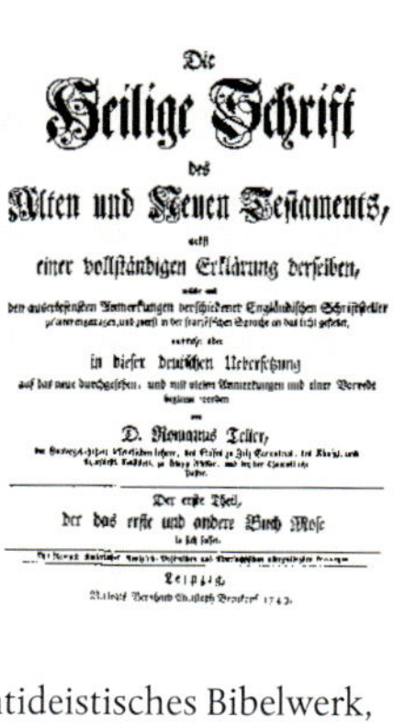

Die
Heilige Schrift
des
Alten und Neuen Testaments,
nebst
einer vollständigen Erklärung derselben,
in dieser deutschen Uebersetzung
D. Romanus Teller,
Der erste Theil,
der das erste und andere Buch Mose
Leipzig,

Antideistisches Bibelwerk, Leipzig 1749, herausgegeben von Thomaspfarrer Romanus Teller. Titelblatt.

Tellers Vorgänger Urban Gottfried SIEBER – nach Auseinandersetzung mit Johann Burchard Mencke, dem Historiker an der Universität, seit 1714 Inhaber der *Professio Antiquitatum Ecclesiasticarum*, also einer Professur für Kirchengeschichte – beherrschte neben den alten Sprachen wegen seiner kirchengeschichtlichen Interessen auch Englisch, Französisch und Spanisch. Sein Spezialgebiet war Märtyrerkunde. Gottlieb GAUDLITZ trat vor allem hervor mit einer gründlichen Analyse der sogenannten Melodianischen Lehrsätze, der theologischen Meinungen des Adam Bernd, langjährigen Oberkatecheten an der Peterskirche. Auch in seelsorgerlichen Fragen engagierte er sich: Eine *Predigt zur Suizidgefahr 1736*.

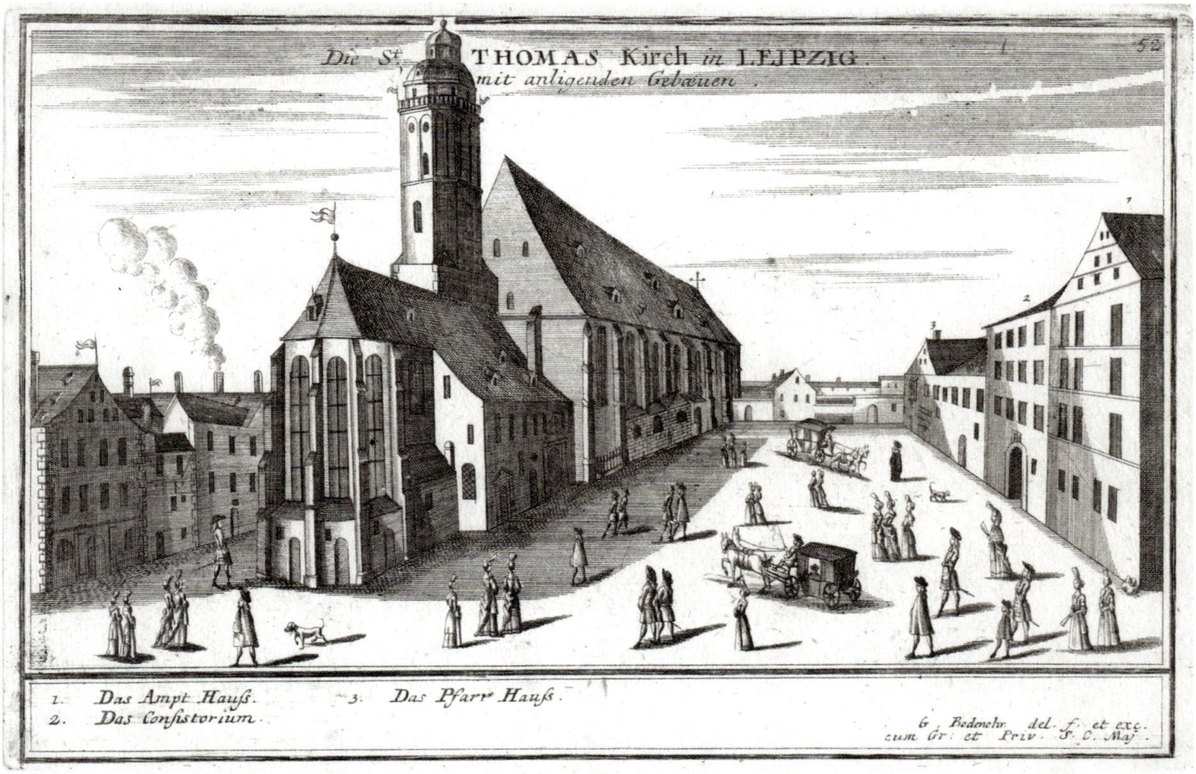

Thomaskirche mit öffentlichen Gebäuden, Stich von G. Bodenehr um 1730.

Schließlich Teller: »*Teller war ein gelehrter, frommer, beredter, sinnreicher, demüthiger, freygebiger Theologus; ein guter Pastor, welcher für die Seligkeit der anvertrauten Heerde besorgt war; ein fleißiger Professor, welcher die Studenten liebte; ein Patron der Armen; er unterwieß das Volk in der himmlischen Wahrheit mit einem beredten Munde; er unterrichtete die studirende Jugend, welche häufig zu ihm kam*«, urteilt ein Zeitgenosse. Seit 1739 durchläuft Christoph WOLLE alle Stellen der Thomaskirche bis zum Archidiakonus 1742, was er bis zu seinem Tode bleibt. Daneben übt er eine außerordentliche Professur an der Theologischen Fakultät aus. Er ist der letzte Beichtvater Bachs. Hervorgetreten ist er mit einer *Sittenlehre Jesu Christi* (1745), der noch eine *Tugendlehre* folgte.

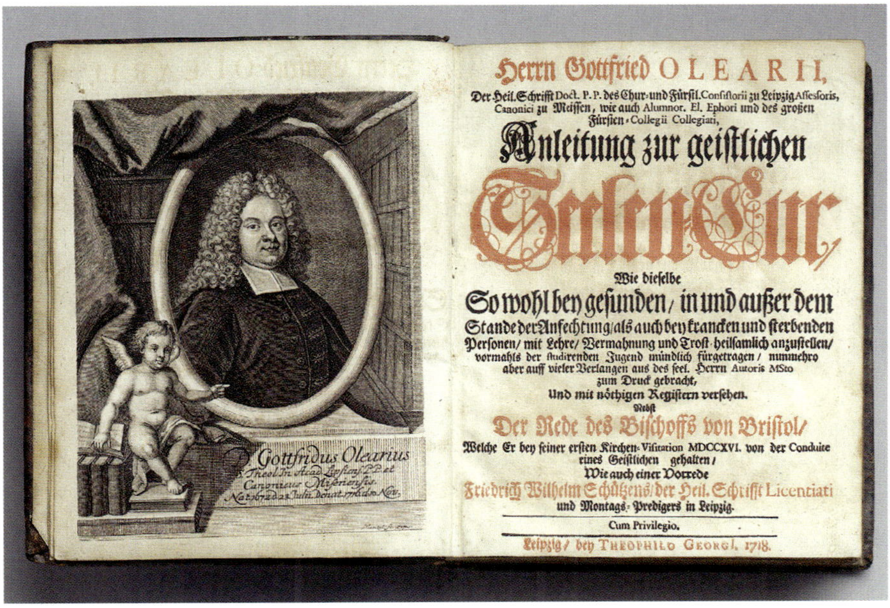

Gottfried Olearius (1672–1716), Anleitung zur geistlichen Seelen=Cur. Leipzig 1718, mit einer Vorrede von Thomaspfarrer Friedrich Wilhelm Schütz (1677–1739).

Empfindsame und aufgeklärte Frömmigkeit

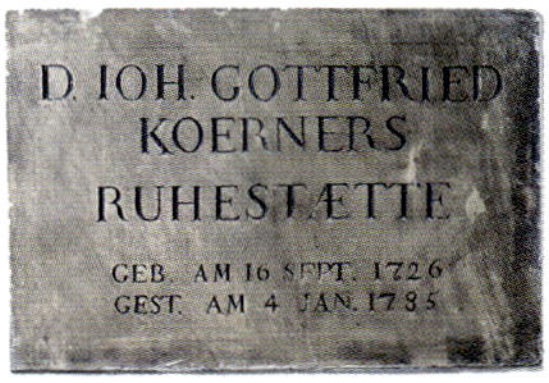

Grabplatte für Superintendent Johann Gottfried Körner (1726–1775), südliche Vierung.

Mit Johann Christian STEMLER aus Neustadt/Orla, aus einem alten Pfarrergeschlecht gebürtig, war wieder ein Superintendent an der Thomaskirche tätig. Er hatte während seines Studiums in Leipzig bereits vielfache Förderung durch den Archidiakonus Thomanus Carpzov erhalten und war Hauslehrer bei Söhnen des Buchhändlers Gleditzsch und eines Sohnes von Peter Hohmann gewesen. Durch Vermittlung seines Vetters, des Konrektors Hebenstreit, wurde er 1723 Hofmeister bei dem jungen Herrn von Ponikau auf Pomßen, erhielt Angebote von Pfarrstellen und war als Rektor in Sangerhausen und Naumburg tätig, Pfarrer in Naumburg und Superintendent in Torgau, Plauen, Oberhofprediger in Querfurt, Generalsuperintendent in Altenburg. Seine Karriere zeigt, wie sehr man um eine namhafte Persönlichkeit bemüht war. Am 1. Januar 1751 trat er als Thomaspastor an, vier Jahre später als Superintendent. Auf Stemler geht die Neuanlage des gesamten Superintendenturarchivs zurück. Er erlebte hier in Leipzig den Siebenjährigen Krieg, der die Bevölkerung so stark dezimierte, dass erst im Jahr 1800 die Einwohnerzahl Leipzigs wieder 32.000 erreichet, wie vor Beginn des Krieges. Mit Festmusik des Thomaskantors Doles und Dankpredigt Stemlers begeht man am 21. März 1763 in der Thomaskirche endlich den Friedensschluss zwischen Sachsen und Preußen. Etwa gleichzeitig mit Stemler kam einst Johann Gottfried KÖRNER als Subdiakonus an die Thomaskirche; 25 Jahre jünger wird er nach Bekleidung aller Stellen 1776 dessen zweiter Nachfolger als Superintendent sein. Er ist der Großvater Theodor Körners. Körners Vorgänger, Johann Friedrich BAHRDT, nur drei Jahre Superintendent an St. Thomas, müsste selbst eigentlich kaum genannt werden, jedoch sein Sohn: Karl Friedrich Bahrdt (1740–1792). Dessen Leben enthält alle Höhen und Tiefen der Klugheit, Liberalität, des Rationalismus, aber auch der Haltlosigkeit und Beliebigkeit: Er war sowohl Professor in Erfurt und Gießen als auch Superintendent in Graubünden und Dürkheim, Leiter einer Erziehungsanstalt in Heidesheim, nach Suspendierung von

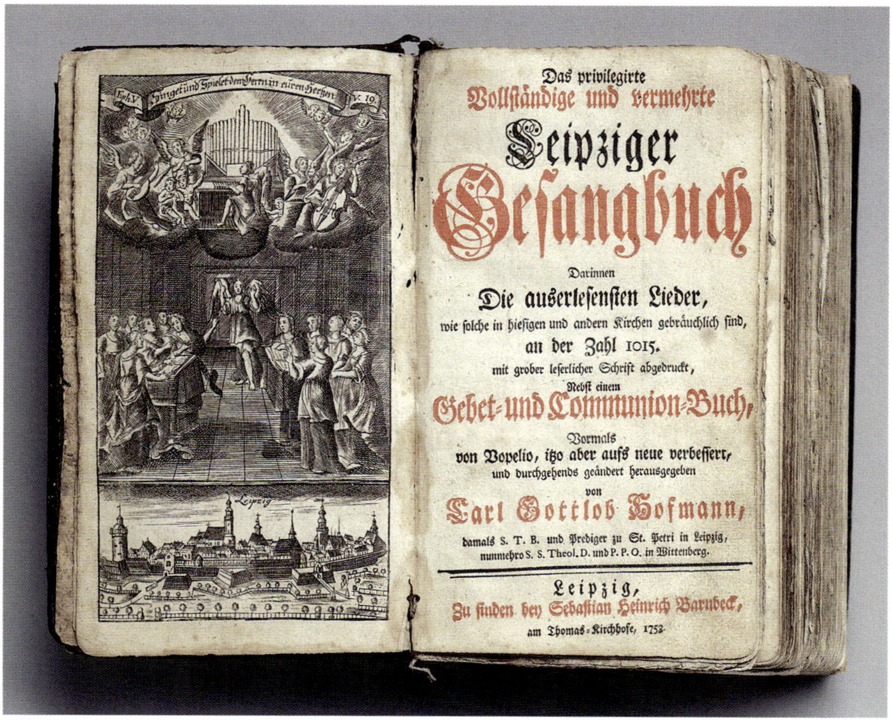

Leipziger Gesangbuch von 1753.

Christoph Wolle (1700–1761), Sittenlehre Jesu, Leipzig 1745. Titelblatt.

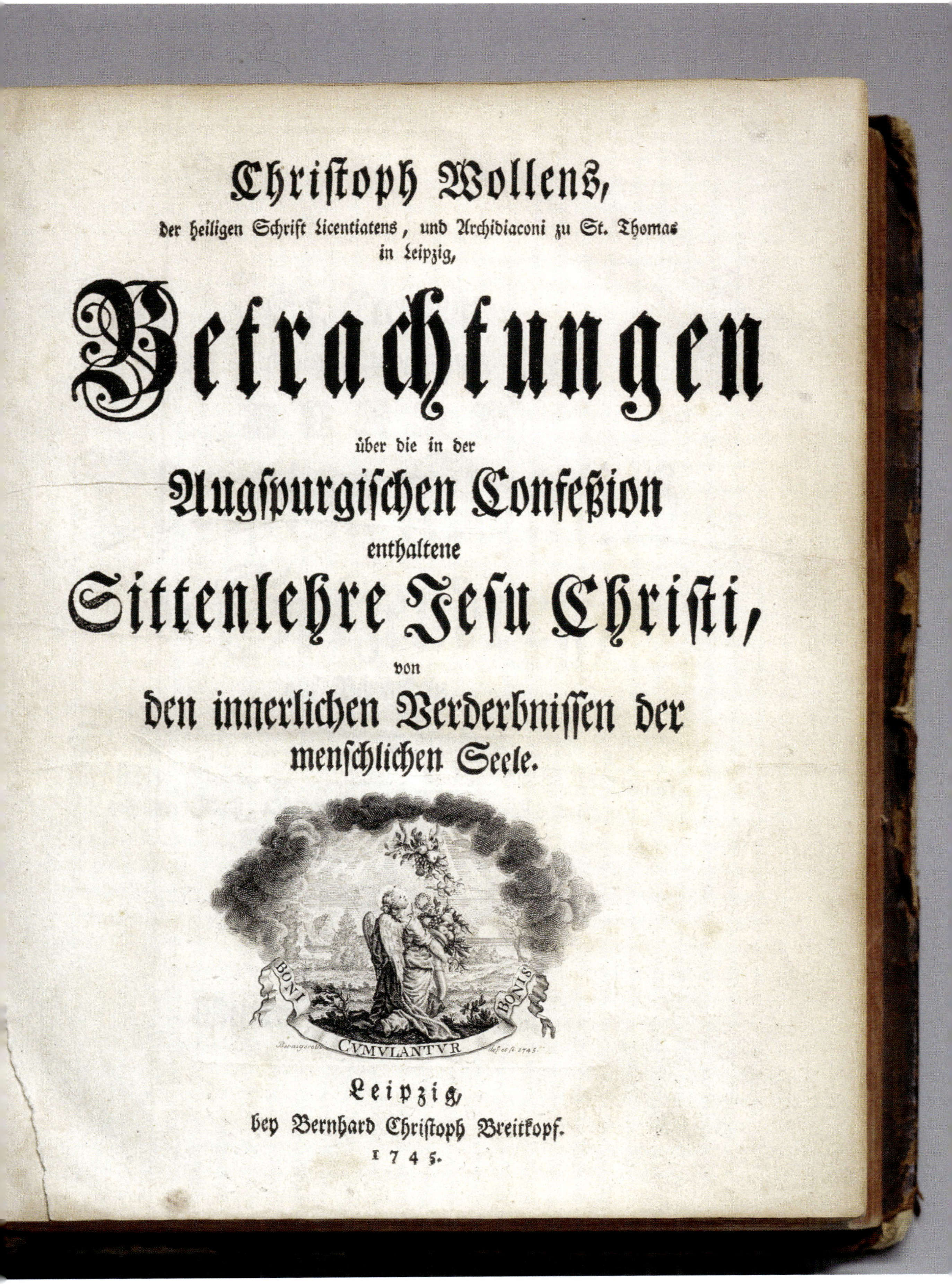

Christoph Wollens,
der heiligen Schrift Licentiatens, und Archidiaconi zu St. Thomas
in Leipzig,

Betrachtungen
über die in der
Augspurgischen Confeßion
enthaltene
Sittenlehre Jesu Christi,
von
den innerlichen Verderbnissen der
menschlichen Seele.

BONI BONIS CVMVLANTVR

Leipzig,
bey Bernhard Christoph Breitkopf.
1745.

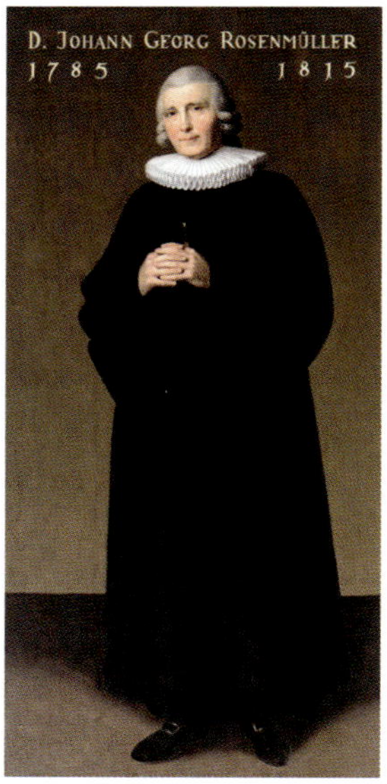

Superintendent Johann Georg Rosenmüller (1736–1815), Chorraum.

linke Seite:
Inneres der Thomaskirche vor der neogotischen Umgestaltung, Aquarell von Hubert Kratz, 1885.

allen Ämtern und Flucht Gastwirt in Halle, saß im Gefängnis, vergiftete seine unheilbar kranke Tochter und starb selbst auf Grund von Drogenabhängigkeit.

Johann Georg ROSENMÜLLER tritt 1785 als Superintendent eine dreißigjährige Wirksamkeit an, dessen Werk sich als fromm und aufgeklärt, als weltoffen und doch sehr intim zeigt. Er wirkte zusammen mit weitsichtigen Leipziger Persönlichkeiten, dem Bürgermeister Wilhelm Müller, der »*die Kirche der Theologen mit den religiösen Bedürfnissen der Laien in Harmonie bringen*« wollte, und dem Stadtbaudirektor Dauthe, zum Wohle der Stadt und der Gemeinde. Müller hatte Rosenmüller von Gießen nach Leipzig geholt, um weitreichende pädagogische und erneuernde Pläne zu verwirklichen. Auf Rosenmüller geht sowohl die Gründung der Ratsfreischule zurück als auch die Herausgabe des Leipziger rationalistischen Gesangbuches: *Sammlung geistlicher Lieder zur öffentlichen Andacht in den Stadtkirchen zu Leipzig* (1796). Kantor an der Thomasschule war seit 1789 Johann Adam Hiller, der bereits als Universitätsmusikdirektor angefangen hatte, Kirchenkonzerte zu etablieren. Mit Hiller zusammen setzte Rosenmüller weitgehende liturgische Reformen im Gottesdienst durch, die freilich auch als Verarmung und Verlust kritisiert worden sind. Rosenmüller konnte die Arbeitslast, die sich im Gefolge des Wiederaufbaus nach den Napoleonischen Kriegen aufgetürmt hatte, allein nicht bewältigen. Neben ihm wirkten die wesentlich jüngeren Diakone JASPIS, EINERT und GOLDHORN. Das mochte ihm trotz allem Beruhigung gewesen sein.

Die Prediger zu St. Thomas 1530–1828.

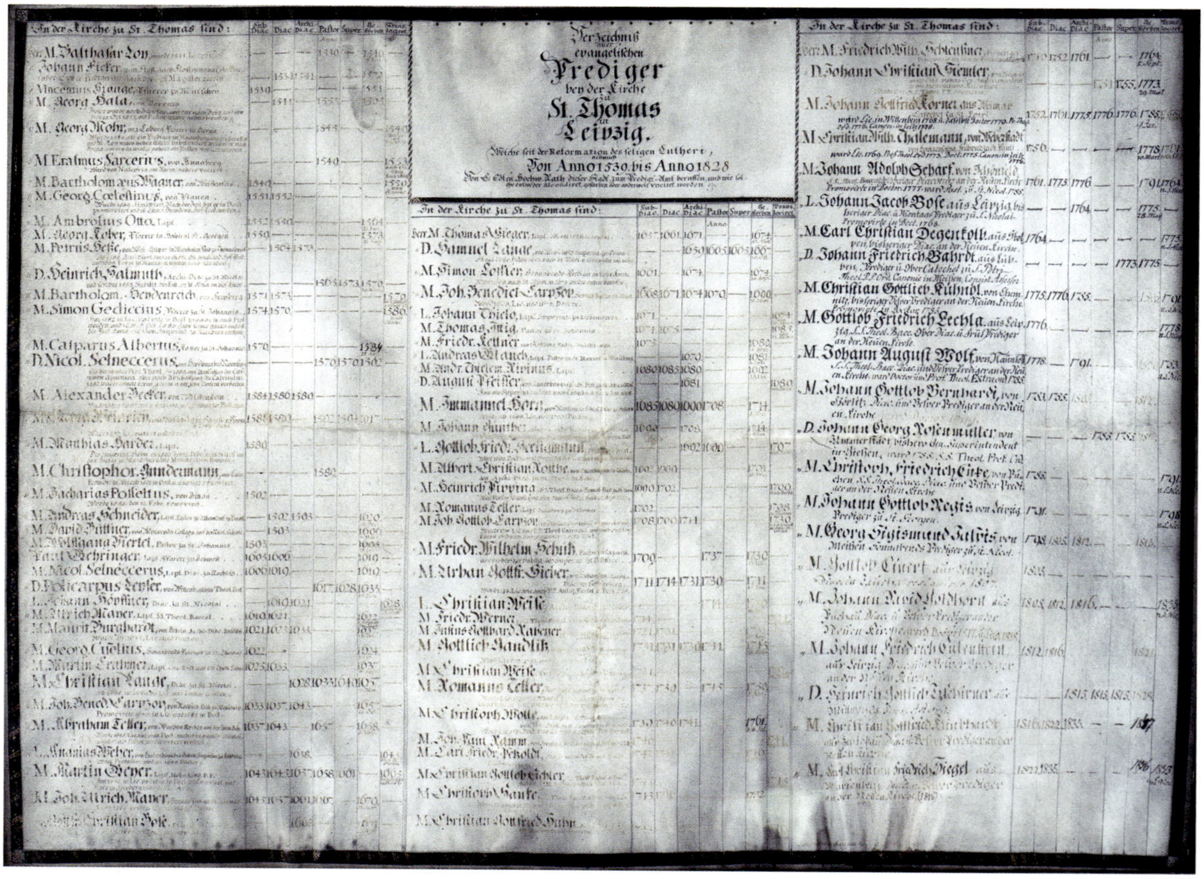
Verzeichniß der evangelischen Prediger bey der Kirche zu St. Thomas in Leipzig. Von Anno 1530 bis Anno 1828

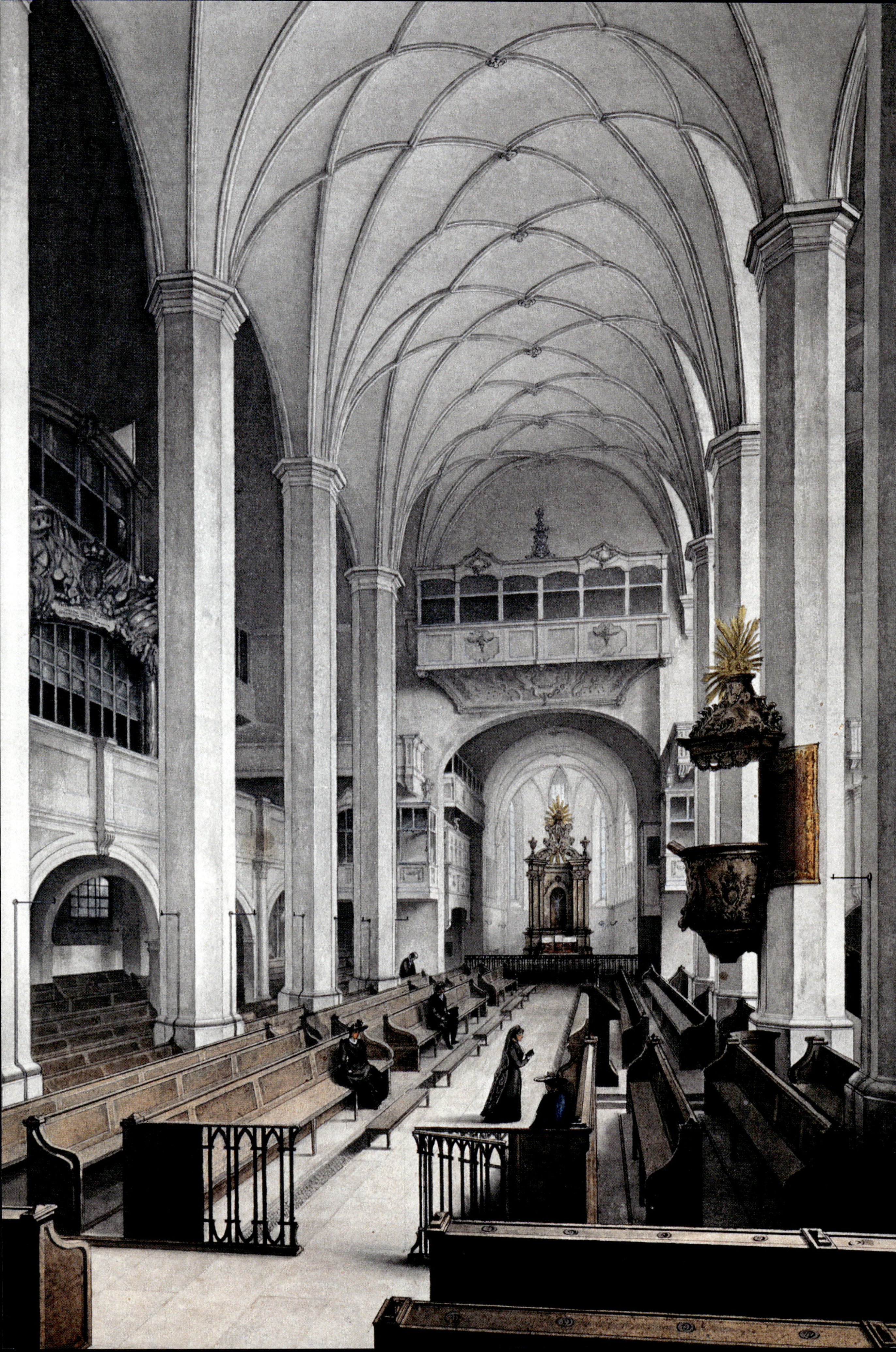

3.4 Zukunft durch Umgestaltung: Gemeinde und Theologie im Umkreis von St. Thomas 1815–1945

Zwischen Wiener Kongress und Revolution 1848

Als in der Thomaskirche am Sonntag Reminiscere 1815, dem 19. Februar, zum ersten Mal nach der zweckentfremdeten Nutzung als Lazarett und Magazin in den Befreiungskriegen wieder Gottesdienst gefeiert werden konnte, hielt der hochbetagte Superintendent Johann Georg Rosenmüller eine seiner letzten Predigten. Er starb im März 1815. Die Superintendentenstelle wurde auf Vorschlag des Leipziger Magistrats mit dem schon seit 1809 an der Theologischen Fakultät als Professor lehrenden Heinrich Gottlieb TZSCHIRNER besetzt. Tzschirner, der 1814 als Feldpropst zur Unterstützung der antinapoleonischen Truppen bis nach Paris gereist war, empfand die Teilung Sachsens als Ergebnis der kriegerischen Auseinandersetzung auf dem Wiener Kongress wie viele seiner Landsleute und Zeitgenossen als »unglücklich«. Publizistisch und in seinen vom Leipziger Bürgertum und den Studenten aufmerksam gehörten Predigten setzte sich Tzschirner nachhaltig für die Freiheit der Bürger und die Machtbegrenzung der Herrschenden ein. Aber erst sein Nachfolger Christian Gottlob Leberecht GROSSMANN, der vormalige Generalsuperintendent von Al-

Die Priesterhäuser in der Burgstraße, erbaut 1583, 1907 abgetragen.

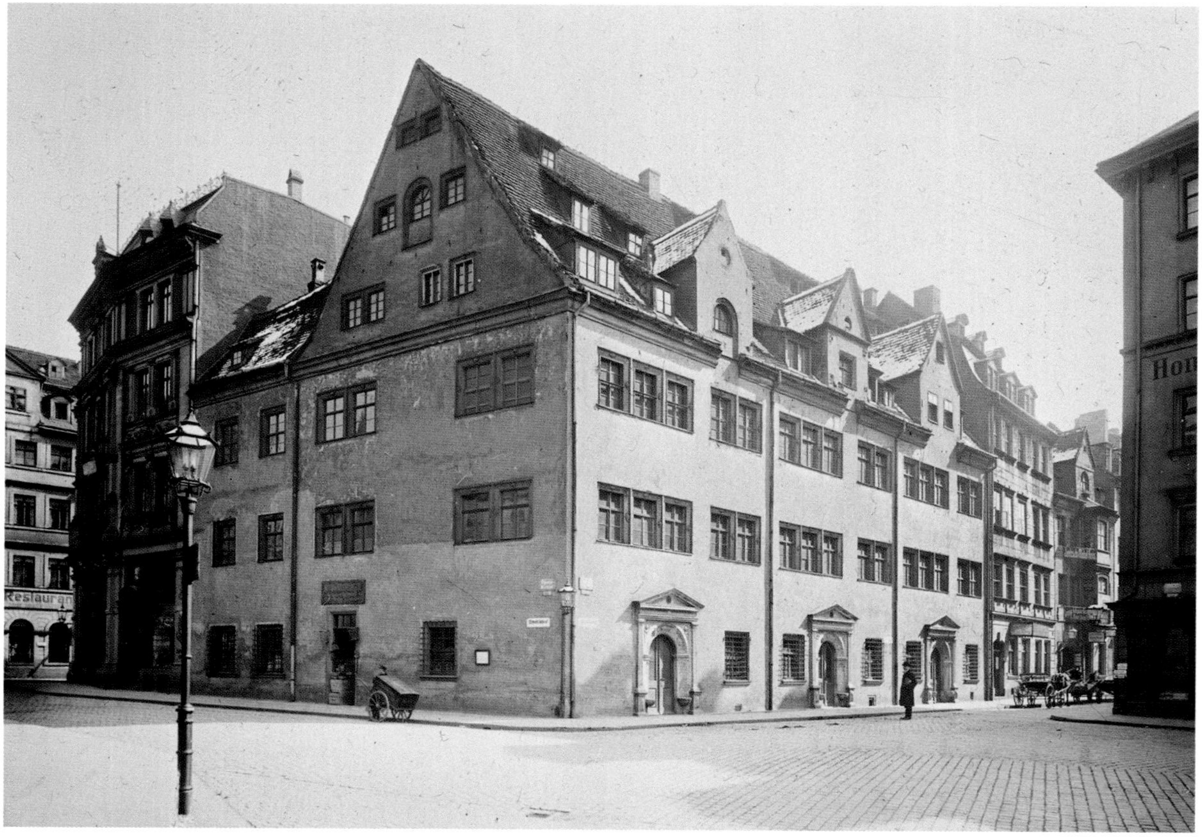

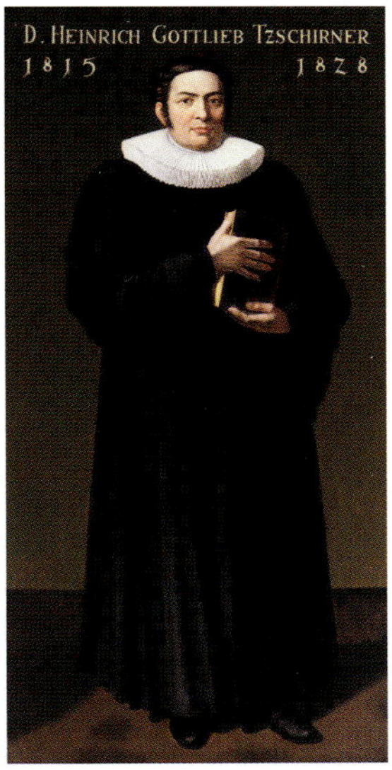

Superintendent Heinrich Gottlieb Tzschirner (1778–1828).

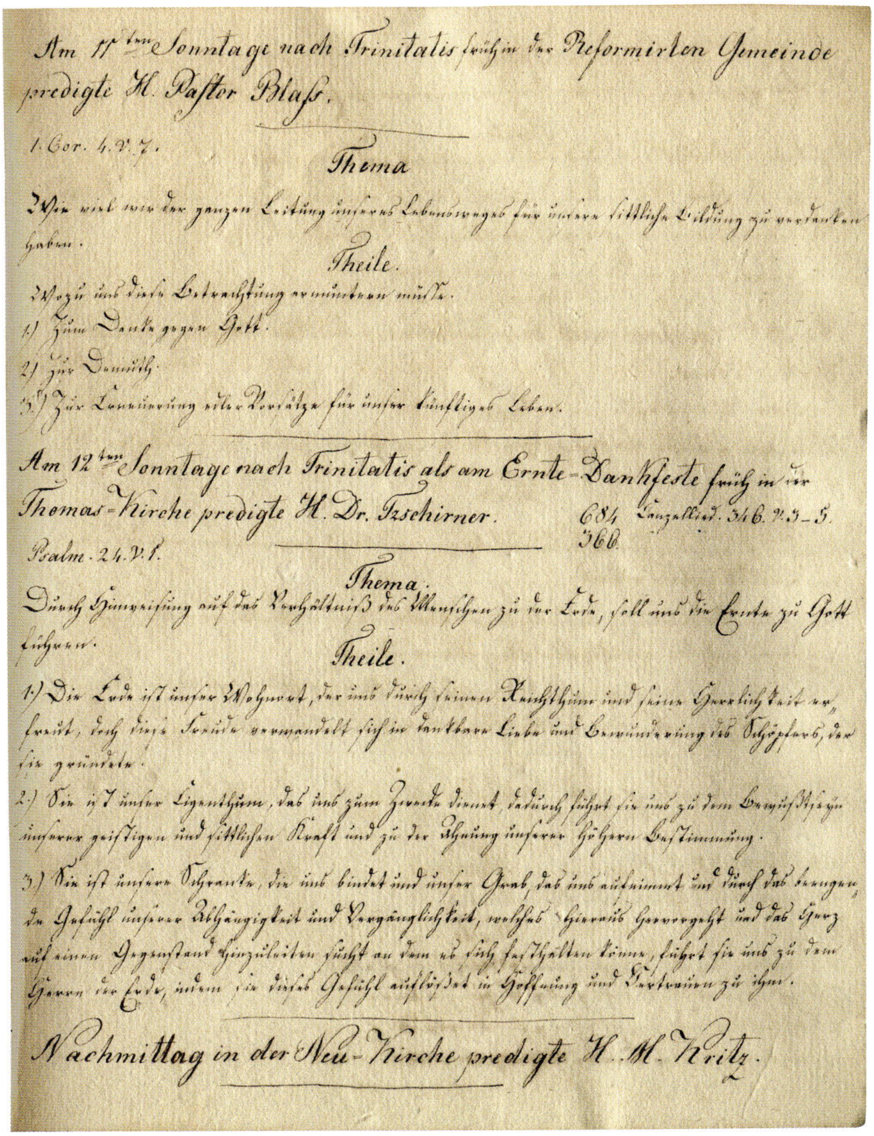

Am 11ten Sonntage nach Trinitatis früh in der Reformirten Gemeinde predigte H. Paster Blass.

1. Cor. 4. V. 7.

Thema

Wie viel wir der ganzen Leitung unseres Lebensweges für unsere sittliche Bildung zu verdanken haben.

Theile.

Wozu uns diese Betrachtung ermuntern müsse.

1) Zum Danke gegen Gott.

2) zur Demuth.

3) Zur Erneuerung aller Vorsätze für unser künftiges Leben.

Am 12ten Sonntage nach Trinitatis als am Ernte-Dankfeste früh in der Thomas-Kirche predigte H. Dr. Tzschirner. 684 Kanzellied. 346. v. 3–5. 366

Psalm. 24. V. 1.

Thema.

Durch Hinweisung auf das Verhältniss des Menschen zu der Erde, soll uns die Ernte zu Gott führen.

Theile.

1) Die Erde ist unser Wohnort, der uns durch seinen Reichthum und seine Herrlichkeit erfreut, doch diese Freude verwandelt sich in dankbare Liebe und Bewunderung des Schöpfers, der sie gründete.

2) Sie ist unser Eigenthum, das uns zum Gebrauche dient, dadurch führt sie uns zu dem Bewußtseyn unserer geistigen und sittlichen Kraft und zu der Ahnung unserer höheren Bestimmung.

3) Sie ist unsere Schranke, die uns bindet und unser Grab, das uns aufnimmt und durch das beengende Gefühl unserer Abhängigkeit und Vergänglichkeit, welches hieraus hervorgeht und das Herz auf einen Gegenstand hinzuleiten sucht an dem es sich festhalten könne, führt sie uns zu dem Herrn der Erde, indem sie dieses Gefühl auflöset in Hoffnung und Vertrauen zu ihm.

Nachmittag in der Neu-Kirche predigte H. M. Kritz.

Mitschrift einer Predigt Heinrich Gottlieb Tzschirners (1778–1828) im Jahre 1825.

tenburg, erlebte 1830 die Einführung einer Verfassung im Königreich Sachsen, die die Macht des Königs begrenzte und die Rechte der Bürger ausweitete. Zwei Jahre zuvor war bereits – wie als Zeichen einer bevorstehenden Zeitenwende – der die Stadt unmittelbar hinter dem Westgiebel der Kirche begrenzende Thomaszwinger abgetragen worden.

Nach alter Ordnung fanden sowohl sonntags als auch wochentags Gottesdienste statt. Nur die Sonnabendpredigten wurden bereits 1822 in Betstunden verwandelt. Auf Betreiben einiger Religionslehrer nahm Großmann das Apostolische Glaubensbekenntnis für die Konfirmanden wieder verbindlich in Gebrauch. Ende des 18. Jahrhunderts war es unter Rosenmüller abgeschafft und durch eine modernere Umschreibung ersetzt worden. Obwohl sich diese augenscheinlich nicht durchzusetzen vermochte, kam es zu einer heftigen Pressefehde wegen des angeblichen »*Rückschritts in die Finsternis*«.

Großmann war ein vielseitig begabter Mann. Neben seiner Professur an der Theologischen Fakultät und den klassischen Superintendentenaufgaben, die einem einzelnen Menschen bereits alles abverlangten, war er als Mitglied der Ständekammer auch politisch aktiv. Er regte Schulgesetze an und setzte sich für die synodalpresbyteriale Verfassung der Kirche ein. In seine Superintendentenzeit fielen wichtige Ereignisse, die über Sachsen hinaus Aufmerksamkeit fanden: 1829 wurde die erneuerte Thomasschule eingeweiht, 1830 die 300-Jahr-Feier der Augsburgischen Konfession begangen und Pfingstsonntag 1839 zum 300. Male der Einführung der Reformation in Sachsen gedacht. Der 200. Todestag des Schwedenkönigs Gustav Adolf in Lützen war für Großmann auch der Anstoß, mit Gleichgesinnten 1832 eine Vereinigung zur Hilfe von evangelischen Gemeinden in Minderheitssituationen ins Leben zu rufen: die *Gustav-Adolf-Stiftung*, die seit 1946 bis heute unter dem Namen *Gustav-Adolf-Werk* die Aufgaben eines Diasporawerkes der Evangelischen Kirche in Deutschland wahrnimmt. Den Grundstein für diese Arbeit hat Großmann gelegt: Im Leipziger Konsistorium hatte er von der Not des kleinen Ortes Fleißen in Böhmen gehört und war damit betraut worden, über Hilfsmöglichkeiten nachzudenken. Im Gespräch mit Thomaspfarrer Johann David Goldhorn wurde die Idee geboren, das ursprünglich für ein Gustav-Adolf-Denkmal gesammelte Geld für die Diasporahilfe zu verwenden und diese Arbeit auch auf andere Projekte auszudehnen. Leipzig wurde Sitz des Vereins, der sich bald eine ganz Deutschland umfassende Organisation schuf. Großmann hielt im Rückblick den Gustav-Adolf-Verein für *»das Beste, was etwa an mein Leben sich knüpft«*. Seit 1854 ist Großmann Ehrenbürger Leipzigs, seit 1901 gibt es in Lindenau eine Großmannstraße und seit 1957, seinem 100. Todestag, trägt eine Sakristei der Thomaskirche seinen Namen.

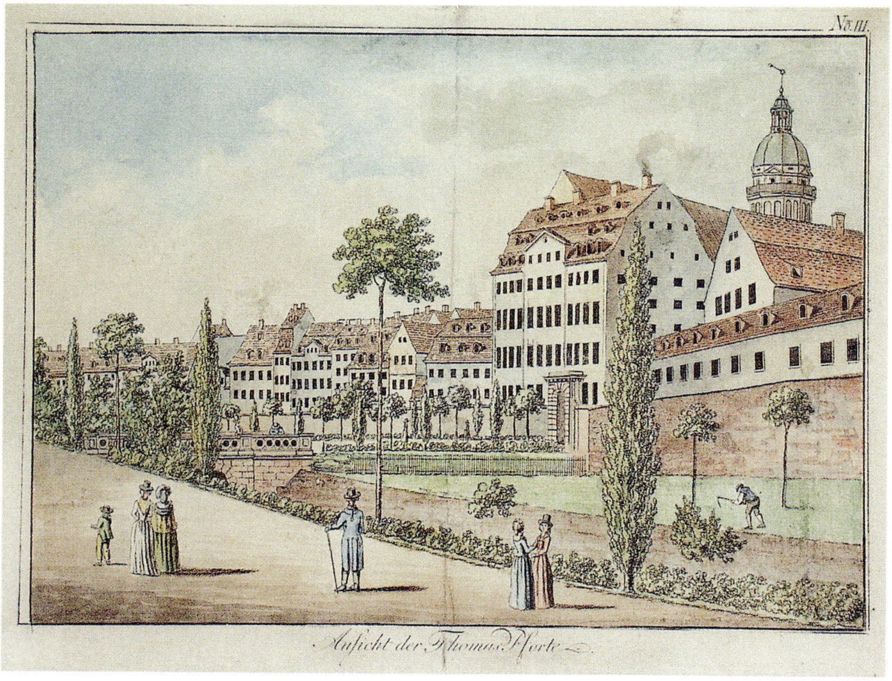

Ansicht der Thomaspforte, Colorierte Umrissradierung um 1800.

Die bis dahin nicht sonderlich populäre Musik Johann Sebastian Bachs erlebte unter den Thomaskantoren Johann Gottfried Schicht und Moritz Hauptmann sowie dem Gewandhauskapellmeister Felix Mendelssohn Bartholdy (1809–1847) ihre entscheidende Renaissance: Am 4. April 1841 erklang auf Initiative Mendelssohns in der Thomaskirche erstmalig wieder die Matthäus-Passion. Mit zwei Konzerten an der Orgel der Thomaskirche sammelte Mendelssohn Geld für die Errichtung eines Bachdenkmals, das am 23. April 1843 beim Klang Bachscher Choräle eingeweiht wurde (das heutige alte Bachdenkmal).

Spätestens seit September 1811 werden die bis heute beliebten Motetten des Thomanerchores öffentlich angekündigt. Entstanden sind sie aus der musikalischen Mitwirkung des Chores bei den Predigten am Sonnabendnachmittag, denen sich zumeist die Generalprobe für die Sonntagsmusik anschloss. Unter dem Thomaskantorat von Moritz Hauptmann, der von Mendelssohn für dieses Amt vorgeschlagen worden war, schritt die Wiederentdeckung Bachs weiter voran. Aus einem freundschaftlichen Austausch der Musikerelite Leipzigs ging der Gedanke zur Gründung einer Bach-Gesellschaft hervor, die eine »*vollständige kritische Ausgabe aller Werke Bachs*« erarbeiten sollte. Zu Bachs 100. Todestag im Jahr 1850 fand diese Idee ihre Verwirklichung.

Schon nach 1820 bildeten sich unter den Thomanern illegale politische Clubs mit burschenschaftlichem Charakter. Ziel war der immer noch unerfüllte Wunsch nach einem geeinten Deutschland. Nach den revolutionären Umtrieben in Sachsen im September 1830, die aus dem Unmut vieler Bürger über die bewegungslose Politik erwuchsen und in die Verfassung von 1831 mündeten, kam es in den Augusttagen 1845 erneut zu Unruhen in der Stadt. Eine Protestaktion gegen den späteren sächsischen König Johann wurde blutig niedergeschlagen, durch Übergriff des Militärs wurden sieben Menschen getötet. Der Theatersekretär und Leiter der deutschkatholischen Gemeinde, Robert Blum, beschwichtigte die Menge und wurde 1848 als Vertreter Leipzigs in die Frankfurter Nationalversammlung entsandt, als deren Vizepräsident er amtierte. Nach dem niedergeschlagenen Aufstand in Wien im November 1848 wurde Blum standrechtlich erschossen, was in Leipzig Empörung auslöste.

Zeitalter der Industrialisierung in Leipzig

Nach dem Tode Großmanns (1857) wurde auf Anregung des Patrons der Stadt Leipzig zu Pfingsten 1858 der Kirchenbezirk Leipzig in zwei Ephorien geteilt: die Ephorie Leipzig I (Stadt) und Leipzig II (Land). Mitte des Jahrhunderts war die Arbeitsbelastung für den Superintendenten in einem solchen Maße angestiegen, dass sie einer einzelnen Person nicht mehr zuzumuten war, ohne dass vor allem seine Obliegenheiten für die Kirchgemeinde leiden würden. In dreißig Jahren wuchs die Einwohnerzahl Leipzigs von 60.000 auf 150.000 Menschen.

Die Wiederbesetzung der Stelle der Superintendentur Leipzig-Stadt 1858 war eine heikle Angelegenheit. Der Rat der Stadt als Patron der Kirche wog unter Bürgermeister Otto Koch, dem Schwiegersohn des verstorbenen Superintendenten Tzschirner, alle Fakten und Empfindlichkeiten sorgsam ab, bevor er den Württemberger Dekan aus Knittlingen, Gotthard Viktor LECHLER (1811–1883), in dieses Amt berief. Mit Lechler entschied man sich 1858 auf Seiten der Stadt bewußt für einen wissenschaftlich renommierten Mann, einen Kirchengeschichtler, und behielt – wohl schon aus Prestigegründen – die Verbindung des kirchlichen Amtes mit einer Professur an der Theologischen Fakultät bei. Mit dieser Entscheidung setzte sich die Stadt gegen die Universität durch, die sich dagegen ausgesprochen hatte, diese bis dahin unangefragte Praxis fortzuführen. Bei der Fülle der Aufgaben, die Lechler neben seinem Pfarr- und Superintendentenamt zu bewältigen hatte, hatte der Vorstoß der Universität eigentlich Sinn: saß er doch in der Synode und im Landtag, im Gustav-Adolf- und im Evangelischen Missionsverein, in der Meißner Konferenz und in der Akademie der Wissenschaften in München. Die ephoralen Aufgaben wuchsen

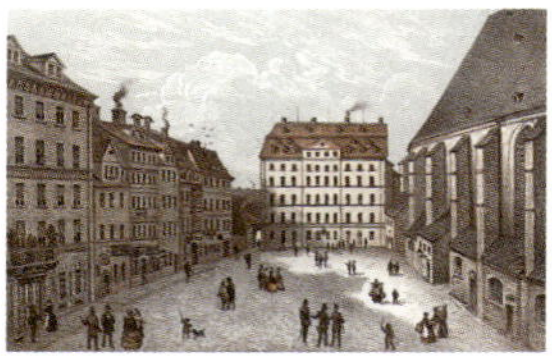
Thomaskirchhof um 1860, Chromolithographie von Adolph Werl.

mit der Bevölkerung stetig. Für sein Professorenamt sollte Lechler eigentlich keine Zeit mehr opfern können. Aber er war vor allem Gelehrter, er publizierte kontinuierlich und hielt Lehrveranstaltungen. So stellte der Kirchenvorstand zu St. Thomas zu Lechlers 100. Geburtstag 1911 auch nüchtern fest, dass »*die Bedeutung Lechlers in seiner Professur gelegen habe*«. Der Tag wurde folgerichtig auch nicht eigens begangen. Während Lechlers Amtszeit kam es innerkirchlich zu langerwarteten Veränderungen, die in der Kirchen- und Synodalordnung ihren Ausdruck fanden. Die Gemeinden, die bis dahin keine Finanzhoheit und Entscheidungsbefugnis hinsichtlich ihrer ureigensten Anliegen hatten, konnten nun Kirchenvorstände als Selbstverwaltungsgremien wählen. Am 26. Oktober 1868 konstituierte sich der erste Kirchenvorstand der Thomasgemeinde. In ihm arbeitete u. a. Vizebürgermeister Ernst von Stephani (1817–1885) mit, der auch die Geschicke des Gustav-Adolf-Vereins leitete. In diesem Gremium wurden im Laufe der Zeit viele aktuelle und mitunter brisante Angelegenheiten verhandelt. Die archivierten Protokolle berichten davon. So musste dringend über strukturelle Konsequenzen nachgedacht werden, die aus dem explosionsartigen Bevölkerungswachstum zu ziehen waren. Seit dreihundert Jahren war in Leipzig keine Kirche gebaut worden. Auf einen Pfarrer kamen inzwischen gut zehntausend Gemeindemitglieder. Im Zuge der Überlegungen wurden die Peters- und die Matthäikirche mit eigenen Gemeinden ausgegliedert. Kirchenneubauten ließen noch auf sich warten.

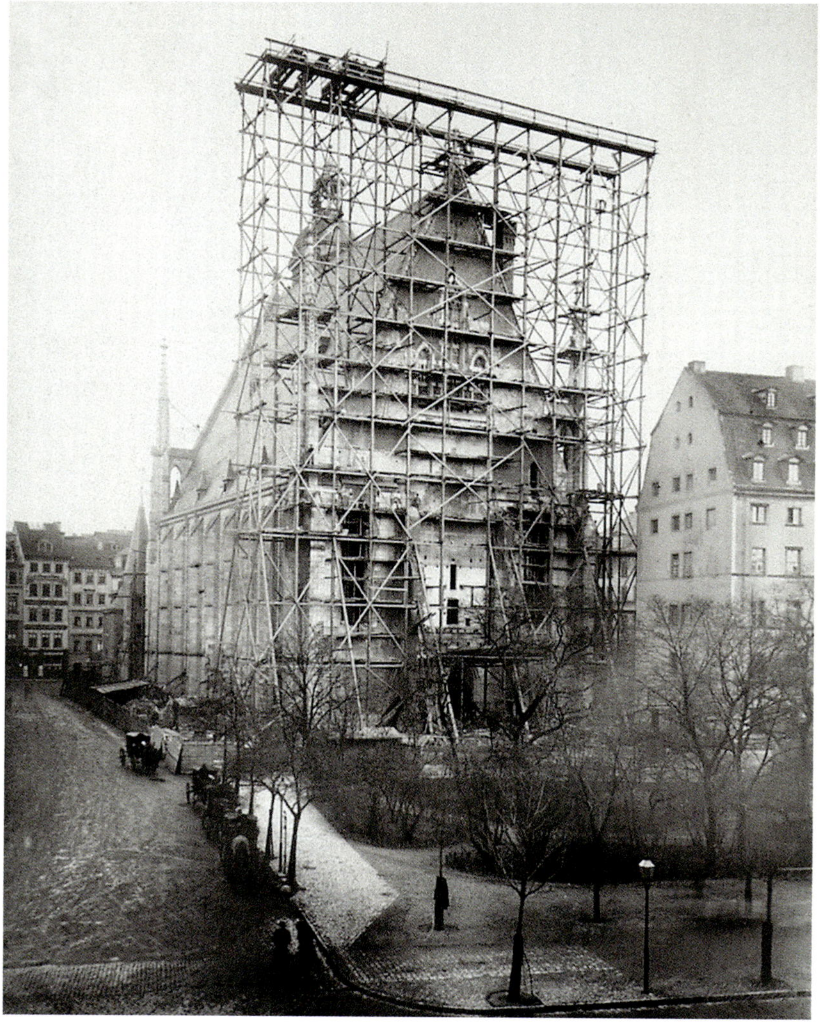
Neogotische Umgestaltung des Westgiebels, um 1886. Foto von Hermann Walter.

Seit 1872 standen Erneuerungsarbeiten an der Thomaskirche im Kirchenvorstand zur Debatte. Beschlüsse dazu kamen aber erst nach Jahren zustande. Aus der geplanten Renovierung wurde später eine nahezu vollständige Umgestaltung. Die Arbeiten, die allein im Inneren der Kirche über fünf Jahre dauerten, wurden erst unter Lechlers Nachfolger, Oskar Pank, in Angriff genommen.

1879 bemühte sich Vizebürgermeister Bruno Tröndlin (1835–1908), Johannes Brahms als neuen Thomaskantor zu gewinnen. Dieser lehnte seiner kompositorischen Arbeit wegen aber ab. So wurde – durchaus gängiger Praxis folgend – der damalige Thomasorganist Wilhelm Rust in dieses Amt berufen. Er gilt als ein wesentlicher Wegbereiter der Bachrenaissance. Unter seiner Ägide bezogen die Thomaner das Alumnat in der Hillerstraße. Höhere Schülerzahlen machten den Neubau der Schola Thomana auf den ›Thomaswiesen‹ notwendig. Die Motetten zogen endgültig viele Musikfreunde aus nah und fern an. Aufführungen von Kantaten und der oratorischen Werke Bachs – vor allem durch den Bach-Verein veranstaltet – erfreuten sich wieder größerer Beliebtheit.

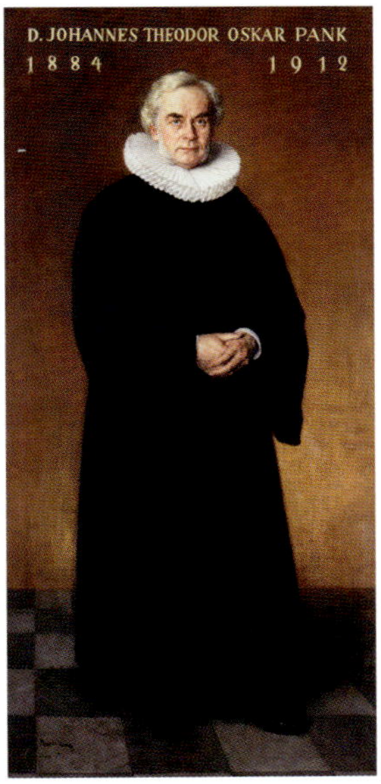

Superintendent Oskar Pank (1838–1928).

Mit der Ausgliederung der Matthäi- und der Petersgemeinde erhielt im letzten Drittel des 19. Jahrhunderts eine neue Zeit erste Konturen. Die ständig wachsende Bevölkerungszahl machte vor allem strukturelle Veränderungen notwendig. Dazu musste ein Superintendent gewonnen werden, der sich diesen Herausforderungen zu stellen bereit war. Oberbürgermeister Otto Georgi (1831–1918) bemühte sich persönlich, den Berliner Superintendenten der Dreifaltigkeitskirche und Beichtvater Bismarcks, Oskar PANK, für Leipzig zu gewinnen – letztlich mit Erfolg. Zwei Jahre war Pank an der Nikolaikirche tätig, bevor er 1884 Superintendent an der Thomaskirche wurde. Mit seinem Amtsantritt endete auch die Koppelung der Superintendentur mit dem Amt eines Professors der Theologischen Fakultät. Pank, eine Persönlichkeit mit großem Weitblick, hatte wahrlich auch andere Aufgaben wahrzunehmen: In seiner Amtszeit wuchs die Zahl der Kirchen in der Ephorie Leipzig-Stadt von acht auf 22, die Zahl der tätigen Pfarrer von 19 auf 69. Seit 1861, dem Jahr, in dem durch das Eisenacher Regulativ Richtlinien für den Kirchenbau in den deutschen Landeskirchen gegeben wurden, waren an vielen Orten neue Gotteshäuser entstanden. In Leipzig tat sich nicht viel. Zwar war 1875 ein Kirchenbauverein gegründet worden, dieser konzentrierte sich aber vor allem auf den Bau der Peterskirche. 1883 war es dann Pank, der zur Gründung eines Kirchenbauvereins aufrief. In den folgenden Jahrzehnten wurden mit viel Engagement Kirchenneubauten gefördert und betreut: Es entstanden u. a. die Peterskirche (1885), die Lutherkirche (1886–1888), die Heilandskirche (1888), die Lukaskirche (1893), die Andreaskirche (1893), die Kirche zum Heiligen Kreuz (1894), Umbau der Johanniskirche (1897), die Emmauskirche (1900), die Paul-Gerhardt-Kirche (1900), die Taborkirche (1904) und die Michaeliskirche (1904). Mit den Kirchenbauten untrennbar verbunden ist der Name des Architekten und Baumeisters Julius Zeißig (1855–1930), der mit seiner ersten größeren Arbeit den Zuschlag zum Bau der Lutherkirche erhielt. Die Renovierung der Matthäi-Kirche und die umfassende Neugestaltung der Thomaskirche richteten sich nach Plänen des Architekten Constantin Lipsius.

Dem inspirierenden Geist Oskar Panks entsprang auch die Begründung der Gemeindediakonie, des Kindergottesdienstes und des Kirchgemeindeverbandes. Dieser wurde 1889 als *Verband evangelisch-lutherischer Kirchgemeinden* mit anfangs vier Gemeinden gegründet. Nach 25 Jahren gehörten der seit 2008 mit reduzierten Aufgaben bestehenden Dienstleistungseinrichtung zehn Gemeinden an. In Panks

folgende Doppelseite:
Die Thomaskirche von Norden, um 1900, von Hermann Walter.

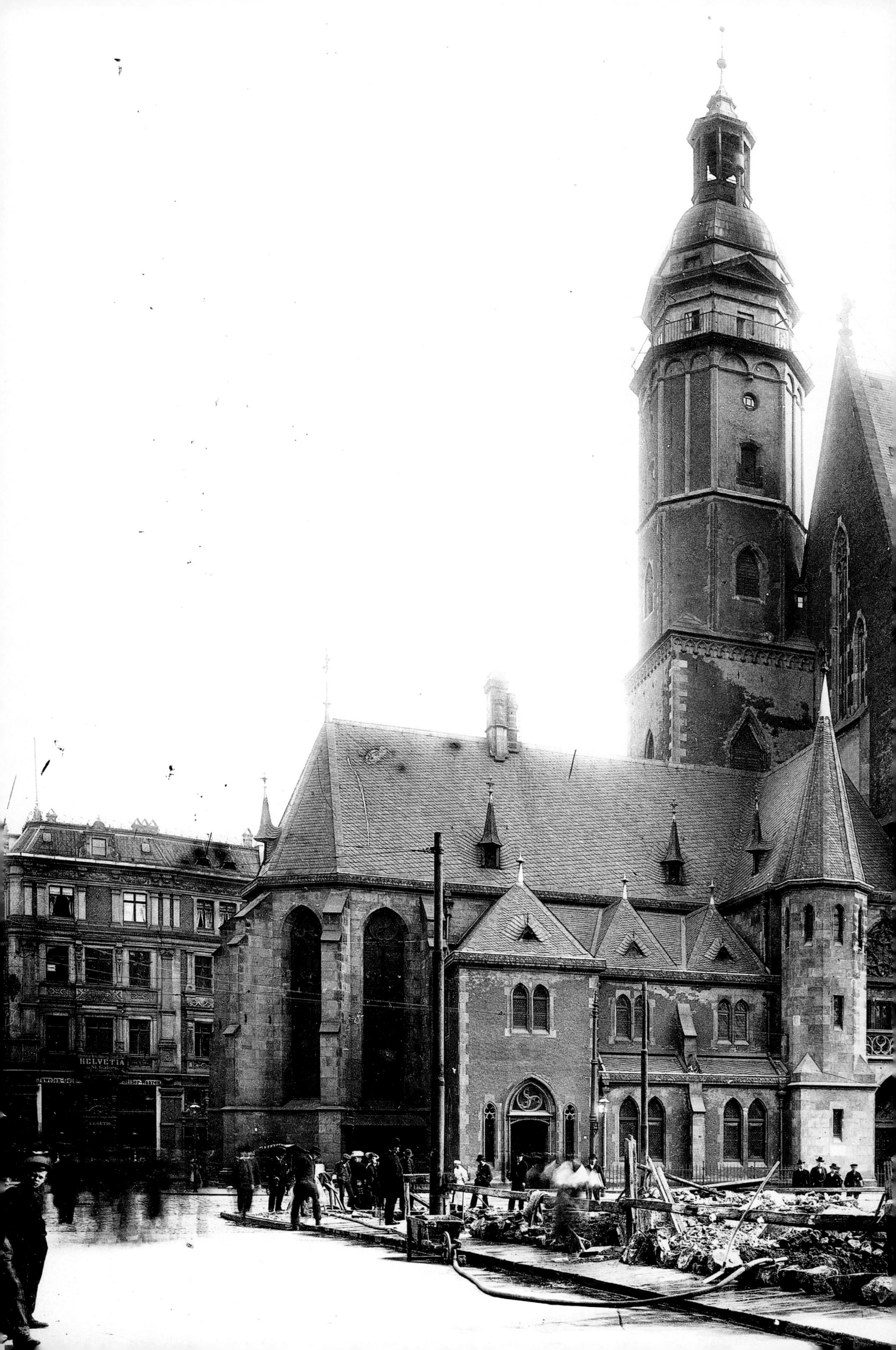
HELVETIA

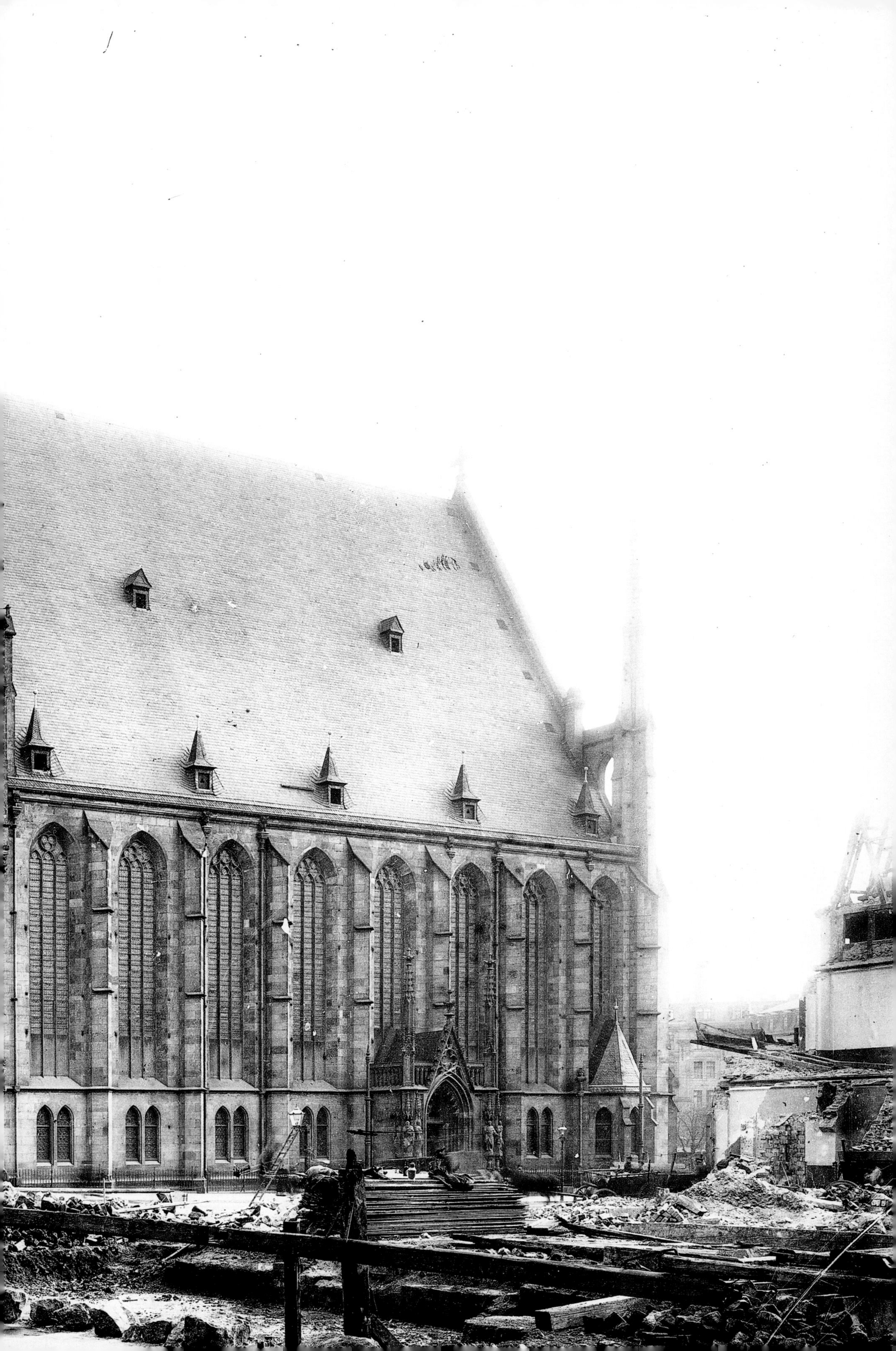

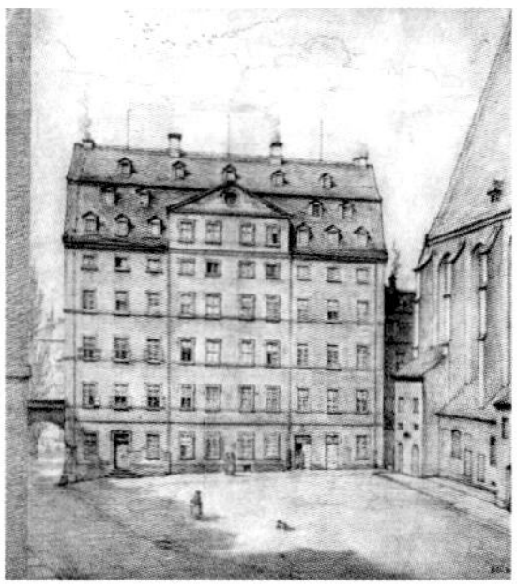

Thomasschule. 1863 gezeichnet von Susette Hauptmann, der Frau des Thomaskantors Moritz Hauptmann (1790–1868).

Amtszeit und dank seines persönlichen Einsatzes entstand aus der Thomasgemeinde heraus in Lindenau das ebenfalls von Zeißig erbaute Diakonissenmutterhaus, mit dem daran angeschlossenen Krankenhaus. Die von Bürgermeister Georgi 1886 in Angriff genommene Reform des Bestattungs- und Friedhofswesens fand die Unterstützung Panks. Ließen sich doch nur noch gut 50 Prozent der Verstorbenen kirchlich bestatten. 1893 waren es wieder über 90 Prozent.

Auch das innerkirchliche Leben verlangte Korrekturen. So wurden die wöchentlichen Gottesdienstzeiten den veränderten Lebensgewohnheiten der Städter angepasst. Schon während seiner Tätigkeit an der Nikolaikirche hatte Pank angeregt, den Heiligen Abend mit einem Gottesdienst zu feiern und einen Christbaum in der Kirche aufzustellen. »*Mit einer Feier war der Kirchenvorstand einverstanden, nicht aber mit Bäumen und Kerzenlicht als einer ungewöhnlichen Neuerung und einem feuergefährlichen Experiment. Man ließ sie schließlich zu, aber ausdrücklich auf meine Verantwortung hin. Nachdem ich eine Ordnung der Feier entworfen und sie hatte drucken lassen, fand unter Mitwirkung des Thomanerchores die erste ›Christvesper‹ statt. Ich nahm sie nachher in die Thomaskirche hinüber … In keinem anderen Gottesdienst sah man fortan das Gotteshaus so gedrängt gefüllt, und die liturgische Vesper war bald in alle Kirchen eingezogen.*« Auch für das 1883 in Sachsen unter erbittertem Widerstand der Gemeinden neu eingeführte Gesangbuch für das gesamte Land und eine erneuerte Agende warb er unermüdlich, versuchte Desinteresse gegenüber den neuen liturgischen Ordnungen in Neugier zu verwandeln.

Mit dem Abriß der Privatkapellen auf der Südseite begann 1885 der Umbau der Thomaskirche, der bis zum Pfingstfest 1889 dauerte und die für die damalige Zeit enorme Summe von 800 000 Mark kostete. Nach und nach erfasste er die gesamte Kirche. Pank musste für das Gemeindeleben nach Ausweichquartieren suchen. Einige Zeit stand die Lutherkirche zur Verfügung, nach einem Brand dort wich man in die Universitätskirche aus. Schon damals gab es kritische Stimmen zu den rigorosen Umbauplänen im Sinne einer damals so verstandenen »*reinen Gotik*«, so vor allem zum Abriss des Barockaltars. Pank musste im Namen des Kirchenvorstands Stellung nehmen und berief sich hierbei auf die Beratung des Architekten. Der Barockaltar kam auf Vorschlag des Stadtbaudirektors Hugo Licht (1841–1923) in die Johanniskirche, wo er im Zweiten Weltkrieg zerstört wurde. Die Gesamtrenovierung wurde später noch intensiver kritisiert: Vor allem ist der unwiderbringliche Verlust von wertvollen Erinnerungen aus der Vergangenheit bedauert worden, so der Rokoko-Kanzel von Valentin Schwarzenberger (1740 eingebaut), des Bornschen Altars (1721 eingebaut) und der Betstuben. Anstelle der barocken Orgel baute der Frankfurter Orgelbaumeister Wilhelm Sauer 1889 ein neues dreimanualiges Instrument mit 63 klingenden Stimmen ein. Alles, was dem zeitgenössischen Ideal zuwiderlief, wurde entfernt. Am ehesten mag noch die Verlegung des Haupteingangs von Süden nach Westen einleuchten, weil die Westseite nach Abriss der Thomasschule und deren Wirtschaftsgebäude zur Schauseite wurde. Der gotische Umbau des Turms, der eine riesige Spitze erhalten sollte, scheiterte an zu hohen Kosten und dem behördlichen Widerstand. Der Um- und Neubau des Areals rings um die Thomaskirche vollzog sich unter lebhafter Anteilnahme der Leipziger Bürger. Als im Herbst 1904 die neue Superintendentur fertiggestellt wurde, hatte man für sie schnell einen Spitznamen gefunden: »*Bankhaus*« – einerseits eine sächselnde Anspielung auf den amtierenden Hausherrn, zum anderen ein Hinweis darauf, dass die Leipziger dieses Gebäude eher mit weltlichen als mit kirchlichen Bezügen verbanden. 1908 leistete sich Leipzig, von zahlreichen Spendern unterstützt, das von Carl

Seffner gestaltete Bachdenkmal. Der vor der Thomaskirche in Bronze gegossene Kantor steht noch heute an prominenter Stelle. Bis 1883 befand sich dort der berühmte Löwenbrunnen, bis 1907 das heute im Universitätshof stehende Leibnizdenkmal.

Der jahrhundertealte Wettbewerb der beiden großen Innenstadtkirchen und ehemals einzigen Gemeinden Nikolai und Thomas um die besten Prediger und die größte Resonanz in der Stadt war zu den Zeiten Oskar Panks durch ihn selbst zu Gunsten der Thomasgemeinde entschieden worden. Sein Amt verlangte von ihm, sich für den Ausgleich der Positionen einzusetzen.

Oskar Pank dachte in seinen letzten Amtsjahren selbst über einen möglichen Nachfolger nach. Seine Präferenz fiel auf den Vorsitzenden des Gustav-Adolf-Vereins, Professor Franz Rendtorff. Auf Vorschlag des Rates der Stadt wählte ihn der Kirchenvorstand, er leistete diesem Ruf jedoch nicht Folge. So wurde im Juli 1912 Karl August Seth CORDES in die durch die Emeritierung Panks verwaisten Ämter des Superintendenten und Thomaspfarrers eingeführt. Cordes war ein Mann mit reichem Erfahrungs- und Wissensschatz, der im Laufe seines Lebens bereits in verschiedenen deutschen Gemeinden tätig gewesen war und den Aufbau eines lutherischen Diakonissenhauses in Philadelphia geleitet hatte. 1910 vertrat er die Leipziger Mission bei der Weltkirchenkonferenz in Edinburgh. Die ökumenischen Kontakte und Beziehungen, die Cordes über Jahrzehnte aufbaute und pflegte, ließen ihn nach dem Ersten Weltkrieg zum Koordinator der Hilfsaktionen amerikanischer Lutheraner für die deutschen Landeskirchen werden. Wie seine Vorgänger bekleidete er neben Superintendentur und Pfarramt, dem er in seinem persönlichen Pflichtenkatalog Priorität einräumte, viele Ämter: in der Ersten Kammer des Landtages, in der Landessynode, in vielen kirchlichen Werken.

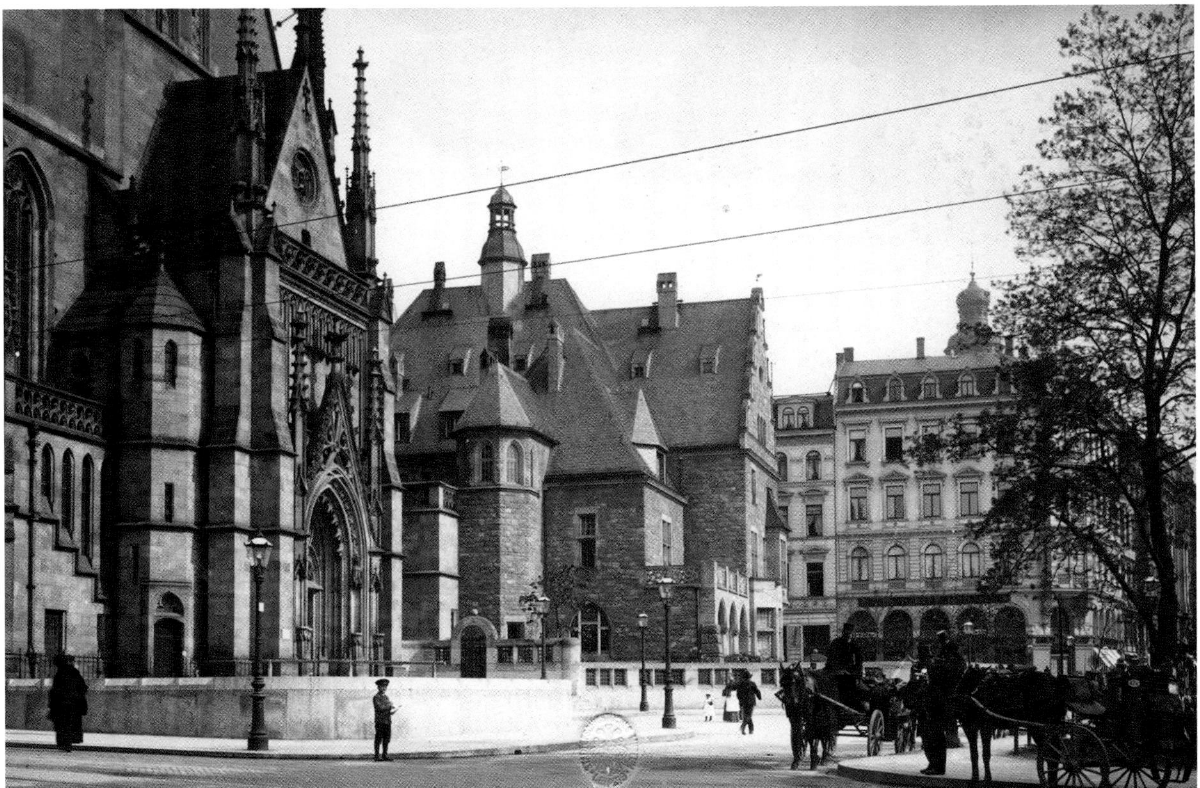

Neue Superintendentur, seit 1904 an der Stelle der Alten Thomasschule.

St. Thomas während der Weimarer Republik

Trotz der radikalen Veränderungen durch den Sturz des Kaiserreichs und die Ausrufung der Weimarer Republik, die auch das Verhältnis Kirche-Staat betrafen, berief der Rat der Stadt Leipzig die Geistlichen der meisten Kirchgemeinden noch bis nach dem Zweiten Weltkrieg gemäß alter Ordnung selbst. Allerdings waren klimatische Veränderungen unverkennbar: So wollte die Stadt das Patronat über die neu gegründete Philippusgemeinde nicht annehmen. Die Wirkungen der Inflation schlugen bis auf die 1923 angesetzte Feier »*200 Jahre Amtsantritt Johann Sebastian Bachs und 700 Jahre Thomaskirche*« durch, die verschoben werden musste und deutlich teurer wurde als kalkuliert. Im Ersten Weltkrieg waren ganze Jahrgänge von Thomanern vorzeitig zum Kriegsdienst einberufen worden. Nahrungsmangel und Kohlennot wirkten sich katastrophal aus. Neue Schwierigkeiten bereitete auch hier die fortschreitende Inflation: Die Stiftungskapitalien schmolzen fast zu einem Nichts zusammen.

Noch im Ersten Weltkrieg wurde ein neues kirchliches Amt geschaffen: die Gemeindehelferin. Der letzte Türmer verließ den Thomaskirchturm, von dem er bisher über die Sicherheit der Stadt gewacht hatte. Seit Advent 1919 erschien der *Thomasbote*, der Nachrichten aus dem Gemeindeleben verbreitete. Als Folge der neuen Kirchgemeindeordnung von 1921 bildete sich auch in der Thomasgemeinde eine Kirchgemeindevertretung, die als Gremium von Ehrenamtlichen die Arbeit in der Gemeinde belebte und vorantrieb (1922–1946). Juristen, Ärzte, Lehrer, Kaufleute, Handwerker und Hausfrauen brachten sich ein.

Seit 1902 war Karl Straube Thomasorganist. Als er wenige Jahre später einen Ruf nach Berlin ablehnte, wurde im Gegenzug die Orgel der Thomaskirche um 21 Register erweitert. Durch das Ausscheiden von Gustav Schreck rückte er 1918 in das Kantorenamt. Der freitäglichen Motettenhauptprobe gab Straube den gleichen Stellenwert wie der Motette am Sonnabend. Auch begann er, für jeden Sonntag eine neue Kantate einzustudieren, um den Zusammenhang zwischen dem umfänglichen Schaffen Bachs und dem Kirchenjahr deutlicher hervortreten zu lassen. Aus diesem Grunde führte er ab 1931 das gesamte geistliche Vokalwerk Bachs in einem vier Jahre umspannenden Zyklus in den Gottesdiensten auf. Die Zahl der öffentlichen Konzerte wuchs: So sangen die Thomaner nicht nur bei Bachfesten und im Gewandhaus, sondern seit 1923 regelmäßig auch zu den Leipziger Messen in der Thomaskirche. 1924 – im Rahmen einer Tagung der Astronomischen Gesellschaft – waren die Wissenschaftler vom Gesang der Thomaner derart beeindruckt, dass sie beschlossen, einem »*besonders tauglichen Planetoiden den Namen Thomana beizulegen*«. Seit 1920 begaben sich die Thomaner regelmäßig auf Auslandskonzertreisen.

Als Cordes 1924 in den Ruhestand trat, suchte man lange nach einem Nachfolger, der die vielfältigen Aufgaben zu integrieren verstand. Schließlich wurde der Rostocker Theologieprofessor Heinrich Hilbert am Himmelfahrtstag 1925 in dieses Amt eingewiesen. In dieser Zeit beschleunigte sich die strukturelle und inhaltliche Trennung von Staat und Kirche. 1926 wurden Bezirkskirchenämter eingerichtet, die unter der Leitung des Superintendenten und eines Juristen ohne staatliche Beteiligung die ephoralen Angelegenheiten beaufsichtigten. Das ungebremste Wachstum Leipzigs erforderte Kirchenneubauten: 1932 wurde die Versöhnungskirche, 1933 die Bethanienkirche eingeweiht. Um die Gemeinden in ihrer inhaltlichen Arbeit zu unterstützen, gründete Hilbert mit dem *Amt für Presse und Volksmission* den Vorläufer des *Amts für Gemeindedienst*.

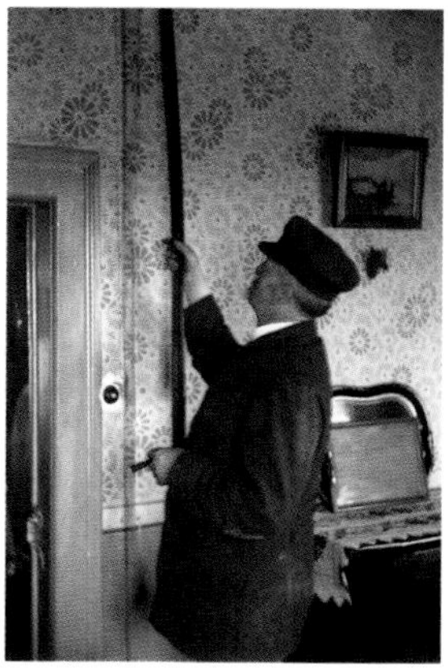

Der letzte Türmer auf dem Thomaskirchturm.

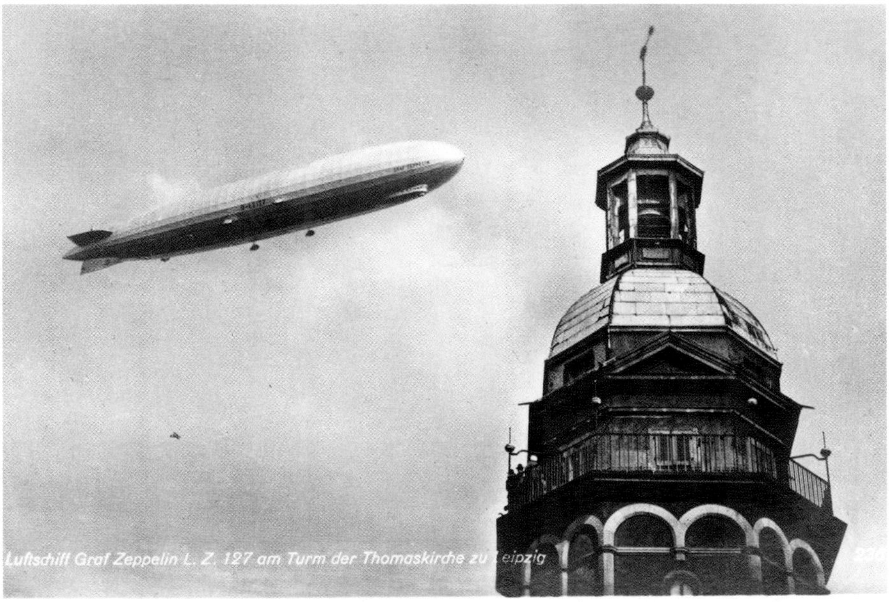

Luftschiff Graf Zeppelin LZ 127 am Turm der Thomaskirche, vor 1933.

Auswirkungen des Dritten Reiches und Zweiter Weltkrieg

Die mit Hitlers Machtergreifung 1933 begonnene und schonungslos betriebene Gleichschaltung durch die Nationalsozialisten nahm auch die Kirchen nicht aus. Im Mai 1934 verfügte die sächsische Landessynode auf der *Braunen Synode* ihre Selbstauflösung. Unter dem nationalsozialistischen Bischof Friedrich Coch gab das demokratische Kontroll- und Gestaltungsgremium seine Kompetenzen ab und unterstellte sich der Deutschen Evangelischen Kirche. Der Mut Einzelner konnte nicht verhindern, dass die sächsische Landeskirche in der Zeit des Dritten Reichs innere Zerstörungen erlitt, die nachhaltig wirken sollten. Am 31. März 1935 wurde der Thomaspfarrer Oskar Meder (1885–1947) verhaftet, weil er von der Kanzel eine Abkündigung gegen die Deutsche Glaubensbewegung verlesen hatte. Sein Schicksal teilte er in der Stadt mit Ernst Lewek (1893–1953) aus der Nikolaigemeinde und Georg Walther (1884–1984) von der Peterskirche. Trotz vielfacher Proteste wurde Meder erst Anfang Juni entlassen und erhielt Berufsverbot. Der Kirchenvorstand berief sich auf die in der Kirchgemeindeordnung verankerte Selbstbestimmung und ermächtigte ihren Pfarrer, seine Arbeit wiederaufzunehmen. Obwohl das Bezirkskirchenamt die Kirchvorsteher maßregelte, führten diese ihre Arbeit fort.

Superintendent Hilbert wurde am 30. Juni 1935 in den Ruhestand versetzt. Obwohl er durchaus völkische und antisemitische Neigungen hatte, wollte das deutschchristliche Kirchenregime in Dresden nunmehr die Gunst der Stunde nutzen und diese wichtige Superintendentur mit einem ihrer Parteigänger besetzen. Es gelang aber, mit dem bisherigen Thomaspfarrer Heinrich Schumann eine Persönlichkeit in das Amt zu lancieren, die der Situation sowohl gewachsen war als ihr auch mit kritischem Geist gegenüberstehen konnte, ohne selbst Mitglied der Bekennenden Kirche zu sein.

Den Gustav-Adolf-Verein traf das staatliche Sammelverbot bis ins Mark. Die Behinderung der Diasporaarbeit, die zum Erkalten der ökumenischen Beziehungen führte, begleitete die Zeit des Nationalsozialismus. Auf Anordnung der Reichspressekammer musste 1941 die Zeitschrift *Die evangelische Diaspora* eingestellt werden. Polizeiliche Überwachung war an der Tagesordnung.

Ende 1939 sah sich Karl Straube durch wachsenden Druck von nationalsozialistischer Seite gezwungen, sein Amt als Thomaskantor niederzulegen und in den Ruhestand zu treten. Der Thomanerchor sollte, so das Ziel der Stadtverwaltung, aus seinen kirchlichen Bindungen gelöst und »gleichgeschaltet« werden. Straubes Nachfolger, Günther Ramin, merkte über die Jahre, wozu er missbraucht werden sollte und wehrte sich. Als die Thomasschule mit dem neuzugründenden *Musischen Gymnasium* verschmolzen werden sollte, forderte Ramin, die Schulleitung selbst zu übernehmen. Bedenken gegen ihn, weil er nicht der NSDAP angehörte, waren die Folge. Ramin legte das Amt der Schulleitung in der tiefen Überzeugung nieder, dass sich das Projekt nicht verwirklichen ließe.

In den Jahren des Zweiten Weltkriegs versuchten die zurückgebliebenen Pfarrer und Kirchvorsteher das Gemeindeleben auch unter widrigen Bedingungen aufrechtzuerhalten. Selbst bei Verdunkelung und Luftalarm traf man sich. Ende 1943 kam der Luftkrieg auch nach Leipzig. In einer kalten Nacht, am Morgen des 4. Dezember, machten die Bomber die Nacht zum Tag. Die Innenstadt brannte lichterloh. Thomaskirche, Superintendenturgebäude und Pfarrhaus kamen mit vergleichsweise geringen Schäden davon. Hunderte von Menschen füllten schnell die Kirche, um hier Schutz und Obdach zu finden. Erst am Sonntagmorgen bemerkte man, dass der Turm der Kirche brannte. Pfarrer Walther Böhme stürzte auf den Dachböden bei der Suche nach Brandbomben vom obersten der sieben Böden etwa zwanzig Meter tief auf die Decke des Gewölbes hinab. Mit einem Beckenbruch konnte er geborgen werden. Die brennende Turmhaube mit der Schlagglocke stürzte über das südliche Kirchendach auf den Thomaskirchhof. 1950 wurde der Turm wiederhergestellt. Die Thomasschule wurde in dieser Nacht zerstört, das benachbarte Alumnatsgebäude beschädigt. Der Chor fand für die nächsten 18 Monate Asyl in der eins-

Kolonnadenstraße in Trümmern, in Richtung Thomaskirche mit Behelfsdach, vor 1950.

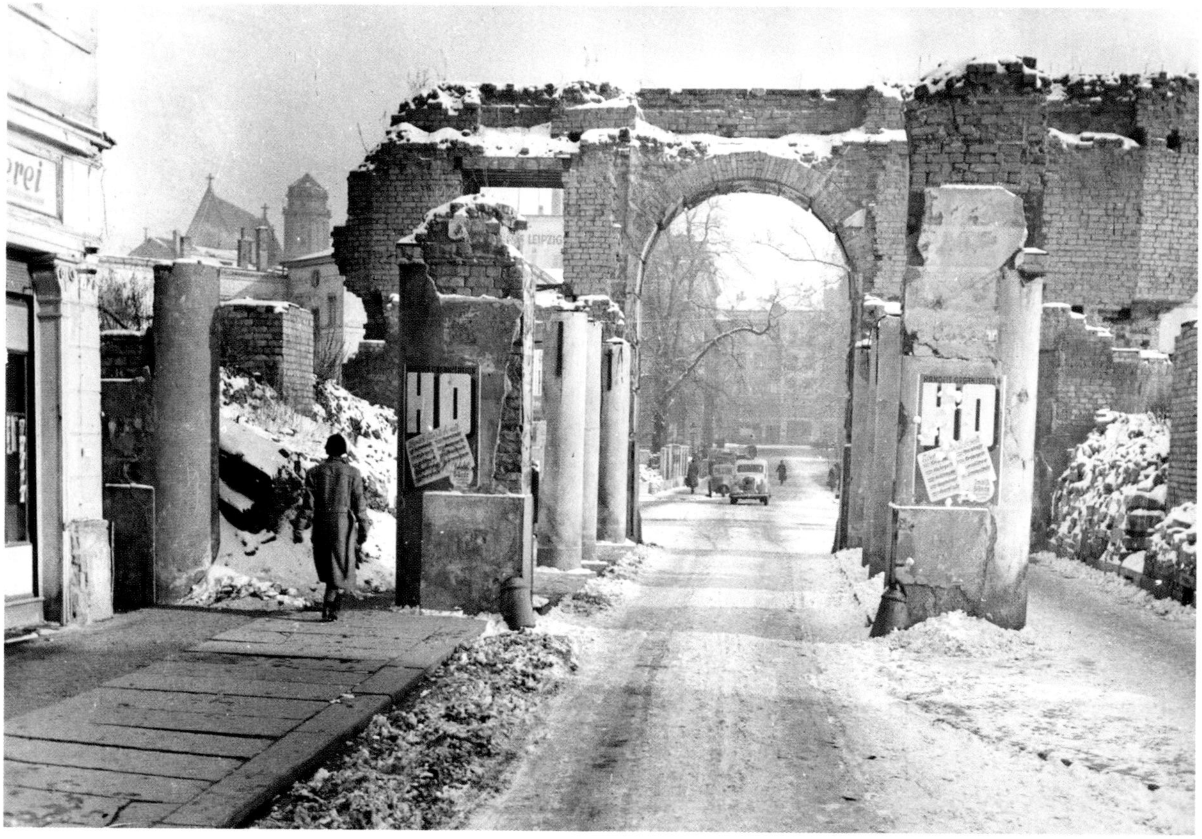

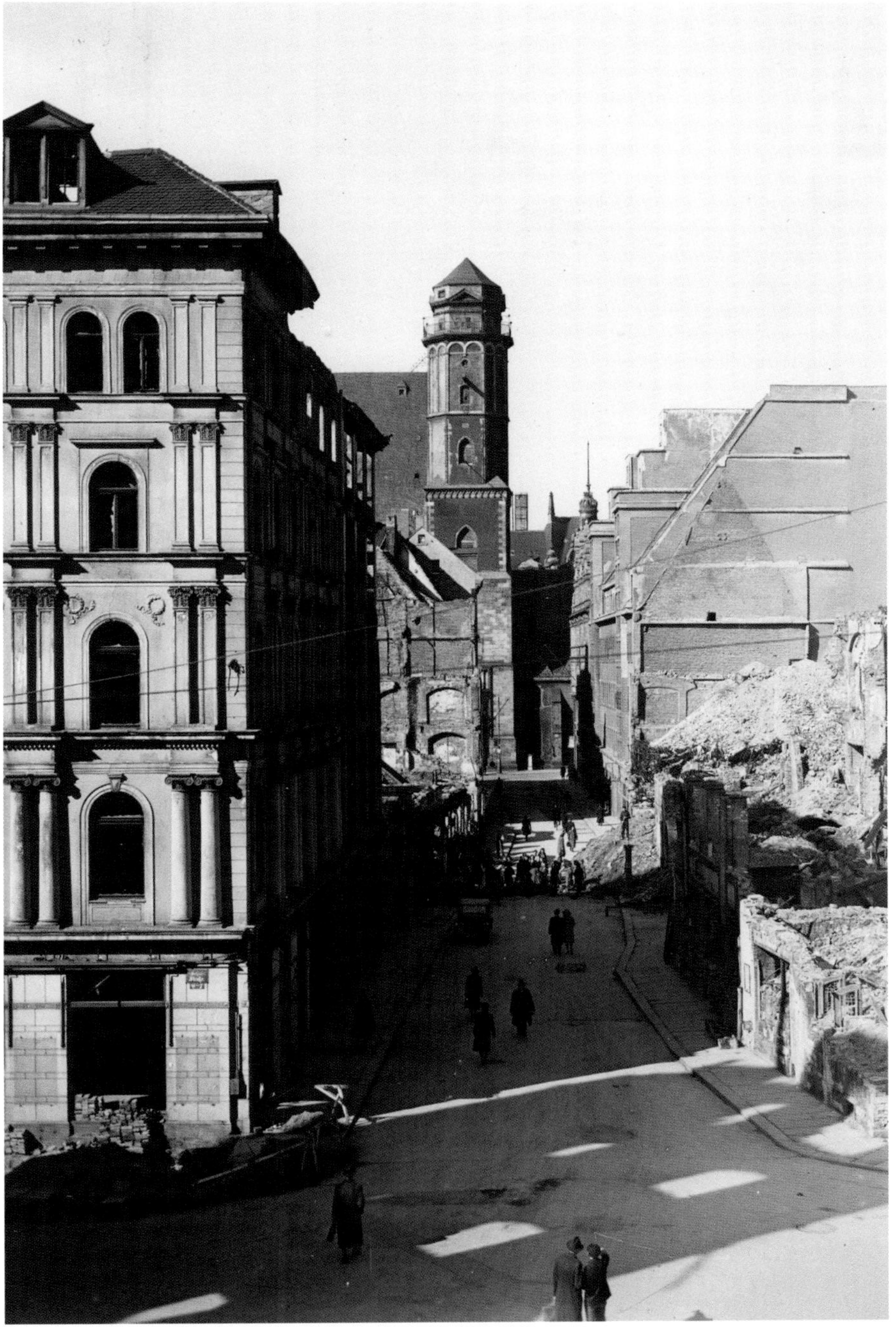

Blick durch die Burgstraße in Trümmern auf den Thomaskirchturm mit Behelfsdach, vor 1950.

folgende Seite:
Bau der neuen Haube am Thomaskirchturm, links die Ruine der Thomasmühle, vor 1950.

tigen Fürsten- und Landesschule Grimma. Vom Beginn des Jahres 1944 an fuhren die Thomaner allsonnabendlich nach Leipzig zur Motette. Anfang 1945 machten verstärkte Luftangriffe diese Fahrten unmöglich.

Nach Kriegsende wurde die Thomaskirche für die ausgebombte Matthäikirchgemeinde Anlaufstätte, ebenso wie für die katholische Gemeinde, deren Kirche ebenfalls zerstört war. Auch die Luthergemeinde hielt ihre Gottesdienste in St. Thomas ab. Wenige Wochen nach dem Ende der Nazidiktatur kehrten die Thomaner in das behelfsmäßig wiederhergestellte Alumnat zurück. Im Juni erklang dann als Symbol des Neubeginns zum ersten Mal wieder die Matthäus-Passion in der Thomaskirche.

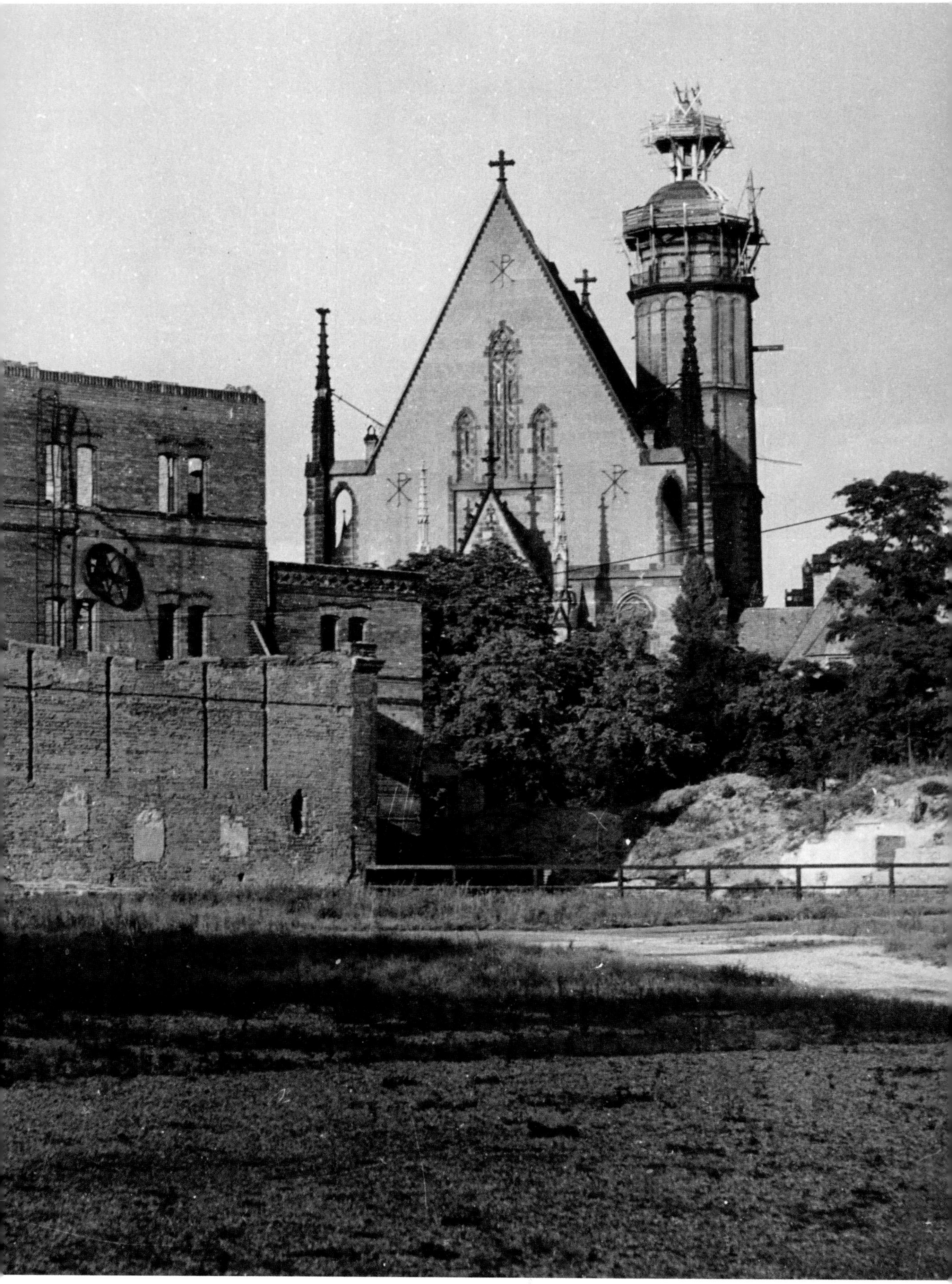

3.5 Der Weg der Gemeinde 1945–2012

Die Thomas-Matthäi-Gemeinde

Sucht man in der neueren Geschichte der Thomasgemeinde nach einem besonderen Einschnitt, so bietet sich dafür der 21. April 1948 an. Von diesem Tage an gibt es die Thomas-Matthäi-Gemeinde zu Leipzig.

Zur Vorgeschichte gehört der wohl schwerste Bombenangriff auf Leipzig am 4. Dezember 1943. Ihm fielen das Pfarrhaus und die nur etwa 200 Meter von der Thomaskirche entfernte Matthäikirche zum Opfer, während deren Gemeindegebiet im sogenannten Waldstraßenviertel so gut wie unverletzt blieb. Die Thomaskirche blieb weitgehend unversehrt. Ihre Gemeinde war indessen so gut wie ausgelöscht: Vom Bayrischen Bahnhof bis zur Feuerwache und vom Reichsgericht bis zum Hauptbahnhof erstreckte sich ein riesiges Trümmerfeld. Lediglich das solide Mauerwerk der großen Messehäuser und anderer Gebäude aus der Zeit vor dem Ersten Welt krieg blieben erhalten.

So war es also ein Gebot der Vernunft, dass die beiden Gemeinden sich vereinigten zu der neuen Kirchgemeinde St. Thomas-Matthäi. Die eine Gemeinde brachte ihre Gebäude ein, die andere ihre Gemeindeglieder. Das geistliche Leben in der Nachkriegszeit war deutlich geprägt durch die schmerzlichen Erlebnisse der Menschen von damals. Kaum eine Familie war ohne Trauer um gefallene Väter, Söhne oder Brüder.

Ruine der Matthäikirche, 1946.

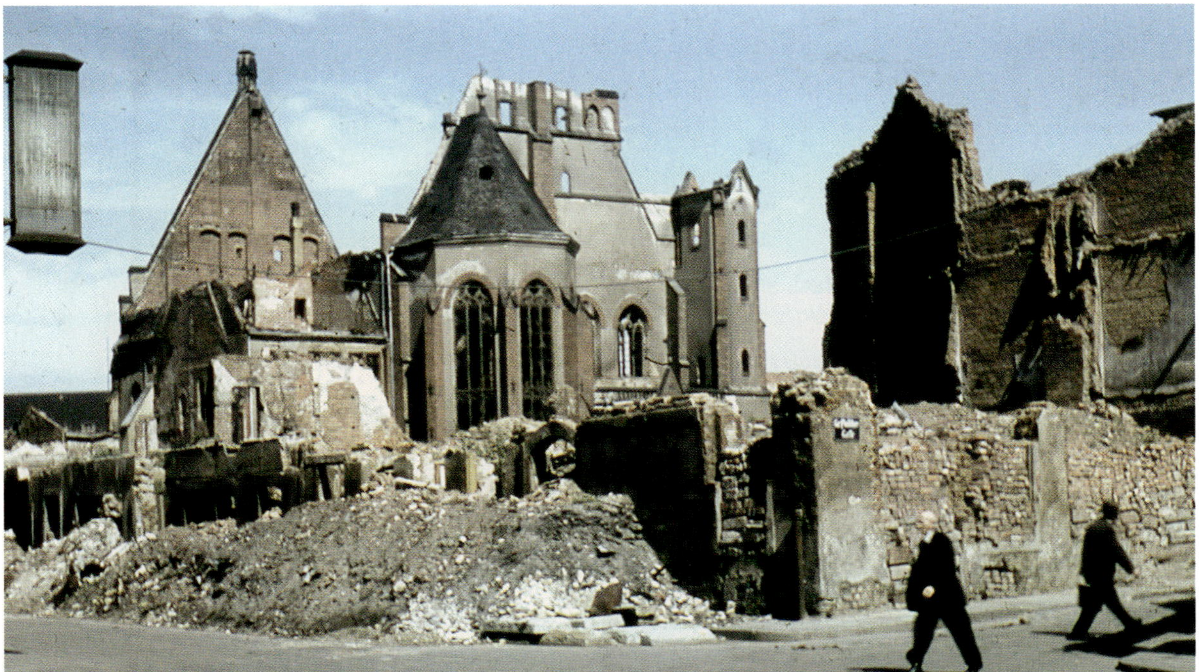

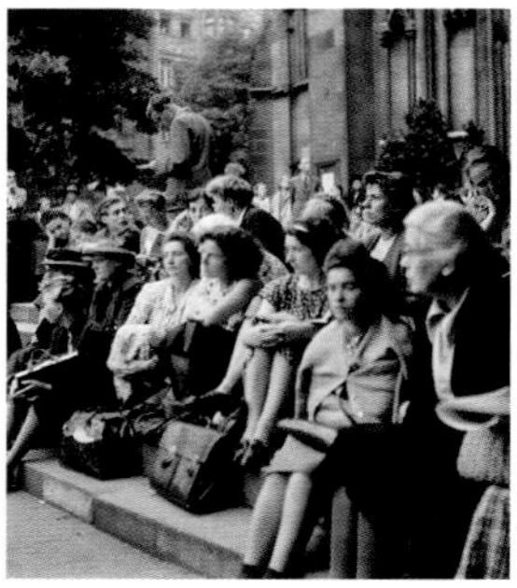

Menschen vor dem Westportal zum Bachfest 1950.

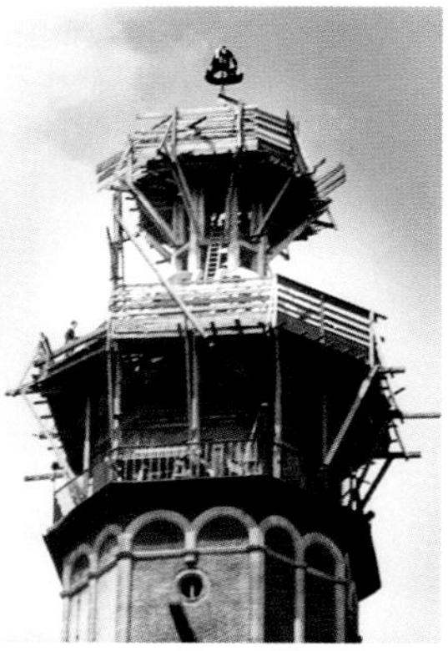

Der Bau der neuen Turmhaube nach dem 2. Weltkrieg, 1950.

Hinzu kamen von 1944 an die Flüchtlinge aus den ehemaligen deutschen Ostgebieten, aus Böhmen und später aus den südosteuropäischen Ländern, in denen Deutsche wohnten.

Dass diese für Millionen Menschen tragische Zeit für viele Jahre zum Segen für unsere Kirchen wurde, darf nicht verschwiegen werden. Der Schub an lebendiger Frömmigkeit hat unsere Kirchen bis weit in die DDR-Zeit hinein bereichert und geprägt.

Zogen am 17. April 1945 zuerst US-amerikanische Truppen in Leipzig ein, so folgten diesen im Juni 1945 die sowjetischen. Die kurze Zeit der amerikanischen Besatzung in Westsachsen und in Leipzig hatte zur Folge, dass alle kirchlichen Einrichtungen, vor allem die der Inneren Mission, sowie die Kindergärten wiederhergestellt und mit Lizenzen versehen wurden. Daran haben die Sowjets nach ihrem Kommen nichts geändert. Diese erstaunliche Entwicklung führte dazu, dass es in der DDR-Zeit die meisten kirchlichen Kindergärten im Bereich der Evangelisch-Lutherischen Landeskirche Sachsens gab. Der Thomas-Matthäi-Gemeinde stand der Kindergarten der Inneren Mission in der Löhrstraße zur Verfügung.

Mit dem Kriegsende kamen auch die freitäglichen Motetten und die sonnabendlichen Motetten und Kantaten wieder in Gang und wurden so erneut zum Zentrum der Musica sacra, nicht nur für die Thomas-Matthäi-Gemeinde, sondern für alle Menschen in der Stadt Leipzig und darüber hinaus. Es wird nie auszuloten sein, wieviel Kraft und Trost von den Motetten, den Kantaten und den Gottesdienstmusiken ausgegangen ist! Die Chorempore war und ist noch heute die ›zweite Kanzel‹ in der Thomaskirche, wie übrigens in anderen Kirchen auch.

Die ersten Jahre nach der Gründung der DDR: Bachfest 1950 und 17. Juni 1953

Superintendent zu dieser Zeit war D. Heinrich SCHUMANN. Er übte das Amt 1936–1953 aus. Schumann war ein Mann der Besonnenheit und der zentralen biblischen Verkündigung. Das unermessliche Kriegsleid hat ihn geprägt und zu einem väterlichen Tröster für die Gemeinde und die Ephorie werden lassen. Und das in sehr heftigen und sehr unterschiedlichen Stürmen der Zeit. In die Amtszeit Schumanns fällt auch die Überführung des Sarkophags mit den Gebeinen Johann Sebastian Bachs in die Thomaskirche. Dies geschah 1949, gerade rechtzeitig vor den Gedenkfeierlichkeiten aus Anlass des 200. Todestages Bachs, der 1950 mit dem legendären Bachfest begangen wurde. Hierbei ist eines Mannes besonders zu gedenken, der die Überführung der Gebeine Bachs aus der Krypta der Johanniskirche in die Thomaskirche zielstrebig betrieben hat. Es war der frühere Studienrat am Thomasgymnasium Ernst Eichelbaum. Er wurde, da er nicht Mitglied in der NSDAP war, als CDU-Mitglied Stadtrat für das Sozialwesen, dem auch juristisch das Johannishospital unterstand. Er bereitete die Beschlussvorlage für den damaligen Oberbürgermeister Dr. Zeigner vor, die die Umbettung der Gebeine Bachs in die Thomaskirche zum Inhalt hatte.

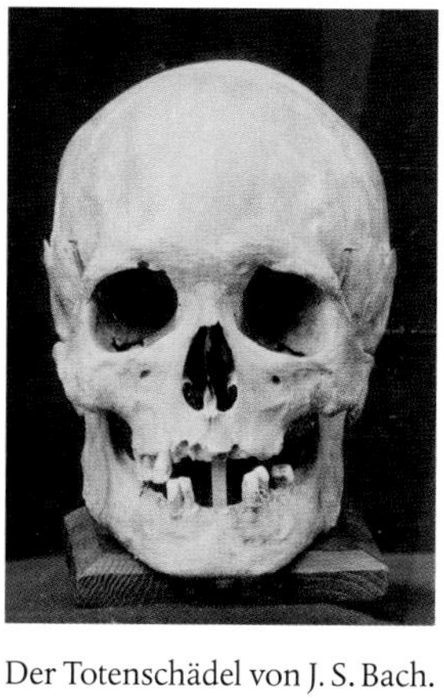

Der Totenschädel von J. S. Bach.

Das politische Klima nach Gründung der DDR sollte sehr bald auch Auswirkungen auf die Christen der Thomas-Matthäi-Gemeinde haben. Während äußerlich mit großem Enthusiasmus die Windmühlenstraße und der Roßplatz aufgebaut wurden, vollzog sich innerlich in unserem Land die Umgestaltung von der anfänglich verkündeten antifaschistisch-demokratischen Ordnung zum Aufbau des Sozia-

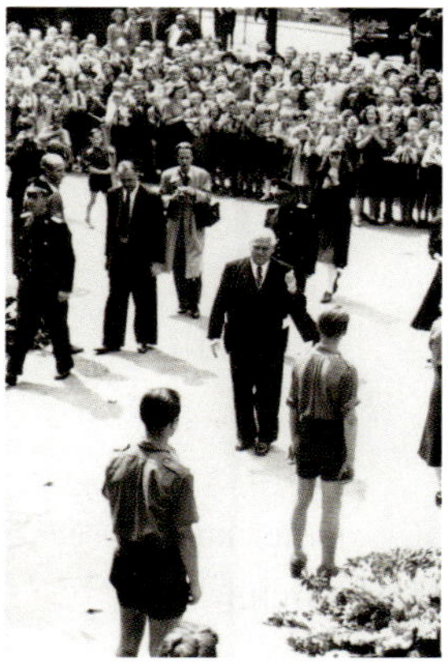

Wilhelm Pieck, Präsident der DDR, trifft beim Bachfest 1950 ein.

lismus. Dies war verbunden mit radikalen Säuberungen in den demokratischen Parteien und mit einer immer deutlicher werdenden Bekämpfung bürgerlicher Reste in der Gesellschaft. Damals verließen viele angesehene Familien die Stadt Leipzig, und damit auch ihre Kirchgemeinden, und gingen nach dem Westen. Dieser Aderlass setzte sich mit wenigen Ausnahmezeiten bis zum Jahr 1989 fort. Höhepunkt dieser revolutionären Umgestaltung waren die Ereignisse um den 17. Juni 1953. Die Junge Gemeinde wurde der konterrevolutionären Umtriebe beschuldigt, der damalige Leiter des Amtes für Gemeindedienst und Mitglied der Thomasgemeinde, Herbert Dost, verhaftet, das kirchliche Jugendheim Sehlis wurde als Hort der imperialistischen Hetze angeprangert, die Veranstaltung der Jungen Gemeinde dort untersagt. Die Evangelische Studentengemeinde war den schweren Vorwürfen ausgesetzt, sie destabilisiere die DDR.

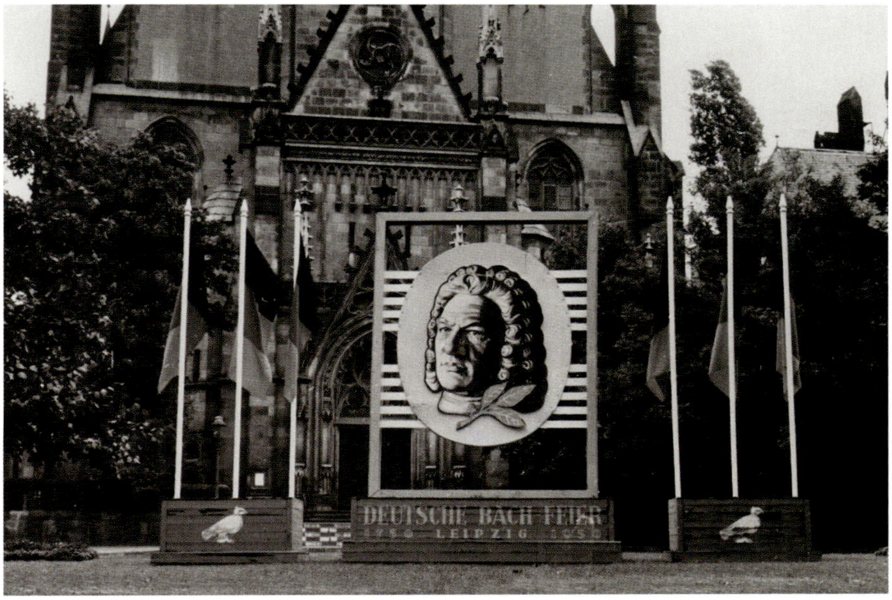

»Deutsche Bachfeier« zum 200. Todestag Bachs 1950. Staatliche Dekoration vor dem Westportal der Thomaskirche.

Kirchentag 1954, Innenrenovierung und Gemeindeaufbau

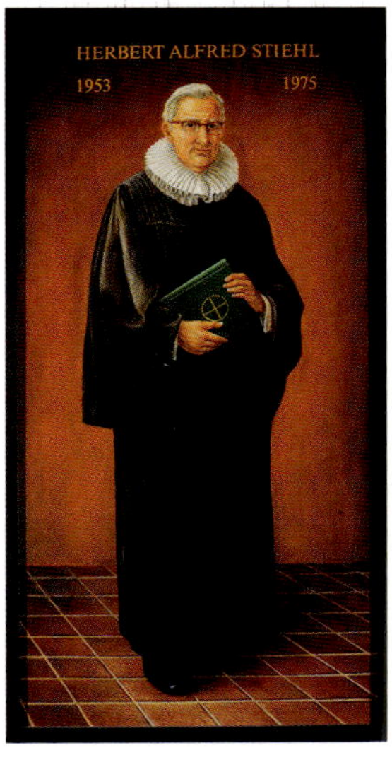

Superintendent Herbert Stiehl (1909–1992).

Just in diese Zeit hinein fiel die Einführung des Nachfolgers Schumanns, Herbert STIEHL, bis dahin Pfarrer in Dresden-Trachau, der in der Zeit des Dritten Reiches den Weg in die Bekennende Kirche gegangen und der ein Vertrauter und Freund des damaligen Bischofs D. Gottfried Noth war. Herbert Stiehl hatte im wahrsten Sinne des Wortes keine Zeit, um seine Umzugskisten auszupacken, als er genau in diese verschärfte politische Situation geriet. Er hat dies mit all seinen Kräften getan und er konnte sich im Großen und Ganzen auf eine loyale Pfarrer- und Mitarbeiterschaft verlassen. Besonders getroffen und verletzt hat ihn die Auseinandersetzung mit dem damaligen Pfarrer in Probstheida, der ihm nicht nur den Zutritt zur Kirche verwehrte, sondern auch gegen ihn handgreiflich wurde. Es schälte sich in diesen Jahren das Verhaltensmuster heraus, das bis in die letzten Wochen und Monate der DDR weiter als das Erbe der Väter erhalten blieb: den Versuch zu machen, dort, wo es nötig ist, Sachgespräche mit den staatlichen Stellen zu suchen, aber jeder Versuchung zu widerstehen, Sonderbehandlungen für sich in Anspruch zu nehmen. Die Gemeindeglieder waren, wo immer sie in ihren Berufen standen, doch wesentlichen, oft verdeckten, oft offenen Repressalien ausgesetzt. Das betraf das persönliche Wei-

Blick vom Kirchturm nach Osten, um 1950.

terkommen in Betrieben, Kliniken oder an der Universität ebenso wie die Chancen auf Aufnahme in weiterbildende Schulen oder die Aufnahme an eine Universität.

Ein untypisches und einmaliges Ereignis indessen war der Kirchentag 1954 in Leipzig, der zu einem gewaltigen Zeugnis der Evangelischen Kirchen in Deutschland wurde. Der Aufstand des 17. Juni 1953 ließ die Machthaber zunächst einmal den Rückwärtsgang im Klassenkampf einlegen. Sodann versprach man sich durch diesen Kirchentag einen größeren Einfluss auf die westdeutsche Bevölkerung. Die Vision vom geeinten Deutschland unter der Herrschaft der Partei der Arbeiterklasse mochte zu dieser Zeit noch lebendig sein. Wie auch immer: Der Kirchentag in Leipzig 1954 war und bleibt ein Ereignis, das nicht nur den Gemeinden in unserer Stadt, sondern den Christen in Ost- und Westdeutschland für viele Jahre zu einem leuchtenden Zeichen der Ermutigung und der Nähe Gottes geworden ist.

Zwei wichtige Entscheidungen für die Gemeinde sehr unterschiedlicher Natur sind hier noch zu erwähnen. Die eine Entscheidung war die, neben der alles überragenden kirchenmusikalischen Arbeit des Thomanerchores und der ebenso hervorstechenden Tätigkeit des Thomasorganisten eine Stelle für eine Gemeindekantorin zu schaffen. Dazu benutzte man die bereits vorhandene Stelle einer Vertreterin des

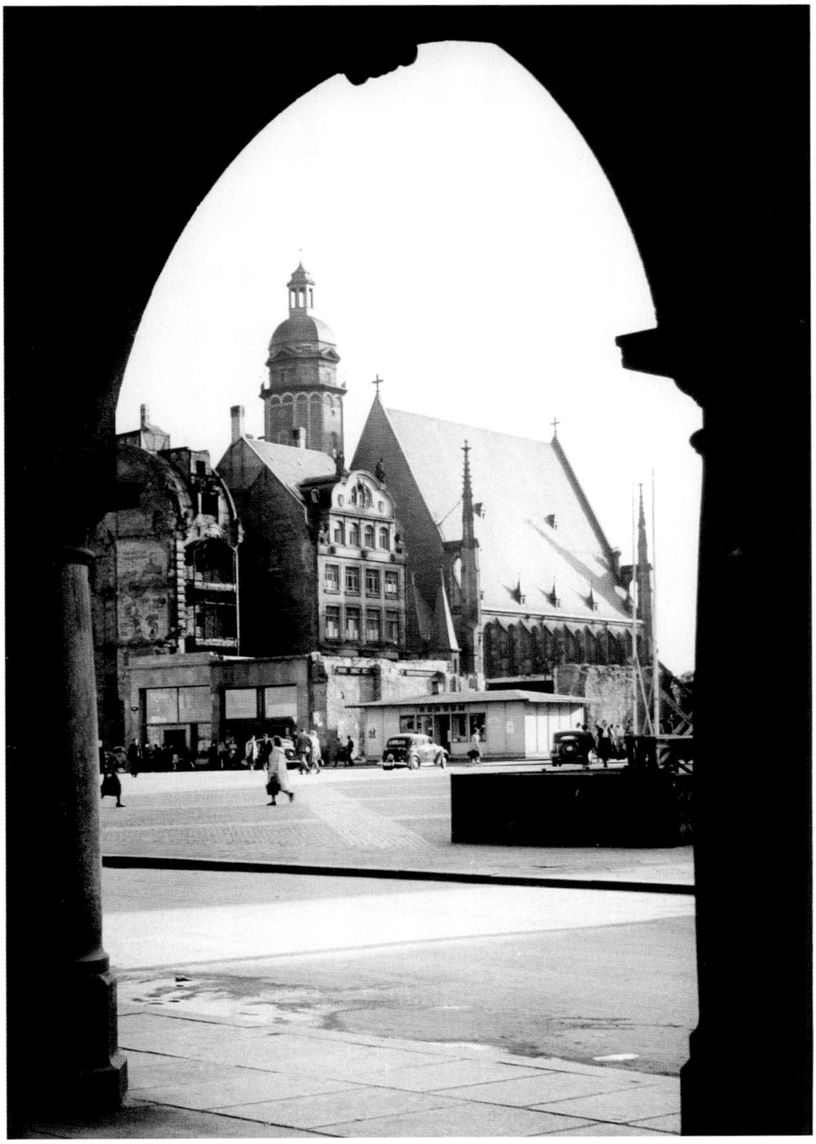

Blick aus den Rathausarkaden hinüber zur Thomaskirche, mit Resten der Bebauung auf dem heute als Grünfläche gestalteten Platz östlich der Kirche, um 1950.

Organisten. Diesen Dienst versah von 1964 an Frau Almuth Reuther. Sie gehörte bis 2005, betrachtet man ihre künstlerische Ausstrahlung, in das Team von Thomaskantor und Thomasorganist.

Die andere Entscheidung war die der Innenrenovierung der Thomaskirche 1962–1964 und des Orgelneubaus auf der Nordempore 1966–1967. Rückblickend kann man nur den Mut und das Gottvertrauen des damaligen Kirchenvorstandes bewundern, sich inmitten der damals unübersehbaren Mangelwirtschaft dieser Aufgabe zu stellen. Entscheidend für die Zeit der Kirchenrenovierung und des Orgelbaues in den sechziger Jahren blieb indes der schon vorher erwähnte systematisch betriebene Gemeindeaufbau durch die Pfarrer und Mitarbeiter der damaligen Zeit. Für die Thomas-Matthäi-Gemeinde galt nie, was man anderenorts Kirchen mit großer musikalischer Tradition vorhalten mochte, dass hinter der Musik weit und breit keine Gemeinde da sei.

St. Thomas – Ort lokaler Gemeindearbeit und internationaler Begegnung

Herbert Stiehl trat 1975 in den Ruhestand. Unverkennbar waren die Spuren der schlimmen Zeit seines Dienstanfanges 1953. Unverkennbar aber auch waren die Spuren des Segens, die er und seine Pfarrkollegen und die Mitarbeiter im Verkündigungsdienst hinterlassen haben. Von 1976 an bis 1998 war Johannes RICHTER der Nachfolger Herbert Stiehls im Amt, wenngleich auch nicht mehr zuständig für die ganze Stadt Leipzig, sondern für den damals neu gebildeten Kirchenbezirk Leipzig-West mit Dienstsitz an der Thomaskirche.

Erst 1978 sollte es wieder zu einem Kirchentag in Leipzig kommen, wenn auch in viel kleineren Dimensionen, verantwortet und durchgeführt von der Kongress- und Kirchentagsarbeit in Sachsen. Zwar mit ökumenischer, und damit auch westdeutscher Beteiligung, aber eben unter den damaligen Bedingungen des ›real existierenden Sozialismus‹. Dieser Kirchentag war ein Teil des Verhandlungsergebnisses, das zwischen Vertretern des Bundes der Evangelischen Kirchen in der DDR unter der Leitung von Bischof Dr. Schönherr und dem Staatsratsvorsitzenden der DDR, Erich Honecker, Anfang März 1978 zustande kam. Die Kirchgemeinden Leipzigs sind in ihrem Einsatz, in ihrer Gastfreundschaft, in ihrer Fähigkeit zur Improvisation weit über sich hinaus gewachsen. Es zeigte sich der große Segen einer unspektakulären, aber sehr modernen Gemeindearbeit, die seit den frühen fünfziger Jahren an der Thomaskirche betrieben worden ist. Die Gemeindepfarrer, besonders in den sechziger Jahren und danach, haben systematisch Haus- und Gesprächskreise gegründet und betreut, sie haben, gemeinsam mit den Jugendwarten, eine offene und moderne Jugendarbeit betrieben, sie waren unermüdlich in Hausbesuchen und in der persönlichen Seelsorge. Und das alles geschah aus der Erfahrung, die die Kirche in der DDR allenthalben machen konnte: dass der Bezug auf die biblischen Texte immer seine Entsprechung in der Realität des täglichen Lebens hat.

Ein weiterer Höhepunkt waren die Feierlichkeiten zum 500. Geburtstag Martin Luthers im November 1983. Auch hier erlebte die Thomaskirche herausragende Gottesdienste. Unvergessen bleibt der offizielle Gedenkgottesdienst in der Thomaskirche, zu dem der Orthodoxe Exarch für Mitteleuropa, der Erzbischof der Anglikanischen Kirche von Canterbury, der Vorsitzende der Kommission für die Einheit der Kirchen, Kardinal Willebrands, der Generalsekretär des Weltrates der Kirchen in

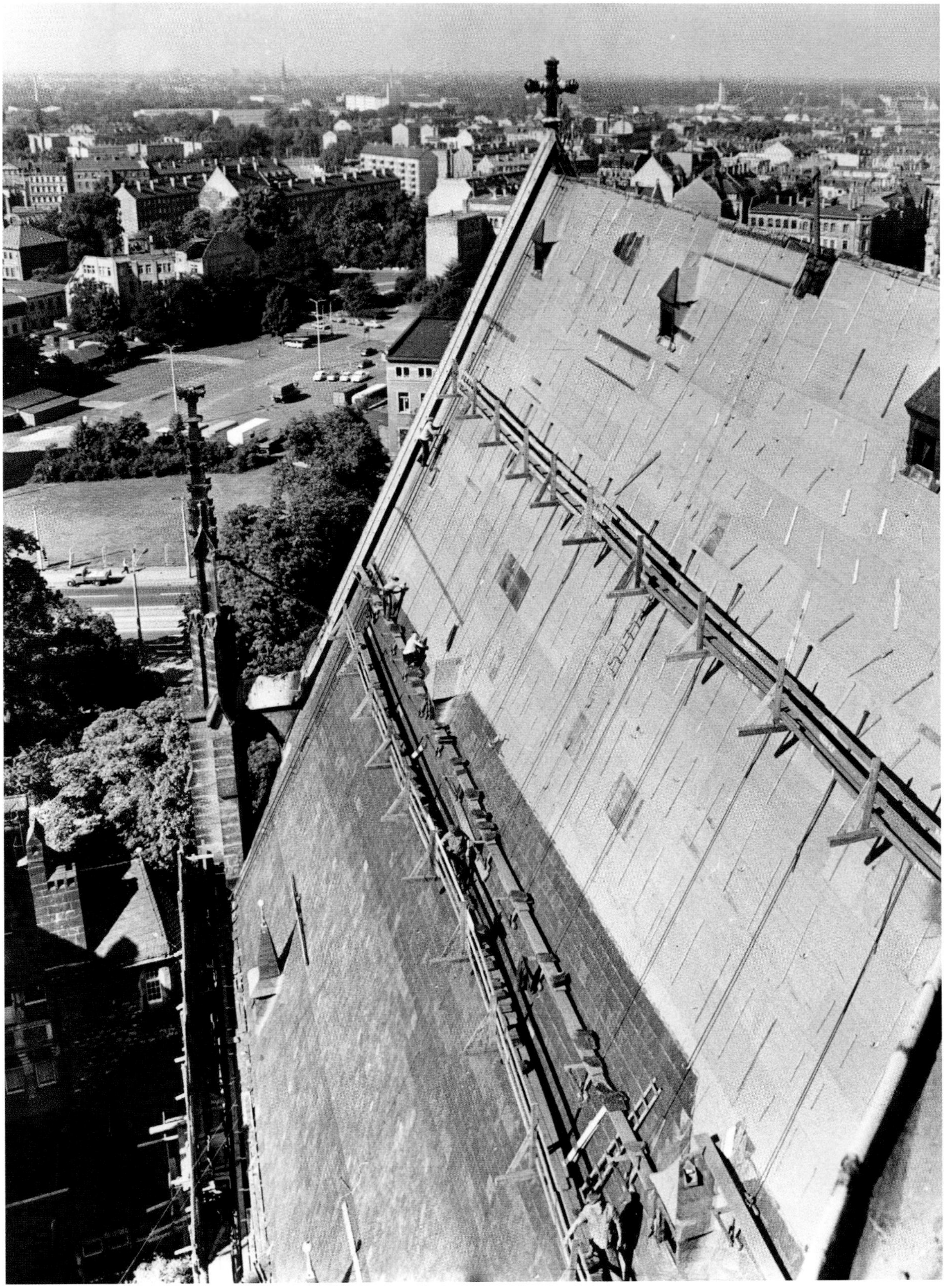

Blick vom Turm der Thomaskirche auf die innere Westvorstadt, Dachdeckerarbeiten am Steildach des Langhauses, um 1973.

Genf und führende evangelische Kirchenvertreter aus aller Welt Grußworte sprachen.

Mit dem Lutherjahr 1983 begann auch der internationale Tourismus aus dem sogenannten westlichen Ausland. Das brachte dem Staat eine Menge Devisen, der Thomas-Matthäi-Gemeinde indessen eine große Menge an persönlichen Kontakten, von denen manche bis heute lebendig sind. Hinzu kam seit etwa 1980, dass der Besucherstrom von offiziellen Staatsgästen in der Thomaskirche zu Ehren Bachs nicht abriss. Viele Politiker, die zu den Messen weilten, kamen aber auch inoffiziell zu uns. Wer die Gästebücher der Thomaskirche aus dieser Zeit studiert, findet so etwas wie ein »Who is Who« sämtlicher Politiker, die damals in der Verantwortung standen. Aber auch unzählige Reisegesellschaften aus Osteuropa, insbesondere aus den Republiken der damaligen UdSSR, besuchten Bachs letzte Ruhestätte. Sie hörten mit großer innerer Andacht der Musik zu, wann immer sie durch den Chor oder die Organisten dargeboten wurde.

Brückenbau durch Ost-West-Partnerschaften

Einen ganz wesentlichen Faktor für die Gemeindearbeit bildete, beginnend mit dem Kirchentag in Leipzig 1954, die Pflege der Gemeindepartnerschaften zu Kirchgemeinden in der Hannoverschen Landeskirche. So haben viele Gemeindeglieder der Thomas-Matthäi-Gemeinde über Jahrzehnte hinweg intensive Kontakte zu Gemeinden in Hannover und zu einer Gemeinde in Bremerhaven gehalten. Hinzu kam noch eine Partnerschaft zu einer lutherischen Kirchgemeinde in Den Haag. Persönliche Freundschaften haben sich gebildet, die die Zeiten überdauert haben. Gemeinsame Rüsttage wurden abgehalten, in denen der Erfahrungsaustausch über die Lebenswirklichkeit der Gemeinden hüben und drüben stattfand. Hier haben sowohl die jeweiligen Pfarrer an der Thomaskirche, die Kirchvorsteherinnen und Kirchvorsteher eine ganz wichtige und kontinuierliche Arbeit des Brückenbaues betrieben. Diese Partnerschaften als Orte des Dialoges sollten wieder aufleben als ein ganz konkreter Beitrag der Christen in Deutschland für die Festigung der inneren Einheit.

Verschärfung der politischen Situation in den achtziger Jahren

Zum Bachfest im Jahr 1985, dem 300. Geburtstag Johann Sebastian Bachs, war die Thomaskirche natürlich eines der begehrten Zentren bedeutender Konzerte und würdiger Bach-Ehrung. Es hatte schon hohe Symbolkraft, wenn neben dem Blumengebinde des Ministers der Kultur der DDR das mit der Schleife des Bundespräsidenten der Bundesrepublik Deutschland lag. Spätestens zu diesem Bachfest, aber auch schon viele Jahre zuvor, wurde die tragende und befreiende Kraft der Musik Bachs deutlich erkannt und vor allen Dingen von der jungen Generation in unglaublich konzentrierter Form aufgenommen. Orgelkonzerte und Chorwerke waren von Greifswald bis Zwickau und von Görlitz bis Eisenach von einer atemlos lauschenden Zuhörerschaft besucht.

In dieser Zeit, ab 1985, verstärkte sich die Zahl der Ausreisewilligen aus der DDR zusehends. Die Hauptarbeit für die Seelsorger bestand in steigendem Maße darin, mit Menschen, die zu ihnen Vertrauen hatten, über die Doppelfrage nachzudenken: Gehen wir weg? Oder bleiben wir hier? Das war eine schwere Aufgabe, die damals auf den Pfarrern in unserem Lande, in Leipzig und in der Thomaskirche, lag. Schmerzhaft war dieser Beratungsprozess, weil jede Entscheidung zur Ausreise eine weitere Schwächung der Gemeinden bedeutete und weil andererseits gegen den vehementen Wunsch nach Freiheit nichts einzuwenden war. Hinzu kam nach 1985 eine schleichende Verstärkung der alten Klassenkampf-Ideologie. Die Jugendlichen, ob Lehrling, Berufsschüler, Oberschüler oder für die Volksarmee Gemusterter, alle hatten ihre unerwarteten, aber deutlichen Bewährungssituationen, in die sie fast täglich hineingestellt waren. Es gab unter vielen jungen Menschen und in deren Familien Zeugnisse großer Treue zur eigenen Überzeugung und viel Mut, der mit

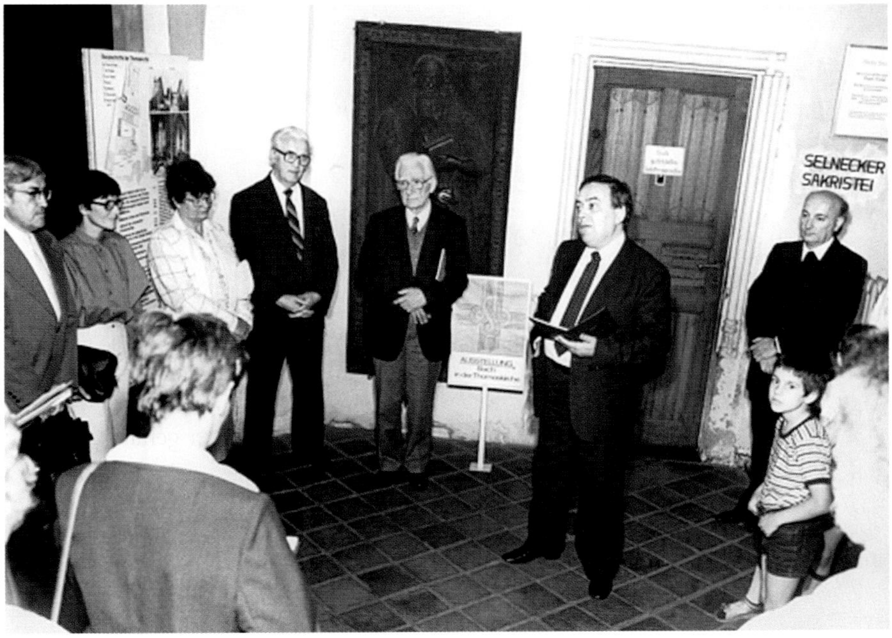

Eröffnung der Ausstellung in der Thomaskirche zum Bachjahr 1985, v.l.n.r.: KMD Anger, Frau Hassenrück, Frau Hempel, Landesbischof Hempel, Sup. i. R. Stiehl, Sup. Richter, Pfarrer Ebeling.

klopfendem Herzen zum Einsatz gebracht wurde. Dieses stille Zeugentum soll nicht vergessen werden. Diese Zeit war der Anfang dafür, dass Menschen den aufrechten Gang lernten. So, wie die Pfarrer und die Mitarbeiter im Jugendpfarramt und in der Studentenseelsorge damit befasst waren, so waren es auch die Pfarrer an der Thomaskirche. Dass staatlicherseits trotz der Korrektheit gegenüber den Kirchenoffiziellen eine harte Destruktionsstrategie im Blick auf die Jugend herrschte, sollte sich vor allem in der Christenlehre- und Konfirmandenarbeit bei den Thomanern auswirken. Hier hat man, ohne dass der Chor viel davon merkte, mit den finstersten Mitteln der Verleumdung gearbeitet, um diese Arbeit zu zerstören. Dass diese bewusste Obstruktion misslang, ist eines der sichtbar gewordenen Zeichen der Treue Gottes. Von daher ist auch zu verstehen, dass der Kirchenvorstand der Thomas-Matthäi-Gemeinde im Herbst 1989 erst vom 9. Oktober an Friedensgebete in der Thomaskirche durchgeführt hat. Die kritische Zeit im Zusammenhang mit der Christenlehre und der Konfirmandenarbeit nach 1985 war so etwas wie ein »*Ritt über den Bodensee*«. Darum musste der Kirchenvorstand alles vermeiden, was dem Staat eine Handhabe gegeben hätte, die Thomaner dem kirchlichen Einfluss ganz zu entziehen. Nicht unwichtig ist die Tatsache, dass in dem Vorbereitungskreis für die Friedensgebete an der Nikolaikirche, zu dem in dieser Phase auch die beiden Superintendenten Leipzigs gehörten, erst ab 2. Oktober 1989 über eine Einbeziehung weiterer Kirchgemeinden ernsthaft diskutiert worden ist! Die schon seit langem im

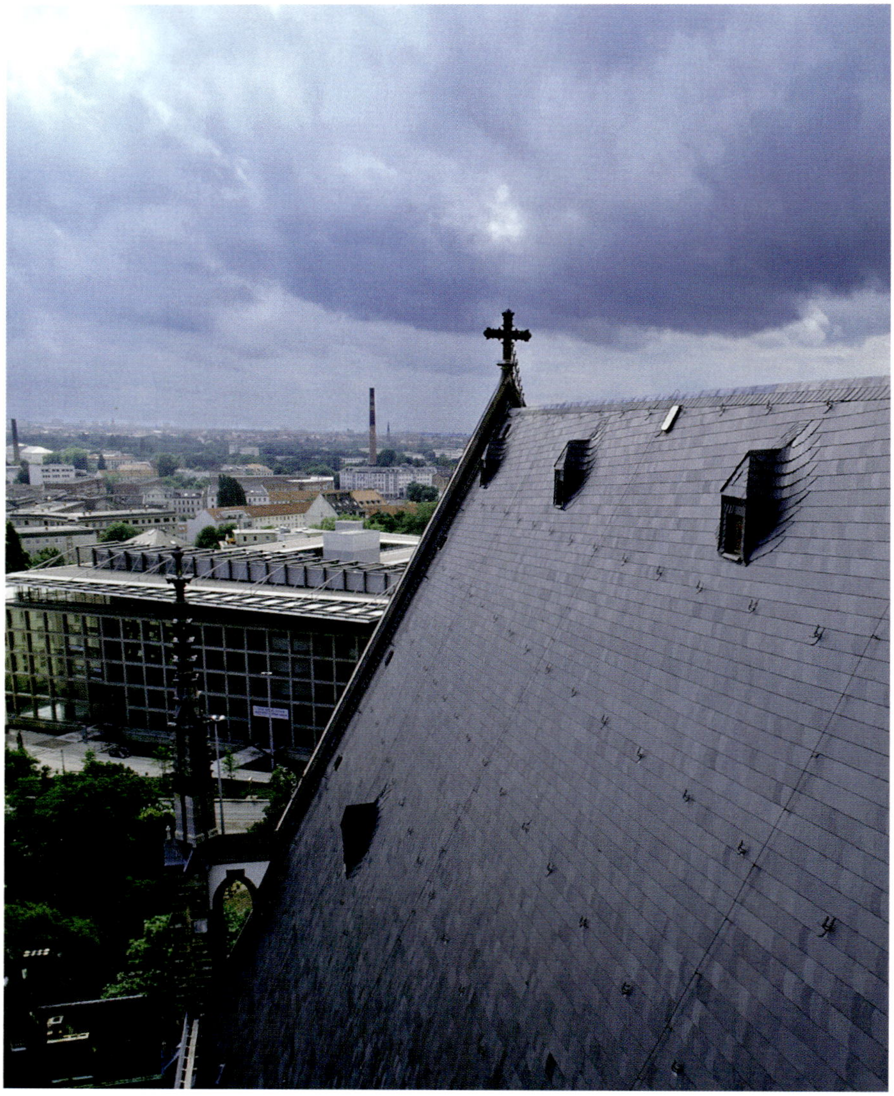

Blick vom Thomaskirchturm in Richtung Westen.

Umlauf befindlichen Vorwürfe, die Thomaskirche hätte wie die Nikolaikirche auch viel früher mit den Friedensgebeten beginnen sollen, sind unbegründet. Dass es darüber hinaus im Bereich der Thomaskirche schmerzhafte Prozesse und Auseinandersetzungen gegeben hat, soll nicht verschwiegen werden. Aber sie ändern nichts daran, dass die Thomaskirche nach der Reformierten Kirche mit drei weiteren Kirchen im innenstadtnahen Bereich ab dem 9. Oktober eine feste Adresse für die Besucher der Friedensgebete war.

Der Kirchentag vor dem Herbst 1989

Einer besonderen Erwähnung wert ist der Kirchentag, der im Sommer 1989 wiederum in Leipzig stattfand. Nach dem Kirchentag 1978 hatten sich die Verantwortlichen der Kongress- und Kirchentagsarbeit schon eine beachtliche Praxis in der Durchführung von kirchlichen Großveranstaltungen in der damaligen DDR angeeignet. Wenn auch die vorbereitenden Verhandlungen mit den staatlichen Institutionen äußerlich reibungslos abliefen, so war doch eine deutliche Gespanntheit auf beiden Seiten erkennbar. Der Staat wollte unbedingt Normalität nach außen hin signalisieren. Die Kirche indessen wollte die Möglichkeit zum kritischen Wort aus biblischer Sicht erhalten, um damit den Gemeindegliedern vor Ort Argumentations- und Lebenshilfe zu geben. Natürlich war auch die Thomas-Matthäi-Gemeinde stark als Gastgeber gefordert, sowohl für die Übernachtung auswärtiger Gäste als auch als Veranstaltungsort für Gottesdienste, Foren und Konzerte. Über den Kirchentag 1989 ist viel Kritisches geschrieben worden. In der Tat muss man fragen, ob die Kirche nicht geringeren Nutzen davon hatte als der Staat. Es gab im Verlauf dieses Kirchentages sehr zwiespältige Erfahrungen. Aus den Reaktionen der Mitchristen indessen, die in ihren Lebensbereichen oft allein auf weiter Flur waren, ist noch heute zu erkennen, dass die Absicht zu ermutigen voll aufgegangen ist.

Friedensgebete 1989 – auch in der Thomaskirche

Die Friedensgebete, die vom 9. Oktober 1989 jeden Montag auch in der Thomaskirche gehalten wurden und jedes Mal überfüllt waren, vollzogen sich mit Elementen, die der Tradition dieser Kirche entsprachen. So spielte die Orgelmusik als wichtiges meditatives Element eine entscheidende Rolle. Es bewies sich dadurch, dass Bachs Orgelwerk nicht weniger konkrete Ermutigung in schwerer Zeit enthielt, wie eine darauf ausgerichtete Predigt. Die Gebetsanliegen wurden von der bereits im September 1989 durch das Amt für Gemeindedienst aufgestellten Gebetswand entnommen. Hier hat der damalige Leiter des Amtes für Gemeindedienst, Gottfried Hänisch, einen sehr großen Anteil. Seine Idee war es auch, in der Thomaskirche große Bildtafeln aufzuhängen, die einen starken missionarischen Bezug hatten. Der Maler und Grafiker Matthias Klemm hat diese eindrucksvollen Grafiken hergestellt. Unvergesslich: Das Bild von dem Gekreuzigten, untersetzt mit: *»Angeklagt wegen Anstiftung zum Frieden«* aus dem Jahr 1983.

Grafik von Matthias Klemm »Angeklagt wegen Anstiftung zum Frieden«, 1983 aufgehängt an der nördlichen Empore.

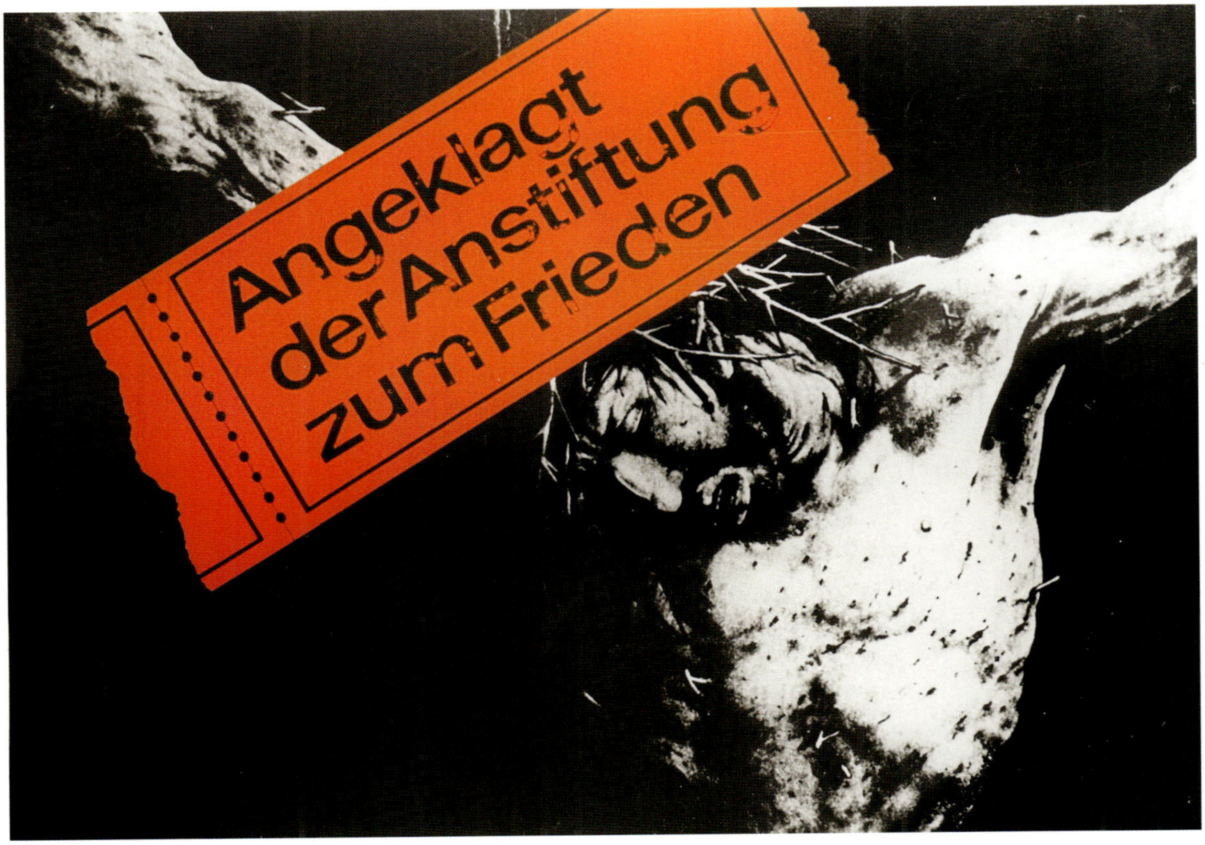

Diese großartigen Ideen, umgesetzt von einem Meister seines Faches, waren zwar nicht Ergebnisse der eigenen Gemeindearbeit, aber der Kirchenvorstand hatte diese öffentlichkeitswirksamen Aktionen in jeder Hinsicht zu verantworten.

Die Friedensgebete in der Thomaskirche mit ihrem unverwechselbaren künstlerischen und offenen Markenzeichen ist allen, die sie erlebten, in tiefer Erinnerung geblieben. Gastprediger aus anderen Gemeinden, aus der wissenschaftlichen Theologie und aus der Ökumene standen bis Anfang März 1990 auf der Kanzel der Thomaskirche. Dann hat der Kirchenvorstand das Friedensgebet wieder zurückgegeben an seinen Ursprungsort, die Nikolaikirche. Es war und bleibt eine zutiefst geistliche Erfahrung dieses denkwürdigen Herbstes 1989, dass die Kirchen gefordert waren zum Zeugnis für Christen und Nichtchristen. Man kann wahrlich nicht behaupten, dass die politisch-diakonische Predigt in der lutherischen Kirche eine kräftige Tradition gehabt hätte. In dieser denkwürdigen Zeit indes war diese Gabe vorhanden.

Jüdisch-Christliche Gottesdienste in St. Thomas

Auf eine Aktivität darf die Thomas-Matthäi-Gemeinde besonders stolz verweisen. Das ist der jährlich stattfindende Gedenkgottesdienst zur Erinnerung an die Reichspogromnacht am 9. November, gemeinsam verantwortet von der Israelitischen Religionsgemeinde zu Leipzig und der Thomas-Matthäi-Gemeinde zu Leipzig. Seit 1978, dem 40. Gedenktag an die sogenannte *Reichskristallnacht*, findet dieser Gottesdienst, mit Ausnahme des Jahres 1979, alljährlich statt. Angeregt durch den Wunsch des Synagogalchores, in der Thomaskirche singen zu dürfen und herausgefordert, die Verfolgungsgeschichte an unseren jüdischen Mitbürgern nicht in Vergessenheit geraten zu lassen, wurde die Idee zu diesem Gottesdienst geboren. Der Synagogalchor war in der DDR-Zeit dem Vorsitzenden der jüdischen Gemeinden in der DDR unterstellt, der seinerseits kein großes Interesse an einem Konzert in einer Kirche hatte. Zum anderen hätte der Leiter des Chores, Kammersänger Helmut Klotz, bei der Abteilung Inneres der Stadt Leipzig, Bereich Meldewesen, ein Kirchenkonzert anmelden können. Dies aber wollte die kirchliche Seite auf keinen Fall, weil damit dem Staat ein Vorwand gegeben worden wäre, welcher die Kirche nunmehr auch andere Kirchenkonzerte der Anmeldung unterworfen hätte. So fand sich die Form des gemeinsamen Gottesdienstes der Israelitischen Religionsgemeinde und der Thomas-Matthäi-Gemeinde, für den natürlich keine Anmeldung bei staatlichen Stellen nötig war. Im Laufe der Jahre sind diese Gottesdienste zu einer wichtigen Informationsquelle der Geschichte der Juden in Deutschland und der Geschichte des Holocausts geworden. Es ist zu wünschen, dass dieser unvergleichliche Gottesdienst weiterhin seine Bedeutung und seinen Sitz im Leben behält.

Probleme und Chancen nach 1989

Die Zeit unmittelbar nach Öffnung der Mauer am 9. November 1989 und die Zeit bis zum Tag der vollzogenen Vereinigung, dem 3. Oktober 1990, war in der Tat von tiefen Veränderungen geprägt, die auch an der Thomas-Matthäi-Gemeinde nicht spurlos vorübergegangen sind. So verlor die Gemeinde innerhalb von zwei Jahren alle drei Pfarrer. Einer ließ sich wegen der Annahme eines politischen Amtes 1990 beurlauben, einer trat im gleichen Jahr in den verdienten Ruhestand. Und einer war schon in dieser Zeit von einem Herzleiden gezeichnet und musste 1992 vorzeitig emeritiert werden. Die Gemeinde hat dies mit großem Engagement und mit viel Eigenverantwortung gemeistert. Ein wunderbares Erlebnis war der freiwillige Einsatz des einstigen Generalsekretärs Dr. Carl Mau aus Seattle, der in dieser Zeit für ein halbes Jahr Vetretungsdienste an der Thomaskirche tat. Carl Mau lebt nicht mehr. Aber in den Fürbitten gehört er noch heute zu denen, derer sich die Gemeinde dankbar erinnert.

Dass der Weg aus der drückenden Enge der DDR in die weltweite Freiheit auch Probleme haben würde, war zu ahnen. Sodann hatten die Christen auf einmal einen anderen Stellenwert als im Sozialismus. Es ging beileibe nicht um die Wiederherstellung alter Zustände, wofür man, je nachdem, die Begriffe Restauration oder Reaktion verwendet. Es ging vielmehr darum, dass der Rat von Menschen gefragt war, die alles andere als stromlinienförmig geprägte Anpassertypen aus DDR-Zeiten waren. Viele Gemeindeglieder haben damals den Weg in die politische Verantwortung gefunden, sei es als Wahlhelfer, sei es als Mithelfer beim Aufbau politischer Parteien, sei es in der Übernahme von Verantwortung in Gemeinde oder Land.

Freilich sind auch die harten Veränderungen wie Arbeitsplatzverlust, Lehrstellenmangel, Betriebsschließungen einerseits und eine totale Neuorientierung in allen Bereichen des Lebens andererseits nicht spurlos an den Menschen und an den Gemeindegliedern vorbeigegangen. Manche bittere Erfahrung mit falschen Propheten der westlichen Freiheit haben auch viele Christen verunsichert und verbittert. Aber ebenso sehr muss festgestellt werden, dass die Menschen im Osten auch treue Freunde und selbstlose Helfer zur Seite hatten. Das dürfen gerade Christen nicht verschweigen. So ist es eine hoffnungsvolle Entwicklung, wenn heute selbstverständlich Christen aus den ehemaligen alten Bundesländern in den verschiedenen Kreisen der Gemeinde, im Kirchenvorstand und in der Helferschaft und überall, wo man sie um einen Dienst bittet, mit zur Stelle sind. Hier ist, das darf ohne Übertreibung gesagt werden, das Zusammenleben nicht eine Zukunftsvision, sondern die Beschreibung der gegenwärtigen Wirklichkeit.

Mit dem Zusammenbruch der DDR haben sich sehr viele Möglichkeiten für die Gestaltung des Gemeindelebens ergeben. Man muss aber dabei berücksichtigen, dass sich die Zahl der hauptamtlichen Mitarbeiter aus Kostengründen drastisch ver-

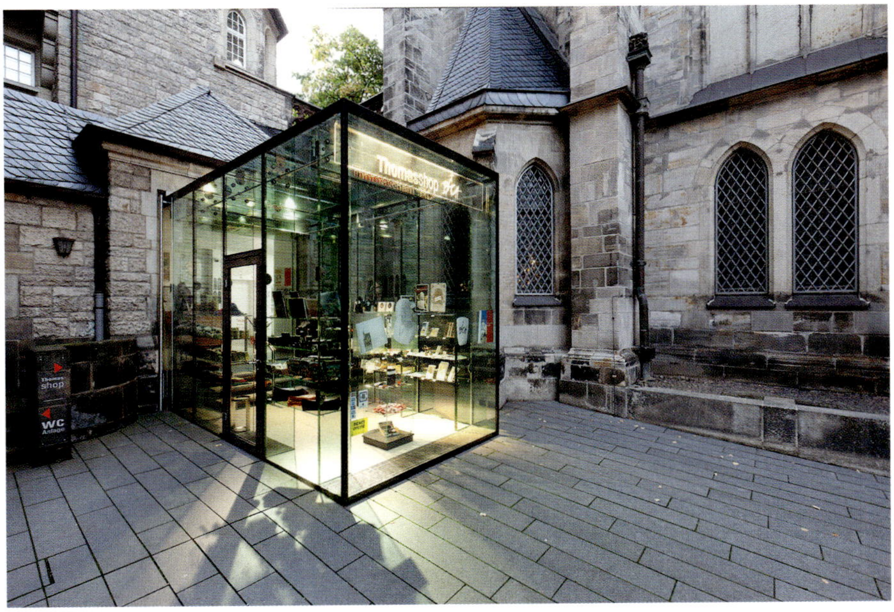

Thomasshop.

ringert hat. Dennoch ist der schon vor der friedlichen Revolution zu verzeichnende Reichtum der Gemeindearbeit nicht geschmälert worden. Im Gegenteil: Neue Aktivitäten sind hinzugekommen insbesondere für Familien, Kinder und Jugendliche. Aus der Gruppe »Konziliarer Prozess«, die noch vor 1989 mit ihrer Arbeit begonnen hatte, ist der Ausschuss für Gerechtigkeit und Nachhaltigkeit geworden. Einen weiteren Schwerpunkt bildet die Konfirmandenarbeit und in ihrer Folge die Junge Gemeinde. An der Thomasschule wird von den Pfarrern Religionsunterricht erteilt. Derzeit befinden sich die Pfadfinderarbeit und ein Posaunenchor im Aufbau. Darüber hinaus unterstützt die Kirchgemeinde aktiv den Aufbau des Bildungscampus forum thomanum – nicht zuletzt durch die Bereitstellung der Lutherkirche und des Gemeindehauses Schreberstraße 3–5.

Nicht unerwähnt darf bleiben, dass der Verein »Thomaskirche-Bach 2000 e.V. – Internationaler Freundeskreis« nicht nur die Unterhaltung der Thomaskirche und des Thomashauses unterstützt, sondern auch die Musikpflege an der Thomaskirche und die Kirchgemeinde St. Thomas in vielfältiger Weise fördert.

Der diakonische Auftrag bleibt

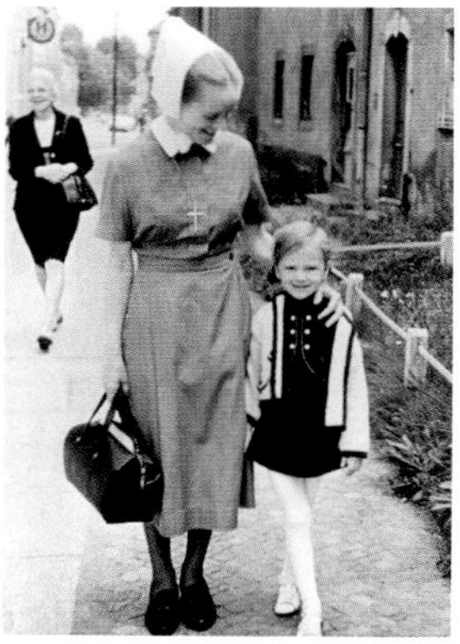

Schwester Renate Lüpfert. Sie war die letzte Diakonisse, die als Gemeindeschwester in der Thomas-Matthäi-Kirchgemeinde tätig war, um 1970.

Eine zentrale Stellung nahm seit der zweiten Hälfte des 19. Jahrhunderts die Gemeindediakonie ein. Es waren zuerst Diakonissen aus Dresden, die seit 1885 in der Thomasgemeinde ihre segensreiche Tätigkeit ausübten. Im gleichen Jahr wurde in der Thomasgemeinde der Parochialverein für die Gemeindepflege gegründet. Dass Superintendent Pank sich seit 1891 um die Gründung eines Diakonissenhauses bemühte, dessen Neubau 1900 eingeweiht werden konnte, und dass Heinrich Schumann jahrelang für die Innere Mission in Leipzig gearbeitet hatte, lag und liegt bis heute als segensreiche Tradition über der Thomasgemeinde. Aus der traditionellen Gemeindeschwesternstation von ihrer Gründung an war eine *Evangelische Sozialstation Leipzig e.V.* geworden, deren Bereich sechs Kirchgemeinden umfasste, deren Aufgaben 2003 aber auf andere Träger überging. Inzwischen hat die Kirchgemeinde eine eigene Sozialberatung eingerichtet.

Das ist ein weiter Weg mit wesentlichen Wandlungen. Dennoch liegt diese Entwicklung ganz und gar auf der Linie des Auftrages Jesu, sich um die Schwachen und Kranken zu kümmern. Hier wird modellhaft deutlich, was für andere Arbeitsbereiche der Gemeinde auch gilt: Der Auftrag bleibt. Die Formen wandeln sich.

Der Weg von der Vergangenheit in die Zukunft

Will man die Entwicklung der Kirchgemeinde St. Thomas zusammenfassen, so ist zu sagen, dass an dieser Gemeinde die äußeren Spuren der Geschichte nicht vorbeigegangen sind. Der zahlenmäßige Einbruch auf weniger als ein Zehntel von vor über 40 Jahren ist nicht aus der Welt zu schaffen. Die Kirche ist nicht mehr Volkskirche, wohl aber Kirche im Volk.

Der Sitz für die Superintendentur Leipzig ist in das nahegelegene »Haus der Kirche« gewandert. Die Teilung der Ephorien – 1858 in Leipzig-Stadt und -Land und 1975 in Leipzig-Ost und -West –, hielt den tatsächlichen Gegebenheiten und Entwicklungen gesellschaftlich, soziologisch und kirchlich gesehen nicht Stand. Das als Sitz des Superintendenten und der Superintendentur einst gebaute Haus am Thomaskirchhof ist zum »Thomashaus« geworden; hier hat nach wie vor das Pfarramt

Einträge in das Gästebuch der Thomaskirche 1985 bis 1996.

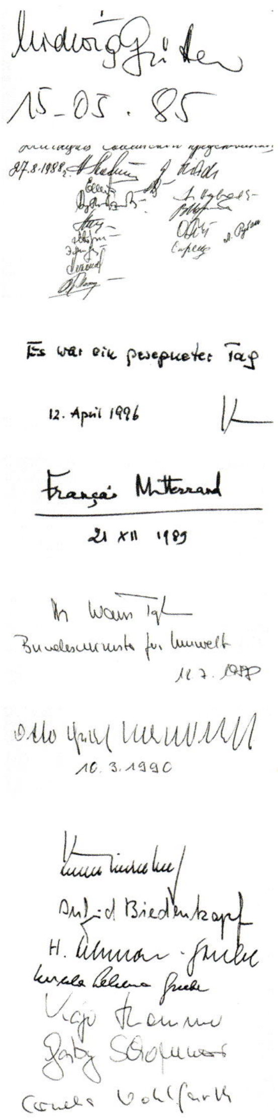

seinen Platz. Dazu gekommen sind das Büro für Kirchenmusik, die Sozialberatung der Kirchgemeinde und die Geschäftsstellen des Vereins »Thomaskirche-Bach 2000 e.V.«, der Thomaskirche-Bach 2000 Marketing GmbH (Thomasshop), der Stiftung Chorherren zu St. Thomae und des forum thomanum Leipzig e.V. Darüber hinaus steht das Thomashaus mit seinen großzügigen Räumlichkeiten der Gemeindearbeit zur Verfügung. Das große, 1903 gebaute Gemeinde- und Pfarrhaus am Dittrichring 12 ist gerade aufwändig saniert und zum »Matthäi-Haus« geworden. Es hält mit diesem Namen die Erinnerung an die Matthäikirche und ihre Gemeinde wach und beherbergt neben 11 Wohnungen den neu geschaffenen Kinder- und Jugendtreff sowie den großen Gemeindesaal.

Im Rahmen der landeskirchlichen Strukturreform kam es am 1. April 2002 zur Vereinigung der Luthergemeinde mit der Kirchgemeinde St. Thomas-Matthäi zur Kirchgemeinde St. Thomas. Diese hat derzeit 4.500 Gemeindeglieder.

Es kann festgestellt werden, blickt man auf die letzten 50 Jahre zurück, dass die Gemeinde bei allen politischen Turbulenzen nie ihre Eigenständigkeit und ihre Zeugniskraft verloren hat. Der treue Dienst der Generationen vor uns, die die Gemeindearbeit und die Verkündigung getan haben, hat seine Segensspuren bis heute hinterlassen. Das große kirchenmusikalische Gewicht, das mit der Tradition des Thomanerchores und der Übergestalt Johann Sebastian Bach zusammenhängt, hat dennoch die Gemeindearbeit bis heute eher beflügelt denn gelähmt. Die Zeiten und die darin liegenden Probleme wandeln sich. Die Gemeinde wird sich mit ihren Lebensäußerungen auch wandeln. Die Älteren mögen wohl ihre Erfahrungen einbringen; den eigenen Weg des Zeugnisses zu suchen, muss jede Generation selbst bewerkstelligen. In diesem Vertrauen können wir getrost leben. Die Gemeinde hat jedenfalls allen Grund, Gottes Treue in der Vergangenheit zu bezeugen. Und sie hat allen Grund, mit dieser Gewissheit in die Zukunft zu gehen. Sie hat allen Grund, Gott zu loben mit der Feststellung: *»Wie du warst vor aller Zeit / so bleibst du in Ewigkeit.«*

Übergabe der Danktafel für alle Spender, Förderer und Sponsoren durch den Vorsitzenden des Vereins Thomaskirche – Bach 2000, Superintendent i. R. Johannes Richter an den Vorsitzenden des Kirchenvorstandes der St. Thomas-Matthäi-Gemeinde, Dieter Schille.

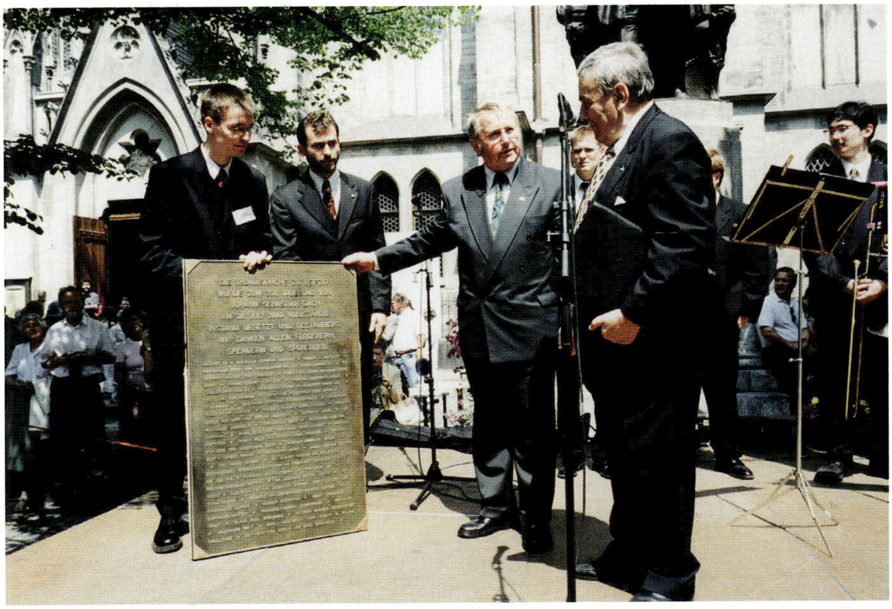

Im 20. Jahrhundert neu hinzugekommene Dienste:

Die Verwaltungsleiter an der Thomaskirche ab 1948
Bruno Kötz, Rudolf Grundmann, Matthias Hoppe, David Philippi

Die Pfarramtsangestellten ab 1990
Bärbel Herold, Maria Kündiger, Barbara Grimm-Gegenwart, Monika von Seggern-Mattheis

Die Diakonissen und Gemeindepflegerinnen und -pfleger ab 1948
Diakonisse Elsemarie Klinger, Diakonisse Erna Schreiber, Diakonisse Gertrud Jonas, Diakonisse Renate Lüpfert, Schwester Leonie Vollandt, Schwester Elisabeth Weinert, Krankenpfleger Stefan Hüneburg (Begründer und Leiter der Sozialstation), Sozialberaterin Romy Graul

Die Diakone an der Thomaskirche ab 1948
Diakon Gustav Markschies, Diakon Eberhard Funke, Diakon Hans-Joachim Döring, Diakon Friedemann Beyer, Diakon Jens Ulrich, Diakon Tobias Petzold, Gemeindediakonin Susanne Finsterbusch

Der Katechet beim Thomanerchor
Ernst-Otto Drephal (angestellt beim kirchlichen Erziehungsamt der Kirchenbezirke Leipzigs)

Die Katecheten beim Thomanerchor (nach 1990)
Roland Weise (Religionslehrer und Erzieher beim Thomanerchor),
Gisela Jenichen

Die Katechetinnen an der Thomaskirche ab 1948
Ilse Goldfriedrich, Ruth Wiesner, Marga Arndt, Helga Fraustadt, Gisela Jenichen, Monika Müller

Die Kantorinnen und Organistinnen an der Thomaskirche:
Beate Schmidt 1942, Jutta Grimm 1955, Almuth Reuther 1964–2005

Büro für Kirchemusik
Gudrun Hartmann

Die Assistenzorganisten ab 2003
Johannes Unger, Daniel Beilschmidt, Stefan Kießling

»Wie du warst vor aller Zeit / so bleibst du in Ewigkeit.«

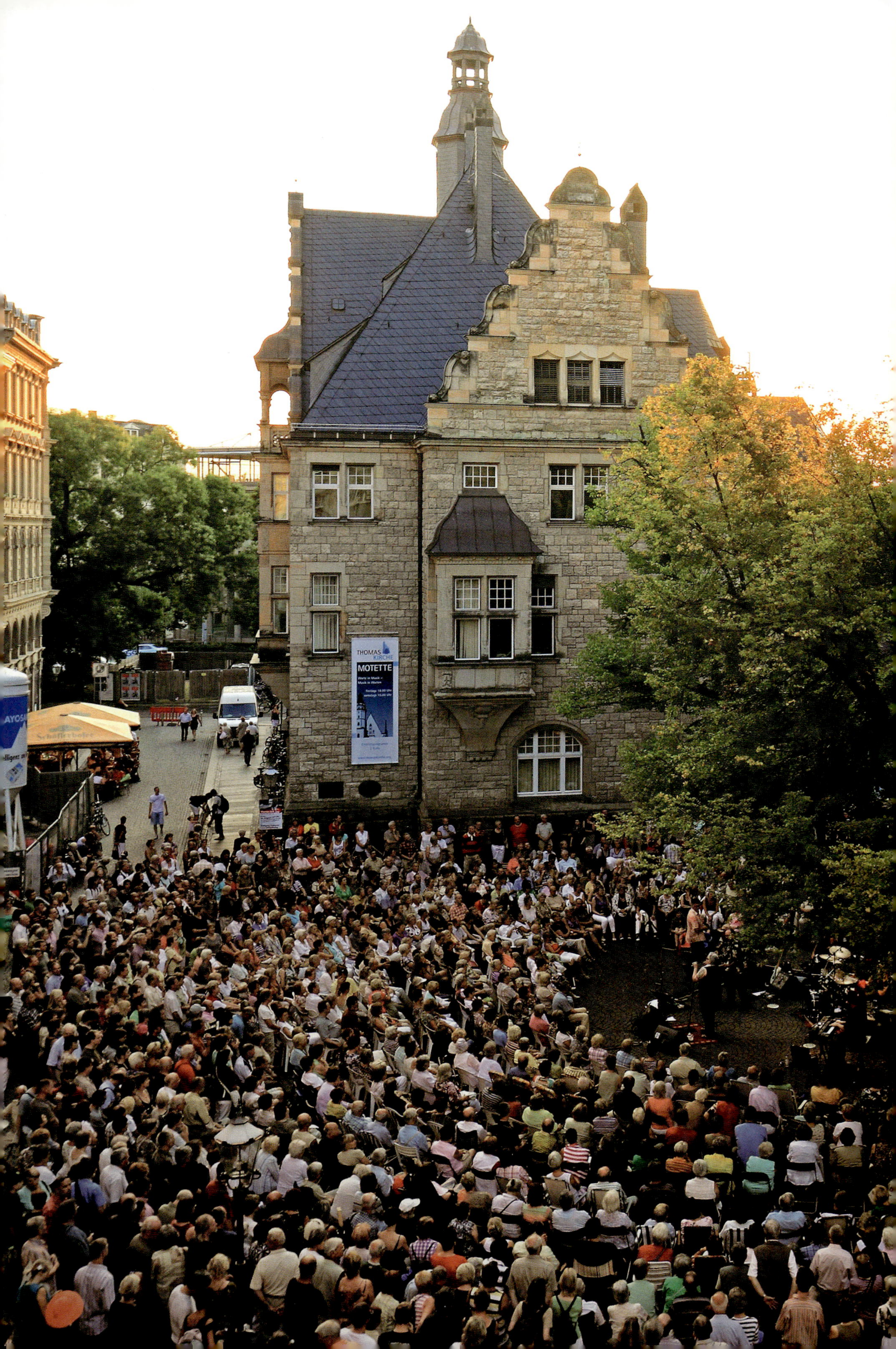
THOMAS KIRCHE
MOTETTE

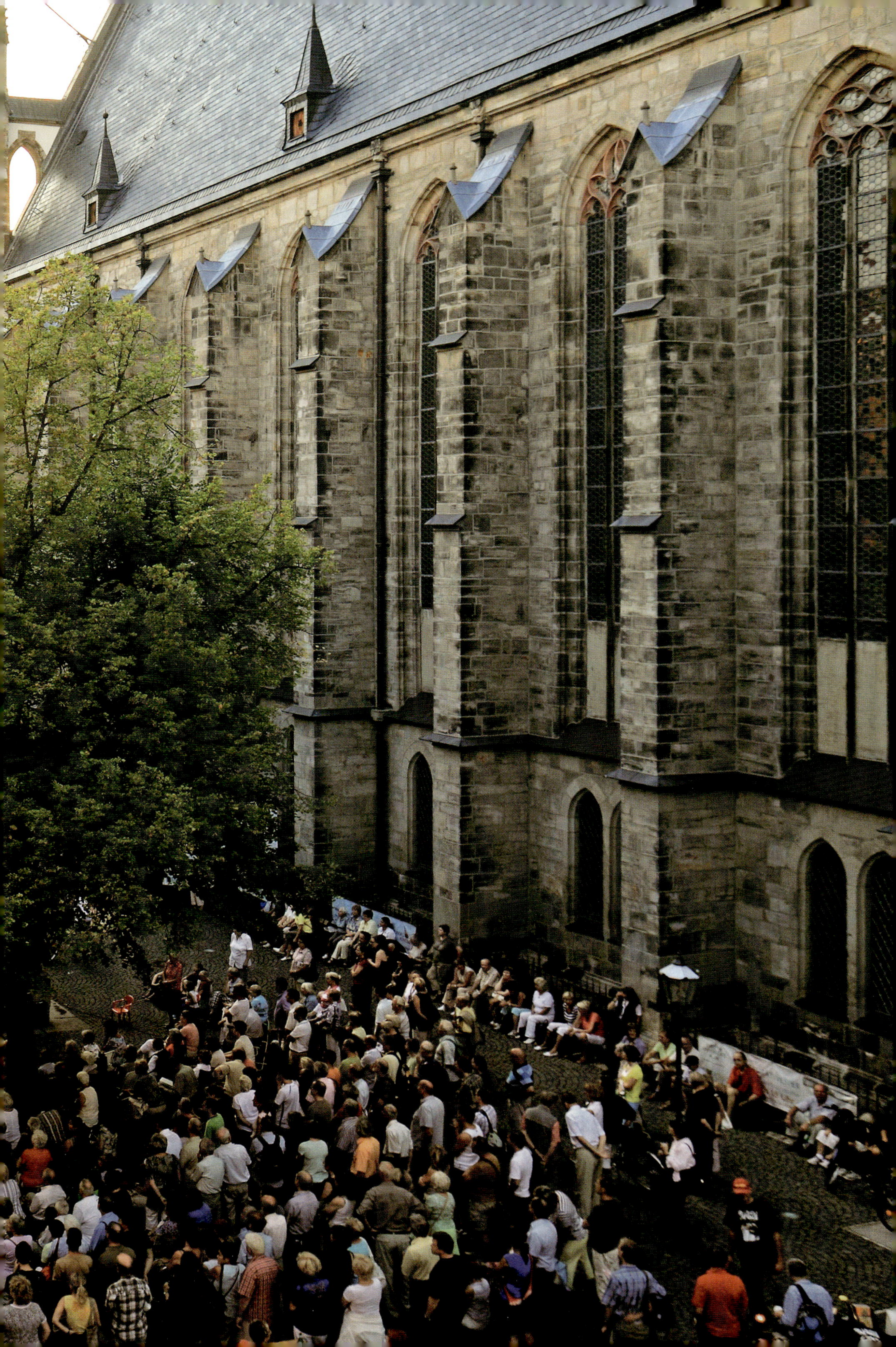

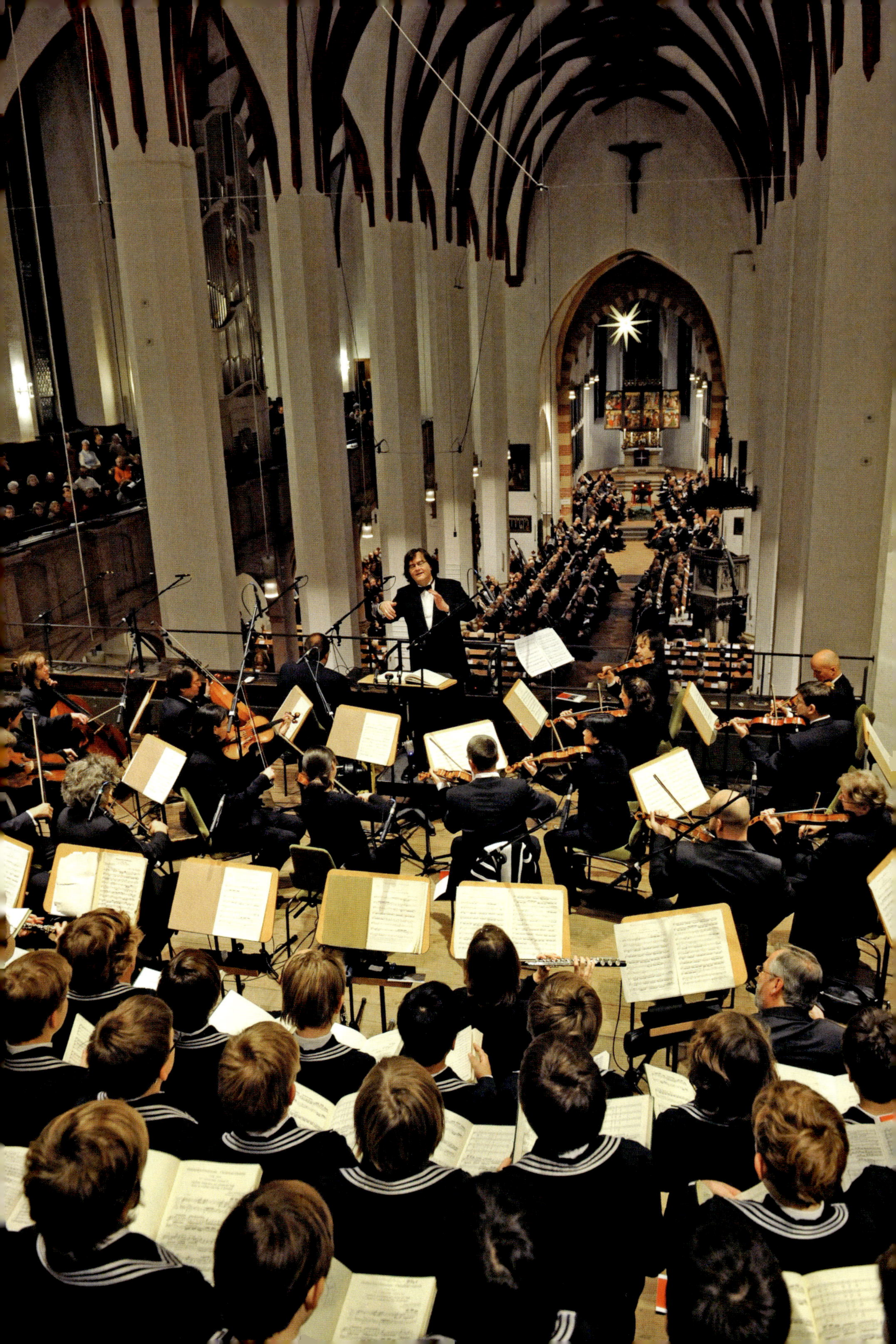

Epilog

Die Kirche St. Thomas zu Leipzig hat durch die Jahrhunderte hindurch immer Engagement und Mitarbeit vieler Menschen angeregt. Allen, die direkt oder indirekt zum Gelingen dieses Buches zur Thomaskirche beigetragen haben, sei an dieser Stelle herzlicher Dank gesagt.

Im Besonderen gilt dieser Dank den Autoren der einzelnen Texte:
Stefan Altner (Thomasschule, Thomanerchor und Thomaskantorat); Ullrich Böhme (Orgeln in der Thomaskirche); Wolfgang Hocquél (Die Thomaskirche im Leipziger Stadtbild); Ernst Koch (Reformation, Kryptocalvinismus und Dreißigjähriger Krieg); Heinrich Magirius (Die Baugeschichte; Zur denkmalpflegerischen Konzeption); Martin Petzoldt (Bach und Bachpflege; Kunstwerke; Späte altprotestantische Orthodoxie und neue Frömmigkeiten); Johannes Richter (Der Weg der Gemeinde von 1945 bis 1999); Winfried Schrammek (Musik in der Thomaskirche und Organisten); Christiane Schulz (Zukunft durch Umgestaltung); Günther Wartenberg (Kirche im mittelalterlichen Leipzig).

Die Beschreibung der floralen Darstellungen im Gewölbe des Langhauses ist Peter Gutte zu verdanken. Die Fotos der renovierten Kirche sind vor allem durch Bertram Kober entstanden. Weitere Fotos kommen von Gerd Mothes. Die Buchgestaltung hat Tom Unverzagt entworfen.

Bei der Bildbeschaffung sind Verlag und Herausgeber besonders den Mitarbeiterinnen und Mitarbeitern der Kirchgemeinde St. Thomas, des Stadtgeschichtlichen Museums Leipzig und der Universitätsbibliothek Leipzig zu Dank verpflichtet. Darüber hinaus waren eine ganze Reihe von Einzelpersonen und Institutionen bei der Bildbeschaffung behilflich. Florian Andrews und Albrecht Döhnert ist für Text- und Bildlektorat zu danken.

Die Öffentlichkeit hat den Band in seiner ersten Auflage ausgesprochen freundlich aufgenommen. Für die zweite Auflage konnte ich wertvolle Hinweise verarbeiten, die aus Rezensionen und Zuschriften stammen. Dafür sei ausdrücklich gedankt. Insbesondere nenne ich Gerhard Graf und Heinz Weithaas. Insgesamt sind alle Teiltexte, Listen und Zusammenstellungen auf den neuesten Stand gebracht worden.

Leipzig, am 28. Juli 2011, dem 261. Todestag Johann Sebastian Bachs

Martin Petzoldt

Anhang

Die Superintendenten Leipzigs und die Pfarrer an der Thomaskirche seit der Reformation

S = Superintendent (fett geschrieben, bis 1857 auch zu St. Nikolai tätig: TH = St. Thomas, N = St. Nikolai), P = Pastor (1. Stelle), AD = Archidiakonus (2. Stelle), D = Diakonus (3. Stelle), SD = Subdiakonus (4. Stelle)

	Lebensdaten	Dienstzeit	Dienststellung
Balthasar Loy	1500 (?)–1545	1539–1545	P
Johann Ficker	1519–1572	1539–1572	AD
Vincentius Stange	?–1551	1539–?	D
Johann Pfeffinger	1494–1573	1540–1573	S/N
Georg Hala	1495–1565	1541–1565	SD, 1554 P
Georg Mohr	1497–1553	1545–1549	P
Erasmus Sarcerius	1501–1559	1549–1554	P
Bartholomäus Wagner	1520–1562 (?)	1549–1550	SD
Georg Coelestinus	1525–1579	1551–1579	SD, 1552 D
Ambrosius Otto	1530–1564	1552–1564	SD, 1559 D
Georg Kober	1529–1573	1559–1573	SD
Petrus Hesse	1530–1606	1564–1589	D, 1573 AD
Heinrich Salmuth	1522–1576	1565–1576	P, 1573 S/TH
Bartholomäus Heidenreich	1543– ?	1571–1576	SD, 1574 D
Simon Gediccius	1551–1631	1574–1585	SD, 1576 D
Nikolaus Selnecker	1532–1592	1576–1589, 1592	S/TH
Casparus Albertus	1551–1584	1576–1584	SD
Alexander Becker	1559–1599	1584–1599	SD, 1586 D, 1589 AD
Wolfgang Harder	1522–1602	1589–1592	S/N
Georg Weinrich	1554–1617	1586–1594	SD, 1589 D, 1592 P
Matthias Harder	1562–1616	1589–1595	SD, 1592 D
Christoph Gundermann	1549–1622	1589–1592	P
Zacharias Posselt	1562–1608	1592–1593	SD
Andreas Schneider	1554–1620	1592–1620	D, 1593 AD
David Büttner	1566–1606	1593–1606	D
Wolfgang Viertel	1544–1605	1593–1605	SD
Georg Weinrich	1554–1617	1594–1617	S/TH
Paul Gehringer	1570–1619	1605–1619	SD, 1606 D
Nicolaus Selnecker d.J.	1574–1619	1606–1619	SD, 1619 D
Vincenz Schmuck	1565–1628	1617–1628	S/N
Polykarp Leyser	1586–1633	1617–1628	P
Johann Höpfner	1582–1645	1619–1628	1621 AD
Ulrich Mayer	1591–1622	1619–1622	SD, 1621 D
Moritz Burckhardt	1586–1637	1621–1637	SD, 1623 D, 1633 AD
Georg Künel	1590–1624	1623–1624	SD
Martin Kramer	1594–1637	1625–1637	SD, 1633 D
Polykarp Leyser	1586–1633	1628–1633	S/TH
Christian Lange	1585–1657	1628–1646	1628 AD, 1633 P

	Lebensdaten	Dienstzeit	Dienststellung
Johann Höpfner	1582–1645	1633–1645	S/N
Johann Benedict Carpzov I.	1607–1657	1633–1657	SD, 1637 D, 1643 AD
Abraham Teller	1609–1658	1637–1658	SD, 1643 D, 1657 P
Ananias Weber	1595–1665	1638–1643	AD
Martin Geier	1614–1680	1643–1661	SD, 1645 D, 1657 AD, 1659 P
Christian Lange	1585–1657	1646–1657	S/TH
Johann Hülsemann	1602–1661	1657–1661	S/N
Johann Ulrich Mayer	1616–1679	1645–1679	SD, 1657 D, 1661 AD, 1667 P
Thomas Steger	1628–1674	1657–1674	SD, 1661 D, 1671 AD
Samuel Lange	1618–1667	1659–1665	AD
Martin Geier	1614–1680	1661–1665	S/TH
Simon Löffler	1627–1674	1661–1674	SD, 1674 AD
Samuel Lange	1618–1667	1665–1667	S/TH
Elias Siegmund Reinhard	1625–1669	1667–1669	S/N
Gottfried Christian Bose	1619–1671	1667–1671	AD
Johann Benedict Carpzov II.	1639–1699	1668–1699	SD, 1671 D, 1679 P
Georg Lehmann	1616–1699	1670–1699	S/N
Johann Thielo	1637–1681	1671–1674	SD
Thomas Ittig	1643–1710	1674–1710	SD, 1675 D, 1699 S/N
Friedrich Kettner	1645–1680	1675–1680	SD
Andreas Glauch	1637–1681	1679–1681	AD
Andreas Tielemann Rivinus	1654–1692	1680–1692	1685 D, 1689 AD
August Pfeiffer	1640–1698	1681–1689	AD
Immanuel Horn	1652–1714	1685–1714	SD, 1689 D, 1699 AD, 1708 P
Johann Günther	1660–1714	1690–1714	SD, 1708 AD
Gottlob Friedrich Seligmann	1654–1707	1692–1707	AD, 1699 P
Albert Christian Rothe	1651–1701	1692–1701	SD, 1699 D
Heinrich Pipping	1670–1722	1699–1708	SD, 1702 D
Romanus Teller	1671–1721	1702–1708	SD
Johann Gottlob Carpzov	1679–1767	1708–1730	SD, 1708 D, 1714 AD
Friedrich Wilhelm Schütz	1677–1739	1709–10, 1737–39	SD, 1737 P
Johann Dornfeld	1643–1720	1710–1720	S/N
Urban Gottfried Sieber	1669–1741	1710–1741	SD, 1714 D, 1730 AD, 1739 P
Christian Weise d. Ä.	1671–1736	1714–1736	P
Friedrich Werner	1659–1741	1714–1721	SD
Justus Gotthard Rabener	1688–1731	1721–1731	SD, 1731 D
Salomon Deyling	1677–1755	1721–1755	S/N
Gottlieb Gaudlitz	1694–1745	1731–1745	SD, D, 1739 AD, 1741 P
Christian Weise d. J.	1703–1743	1731–1737	SD
Romanus Teller	1703–1750	1737–40, 1745–50	SD, 1739 D, 1745 P
Christoph Wolle	1700–1761	1739–1761	SD, 1740 D, 1741 AD
Johann Paul Ram	1701–1741	1740–1741	SD
Carl Friedrich Petzold	1695–1746	1741–1746	SD, D
Christian Gottlob Eichler	1711–1785	1741–1743	SD
Christoph Sancke	1700–1752	1743, 1746–1752	SD, D
Christian Gottfried Huhn	1715–1747	1743–1746	SD
Friedrich Wilhelm Schleußner	1709–1764	1746–1764	SD, 1752 D, 1761 AD

	Lebensdaten	Dienstzeit	Dienststellung
Johann Christian Stemler	1701–1773	1751–1755	P
Johann Gottfried Körner	1726–1775	1752–56, 1761–76	SD, D, 1775 AD
Johann Christian Stemler	1701–1773	1755–1773	S/TH
Christian Wilhelm Thalemann	1727–1778	1756–1761	SD
Johann Adolph Scharff	1724–1791	1761–64, 1775–85	SD, 1775 D, 1776 AD
Johann Jacob Bose	1713–1775	1764–1775	AD
Karl Christian Degenkolb	1718–1797	1764–1775	SD
Johann Friedrich Bahrdt	1713–1775	1773–1775	S/TH
Christian Gottlob Kühnöl	1736–1805	1775–1791	SD, 1776 D, 1785 AD
Gottlob Friedrich Lechla	1734–1783	1776–1778	SD
Johann Gottfried Körner	1726–1785	1776–1785	S/TH
Johann August Wolf	1750–1809	1778–83, 1791–1805	SD, AD
Johann Gottlob Bernhardi	1749–1812	1783–1812	SD, 1785 D, 1805 AD
Johann Georg Rosenmüller	1736–1815	1785–1815	S/TH
Christoph Friedrich Enke	1752–1839	1785–1791	SD
Johann Gottlob Regis	1759–1830	1791–1798	SD
Georg Siegismund Jaspis	1761–1813	1798–1813	SD, 1805 D, 1812 AD
Gottlob Einert	1780–1813	1805–1808	SD
Johann David Goldhorn	1774–1836	1808–1834	SD, 1812 D, 1816 AD
Johann Friedrich Eulenstein	1777–1821	1812–1821	AD, 1816 D
Heinrich Gottlieb Tzschirner	1778–1828	1815–1828	AD, S/TH
Christian Gottfried Klinkhardt	1783–1849	1816–1849	SD, 1822 D, 1835 AD
Carl Christian Friedrich Siegel	1781–1847	1822–1843	SD, 1835 D
Christian Leberecht Großmann	1783–1858	1828–1857	S/TH
Carl Heinrich Wilhelm Meißner	1794–1858	1835–1858	SD, 1843 D, 1849 AD
Carl Gustav Küchler	1796–1853	1843–1853	SD
Adolf Oskar Wille	1817–1874	1849–1866	D, 1858 AD, 1866 S/Land
Friedrich Wilhelm Valentiner	1807–1889	1854–1889	SD, 1858 D, 1875 AD
Gotthard Viktor Lechler	1811–1888	1858–1883	S/TH
Hermann August Lohse	1820–1872	1859–1865	SD
Ludwig Eduard Suppe	1829–1897	1865–1897	SD, 1875 D, 1884 AD
Hermann Ferdinand v. Criegern	1841–1936	1875–1913	SD, 1885 D, 1898 AD
Johannes Theodor Oskar Pank	1838–1928	1884–1912	S/TH
Emil Joseph Krömer	1845–1921	1884–1921	SD, 1898 D, 1913 AD
Martin Theodor Hanitzsch	1862–1936	1898–1912	SD
Karl August Seth Cordes	1859–1936	1912–1924	S/TH
Arthur Edmund Georg Schröder	1872–1945	1912–1925	SD, 1913 D, 1916 AD
Heinrich Eduard Schumann	1875–1964	1913–1936	SD, 1916 D, 1925 AD
Heinrich Andreas Fröhlich	1886–1971	1916–1926	SD, 1925 D
Heinrich Oskar Gerhard Hilbert	1868–1936	1925–1935	S/TH
Walther Georg Böhme	1889–1957	1925–1957	SD, 1930 D
Carl Hugo Hahn	1886–1957	1927–1930	3
Oskar Guido Gerhard Meder	1885–1947	1930–1947	4
Heinrich Eduard Schumann	1875–1964	1936–1953	S/TH
Ulrich Ernst Rüdiger Alberti	1898–1953	1937–1953	2
Hans Wilhelm Günther	1895–1988	1948–1963	3
Herbert Alfred Stiehl	1909–1992	1953–1975	S/TH

	Lebensdaten	Dienstzeit	Dienststellung
Richard Hans Krauspe	1909–1996	1954–1977	4
Gottfried Merz	1915–1981	1958–1968	2
Christoph Wetzel	1929–	1964–1972	3
Werner Fink	1934–	1968–1976	2
Klaus Grabner	1932–2002	1973–1992	3
Johannes Richter	1934–2004	1976–1998	S/TH
Hans-Wilhelm Ebeling	1934–	1976–1990	2
Christian Fraustadt	1925–	1978–1990	4
Johannes Jenichen	1953–	1991–1997	4
Christian Wolff	1949–	1992–	2, 1
Peter Amberg	1961–	1998–2010	3, 2
Ekkehard Vollbach	1939–	2000–2003	S/N
Martin Henker	1954–	2004–	S/N
Britta Taddiken	1970–	2011–	2

Thomaskantoren zu Leipzig vor der Reformation

	Lebensdaten	Kantorat
Thidericus	?–?	um 1295
Johannes Steffani de Orba	?–?	1436–1466
Thomas Ranstete	?–?	1443–1444
Martin Klotzsch	?–?	um 1470
Ludwig Götze aus Werdau	um 1450–1506	1471 (?) –1506 (?)
Peter Seehausen aus Leipzig	?–1464	?–?
Johannes Fabri de Forchheym	?–?	um 1472
Gregor Weßnig	?–1494	1482–1488
Heinrich Höfler	?–?	1488–1490
Nikolaus Zölner	?–1516	um 1494
Johannes Conradi	?–?	um 1508
Johann Scharnagel aus Wunsiedel	1480–1513	1505–1513

Die Thomaskantoren zu Leipzig seit der Reformation

	Lebensdaten	Kantorat
Georg Rhau aus Eisfeld	1488–1548	1519–1520
Johannes Galliculus aus Dresden	?–?	1520– ?
Valerianus Hüffener aus Crostewitz	?–?	1526–1530
Johannes Herrmann aus Zittau	1515–1593	1531–1536
Wolfgang Jünger aus Sayda	1517–1564	1536–1539
Johannes Bruckner aus ?	?–?	1539–1540
Ulrich Lange aus Bayern	?–1549	1540–1549
Wolfgang Figulus aus Naumburg	?–1588	1549–1551
Melchior Heger aus Brüx	?–?	1553–1564
Valentin Otto aus Markkleeberg	?–?	1564–1594
Seth Calvisius aus Gorsleben	1556–1615	1594–1615
Johann Hermann Schein aus Grünhain	1586–1630	1616–1630
Tobias Michael aus Dresden	1592–1657	1631–1657

	Lebensdaten	Kantorat
Sebastian Knüpfer aus Asch	1633–1676	1657–1676
Johann Schelle aus Geysing	1643–1701	1677–1701
Johann Kuhnau aus Geysing	1660–1722	1701–1722
Johann Sebastian Bach aus Eisenach	1685–1750	1723–1750
Gottlob Harrer aus Görlitz	1703–1755	1750–1755
Johann Friedrich Doles aus Steinbach–Hallenberg	1715–1797	1756–1789
Johann Adam Hiller aus Wendisch–Ossig	1728–1804	1789–1800
August Eberhard Müller aus Northeim	1757–1817	1801–1810
Johann Gottfried Schicht aus Reichenau	1753–1823	1810–1823
Christian Theodor Weinlig aus Dresden	1780–1842	1823–1842
Moritz Hauptmann aus Dresden	1790–1868	1842–1868
Ernst Friedrich Eduard Richter aus Großschönau	1808–1879	1868–1879
Wilhelm Rust aus Dessau	1822–1892	1880–1892
Gustav Schreck aus Zeulenroda	1849–1917	1893–1917
Karl Straube aus Berlin	1873–1950	1918–1939
Günther Ramin aus Karlsruhe	1898–1956	1940–1956
Kurt Thomas aus Tönnig	1904–1973	1957–1960
Erhard Mauersberger aus Mauersberg	1903–1982	1961–1972
Hans–Joachim Rotzsch aus Leipzig	1929–	1972–1991
Georg Christoph Biller aus Nebra	1955–	1992–

Die Thomasorganisten zu Leipzig

S = Substitut	Lebensdaten	Dienstzeit
Georg Rhau	1488–1548	1528
Franz	?–?	1528
Nickel Weller	?–?	1534–1535
Wolfgang Otto	?–1547	1536–1547
Bastian Lütze	?–nach 1560	1556–1560
Elias Nicolaus Ammerbach	um 1530–1597	1560–1595
Simon Zenker, für den erkrankten Ammerbach	?–?	1573
Konrad Berlich, für den erkrankten Ammerbach	um 1559–1598	1575
Andreas Düben	1558–1625	1595–1625
Georg Engelmann d. Ä.	nach 1570–1632	1625–1632
Georg Engelmann d. J.	um 1602–1663	1634–1658
Gerhard Preisensin	um 1640–1672	1663–1672 (seit 1658 S)
Jakob Weckmann	um 1650–1680	1672–1680
Vincenzo Alberici	1631–1696	1681–1682
Johannes Keimel und Johann Schelle alternierend		1682–1683
Heinrich Gottfried Kühnel	?–1684	1683–1684
Johann Kuhnau	1660–1722	1684–1701
Christian Gräbner	1665–1729	1701–1729
Johann Gottlieb Görner	1697–1778	1730–1778
Carl Friedrich Görner	1742–1802	1778–1802 (seit 1768 S)
Johann Georg Hermann Voigt	1769–1811	1802–1811
Christian Traugott Fleischmann	?–1813	1811–1813
Johann Christian Friedrich Schneider	1786–1853	1813–1821

	Lebensdaten	Dienstzeit
August Pohlenz	1790–1843	1821–1843
Carl Friedrich August Geißler	1802–1869	1843–1869
Louis Papier	1829–1878	1869–1878
Wilhelm Rust	1822–1892	1878–1880
Carl Piutti	1846–1902	1880–1902
Karl Straube	1873–1950	1902–1919
Günther Ramin	1898–1956	1919–1940(–1956)
Hans Heintze	1911–2003	1940–1949
Karl Richter	1926–1981	1949–1951
Hannes Kästner	1929–1993	1953–1984
Ullrich Böhme	1956–	1986–

Küster an der Thomaskirche

	Lebensdaten	Dienstzeit
Johann Mauerbeck	?–1553	1539–1553
Christoph Tauber	?–1577	1553–1577
Hans Fritzsch/Frosch	?–?	1577–1588
Georg Niclaß	?–?	1589–1609 (?)
Christoph Vetter	1565–1636	1609–1636
Johann Fuchs	1574–1648	1636–1648
Georg Fuchs d.Ä.	?–1670	1649–1670
Georg Fuchs d.J.	?–1687	1670–1687
Johann Fuchs	1655–1715	1687–1715
Johann Christoph Rost	1671–1739	1716–1739
Christian Köpping	?–1772	1740–1772
Gottlob Friedrich Rothe	1732–1813	1772–1802
Johann Friedrich Müller	?–1836	1802–1836
Ludwig Cichorius	1802–1876	1836–1869
Friedrich August Herrmann	1841–1914	1869–1914
Franz Lischke	?–?	1897–1929
August Franz Uebe	1864–1933	1903–1933
[Vorname?] Paschen	1877–1945	1914–1923
Max Motzer	1902–1979	1929–1967
Walter Grötzsch	1910–1943	1933–1943
Kurt Dammenhain	1900–1970	1948–1964
Horst Albrecht	1919–1995	1964–1984
Werner Barthold	1922–	1968–1975
Karlheinz Bösel	1942–	1975–1998
Uwe Kirst	1943–2010	1992–2004
Andreas Rosch	1955–	2002–
Manfred Kahlert	1961–	2004–
Jürgen Goldammer	1992–	2011–

Literaturverzeichnis

ALTNER, STEFAN, UND ROLAND WEISE (HRSG.): Thomanerchor Leipzig. Almanach 1 bis 4. Leipzig 1995–2000.

ALTNER, STEFAN: THOMANERCHOR UND THOMASKIRCHE. Historisches und Gegenwärtiges in Bildern. Taucha 1998.

AUS DER GESCHICHTE DER THOMASSCHULE IN ALTER UND NEUER ZEIT. Leipzig 1937.

DIE BAU- UND KUNSTDENKMÄLER VON SACHSEN. Stadt Leipzig. Die Sakralbauten. Mit einem Überblick über die städtebauliche Entwicklung bis 1989. Hrsg. vom Landesamt für Denkmalpflege Sachsens. Band 1. München 1995.

BLASCHKE, KARLHEINZ: Geschichte Sachsens im Mittelalter. Berlin 1990.

BÖHME, ULLRICH: Die Sauer-Orgel in der Thomaskirche zu Leipzig. Leipzig 1991.

FREY, AXEL, UND BERND WEINKAUF (HRSG.): Leipzig als ein Pleißathen. Eine geistesgeschichtliche Ortsbestimmung. Leipzig 1995. (Reclam-Bibliothek 1526)

GOSCH, WERNER: Hans-Joachim Rotzsch für Sie porträtiert. Leipzig 1989.

GRAF, GERHARD: Die Anfänge der Stadt Leipzig anhand ihrer Patrozinien. In: Leipziger Kalender (1999), S. 73–86.

HARTMANN, GÜNTER: Karl Straube und seine Schule. Bonn 1991.

HASSE, ELISABETH: Erinnerungen an Günther Ramin. Berlin 1958.

HELLMANN, DIETHARD: Johann Sebastian Bach – Ende und Anfang. Gedenkschrift zum 75. Geburtstag des Thomaskantors Günther Ramin. Wiesbaden 1973.

HERRMANN, FRIEDRICH AUGUST: Die Thomaskirche. Festgabe zur Einweihung der erneuerten Thomaskirche. Leipzig 1889.

HOYER, SIEGFRIED: Die Gründung einer Universität in Leipzig 1409. In: Leipzig. Aus Vergangenheit und Gegenwart 3 (1984), S. 77–93.

KAEMMEL, OTTO: Geschichte des Leipziger Schulwesens vom Anfange des 13. bis gegen die Mitte des 19. Jahrhunderts (1214–1846). Leipzig 1909.

KEMMERLING, FRANZ: Die Thomasschule zu Leipzig. Eine kurze Geschichte von ihrer Gründung 1212 bis zum Jahre 1927. Leipzig 1927.

KNICK, BERNHARD: St. Thomas zu Leipzig. Schule und Chor. Stätte des Wirkens von Johann Sebastian Bach. Wiesbaden 1963.

KÜAS, HERBERT: Die Thomas-Kirche zu Leipzig. In: Deutsche Kunst und Denkmalpflege (1936), S. 82–89. Leipzig. Ein Städte-Lesebuch. Hrsg. von Esther Gallwitz. Frankfurt am Main 1989.

LEISINGER, ULRICH: Bach in Leipzig. Leipzig 1998.

LEMPER, ERNST-HEINZ, MAGIRIUS, HEINRICH, UND WINFRIED SCHRAMMEK: Die Thomaskirche zu Leipzig. Berlin 1974, ³1984. (Das Christliche Denkmal 5/5A)

LEMPER, ERNST-HEINZ: Die Thomaskirche zu Leipzig. Die Kirche Johann Sebastian Bachs als Denkmal deutscher Baukunst. Leipzig 1954. (Forschungen zur sächsischen Kunstgeschichte 3)

LEXIKON LEIPZIGER STRASSENNAMEN. Hrsg. vom Stadtarchiv Leipzig. Leipzig 1995.

MAGIRIUS, HEINRICH: Denkmalpflege an Kirchenbauten der obersächsischen Spätgotik. In: Denkmale in Sachsen. Weimar 1978, S. 160–209.

MAGIRIUS, HEINRICH: Die Stadtpfarrkirchen St. Thomas und St. Nikolai – Ihre Vorgängerbauten im hohen Mittelalter. In: Ernst Ullmann (Hrsg.), »... die ganze Welt im kleinen ...«. Kunst und Kunstgeschichte in Leipzig. Leipzig 1989, S. 12–33.

MARQUIS, BETTINA: Meißnische Geschichtsschreibung des späten Mittelalters (ca. 1215–1420). München 1998.

MÜLLER-RÖMHELD, WALTER (HRSG.): Am Wendepunkt. Das Gustav-Adolf-Werk vor neuen Aufgaben. Leipzig 1995.

NIEDNER, CARL: Das Patrozinium der Augustiner-Chorherren-Stiftskirche.

ST.THOMAE IN LEIPZIG. Untersuchungen zur Frühgeschichte der Bach-Kirche und der Leipziger Altstadt. Leipzig 1952. (Leipziger Stadtgeschichtliche Forschungen 2)

PÄTZOLD, STEFAN: Die frühen Wettiner. Adelsfamilie und Hausüberlieferung bis 1221. Weimar; Wien 1997.

PETZOLDT, MARTIN: Leuchtende Erinnerung. Die Fenster der Thomaskirche Leipzig. Leipzig 2010

PETZOLDT, MARTIN: Bach-Almanach. Ereignisse und Kurzgeschichten für jeden Tag. Leipzig 2000.

PETZOLDT, MARTIN (HRSG.): Bach für Kenner und Liebhaber. Festschrift zum 70. Geburtstag von Diethard Hellmann. Stuttgart 1998.

PETZOLDT, MARTIN: Die neugotischen Gedächtnisfenster der Thomaskirche zu Leipzig. Leipzig 1997.

PETZOLDT, MARTIN: Konfessionalisierung als Identitätssuche und als Prinzip theologischer Auseinandersetzungen. Die Leipziger Theologie zwischen 1648 und 1750. In: Helmut Baier (Hrsg.), Konfessionalisierung vom 16.–19. Jahrhundert. Neustadt/A. 1989, S. 67–85.

POSERN-KLETT, KARL FRIEDRICH VON (HRSG.): Urkundenbuch der Stadt Leipzig. 2 Bände. Leipzig 1868/1870. (Codex diplomaticus Saxoniae regiae II,8 f.)

RAMIN, CHARLOTTE: Günther Ramin. Ein Lebensbericht. Freiburg 1958; Ingelheim 1993.

ROTHE, HERMANN: Der Besitzstand des Leipziger Thomasklosters und dessen Bewirtschaftung und Verwaltung. Diss. Leipzig 1927.

SACHSE, RICHARD (HRSG.): Acta Nicolaitana et Thomana. Aufzeichnungen von Jacob Thomasius während seines Rektorates an der Nikolai- und Thomasschule zu Leipzig (1670–1684). Leipzig 1912.

SACHSE, RICHARD: Die ältere Geschichte der Thomasschule zu Leipzig, Leipzig. 1912.

SCHEFFLER, CHRISTIAN: Die Restaurierung der Sauer-Orgel in der Thomaskirche zu Leipzig. Wiesbaden [1990].

SCHERING, ARNOLD: Johann Sebastian Bachs Leipziger Kirchenmusik. Studien und Wege zu ihrer Erkenntnis. Leipzig 1936, ^{2}1954.

SCHERING, ARNOLD: Musikgeschichte Leipzigs. Band II. Von 1650 bis 1723. Leipzig 1926.

SCHERING, ARNOLD: Musikgeschichte Leipzigs. Band III. Von 1723 bis 1800. Leipzig 1941.

SCHLESINGER, WALTER: Kirchengeschichte Sachsens im Mittelalter. 2 Bände. Köln; Graz 1962.

SCHMIDT, LUDWIG: Beiträge zur Geschichte der wissenschaftlichen Studien in sächsischen Klöstern. In: Neues Archiv für sächsische Geschichte 20 (1899), S. 27–32.

SCHULZ, CHRISTIANE: Spätaufklärung und Protestantismus. Heinrich Gottlieb Tzschirner (1778–1828). Leipzig 1999. (Arbeiten zur Kirchen- und Theologiegeschichte 4)

SCHULZE, HANS-JOACHIM: Anna Magdalena Bachs »Herzens Freundin«. Neues über die Beziehungen zwischen den Familien Bach und Bose. In: Bach-Jahrbuch 63 (1979), S. 151–153.

SEIFERT, FRIEDRICH: Die Durchsetzung der Reformation in Leipzig 1539–1945. In: Beiträge zur sächsischen Kirchengeschichte. 1 (1882), S. 125–168.

SIEVERS, HANS-JÜRGEN: Baumeister seiner Kirche. Superintendent Oskar Pank und sein Einsatz für Gemeinde, Diakonie und Gustav-Adolf-Werk. Leipzig 1998.

STALLBAUM, GOTTFRIED: Inauguralrede nebst biographischen Nachrichten über die Cantoren an der Thomasschule zu Leipzig. Leipzig 1842.

STIEHL, HERBERT: Das Innere der Thomaskirche zur Amtszeit Johann Sebastian Bachs. Leipzig 1984. (Beiträge zur Bachforschung, Heft 3)

STIEHL, HERBERT (HRSG.): St. Thomas zu Leipzig. Berlin 1962, ^{4}1984.

STIEHL, HERBERT: Taufzettel für Bachs Kinder – Ein Dokumentenfund. In: Bach-Jahrbuch 63 (1979), S. 7–18.

STRAUBE, KARL: Briefe eines Thomaskantors. Hrsg. von Willibald Gurlitt und Hans-Olaf Hudemann. Stuttgart 1959; Auswahl Berlin 1959.

Tille, Armin: Zur Baugeschichte der Kirche St. Thomae in Leipzig. In: Neues Archiv für Sächsische Geschichte 23 (1902), S. 131–134.

Witkowski, Georg: Geschichte des literarischen Lebens in Leipzig. Leipzig 1909; Reprint München; Leipzig; New Providence; London, Paris 1994.

Wolff, Christian (Hrsg.): Die Thomaskirche zu Leipzig. Ein Kirchenführer. Leipzig 1996. 2. Auflage 2010.

Wolff, Christian (Hrsg.): Die Orgeln der Thomaskirche zu Leipzig. Leipzig 2005.

Wolff, Christoph (Hrsg.): Über Leben, Kunst und Kunstwerk. Aspekte musikalischer Biographie. Johann Sebastian Bach im Zentrum. Leipzig 1999.

Wustmann, Gustav: Geschichte der Stadt Leipzig. Bilder und Studien. Band 1. Leipzig 1905.

Wustmann, Gustav: Quellen zur Geschichte Leipzigs. Veröffentlichung aus dem Archiv und der Bibliothek der Stadt Leipzig. 2 Bände. Leipzig 1889–1895.

Wustmann, Rudolf: Musikgeschichte Leipzigs. Band 1. Bis zur Mitte des 17. Jahrhunderts. Leipzig 1909.

Bildnachweis

Stefan Altner, Leipzig
Amadeus Verlag, Winterthur
Bach-Archiv, Leipzig
Bachhaus Eisenach / Neue Bachgesellschaft e.V.
Ullrich Böhme, Leipzig
Markus Eckardt, Leipzig
K. F. Koehler Verlag, Stuttgart
Renate Lüpfert, Leipzig
Lutherkirche, Plauen
Gerd Mothes, Leipzig
Andreas Ott, Plauen
Passage-Verlag/Matthias Klemm, Leipzig
Martin Petzoldt, Leipzig
Punctum Fotografie, Leipzig
Johannes Richter, Leipzig
Sächsische Landes- und Universitätsbibliothek, Dresden
Sächsisches Landesamt für Denkmalpflege, Dresden
Sammlung William H. Scheide, Princeton NJ
Sozialstation, Leipzig
Stadt Leipzig – Bauordnungsamt
Stadt Leipzig – Musikbibliothek
Stadt Leipzig – Stadtarchiv
Stadtgeschichtliches Museum, Leipzig
Thomas Puschmann, Leipzig
Thomasalumnat, Leipzig
Thomaskirche, Leipzig
Universitätsbibliothek, Halle
Universitätsbibliothek, Leipzig
Universitätsbibliothek Würzburg
Verein Thomaskirche-Bach 2000 e.V
Verlag K. Merseburger, Darmstadt

Bibliographische Information der Deutschen Nationalbibliothek
Die Deutsche Nationalbibliothek verzeichnet diese Publikation in der Deutschen Nationalbibliographie; detaillierte bibliographische Daten sind im Internet über http://dnb.dnb.de abrufbar.

Printed in EU · H 6640

Das Buch wurde auf alterungsbeständigem Papier gedruckt.

Gesamtgestaltung: FRUEHBEETGRAFIK, Thomas Puschmann · Leipzig
Coverbild: PUNCTUM Fotografie, Peter Franke · Leipzig

ISBN 978-3-374-02985-3
www.eva-leipzig.de